CENSUS

OF THE

INHABITANTS OF THE COLONY OF RHODE ISLAND AND PROVIDENCE PLANTATIONS

1774

Arranged By
JOHN R. BARTLETT

WITH INDEX
By E. E. BROWNELL

CLEARFIELD

Originally published
Providence, 1858

Index by Brownell
1954

Reprinted
Genealogical Publishing Company, Inc.
Baltimore, Maryland
1969

Reprinted for
Clearfield Company, Inc. by
Genealogical Publishing Co., Inc.
Baltimore, Maryland
1990, 1999

Library of Congress Catalogue Card Number 69-17130
International Standard Book Number: 0-8063-4805-4

Made in the United States of America

CENSUS

OF THE

Inhabitants of the Colony

OF

Rhode Island and Providence Plantations,

TAKEN BY ORDER OF THE GENERAL ASSEMBLY, IN THE YEAR

1774;

AND BY THE GENERAL ASSEMBLY OF THE STATE ORDERED TO BE PRINTED.

ARRANGED BY

JOHN R. BARTLETT,

SECRETARY OF STATE.

PROVIDENCE:
KNOWLES, ANTHONY & CO., STATE PRINTERS.
1858.

NOTE.

At the January Session of the General Assembly 1858 of the State of Rhode Island and Providence Plantations, the following resolution was passed:

RESOLUTION for printing and distributing the census returns of 1774.

Resolved, That the secretary of state be, and he is hereby, authorized and empowered to cause to have printed, at the expense of the state, five hundred copies of the official census of Rhode Island, made by order of the General Assembly in the year 1774; together with a list of men over 16 years of age, made in 1776; provided the cost of the same shall not exceed four hundred dollars; and that when printed, the volume be distributed as follows:

One copy to each of the states and territories in the United States; one copy to each of the public offices in Washington; one to each of the historical societies in the United States; one to each of the town clerks in the state; one to each of the judges and the clerks of the several courts in the state; one to each of the public libraries in the state; one to each of the general officers, school commissioner and the members of the present General Assembly; one to each public library or institution which now receives the documents of the state; thirty copies to the Rhode Island Historical Society; and thirty copies for libraries, societies and individuals engaged in historical research, at the discretion of the secretary.

On examining the census returns of 1776, alluded to in the resolution, it was found that those of Newport and several other towns were wanting. For this reason it was thought best, rather than give imperfect lists, to confine the publication to the census of 1774, the original returns of which were complete among the files of the secretary's office, except those of the town of New Shoreham. Of this town, merely the numbers were given, and no names. In printing the census, the orthography of the original manuscript has been followed in the names, as nearly as possible. A recapitulation of the census will be found at the end.

iv.

The following reference is from the original record.

At the session of the General Assembly of the "Governor and Company of the English Colony of Rhode Island and Providence Plantations, in New England, in America, begun and holden in Newport on the first Wednesday in May, in the year 1774, and fourteenth of the reign of His most sacred Majesty GEORGE the Third, by the Grace of God King of Great Britain," the following resolution was passed:

It is *Voted and Resolved,* That the Number of Families and Persons in this Colony be taken; specifying the Number of Whites, Indians, and Blacks, both Male and Female, and ascertaining the Number above, and under, the Age of Sixteen: And that the Persons whose Names are set down in the subsequent List be, and they are hereby appointed to take the Account in their respective Towns: *To wit,*

Newport:
  Mr. Edward Thurston, jun.
  William Coddington, Esq.
Providence:
  James Angell, Esq.
Portsmouth:
  John Shearman, Esq.
Warwick:
  Mr. Anthony Low.
Westerly:
  Joseph Crandall, Esq.
New Shoreham:
  Mr. John Sands.
North Kingstown:
  Peter Phillips, Esq.
South Kingstown:
  Mr. Nathaniel Hawkins.
East Greenwich:
  William Pierce, Esq.
Jamestown:
  Benjamin Underwood, Esq.
Smithfield:
  Daniel Mowry, jun. Esq.
Scituate:
  Mr. Rufus Hopkins.
Gloucester:
  Zebedee Hopkins, jun. Esq.
Charlestown:
  Mr. Jonathan Hassard.

West Greenwich:
  Job Spencer, Esq.
Coventry:
  Mr. Abel Bennet.
Exeter:
  George Pierce, Esq.
Middletown:
  John Barker, Esq.
Bristol:
  Richard Smith, Esq.
Tiverton:
  Walter Cook, Esq.
Little Compton:
  Thomas Church, Esq.
Warren:
  William Turner Miller, Esq.
Cumberland:
  John Dexter, Esq.
Richmond:
  Robert Stanton, Esq.
Cranston:
  Thomas Potter, Esq.
Hopkinton:
  Thomas Wells, jun. Esq.
Johnston:
  Edward Fenner, Esq.
North Providence:
  Hope Angell, Esq.
Barrington:
  Mr. Thomas Allen.

V.

It is further Voted and Resolved, That in case any of the above named Persons shall refuse, or by any Casualty be rendered unable, to serve, then the Deputies, in the respective Towns be, and they are hereby, empowered to appoint others in their Stead.

And it is further Voted and Resolved, That the Secretary transmit, by Express, as soon as possible, a Copy hereof, to the Persons above appointed; and also furnish each Person with a proper Roll, with ruled Columns, to take the Numbers: And that the Persons so appointed make Return thereof, to this Assembly, at the next Session.

Census of the State of Rhode Island,

TAKEN JUNE 1, 1774.

NEWPORT.

FAMILIES.	WHITES.				Indians.	Blacks.	Total.
	MALES.		FEMALES.				
	Above 16.	Under 16.	Above 16.	Under 16.			
Anthony, Peleg............	3	5	3	....	1	1	13
Anthony, John.............	2	5	2	4	1	2	16
Anthony, Sarah............	....	....	5	....	....	....	5
Anthony, Elisha...........	3	3	3	3	....	....	12
Anthony, Mary.............	....	....	1	....	....	....	1
Anthony, William...........	1	1	1	....	....	....	3
Anthony, Joseph............	1	2	1	2	1	1	8
Anthony, James............	1	3	2	1	....	1	8
Anthony, Hezekiah.........	1	2	1	2	....	....	6
Anthony, Jenny............	....	....	....	....	....	1	1
Almy, Benjamin............	1	4	2	2	....	2	11
Almy, Jonathan............	2	1	2	....	....	1	6
Amey, Joshua..............	1	....	1	....	....	3	5
Amory, Mary...............	1	....	2	....	....	....	3
All, Abraham..............	1	....	1	....	....	3	5
All, Abraham, Jr...........	1	1	1	....	....	1	4
Ayrault, Stephen...........	1	....	2	....	....	5	8
Ayrault, Samuel............	1	....	2	....	....	1	4
Ayrault, Stephen, Jr........	1	1	1	2	....	1	6
Allen, Hannah.............	....	....	1	....	1	....	2
Allen, Elizabeth............	1	....	1	....	....	....	2
Allen, Henry...............	2	....	2	....	....	....	4
Allen, Ebenezer............	1	1	1	....	....	....	3
Allen, Benjamin............	1	2	2	1	....	....	6

NEWPORT—CONTINUED.

FAMILIES.	WHITES.				Indians.	Blacks.	Total.
	MALES.		FEMALES.				
	Above 16.	Under 16.	Above 16.	Under 16.			
Allen, William	3	2	2	3	....	1	11
Allen, Joseph	1	1	1	1	....	....	4
Allen, Noah	1	1	1	....	....	....	3
Allen, Joseph	2	....	1	3	....	....	6
Atwood, Mary	1	....	1	....	....	....	2
Atwood, Thomas	2	....	....	....	....	....	2
Arnold, Thomas	1	....	2	1	..	1	5
Arnold, Caleb	4	....	4	....	....	....	8
Arnold, Hart	....	....	1	....	....	....	1
Arnold, Josiah	1	2	1	2	1	1	8
Andrews, John	2	1	1	2	....	1	7
Antemis, Content	....	2	1	1	....	....	4
Armstrong, John	1	1	1	3	....	....	6
Allison, Mary	1	1	5	2	....	....	9
Archer, Dorothy	....	....	2	....	....	....	2
Archer, Susanna	....	....	1	....	....	....	1
Atkinson, James	1	....	1	....	....	....	2
Allcock, Elizabeth	....	....	2	....	....	....	2
Allbrough, Clarke	1	1	2	1	....	....	5
Axton, John	1	....	1	....	....	....	2
Abbott, Joseph	1	....	1	....	....	....	2
Aylman, Ruth	....	2	2	1	....	....	5
Averil, Sarah	1	....	2	....	....	....	3
Austin, Joseph	1	2	1	3	....	....	7
Austin, Daniel	1	3	2	1	....	....	7
Ambros. Israel	1	3	2	1	....	....	7
Alesworth, Anthony	1	....	....	....	....	....	1
Anderson, Francis	1	....	1	1	....	....	3
Ackland, Philip	3	1	2	1	....	....	7
Aikins, Sarah	....	1	2	1	....	....	4
Brenton, Benjamin	3	2	2	3	....	4	14
Brenton, Jahleel	2	1	3	4	....	3	13
Brenton, Samuel	1	2	3	2	....	2	10
Brenton, Elizabeth	....	....	2	1	....	1	4
Brenton, Ann	....	....	1	....	....	....	1
Bradley, James	1	....	2	....	....	....	3
Beere, Oliver	1	1	2	1	....	....	5
Byrn, Jemima	1	....	1	1	....	....	3
Bazzil, Philip	1	3	1	1	....	....	6
Brewer, Elizabeth	1	1	2	....	....	....	4
Bours, John	2	1	2	1	....	2	8
Bours, Samuel	2	....	1	1	....	1	5
Bowers, Jonathan	1	....	2	....	....	1	4

NEWPORT—CONTINUED.

FAMILIES.	WHITES.				Indians.	Blacks.	Total.
	MALES.		FEMALES.				
	Above 16.	Under 16.	Above 16.	Under 16.			
Bowers, Henry............	1	2	1	1	....	2	7
Bruff, William.............	1	....	2	1	....	....	4
Bennett, Job..............	1	....	1	....	....	5	7
Bennett, Hannah..........	1	....	2	....	....	....	3
Bennett, Joseph...........	3	1	4	1	....	....	9
Bennett, Andrew..........	1	3	1	2	....	....	7
Bennett, Christopher......	1	1	1	3	....	....	6
Bennett, Millisent.........	2	1	1	1	....	....	5
Bradford, Noah...........	1	....	1	1	....	....	3
Bradford, Hannah.........	1	....	1	1	....	1	4
Bryer, Elias...............	1	1	2	1	....	....	7
Bird, Nathaniel............	3	1	4	2	....	1	11
Balch, Timothy............	1	4	1	1	....	....	7
Belcher, Joseph............	7	3	3	4	....	3	20
Belcher, Edward...........	2	....	1	1	....	....	4
Burdick, Benjamin.........	1	2	1	....	....	....	4
Burdick, Clarke............	1	1	1	1	....	....	4
Bliss, Henry...............	1	2	3	3	....	....	9
Bliss, Henry Jr............	1	1	1	2	....	....	5
Bliss, Benedict............	2	1	1	3	....	....	7
Bliss, Sarah...............	....	....	4	....	....	....	4
Brown, John...............	2	2	1	4	....	1	10
Brown, Benjamin..........	1	....	2	....	....	....	3
Brown, Tobias.............	1	....	1	1	....	....	3
Brown, Sarah..............	....	....	2	1	....	....	3
Brown, Ann...............	....	2	3	....	....	2	7
Brown, Thomas............	1	1	1	....	....	....	3
Brown, Sarah..............	3	....	2	....	....	1	6
Brown, Daniel.............	1	1	1	1	....	....	4
Brown, Mary..............	....	1	2	2	....	....	5
Brown, Susanna...........	....	....	1	1	....	1	3
Brown, John...............	1	....	1	1	1	....	4
Brown, George............	2	....	1	....	....	1	4
Brown, Samuel Jr..........	1	....	1	....	....	....	2
Brown, Joseph.............	1	....	2	....	....	....	3
Brown, Samuel............	2	....	2	....	....	....	4
Brown, Edmund...........	1	3	1	1	....	....	6
Brown, Sarah..............	....	....	1	1	....	....	2
Brown, Israel..............	1	1	1	1	....	....	4
Brown, Joseph.............	2	1	2	4	....	....	9
Brown, William............	1	1	1	....	....	....	3
Brown, Valentine..........	....	....	....	....	....	6	6
Browne, Clarke............	1	1	2	....	....	1	5
Bartlet, John..............	2	3	1	2	1	1	10

NEWPORT—CONTINUED.

FAMILIES.	WHITES.				Indians.	Blacks.	Total.
	MALES.		FEMALES.				
	Above 16.	Under 16.	Above 16.	Under 16.			
Baynall, Robert............	1	....	3	1	....	....	5
Bigley, Timothy...........	1	1	2	2	....	....	6
Benny, Robert.............	1	1	4	1	....	....	7
Bryer, Jonathan............	1	....	2	1	....	....	4
Boyer, John	1	3	1	1	....	....	6
Bebott, Rebecca............	....	....	1	....	....	....	1
Benjamin, Myer............	2	1	1	7	....	....	11
Barrister, Pero.............	....	....	....	....	....	3	3
Boutin, Margaret...........	1	....	3	1	....	....	5
Buliod, Lewis..............	2	2	1	2	....	....	7
Bristow, Catharine..........	1	....	3	1	....	....	5
Brett, Mary................	....	2	3	....	....	....	5
Batty, Joseph..............	1	3	1	1	....	....	6
Batty, John................	1	....	....	....	....	....	1
Batty, Phebe...............	2	....	1	....	....	....	3
Batty, John................	1	....	2	3	....	....	6
Burill, Joseph..............	1	1	1	2	....	5	10
Burrell, Ebenezer...........	2	1	2	....	....	1	6
Barnham, Thomas..........	1	....	2	1	....	....	4
Baxter, William............	1	....	1	....	....	....	2
Brayman, David............	1	1	1	3	....	....	6
Billings, Woodman	4	2	1	2	....	1	10
Bissett, George.............	1	1	2	....	....	....	3
Barker, Benjamin...........	2	1	1	3	....	....	7
Barker, Abigail.............	....	....	2	....	....	....	2
Barker, Peter...............	2	3	4	1	....	2	12
Barker, R. Reynolds........	1	2	2	....	....	....	5
Barker, Peleg, Jr...........	1	2	1	....	....	....	4
Barker, Abigail.............	....	....	1	....	....	....	1
Barker, Mathew............	1	3	1	1	....	....	6
Barnet, William............	1	2	2	1	....	2	8
Bebee, Nathan.............	5	2	2	....	....	....	9
Bebee, Daniel..............	1	2	1	2	....	....	6
Bebee, Hannah.............	1	1	2	....	....	....	4
Brattell, Hannah............	....	....	1	....	....	....	1
Brattell, Robert............	1	1	1	....	....	2	5
Brattell James.............	1	1	1	1	....	....	4
Buckmaster, George........	1	....	1	....	....	3	5
Bell, Edmund..............	1	2	2	....	....	....	5
Bell, John.................	1	2	2	5	....	3	13
Borden, Hannah............	2	....	1	1	....	3	7
Borden, Benjamin..........	1	3	1	....	....	1	6
Borden, Mary..............	1	2	4	....	....	....	7
Brinley, Francis............	2	1	1	3	....	8	15

NEWPORT—CONTINUED.

FAMILIES.	WHITES. MALES. Above 16.	WHITES. MALES. Under 16.	WHITES. FEMALES. Above 16.	WHITES. FEMALES. Under 16.	Indians.	Blacks.	Total.
Brooks, Thomas	1	3	2	1	....	....	7
Barden, William	2	....	1	1	....	2	6
Barney, Gideon	1	....	1	..	....	....	2
Barney, Jacob	5	1	3	2	....	1	12
Barney, Mary	....	....	3	....	....	....	3
Barney, Nathaniel	3	2	2	3	....	1	11
Barney, Giles	2	....	3	1	....	....	6
Bull, John,	1	....	1	2	....	....	4
Bull, Sarah	....	1	2	1	....	1	5
Bull, Nathan	1	1	3	2	....	2	9
Bull, Henry	1	....	2	....	....	5	8
Bailey, Thomas	2	....	2	1	....	....	5
Baley, Lemuel	3	....	1	2	....	....	6
Baley, Constant	1	2	3	....	....	....	6
Baley, Richard	1	3	1	1	....	....	6
Briggs, Nathaniel	1	2	1	2	....	4	10
Briggs, William	1	1	1	3	....	....	6
Bissell, Sarah	....	....	2	1	....	....	3
Bissell, Richard	1	....	2	2	....	....	5
Bissell, Job	1	2	1	....	....	....	4
Burk, James	1	1	2	5	....	....	9
Burk, Jane	6	....	2	....	....	....	8
Burroughs, Samuel, Jr.	1	1	1	1	....	....	4
Burroughs, Samuel	2	1	2	....	....	....	5
Burroughs, Peleg	1	1	1	1	....	....	4
Burroughs, William, Jr	1	....	1	3	....	1	6
Burroughs, William	2	....	4	1	....	7	14
Burroughs, Peleg	1	....	2	....	....	....	3
Burgis, Philip	1	1	1	....	....	....	3
Burgis, Abigail	1	1	2	2	....	....	6
Burgis, James	2	....	1	....	....	....	3
Batcheler, Ruppe	1	....	1	2	....	....	4
Bush, Elizabeth	....	1	1	1	....	....	3
Beasley, Meriam	....	....	1	....	....	....	1
Brydges, Hope	2	1	1	2	....	....	6
Baron, William	1	2	3	....	....	1	7
Baker, James	1	2	1	....	....	....	4
Baker, Benjamin	1	3	1	4	....	....	9
Baker, Elizabeth	....	1	1	2	....	....	4
Buffom, Elizabeth	1	....	3	....	....	1	5
Bess, Beard	....	....	....	....	....	2	2
Broughton, Robert	1	....	1	....	....	....	2
Brayton, David	1	1	3	....	....	....	5
Brayton, Israel	1	4	4	1	....	1	11

NEWPORT—CONTINUED.

FAMILIES.	WHITES.				Indians.	Blacks.	Total.
	MALES.		FEMALES				
	Above 16.	Under 16.	Above 16.	Under 16.			
Brayton, Francis	3	1	1	....	....	1	6
Brayton, Francis. Jr	3	1	1	2	....	....	7
Bell, James	5	2	1	....	....	....	8
Billings, Samuel	1	1	2	5	....	....	9
Billings, William	1	1	1	....	....	....	3
Briggs, Jethro	2	1	2	2	....	....	7
Butts, John	1	....	1	....	....	1	3
Butts, Enoch	3	4	3	1	....	....	11
Beale, Richard	3	....	1	....	....	4	8
Buckley, John	1	1	3	1	....	....	6
Bowen, Constant	1	2	1	4	....	1	9
Bowen, Isaac	2	....	2	....	....	1	5
Boss, Joseph	2	5	1	3	....	1	12
Boss, Freelove	....	....	1	....	....	....	1
Boss, Edward	1	....	....	....	....	....	1
Coggeshall, James	1	....	1	....	....	....	2
Coggeshall, Elisha	4	1	4	4	....	3	16
Coggeshall, Benjamin	1	3	1	1	1	....	7
Coggeshall, James	1	2	5	1	....	4	13
Coggeshall, Billings	7	6	2	4	....	6	25
Coggeshall, Daniel	1	....	3	....	....	3	7
Coggeshall, Elizabeth	....	....	1	....	....	....	1
Coggeshall, Barbara	....	....	1	....	....	....	1
Coggeshall, Nathaniel	3	1	3	1	....	9	17
Coggeshall, Caleb	2	2	1	2	....	....	7
Coggeshall, Baulstone	2	3	1	3	....	....	9
Coggeshall, Matthew	3	4	2	3	....	....	12
Coggeshall, Ann	....	....	1	....	....	....	1
Clarke, Joseph	1	....	1	1	....	....	3
Clarke, Lydia	....	....	2	2	....	....	4
Clarke, Joseph	2	....	2	....	....	....	4
Clarke, Bathsheba	....	....	1	....	....	....	1
Clarke, Walter	2	2	1	5	....	....	10
Clarke, Sherman	2	2	2	4	....	2	12
Clarke, Samuel	1	....	1	....	....	....	2
Clarke, John	1	1	1	1	....	3	7
Clarke, Joseph	2	....	2	2	....	4	10
Clarke, Elizabeth	....	2	2	1	....	....	5
Clarke, James	1	1	1	4	....	....	7
Clarke, Peleg	1	2	2	1	....	4	10
Clarke, Lathan	4	1	4	....	....	....	9
Clarke, Mary	....	....	2	....	....	1	3
Clarke, William	1	....	2	1	....	....	4

NEWPORT—CONTINUED.

FAMILIES.	WHITES.				Indians.	Blacks.	Total.
	MALES.		FEMALES.				
	Above 16.	Under 16.	Above 16.	Under 16.			
Clarke, James............	2	5	2	....	....	....	9
Clarke, Elizabeth.........	....	....	1	2	....	....	3
Clarke, John.............	2	4	....	....	....	....	6
Clarke, Sarah............	....	....	1	....	....	....	1
Clarke, James............	1	1	1	....	....	....	3
Clarke, Audely...........	1	....	1	2	....	....	4
Clarke, Jeremiah..........	1	3	1	1	....	1	7
Clarke, Nathaniel.........	1	3	3	5	....	....	12
Clarke, Peleg............	1	....	2	1	....	....	4
Clarke, James............	2	....	1	1	....	5	9
Clarke, George...........	3	1	1	....	....	....	5
Clarke, John............	1	....	1	1	....	....	3
Clarke, John............	1	....	1	....	....	....	2
Clarke, James............	1	3	2	1	....	1	8
Collins, Samuel...........	3	1	2	3	....	4	13
Collins, John............	3	....	3	1	....	13	20
Church, Benjamin.........	2	3	3	2	....	2	12
Church, Edward..........	3	3	1	....	....	....	7
Church, Elizabeth.........	....	....	2	....	....	....	2
Carpenter, Samuel.........	3	1	3	1	....	....	8
Carpenter, Caleb.........	1	....	2	1	....	1	5
Carpenter, Jabez..........	2	....	2	....	....	....	4
Carpenter, James..........	1	2	1	2	....	2	8
Carpenter, Ann...........	1	....	1	1	....	2	5
Cable, Michael...........	1	1	1	1	....	....	4
Chafing, Seth............	1	....	1	....	....	....	2
Calver, Stephen...........	1	....	2	....	....	....	3
Crump, George...........	1	2	1	....	....	1	5
Colvil, David............	1	....	1	....	....	....	2
Crapon, Thomas..........	2	3	2	1	....	....	8
Crapon, William..........	1	2	1	1	....	....	5
Crapon, Samuel..........	2	5	2	1	....	....	10
Champlin, Jabez..........	1	....	2	1	....	3	7
Champlin, William........	3	1	3	7	....	1	15
Champlin, Christopher.....	1	1	4	2	....	2	10
Champlin, George.........	2	....	1	1	....	2	6
Champlin, Christopher.....	2	2	2	1	....	2	9
Crocher, John............	1	1	1	....	....	....	3
Chambers, Mary..........	....	....	2	2	....	....	4
Cole, Edward............	1	3	1	....	....	6	11
Cole, William............	1	....	2	....	....	....	3
Cotton, Amos............	....	....	....	....	....	8	8
Croping, William.........	1	....	1	3	....	....	5
Croping, Thomas.........	1	....	1	....	....	1	3

NEWPORT—CONTINUED.

FAMILIES.	WHITES.				Indians.	Blacks.	Total.
	MALES.		FEMALES.				
	Above 16.	Under 16.	Above 16.	Under 16			
Claggett, Elizabeth	1	1	2	....	....	....	4
Cornish, Judith	....	....	1	1	....	6	8
Cornell, William	2	1	2	4	1	....	10
Cornell, Thomas	1	2	2	3	....	....	8
Cornell, Gideon	1	....	1	1	....	....	3
Cornell, George	3	1	1	2	....	....	7
Cornell, Daniel	1	....	1	....	....	....	2
Cornell, Gideon	3	4	2	1	....	....	10
Cornell, Job	1	4	3	2	....	....	10
Cartwright, Judah	2	1	1	1	....	....	5
Calvin, John	1	1	1	1	....	....	4
Child, Venture	....	....	....	....	....	2	2
Cummings, Prince	....	....	....	....	....	2	2
Card, Joseph	2	1	5	....	....	....	8
Card, Richard	1	4	2	1	....	....	8
Card, James	1	1	1	....	....	....	3
Card, William	1	1	1	2	....	....	5
Carter, Robert	2	2	4	....	....	1	9
Carter, James	1	1	1	....	....	1	4
Cary, Peleg	1	....	4	....	....	....	5
Cary, John	2	1	2	2	....	....	7
Carr, John	1	3	3	4	....	1	12
Carr, Mary	1	1	2	....	....	4	8
Carr, Caleb	4	3	3	3	....	1	14
Carr, Samuel	1	1	1	1	....	....	4
Carr, Sales	2	....	3	....	....	....	5
Carr, Ebenezer	2	2	2	2	....	2	10
Carr, Isaac	1	....	1	2	....	....	4
Carr, Ann	....	1	3	....	....	....	4
Carr, Mary	....	....	4	....	....	....	4
Carr, Elizabeth	....	....	3	....	....	....	3
Carr, Sango	....	....	....	....	....	5	5
Cranston Jeremiah	1	1	....	....	1	1	4
Cranston, Thomas Jr	1	1	1	1	....	2	6
Cranston, Thomas	1	1	1	....	....	6	9
Cranston, Frances	1	....	2	....	....	1	4
Cranston, Richmond	1	1	1	1	....	....	4
Cranston, Mary	....	....	1	....	....	....	1
Cranston, Amy	....	....	1	1	....	....	2
Cranston, Samuel	1	4	1	1	....	....	7
Cranston, Samuel	1	1	2	1	....	....	5
Cranston, William	3	....	3	1	....	1	8
Chapman, Elizabeth	....	....	2	....	....	....	2
Chappell, Benjamin	1	1	1	....	....	....	3

NEWPORT—CONTINUED.

FAMILIES.	WHITES.				Indians.	Blacks.	Total.
	MALES.		FEMALES.				
	Above 16.	Under 16.	Above 16.	Under 16			
Cory, Rachel...............	....	....	1	....	....	....	1
Cory, Caleb...............	1	2	3	5	....	....	11
Cory, William.............	1	....	2	1	....	....	4
Coit, John................	1	....	3	....	....	....	4
Cameron, Daniel...........	1	2	1	1	....	....	5
Cozzens, Gregory..........	1	....	2	1	....	1	5
Cozzens, Mathew...........	1	2	2	4	....	4	13
Cozzens, Peter.	7	....	3	....	....	....	10
Cozzens, Sarah............	1	....	2	....	....	....	3
Cozzens, Charles	1	1	1	....	....	3	6
Cozzens, William.	2	....	1	2	....	4	9
Congdon, Stephen..........	1	3	1	2	....	....	7
Congdon, Benjamin.........	1	1	2	1	....	1	6
Chapman, Mary............	2	1	1	....	....	1	5
Cooper, Thomas............	1	1	3	1	....	....	5
Crosby, Stephen...........	1	....	1	....	....	....	2
Casey, Abraham............	....	....	....	....	....	9	9
Crandall Lemuel...........	1	2	3	....	....	....	6
Crandall, Samuel	2	2	3	2	....	....	9
Crandall, Joseph...........	2	2	2	3	....	....	9
Crandall, Thomas..........	1	....	1	4	....	....	6
Caswell, Job...............	1	1	2	1	....	....	5
Caswell, John.............	2	3	2	2	....	....	9
Caswell, Mary.............	....	....	1	2	....	....	3
Caswell, Jared	2	....	1	1	....	....	4
Cowdry, Isaac.............	1	....	2	....	....	....	3
Cowdry, Isaac Jr...........	1	3	2	2	....	....	8
Cahoone, John.............	4	1	1	4	....	....	10
Cahoone, James	2	2	2	5	....	2	13
Cahoone, Joseph	1	1	2	....	....	1	5
Cahoone, Abigail...........	2	....	3	1	....	1	7
Cahoone, Jonathan.........	2	3	1	5	....	....	11
Cahoone, John.............	1	1	1	2	....	....	5
Currier, Marcy ....:..	1	1	3	....	....	....	4
Coddington, Edward........	1	3	1	....	....	1	6
Coddington, Nathaniel......	2	1	1	2	....	....	6
Coddington, Mary..........	....	2	2	3	1	4	12
Coddington, William........	1	....	4	....	....	....	5
Cain, William..............	1	1	5	1	....	....	8
Cotterill, Thomas...........	1	1	1	2	....	1	6
Chadwick, Jonathan.........	1	1	2	7	....	....	11
Crawford, Mary,...........	1	....	2	2	....	....	5
Cheseborough, David........	1	....	2	1	1	2	7
Chadwick, Thomas..........	1	2	1	1	....	1	6

NEWPORT—CONTINUED.

FAMILIES.	WHITES. MALES. Above 16.	WHITES. MALES. Under 16.	WHITES. FEMALES. Above 16.	WHITES. FEMALES. Under 16.	Indians.	Blacks.	Total.
Center, James...............	2	1	....	....	....	1	4
Child, Oliver................	2	....	2	....	....	....	4
Cowley, Mary...............	1	....	3	3	1	2	10
Corkling, Marther...........	1	1	....	....	....	7	9
Crosswall, Mary.............	....	2	1	1	....	1	5
Chace, Jonathan.............	2	....	3	....	....	....	5
Chace, Walter...............	1	1	3	....	....	....	5
Chace, Walter Jr............	1	....	1	3	....	....	5
Castoff, Hen. Julias.........	1	2	1	2	....	....	6
Collard, Henry..............	1	....	1	....	....	1	3
Cleveland, John.............	3	....	2	....	....	....	5
Clanning, Edward...........	1	....	1	4	....	....	6
Coon, Samuel...............	2	....	1	1	....	....	4
Cutter, Thomas..............	1	1	1	3	....	....	6
Chaloner, Cudjo	....	....	....	....	....	8	8
Chaloner, Charles	....	....	....	....	....	5	5
Chaloner, Walter	4	1	2	....	....	6	13
Channing, Mary.............	4	....	3	1	....	5	13
Channing, William...........	1	1	2	....	....	....	4
Channing, Ann...............	....	....	1	....	....	....	1
Coffin, Paul.................	2	1	1	2	....	....	6
Cain, Esther................	....	....	1	....	....	....	1
Cain, Charles...............	1	2	1	1	....	....	5
Cook, Job	1	1	1	3	....	....	6
Cook, John	1	1	2	....	....	....	4
Cooke, Silas................	2	....	2	....	....	7	11
Cooke, Peter................	1	1	3	....	....	5	10
Chambers, James	1	2	1	2	....	....	6
Cesar, Ebenezer.............	....	....	....	....	....	3	3
Crooke, Robert..............	4	....	2	1	....	3	10
Cox, Thomas	1	1	1	....	....	....	3
Cooper, Mary...............	1	2	3	1	....	....	7
Cooper, Isaac	1	....	2	1	....	....	4
Cooper, William.............	1	....	1	....	....	....	2
Cooper, William.............	1	2	1	....	....	....	4
Cowing, William.............	1	2	2	....	....	....	5
Campbell, Arnold	1	....	2	1	....	....	4
Campbell, Ebenezer	1	1	1	....	....	....	3
Cole, Elizabeth..............	....	....	2	....	1	3	6
Cole, Samuel................	3	1	2	....	....	....	6
Cogin, Mary................	1	....	1	....	1	....	3
Deval, Joseph...............	1	1	1	1	....	....	4
Davens, Charles.............	1	....	1	....	....	....	2

NEWPORT—CONTINUED.

FAMILIES.	WHITES.				Indians.	Blacks.	Total.
	MALES.		FEMALES.				
	Above 16.	Under 16.	Above 16.	Under 16.			
Davis, William	2	1	1	3	1	....	8
Davis, John	1	....	2	1	....	....	4
Davis, Edward	1	2	1	....	....	....	4
Davis, John	4	....	1	1	....	....	6
Davis, Amy	....	....	2	....	....	....	2
Davis, Seth	1	4	1	1	....	....	7
Davis, Sarah	1	1	2	....	....	....	4
Day, Sarah	....	....	1	....	....	....	1
Dwarihouse, Ann	1	....	2	....	....	....	3
Daniel, Peter	2	1	2	3	....	....	8
Doubleday, Benjamin	1	1	1	3	....	....	6
Dowley, James	1	1	1	1	....	....	4
Dickens, Edward	1	2	1	....	....	....	4
Dickens, John	2	2	4	2	....	....	10
Dyre, Samuel	1	2	2	....	....	7	12
Dyre, James	....	....	....	....	....	10	10
Dyre, Joseph	1	1	1	....	....	....	3
Dyre, Joseph	1	3	2	1	....	....	7
Deblois, Stephen	1	1	2	....	....	2	6
Duncan, James	2	....	3	....	....	4	9
Dillingham, Cornelius	4	1	3	1	....	1	10
Downes, Pain	1	1	1	....	....	....	3
Dayton, Isaac	6	1	4	....	....	....	11
Dayton, Benedict	1	....	2	....	....	....	5
Dayton, Hezekiah	3	1	3	....	....	....	7
Dayton, Henry	1	....	1	1	....	....	3
Durfee, James	1	1	1	3	....	....	6
Durfee, Philip	1	....	1	....	....	1	3
Durfee, Elisha	1	1	2	3	....	....	7
Durfee, Thomas	2	....	1	1	....	....	4
Durfee, Joseph	2	....	1	5	....	....	8
Durfee, James	1	....	1	....	....	....	2
Downing, William	4	3	1	4	....	....	12
Downing, Marshall	1	2	1	....	....	....	5
Downing Phebe	....	....	1	....	....	....	1
Dunn, Robert Joseph	1	....	2	....	....	4	7
Durfee, Richard	1	2	2	....	....	....	5
Daunelly, John	1	1	2	....	....	....	5
Daunelly, Terence	1	....	3	....	....	....	4
Donjeron, Joseph	....	....	....	....	....	2	2
Dring, Benjamin	1	1	1	....	....	....	3
Duer, Elizabeth	1	....	3	....	....	....	4
Dupuy, John	2	....	2	2	....	3	9
Davenport, Samuel	2	3	1	3	....	....	9

NEWPORT—CONTINUED.

FAMILIES.	WHITES.				Indians.	Blacks.	Total.
	MALES.		FEMALES.				
	Above 16.	Under 16.	Above 16.	Under 16.			
Davenport, Ebenezer Jr.	2	....	2	3	....	....	7
Davenport, Gideon	1	5	3	2	....	1	12
Dewick, Oliver	1	....	1	1	....	....	3
Drew, James	2	1	3	2	....	1	9
Downer Sarah	1	....	2	....	....	....	3
Dennis, John	1	1	2	2	....	....	6
Dennis, Abraham	3	2	3	2	....	....	10
Dunham, John	1	1	1	....	....	....	3
Dunham, Sarah	....	....	2	....	....	....	2
Dunham, Benjamin	1	....	1	....	....	....	2
Dunham, Joseph	4	....	2	4	....	....	10
Dunham, Daniel	2	2	3	....	....	1	8
Dunham, Daniel, Jr.	1	2	1	3	....	....	7
Dunham, Benjamin	2	1	3	1	....	....	7
Dunbar, Robert	1	1	1	....	....	....	3
Dunton, Elizabeth	3	2	5	3	....	....	13
Dunton, Thomas	1	3	1	2	....	....	7
Dunwell, Samuel	1	....	1	1	....	....	3
Dunwell, Phebe	....	1	1	1	....	....	3
Dunwell, John	1	1	1	....	....	....	3
Dedery, John	1	....	1	....	....	....	2
Donham, Robert	2	1	1	2	....	....	6
Easton, Jonathan	5	3	3	....	....	7	15
Easton, Nicholas	3	....	1	2	1	6	13
Easton. Mingo	....	....	....	....	....	3	3
Easton, James	1	1	2	5	....	1	10
Easton, John	1	....	1	....	....	....	2
Easton, Job	1	....	3	....	....	2	6
Easton, Mary	....	....	2	....	....	....	2
Emmes, Mary	1	2	1	2	....	....	6
Earl, Catherine	....	3	2	1	....	....	6
Earl, John	1	2	2	2	....	....	7
Earl, Thomas	1	....	1	2	....	....	4
Earl, Davis	4	1	1	4	....	1	11
Earl, Caleb	2	....	....	....	....	1	3
Eyres, Thomas	1	....	2	2	....	1	6
Eyres, Deon	....	....	....	....	....	2	2
Elliott, Robert	1	1	2	3	....	1	8
Exceene, William	1	....	2	....	....	....	3
Ellery, William	1	4	3	2	1	2	13
Ellery, Elizabeth	....	....	2	....	....	....	2
Ellery, Christopher	1	3	2	3	....	1	10
Ernshey, Thomas	3	....	2	1	....	....	6

NEWPORT—CONTINUED.   13

FAMILIES.	WHITES.				Indians.	Blacks.	Total.
	MALES.		FEMALES.				
	Above 16.	Under 16.	Above 16.	Under 16.			
Edward, Samuel	1	....	1	1	....	....	3
Evans, Eli	1	....	1	1	....	....	3
Exeter, Exeter	....	....	....	....	1	3	4
English, George	2	....	1	....	....	....	3
English, William	2	....	1	2	....	1	6
Ewen, Peter	1	....	3	....	....	2	6
Ewen, John	1	....	2	....	....	....	3
Elizir, Isaac	1	2	2	3	....	2	10
Engs, William	3	1	4	..	....	2	10
Extine, Catherine	1	....	2	....	....	....	3
Erwen, Edward	1	1	1	....	....	....	3
Fairchild, Major	1	....	2	....	....	1	4
Fish, Silas	1	....	....	....	....	....	1
Finley, Jonathan	1	1	2	3	....	....	7
Ford, Phineas	1	1	1	....	....	....	3
Flagg, Mary	1	....	3	....	....	1	5
Fish, Preserved	4	....	2	....	....	....	6
Fish, Rose	1	2	2	1	....	....	6
Foster, Thomas	1	1	1	3	....	....	6
Feeke, Horatio	1	....	1	....	....	1	3
Feeke, Eleanor	1	....	1	1	....	....	3
Ferguson, Adam	1	....	3	2	....	1	7
Fettyplace, Jonathan	1	....	1	....	....	....	2
Fettyplace, Jonathan	3	1	4	....	....	....	8
Freebody, Judith	....	1	5	....	....	1	7
Freebody, John	1	1	1	1	....	....	4
Freebody, Thomas	3	....	2	....	....	3	8
Freebody, Samuel	1	2	3	1	....	3	10
Fill, Philip	1	1	3	3	....	....	8
Forrester, Thomas	3	1	2	5	....	....	11
Farrint, John	1	2	3	....	....	....	6
Fairbanks, Jonathan	1	....	1	....	....	....	2
Fairbanks, Davis	2	3	2	4	....	....	11
Fairbanks, Susanna	....	....	2	2	....	....	4
Fowler, Samuel	2	1	1	2	....	4	10
Fowler, Henry	1	....	1	1	....	....	3
Friend, John	1	2	1	....	....	....	4
Frost, James	2	....	1	2	....	1	6
Fry, Abigail	1	1	1	1	....	....	4
Fry, John	....	....	1	....	....	....	1
Fry, James	1	....	2	2	....	....	5
Fry, Stephen	1	2	6	1	....	....	10
Fry, John	2	4	2	2	....	1	11

NEWPORT—CONTINUED.

FAMILIES.	WHITES. MALES. Above 16.	WHITES. MALES. Under 16.	WHITES. FEMALES. Above 16.	WHITES. FEMALES. Under 16.	Indians.	Blacks.	Total.
Fryers, John...............	2	....	3	....	....	2	7
Fox, Joseph...............	2	1	1	....	....	....	4
Freeborne, Joseph...........	2	1	2	....	....	....	5
Freeborne, Henry...........	1	1	1	3	....	....	6
Freeborne, Jonathan........	2	1	1	1	....	....	5
Finch, William.............	3	4	2	2	....	....	11
Fuller, Ebenezer...........	1	1	1	1	....	....	4
Gibbs, Robert..............	1	....	1	2	....	....	4
Gibbs, Samuel.............	1	1	1	1	....	....	4
Gibbs, James...............	1	....	1	....	....	....	2
Gibbs, George..............	2	....	3	4	....	6	15
Gibbs, James Jr.............	1	3	2	1	....	....	7
Gibbs, Elisha...............	4	2	4	3	....	....	13
Gibbs, Elisha Jr............	1	1	1	2	....	....	5
Gibbs, Elizabeth............	....	....	1	....	....	1	2
Gould, Benjamin............	2	4	3	3	....	....	12
Gould, Alice................	....	....	3	....	....	....	3
Gould, James...............	4	2	4	....	....	....	10
Gould, Mary................	....	....	2	2	....	3	7
Gilbert, Elias...............	3	1	2	....	....	....	6
Gilbert, Phineas............	2	2	2	2	....	....	8
Gallop, Richard.............	1	....	2	....	....	1	4
Gardner, Edward...........	1	1	1	....	....	....	3
Gardner, Joseph............	1	....	2	1	....	....	4
Gardner, William...........	1	2	1	1	....	....	5
Gardner, Henry.............	4	3	1	1	1	....	10
Gardner, Samuel............	1	4	4	....	1	1	11
Gardner, Mary.............	....	....	1	2	....	....	3
Gardner, Caleb.............	1	2	2	3	....	1	9
Gardner, Edward...........	1	1	2	1	....	....	5
Gardner, John..............	1	1	1	1	....	....	4
Gardner, Abigail............	....	....	2	1	....	....	3
Gardner, Caleb.............	1	1	2	1	....	2	7
Gardner, Ann...............	....	....	2	....	....	....	2
Gardner, William...........	4	....	1	....	....	2	7
Gardner, Job...............	3	2	2	3	....	....	10
Gardner, Mary.............	....	1	3	1	....	....	5
Gardner, Francis............	4	....	3	2	....	3	12
Gardner, Sanford...........	1	....	1	....	....	....	2
Gardner, Mary.............	2	....	1	....	....	....	3
Gardner, James.............	1	....	1	....	....	....	2
Gardner, James Jr..........	1	3	1	....	....	....	5
Gavet, Martha..............	....	....	1	....	....	....	1

NEWPORT—CONTINUED. 15

FAMILIES.	WHITES.				Indians.	Blacks.	Total.
	MALES.		FEMALES.				
	Above 16.	Under 16.	Above 16.	Under 16.			
Garzia, John	3	....	1	4	....	1	9
Goddard, William	1	3	2	4	....	1	11
Goddard, Ruth	....	....	2	....	....	....	2
Goddard, John	4	6	4	1	....	....	15
Goddard, Mary	1	1	1	....	....	....	3
George, Archimedes	1	....	2	....	....	3	6
Grant, John	1	....	1	....	....	....	2
Grimes, John	1	2	2	2	....	3	10
George, Thomas	4	....	3	3	....	....	11
Geeves, John	1	1	1	2	....	....	5
Greenman, Job	1	2	1	....	....	....	4
Greenman, Jeremiah	2	....	1	....	....	....	3
Greenman, Job	1	2	1	....	....	....	3
Gyles, William Jr	1	2	2	2	....	....	7
Gyles, William	2	2	5	1	....	2	12
Greenhill, Catherine	....	....	1	2	....	....	3
Grenell, William	3	2	2	3	....	3	13
Grinnel, Malachi	1	1	1	1	....	....	4
Grinnel, Zebedee	1	2	2	....	....	....	5
Grinnel, Primus	1	....	....	....	....	2	3
Greene, Thomas	2	4	3	2	....	....	11
Greene, Niobe	2	....	3	2	....	....	7
Greene, John	2	5	1	3	....	....	11
Greene, Thomas	1	1	1	....	....	1	4
Greene, Samuel	5	1	2	....	....	1	9
Greene, Will	....	....	....	....	....	4	4
Greene, Joshua	1	....	1	1	....	....	3
Greene, Patience	....	2	1	2	....	....	5
Greene, ———	....	1	3	1	....	....	5
Gladding, Jonathan	1	....	1	1	....	....	3
Gladding, Jonathan, Jr	1	2	1	2	....	1	7
Gladding, Nathaniel	3	4	1	3	....	....	11
Gladding, Josiah	3	2	1	2	....	....	8
Gladding, Henry	1	1	3	....	....	....	5
Gladding, Elizabeth	....	3	1	1	....	....	5
Gladding, Mary	1	....	1	1	....	....	3
Godfrey, Caleb	1	....	1	....	....	....	2
Godfrey, James	1	1	1	....	....	....	3
Grafton, Nathaniel	3	1	2	1	....	....	7
Graham, Malcolm	1	....	1	2	....	....	4
Guinedo, Lewis	3	....	3	1	....	....	7
Gainor, Peter	4	2	3	2	....	....	11
Gubbins, Freelove	....	1	2	1	....	....	4
Geers, Uzziel	1	1	1	1	....	....	4

NEWPORT—CONTINUED.

FAMILIES.	WHITES.				Indians.	Blacks.	Total.
	MALES.		FEMALES.				
	Above 16.	Under 16.	Above 16.	Under 16.			
Grelia, Samuel............	1	....	1	2	....	....	4
Grelia, John..............	2	....	3	1	....	4	10
Goldthawate, Samuel.......	2	5	2	1	....	2	12
Gayner, John.............	1	....	1	....	....	....	2
Goree, Sylvia.............	....	....	....	....	....	....	3
Harris, John..............	4	2	3	1	....	....	10
Harris, Hugh..............	1	1	1	....	....	....	3
Harris, Sarah.............	....	....	1	....	....	....	1
Hart, Benjamin............	1	1	1	1	....	....	4
Hart, William.............	1	2	1	1	....	....	4
Heddy, Thomas............	3	1	1	7	....	....	12
Hawkins, James............	2	1	1	....	....	....	4
Hubbard, John.............	1	3	1	3	....	....	8
Hubbard, James............	1	1	1	2	....	....	6
Hathaway, Zephaniah.......	1	3	5	....	....	....	9
Hathaway, Nathaniel.......	2	1	1	2	....	1	7
Hamand, Thomas...........	1	....	1	....	....	....	2
Hammond, Arnold..........	1	1	1	2	....	....	5
Hammond, Elnathan........	1	....	1	....	....	2	4
Hammond, Abigail.........	1	....	2	....	....	3	6
Hammond, Joseph..........	6	....	1	2	....	4	13
Hammond, Nathaniel.......	1	2	2	....	....	....	5
Handy, Charles............	2	4	2	4	....	4	16
Harkness, George..........	3	1	2	....	....	....	6
Hoockey, William..........	1	....	1	2	....	....	4
Hoockey, Rebecca.........	2	....	3	....	....	....	5
Hoockey, John.............	1	....	5	....	....	....	6
Hoockey, Daniel...........	3	2	2	4	....	1	12
Hayward, Joseph...........	1	1	2	2	....	....	6
Hayward, Thomas..........	1	....	1	1	....	....	3
Hayward, Samuel...........	2	1	1	3	....	....	7
Hayes, Moses M...........	1	1	2	4	....	2	10
Halliburton, John..........	3	1	4	3	....	2	13
Heath, Mary..............	....	....	1	4	....	....	5
Heath, Jonathan............	1	3	1	2	....	....	7
Heath, Hannah............	1	....	2	....	....	....	3
Heath, Hanes.............	1	....	1	1	....	....	3
Hall, Benjamin............	2	....	3	2	....	1	8
Hall, Benjamin, Jr.........	2	1	1	2	....	....	6
Hall, George..............	2	3	2	2	....	....	9
Hall, William.............	1	....	1	....	....	....	2
Hall, Jeremiah.............	1	....	2	2	....	....	5
Hall, Stephen.............	1	....	2	2	....	....	5

NEWPORT—CONTINUED.

FAMILIES.	WHITES.				Indians.	Blacks.	Total.
	MALES.		FEMALES.				
	Above 16.	Under 16.	Above 16.	Under 16			
Hill, Robert	1	....	1	3	....	....	5
Hill, Joseph	4	3	3	3	....	....	13
Hill, Ann	....	2	1	1	....	....	3
Hill, Jeremiah	3	1	3	....	....	....	7
Hill, James	1	2	4	1	....	....	8
Howard, John	2	1	1	....	....	....	4
Howard, Rachel	1	....	2	1	....	....	4
Howard, Benjamin	1	4	2	2	....	....	9
Howard, William	1	....	2	1	....	....	4
Howard, Martin	1	....	1	....	1	3	7
Hargill, Joseph	1	1	1	1	....	....	4
Hamford, William	1	....	1	....	....	....	2
Hacker, Caleb	2	1	2	1	....	....	6
Harrison, William	2	1	1	1	....	1	6
Harrison, William	....	....	....	....	....	2	2
Howland, Joseph	5	2	2	....	....	....	9
Howland, Job	1	4	2	....	....	....	7
Howland, Thomas	2	....	2	....	....	1	5
Howland, William	1	2	1	2	....	1	7
Hull, Samuel Jr	1	3	1	1	....	....	6
Hull, Jonathan	1	1	1	1	....	....	4
Hull, Samuel	1	....	1	....	....	....	2
Hull, John	1	1	2	2	....	....	6
Hull, Mary	....	....	1	1	....	....	2
Hull, Violet	....	....	....	....	1	1	2
Hughes, Mary	1	....	2	1	....	....	3
Hughes, Thomas	1	1	1	1	....	....	4
Horswell, Thomas	1	2	1	1	....	....	5
Humphreys, Richard	1	....	1	....	....	....	2
Humphreys, William	1	1	1	1	....	....	4
Howell, Luke	1	1	1	2	....	....	5
Hunt, Samuel	2	....	2	2	....	....	6
Hunter, William	2	....	1	3	....	3	9
Hunter, Henry	2	....	1	....	....	5	8
Hunter, Jenny	....	....	2	....	....	2	4
Huland, Sarah	1	....	2	....	....	....	3
Halpin, James P	1	1	1	....	....	....	3
Hastie, Mary	1	....	2	2	....	....	5
Haggar, William G	1	2	1	3	....	1	8
Heffernan, Elizabeth	....	1	2	1	....	....	4
Heffernan, William	1	1	1	3	....	....	6
Heffernan, Elizabeth	1	....	1	1	....	....	3
Hicks, Susanna	....	....	1	3	....	....	4
Hicks, Benjamin	1	3	1	....	....	4	9

NEWPORT—CONTINUED.

FAMILIES.	WHITES.				Indians.	Blacks.	Total.
	MALES.		FEMALES.				
	Above 16.	Under 16.	Above 16.	Under 16.			
Harwood, John............	1	1	1	2	....	....	5
Holverson, Susanna........	1	1	3	....	....	1	6
Hare, Edward.............	1	1	3	....	....	....	5
Henshaw, Elizabeth........	....	....	2	....	....	....	2
Holloway, Daniel..........	1	2	1	2	...	3	9
Holloway, Samuel..........	1	1	1	1	....	....	4
Hanners, Elizabeth.........	....	....	2	1	....	....	3
Hadwen, John.............	3	2	4	4	....	1	14
Hardy, James.............	3	1	1	2	....	....	7
Huddy, Norton............	1	2	1	....	....	....	4
Higgins, Edith............	....	....	1	....	....	....	1
Herrick, Andrew...........	1	2	2	3	....	....	8
Honeyman, James..........	2	1	1	....	....	6	10
Honeyman, Martha.........	1	....	3	....	....	4	8
Honeyman, Rose	....	....	....	....	....	1	1
Hatch, Samuel.............	1	1	2	....	....	....	4
Hazard, George............	2	2	3	2	....	2	11
Hazard, Edward...........	1	2	2	....	....	2	7
Hazard, Fones............	1	....	1	1	....	....	3
Hazard, Edward...........	1	....	1	1	....	....	3
Horsefield, Israel..........	1	1	1	....	....	....	3
Hutchinson, William........	1	1	1	....	....	....	3
Hopkins, Samuel...........	5	2	3	1	....	1	12
Holmes, James............	1	1	1	1	....	1	5
Holmes, Cudjo............	....	....	....	....	....	2	2
Helme, Nathaniel..........	3	....	....	....	....	....	3
Helme, Sarah.............	....	2	1	1	....	....	4
Helme, Thomas...........	2	1	3	1	....	....	7
Hammet, Nathan..........	3	....	1	....	....	....	4
Hoxsie, Lodowick..........	3	2	3	....	....	....	8
Hoxsie, Benjamin..........	1	2	1	....	....	....	4
Havens, Elizabeth	....	....	1	....	....	....	1
Huntington, David.........	1	2	2	1	....	1	7
Hudson, Daniel............	1	....	1	1	....	....	3
Hudson, Thomas...........	3	2	2	1	....	....	8
Hudson, John.............	1	5	1	4	....	....	11
Hudson, Peleg.............	1	....	1	2	....	....	4
Hastings, Prudence.........	....	....	2	1	....	....	3
Holt, William.............	1	1	1	....	....	....	3
Holt, Benjamin	2	....	2	....	....	....	4
Harvey, Ruth.............	1	....	1	....	....	....	2
Hart, Isaac...............	2	....	1	....	....	3	6
Hart, Jacob...............	3	....	3	....	....	1	7

NEWPORT—CONTINUED.

FAMILIES.	WHITES.				Indians.	Blacks.	Total.
	MALES.		FEMALES.				
	Above 16.	Under 16.	Above 16.	Under 16.			
Isaacs, Jacob...............	1	....	2	4	....	2	9
Ingraham, John............	1	1	1	1	....	1	5
Ingraham, Benjamin.........	1	1	1	....	....	1	4
Ingraham, Anstis............	1	....	2	....	....	....	3
Irish, Joshua...............	1	2	1	1	....	....	5
Irish, Charles	1	1	3	2	....	....	7
Jones, Benjamin............	1	....	2	2	....	....	5
Jones, Elizabeth...........	2	....	2	....	....	....	4
Jones, Sarah................	....	....	2	....	....	....	2
Jack, Sarah.................	....	....	....	....	....	5	5
Jordan, Daniel..............	....	....	....	....	....	2	2
Jacob, Joseph...............	1	....	1	....	....	3	5
Jeut, John..................	1	1	2	1	....	....	5
Jackson, Bartholomew........	4	2	2	....	....	....	8
Jackson, Elizabeth...........	....	....	1	....	....	1	2
Jackson, Jacob..............	....	....	....	....	....	4	4
Jackson, William............	1	1	1	1	....	....	4
Johnson Nathaniel...........	4	2	1	1	....	....	8
Johnson, Richard............	3	2	....	....	....	1	6
Johnson, Samuel............	2	1	3	3	....	5	14
Johnson, Meriam............	2	2	2	....	....	....	6
Johnson, John...............	2	....	4	3	....	1	10
Johnson, Augustus...........	2	5	3	3	....	6	19
Johnson, Elisha	1	....	1	....	....	....	2
Johnson, Mary	1	1	2	....	....	....	4
Johnson, Sylvester...........	1	2	2	5	....	....	10
Jonnson, Tony	....	....	....	....	....	....	5
James, Benjamin	1	2	1	2	....	....	6
James, Lydia	1	2	3	....	....	....	6
James, John.................	1	....	1	....	....	....	2
James, William..............	2	....	2	1	....	....	5
James, Samuel..............	1	3	1	2	....	....	7
James, Samuel..............	1	....	2	2	....	....	5
James, Joan	....	....	1	....	....	....	1
James, Joseph..............	1	1	2	2	....	....	6
James, John.................	1	2	2	....	....	....	5
James, Mary................	....	1	1	1	....	1	4
James, Hannah..............	2	1	2	....	....	1	6
James, Francis..............	....	1	1	....	....	....	2
Jeffers, Joseph..............	1	1	1	1	....	1	5
Jeffers, Jonathan............	4	3	1	3	....	1	12
Jeffers, Joseph..............	1	1	2	2	....	....	6
Jeffers, Miriam..............	....	....	1	....	....	....	1

NEWPORT—CONTINUED.

| FAMILIES. | WHITES |||| Indians. | Blacks. | Total. |
| | MALES. || FEMALES. |||||
	Above 16.	Under 16.	Above 16.	Under 16.			
Johns, Elizabeth............	1	....	2	....	....	....	3
Joy, William................	1	3	1	3	....	....	8
Jenkins, Nathaniel..........	2	....	1	1	....	....	4
Jacques, Henry.............	3	1	1	1	....	....	6
Keen, Samuel...............	2	....	2	....	....	....	4
Kinnicutt, Honora...........	1	1	5	....	....	....	7
Keeling, Susanna.	....	....	2	....	....	....	2
Kinsley Frederic	1	....	1	....	....	....	2
Kelly, Erasmus..............	1	3	2	....	....	....	6
Kelly, Catherine............	1	....	1	1	....	....	3
Kelly, Robinson	1	....	1	....	....	....	2
Kennyon, Remington........	1	2	1	1	....	....	5
Keith, James................	2	1	....	....	....	3	6
King, Benjamin.............	1	....	3	....	....	1	5
King, Elizabeth	....	2	1	1	....	....	4
Knocchel, Elizabeth.........	....	....	2	1	....	....	3
King, Elizabeth..............	....	....	2	....	....	....	2
King, Samuel	1	2	1	....	....	....	4
Knapp, Elijah...............	2	3	2	3	....	1	11
Kerby, John................	1	1	1	4	....	....	7
Larkin, James	1	....	1	....	....	....	2
Larkin, Daniel...............	1	....	1	....	....	....	2
Larkin, Joseph..............	1	....	1	3	....	....	5
Lawton, Lucy...............	....	1	1	1	....	....	3
Lawton, Isaac...............	1	....	2	....	....	....	3
Lawton, Matthew............	1	2	1	....	....	....	4
Lawton, Jonathan............	2	1	1	1	....	....	5
Lawton, Jeremiah	1	1	1	1	....	....	4
Lawton, Samuel.............	1	....	1	3	....	....	5
Lawton, Elisha..............	3	....	1	2	....	....	6
Lawton, Robert	1	4	1	3	....	2	11
Lawton, John Jr.............	2	1	1	2	....	....	6
Lawton, John...............	1	....	2	1	....	3	7
Lawton, Robert	1	1	1	2	....	....	5
Lawton, Isaac...............	2	....	3	2	....	1	8
Lawton, George..............	5	1	3	1	....	....	10
Lawton, Thomas.............	1	1	2	....	....	....	4
Littlefield, Solomon..........	1	3	1	1	....	1	7
Lewis, John.................	1	1	2	3	....	....	7
Lewis, Jonathan	3	....	1	....	....	....	4
Lennard, Patrick	1	....	1	....	....	....	2
Lueby, Thomas Grey	2	....	....	1	....	....	3

NEWPORT—CONTINUED.

FAMILIES.	WHITES.				Indians.	Blacks.	Total.
	MALES.		FEMALES.				
	Above 16.	Under 16.	Above 16.	Under 16.			
Lillibridge, Edward	2	....	2	1	....	2	7
Lillibridge, Robert	1	....	1	....	....	....	3
Lillibridge, Robert, Jr	3	4	3	3	....	1	14
Ladd, Lydia	....	....	2	1	....	....	3
Ladd, William	1	4	2	1	....	....	8
Lopez, Aaron	9	2	7	7	1	5	31
Lopez, Rebecca	3	....	3	1	....	2	9
Loyd, John	1	1	1	1	....	....	4
Lyndon, Josias	1	....	3	....	....	4	8
Lyndon, Samuel	1	2	1	1	....	1	6
Lyndon, Caleb	1	1	1	3	....	....	6
Lawrence, Ann	....	1	1	1	....	....	3
Lyon, James	5	....	1	1	....	1	8
Lyon, Uriah	1	3	2	3	....	....	9
Lary, Jack	....	....	....	....	....	5	5
Lasscell, Elizabeth	1	....	2	....	....	....	3
Lasscell, John	1	1	1	....	....	....	3
Leach, Amos	1	2	1	....	....	1	5
Lindsey, Esther	1	....	1	....	....	....	2
Lincom, Elizabeth	1	....	2	....	....	....	3
Langworthy, Andrew	1	....	2	....	....	....	3
Langworthy, Abigail	1	....	1	....	....	....	2
Logan, Michael	1	1	1	....	....	....	3
Lee, William	1	3	2	3	....	....	9
Levy, Moses	3	....	3	....	....	1	7
Levy, Stiam	1	1	2	1	....	1	6
Lambert, John	1	....	1	....	....	....	2
Lechmere, Nicholas	3	....	3	2	....	2	10
Langley, William	3	1	1	2	....	....	7
Langley, Peter	1	....	1	....	....	....	2
Langley, John	2	2	1	....	....	....	5
Langley, Bethiah	1	....	1	....	....	....	2
Langley, Lee	2	....	1	....	....	....	3
Landers, John	3	2	2	2	....	....	9
Levex, Martha	....	....	1	1	....	....	2
Lake, William	2	1	1	1	....	....	5
Lake, Sarah	....	1	3	1	....	....	5
Little, Mary	....	2	2	....	....	....	4
Lightfoot, Robert	1	....	3	....	....	2	6
Lambeth, Stephen	1	....	1	....	....	....	2
Luther, Perez	1	1	1	2	....	....	5
Luther, Nathan	2	4	1	....	....	....	7
Lamb, Mary	....	1	2	2	....	....	5
Low, Richard	1	....	1	....	....	....	2

NEWPORT—CONTINUED.

FAMILIES.	WHITES.				Indians.	Blacks.	Total.
	MALES.		FEMALES.				
	Above 16.	Under 16.	Above 16.	Under 16.			
Moss, Edward...............	1	....	1	....	....	....	2
Moss, Anna..................	....	....	2	....	....	....	2
Moss, Philip................	2	1	2	....	....	....	5
Mumford, Benjamin.........	1	4	1	2	....	....	8
Mumford, John..............	1	3	3	....	....	8	15
Mumford, Nathaniel.........	1	5	2	1	....	2	11
Mumford, Benjamin.........	1	....	1	....	....	1	3
Mumford, Peter.............	1	1	5	3	....	7	17
Mumford, Paul..............	1	1	2	2	1	....	7
Mumford, Elizabeth.........	2	2	2	....	....	....	6
Mumford, Samuel............	2	2	1	1	....	1	7
Mumford, Mary.............	1	....	2	....	....	....	3
Mumford, William..........	4	....	7	....	2	1	14
Maxson, John...............	2	1	2	2	....	....	7
McDonald, Alexander.......	1	1	1	1	....	....	4
McDonald, William.........	1	....	1	....	....	....	2
Melvill, Thomas.............	1	....	3	....	....	....	4
Melvill, Thomas Jr..........	3	2	1	1	....	....	7
Melvill, David...............	2	3	1	1	....	....	7
Morgan, William	1	....	1	1	....	....	3
Morgan, Elizabeth...........	1	....	1	....	....	....	2
Morgan, Cornelius..........	1	....	1	....	....	....	2
Miller, John.................	3	2	1	1	....	5	12
Miller, Rachel...............	....	1	1	....	....	....	2
Megee, John.................	4	1	1	1	....	4	11
McMain, Mary..............	....	....	1	....	....	....	1
McIntire, Duncan............	1	4	1	....	....	....	6
Marsh, Gould...............	2	2	3	4	....	....	11
Marsh, James................	1	....	1	....	....	1	3
Marsh, Jonathan.............	3	1	4	1	1	1	11
Morey, Hopestill	....	2	1	1	....	....	4
Morey, Robert...............	1	4	1	3	....	....	9
Murphy, John................	1	....	1	2	....	....	4
Murfey, Marcy..............	1	1	2	1	....	....	5
Murfey, Edward.............	1	2	2	2	....	....	7
Mawdsley, John.............	3	2	2	1	....	20	28
Marvill, Francis.............	1	2	1	....	....	....	4
McDaniel, Lydia.............	1	....	1	1	....	....	3
Morris, Esther...............	....	....	2	3	....	4	9
Martin, Michael.............	1	....	....	....	....	1	2
Martin, James...............	2	....	1	1	....	....	4
Martin, Albrough...........	1	1	1	....	....	....	3
Martin, George..............	4	1	3	2	....	....	10
Martin, Lemuel	1	....	1	....	....	....	2

NEWPORT—CONTINUED.

FAMILIES.	WHITES.				Indians.	Blacks.	Total.
	MALES.		FEMALES.				
	Above 16.	Under 16.	Above 16.	Under 16.			
Martin, Lynn	2	....	3	3	....	2	10
Moore, David	1	1	2	....	....	2	6
Moore, William	3	2	3	3	....	....	11
Marshall, Samuel	2	1	2	2	....	....	7
Marshall, Benjamin	1	2	2	....	....	....	5
Mascall, Marcy	....	....	1	....	....	....	1
Minturn, William	1	1	1	2	....	2	7
Mitchell, Deborah	....	....	2	....	....	....	2
Munro, Daniel	1	1	2	2	....	....	6
Munro, John	1	....	1	2	....	....	4
Munro, George	1	....	2	3	....	....	6
Malbone, John	1	....	1	....	....	4	6
Malbone, Francis	2	2	2	2	....	10	18
Malbone, Evan	8	....	2	....	....	7	17
Malbone, Jack	....	....	....	....	....	2	2
Malbone, Peter	....	....	....	....	....	2	2
Mason, Benjamin	1	2	3	2	....	7	15
Macomber, Ephraim	1	1	1	1	....	....	4
Myers, Jacob	1	....	1	1	....	....	3
Marchant, Isabell	....	....	3	....	....	....	3
Marchant, Henry	2	....	2	3	....	2	9
Matthew, James	1	....	1	....	....	....	2
Mattison, Sarah	....	....	2	1	....	....	3
Mackey, Susanna	....	....	1	1	....	....	2
Manchester, Ann	....	4	1	1	....	....	6
Martindale, Isaac	1	1	1	1	....	....	4
Markham, Eliphaz	1	2	2	1	....	....	6
Moody, James	2	....	1	1	....	....	4
Manly, John	2	1	1	....	....	....	4
McCleod, Archibald	1	1	1	2	....	....	5
Moulton, Hannah	1	1	1	....	....	1	4
Monks, Daniel	1	....	1	....	....	....	2
Merris, William	2	3	3	2	....	....	10
McLain, Mary	....	....	1	....	....	....	1
Mundon, Mary	1	....	2	2	....	....	5
Moses, Samuel	2	2	2	1	....	....	7
McLeach, John	1	1	1	1	....	....	4
Milward, James	3	1	3	1	....	1	9
Murray, Anthony	1	1	1	....	....	....	3
McKenzie, John	1	....	1	....	....	....	2
Negus, Nathaniel	1	1	1	2	....	....	5
Nichols, Sarah	....	....	1	....	....	2	3
Nichols, Benjamin	1	....	1	....	....	....	2

NEWPORT—CONTINUED.

FAMILIES.	WHITES.				Indians.	Blacks.	Total.
	MALES.		FEMALES.				
	Above 16.	Under 16.	Above 16.	Under 16.			
Nichols, Joseph.............	2	2	2	....	....	1	7
Nichols, David..............	1	1	2	1	....	....	5
Nichols, Samuel............	1	2	1	1	....	....	5
Nichols, Samuel............	2	3	2	2	....	1	10
Nichols, John...............	3	5	2	2	....	....	12
Nichols, George............	1	2	2	1	....	1	7
Nichols, Benjamin..........	1	1	1	....	....	4	7
Nichols, Sarah..............	2	....	2	....	....	1	5
Nichols, Catharine..........	....	1	1	3	....	....	5
Nexson, James..............	1	....	1	1	....	....	3
Nexson, James..............	1	....	3	1	....	2	7
Nicher, Thomas.............	1	2	1	1	....	....	5
Northam, Amy..............	....	....	2	....	....	....	2
Northom, John..............	4	2	2	3	....	1	12
Norman, Moses.............	4	....	3	....	....	....	7
Newman, Augustus.........	2	....	1	2	....	....	5
Nickless, Sarah.............	....	....	2	....	....	....	2
Newton, John...............	1	2	1	4	....	....	8
Newton, Simon.............	4	1	3	2	....	3	13
Oliver, William Sanford.....	1	1	2	....	....	....	4
Otis, Jonathan..............	3	1	6	....	....	3	13
Omen, Henry...............	1	1	1	2	....	....	5
Overland, John..............	1	2	1	2	....	....	6
Oldfield, John...............	1	....	2	4	....	2	9
Overing, Henry John........	2	1	2	1	....	8	14
Oxx, William................	2	....	....	....	....	....	2
Osborn, Henry..............	1	....	2	....	....	6	9
Osborn, William............	1	....	1	2	....	....	4
Oatley, Arthur..............	1	....	1	1	....	....	3
Oldham, John...............	1	6	2	1	....	....	10
Pabodie, Benjamin..........	3	....	3	....	....	....	6
Pabodie, John...............	1	3	1	2	....	....	7
Pabodie, Ruth...............	....	....	1	....	....	....	1
Pettis, Jonathan.............	1	2	2	2	....	....	7
Purslee, Elizabeth...........	1	....	2	....	....	....	3
Prhen, Frederick............	1	....	1	....	....	1	3
Pinniger, Mary..............	....	....	3	2	....	....	5
Pinniger, Edmund..........	1	....	1	1	....	....	3
Pinniger, William...........	1	1	1	....	....	....	3
Pinniger, John..............	1	2	1	....	....	....	4
Philips, Richard.............	1	....	3	1	....	....	5
Philips, Joseph..............	2	3	1	1	....	....	7

NEWPORT—CONTINUED.

FAMILIES.	WHITES. MALES. Above 16.	WHITES. MALES. Under 16.	WHITES. FEMALES. Above 16.	WHITES. FEMALES. Under 16	Indians.	Blacks.	Total.
Philips, John..............	1	1	1	...	...	...	3
Philips, Hannah.............	3	...	1	...	...	...	4
Philips, Joseph.............	1	...	2	1	...	...	4
Philips, William.............	1	...	1	1	...	...	3
Philips, Jeremiah...........	2	2	...	3	...	...	7
Philips, Phebe..............	...	1	2	2	...	...	5
Peck, William Augustus.....	2	...	2	1	...	1	6
Pagget, George.............	1	...	1	1	...	...	3
Partelo, Richard............	2	3	1	...	...	...	6
Partelo, Annis..............	...	...	3	1	...	...	4
Pike, Joseph................	2	...	1	6	...	...	9
Pike, William...............	2	2	3	...	...	...	7
Parker, Peter...............	1	2	2	...	...	...	5
Polock, Frances.............	...	...	3	...	...	2	5
Polock, Myer...............	2	3	3	2	1	...	11
Pendleton, William..........	2	1	2	2	...	...	7
Peterson, Joseph............	2	1	2	4	...	...	9
Peterson, Mary..............	...	1	1	2	...	...	4
Price, William..............	1	...	2	...	...	...	3
Price, John.................	2	3	1	3	...	...	9
Price, Mercy...............	2	...	2	...	...	...	4
Paul, William...............	2	1	3	...	...	5	11
Paul, Joshua................	1	3	2	1	...	...	7
Paul, Sabina................	...	...	...	...	...	2	2
Somers & Peckham, Widows..	...	...	2	...	...	...	2
Peckham, George H.........	2	1	1	1	...	4	9
Peckham, William...........	2	1	2	1	...	...	6
Peckham, Mary..............	...	...	3	2	...	...	5
Peckham, Sarah.............	...	1	3	...	...	...	4
Peckham, Joshua............	1	1	1	3	...	1	7
Peckham, Enos..............	1	1	1	1	...	...	4
Peckham, Sarah.............	...	...	1	...	...	...	1
Peckham, Benoni............	2	2	2	4	...	...	10
Peckham, Ruth..............	3	2	16	4	1	3	29
Peckham, Henry.............	1	...	2	...	...	1	4
Peckham, Philip.............	2	2	1	4	...	...	9
Preston, Elizabeth...........	2	1	1	...	...	...	4
Peirce, Jonathan............	2	2	2	...	...	...	7
Peirce, Timothy.............	1	2	2	...	...	...	5
Peirce, Clother..............	3	...	2	...	...	...	5
Peirce, Clother Jr...........	2	...	3	1	...	1	7
Peirce, Thomas..............	...	...	...	...	...	5	5
Pease, Simon................	2	...	2	...	...	6	10
Pease, Zephaniah............	1	1	2	...	...	...	4

NEWPORT—CONTINUED.

FAMILIES.	WHITES.				Indians.	Blacks.	Total.
	MALES.		FEMALES.				
	Above 16.	Under 16.	Above 16.	Under 16.			
Pease, Zephaniah Jr.	1	2	1	....	....	....	4
Pease, Martha	....	1	3	....	....	1	5
Prior, William	3	6	2	1	....	1	13
Palmer, Thomas	1	....	2	2	....	....	5
Pope, Ezra	1	....	2	1	....	....	4
Parmenter, Benjamin	2	....	2	1	....	....	5
Perkins, Brenton	7	1	2	1	....	1	12
Perkins, Phebe	....	....	2	....	....	....	2
Proud, John	2	....	2	....	....	....	4
Proud, Robert	1	1	2	1	....	....	5
Partridge, Robert	1	....	2	1	....	....	4
Potter, Ichabod	1	....	1	1	....	3	6
Potter, Henry	1	....	1	....	....	1	3
Potter, Colando	....	....	....	....	....	2	2
Potter, William	1	3	1	3	....	....	8
Pitman, Peleg	1	2	1	....	....	....	4
Pitman, Samuel	1	....	2	....	....	....	3
Pitman, James	2	1	1	2	....	....	6
Pitman, Samuel	1	1	1	....	....	....	3
Pitman, Abigail	....	2	1	1	....	....	4
Pitman, Moses	1	2	2	1	....	....	6
Pitman, John	2	1	4	....	....	1	8
Pitman, Benjamin	1	....	1	....	....	....	2
Pitman, Joseph	1	3	1	1	....	....	6
Perry, Hannah	....	....	....	....	....	4	4
Perry, Edward	1	....	1	....	....	....	2
Perry, Edward Jr.	1	5	3	1	....	....	10
Read, Oliver	1	....	2	....	....	....	3
Read, William	2	....	1	1	....	4	8
Read, Eleazer	....	1	2	....	....	....	3
Read, John	1	3	1	2	....	1	8
Read, John	1	3	1	2	....	....	7
Reed, Oliver Jr.	1	1	1	3	....	....	6
Reed, Eleazer Jr.	1	2	1	....	....	....	4
Reed, Eleazer	3	2	1	3	....	....	9
Reed, James	1	....	2	1	1	....	5
Reed, Hannah	....	....	2	....	....	....	2
Reed, John	1	....	1	....	....	....	2
Reed, Benjamin	1	....	1	2	....	....	4
Rogers, Sarah	....	....	2	....	....	....	2
Rogers, Nehemiah	1	1	2	2	....	....	6
Rogers, Jonathan	1	....	3	....	....	1	5
Rogers, John	1	....	1	2	....	....	4

NEWPORT—CONTINUED.

FAMILIES.	WHITES.				Indians.	Blacks.	Total.
	MALES.		FEMALES.				
	Above 16.	Under 16.	Above 16.	Under 16.			
Rogers, Josias	1	1	1	1	....	....	4
Rogers, James	1	....	1	....	....	1	3
Rogers, Thomas	1	....	3	....	....	....	4
Rogers, James	2	....	2	1	....	1	6
Rogers, Peleg	1	2	1	....	....	....	4
Rogers, Martin	1	....	1	....	....	....	2
Rogers, Phebe	....	....	1	....	....	....	1
Rogers, Abigail	3	....	2	2	....	3	10
Rogers, John	2	2	1	....	....	....	5
Rogers, John	1	....	3	....	....	....	5
Rights, Matthew	1	....	1	....	....	3	6
Rider, Rebecca	....	....	3	....	....	....	3
Rider, William	4	....	1	4	....	1	10
Rider, Joseph	2	1	4	2	....	....	9
Rider, John	1	1	2	1	....	....	5
Rex, George	1	....	1	2	....	....	4
Rodman, Catharine	1	....	1	....	....	1	3
Rodman, Mary	1	....	3	5	....	1	10
Rodman, Joseph	2	....	1	1	....	....	4
Rodman, James	1	....	2	....	....	1	4
Ranson, Abraham	1	3	2	1	1	....	8
Rhodes, Rebecca	....	1	1	1	....	....	3
Rhodes, Abigail	....	....	2	....	....	3	5
Rhodes, Newport	....	....	....	....	....	1	1
Remington, John	2	2	1	....	....	....	5
Remington, Peleg	1	1	1	....	....	....	3
Reynolds, Francis	1	....	1	1	....	1	4
Reynolds, Martha	....	....	2	....	....	....	2
Reynolds, Elisha	1	1	1	....	....	....	3
Ross, David	2	....	2	....	....	1	5
Ross, Jeremiah	2	1	2	....	....	....	5
Ressmeyer, Abraham Luod	1	....	1	1	....	....	3
Rock, John	1	....	2	3	1	....	7
Rowse, Jane	....	2	2	....	....	....	4
Rumreil, Sarah	4	....	2	2	....	3	11
Redwood, Abraham	3	3	3	1	....	3	13
Redwood, Jonas L.	1	2	2	1	....	1	7
Redwood, Abraham Jr.	1	....	1	2	....	1	5
Redwood, William	2	....	1	1	....	....	4
Redwood, Phillis	....	....	....	....	....	1	1
Redwood, Cuff	....	....	....	....	....	2	2
Roach, James	2	1	3	....	....	2	8
Renk, Charles	2	....	1	....	....	....	3
Richardson, Jenny	....	....	....	....	....	3	3

NEWPORT—CONTINUED.

FAMILIES.	WHITES MALES. Above 16.	WHITES MALES. Under 16.	WHITES FEMALES. Above 16.	WHITES FEMALES. Under 16.	Indians.	Blacks.	Total.
Richardson, Ebenezer	1	1	2	2	....	2	8
Richardson, Ebenezer Jr.	1	1	2	4	....	....	8
Richardson, Thomas	1	1	1	....	1	4	8
Richardson, Jacob	1	3	1	4	....	1	10
Richardson, Thomas	1	....	1	....	....	....	2
Robinson, William	4	1	6	....	....	1	12
Robinson, James	1	....	2	4	....	2	9
Robinson, Oroko	....	....	....	....	....	2	2
Robinson, Thomas	1	4	3	2	....	3	13
Richards, Peter	1	....	....	....	....	....	1
Richards, Prince	....	....	....	....	....	2	2
Richards, John	1	....	1	1	....	....	3
Richards, Agus	1	....	1	1	....	....	3
Rathburn, Joshua	1	....	1	1	....	....	4
Richmond, Gamaliel	1	3	3	....	....	....	7
Richmond, Jane	....	....	....	....	....	3	3
Russell, Stafford	1	....	2	....	....	....	3
Rodrick, Emanuel	1	3	1	2	....	....	7
Rude, William	1	1	2	....	....	....	4
Rivera, Jacob Rod	4	1	1	....	....	12	18
Rome, George	4	....	....	....	....	13	17
							4
Sanford, Abigail	....	....	3	....	....	1	4
Sanford, Thomas	1	1	2	....	....	....	4
Sanford, Elisha	2	2	1	2	....	1	8
Sanford, Jane	2	1	4	2	....	....	9
Sanford, Joseph	1	3	1	1	....	....	6
Sanford, Lydia	....	....	2	....	....	1	3
Sanford, Robert	1	1	1	....	....	....	3
Sanford, Esther	....	....	3	....	....	1	4
Sanford, Samuel	1	....	1	....	....	2	4
Sanford, Benjamin	....	....	1	1	....	....	2
Sanford, James	1	....	1	....	....	....	2
Saunders, Freelove	1	1	3	....	....	1	6
Servat, Daniel	2	1	2	2	....	2	9
Stanton, Lodowick	3	....	1	1	....	....	5
Stanton, Joanna	....	....	1	2	....	....	3
Stanton, Thomas Jr.	1	3	1	1	....	2	8
Stanton, John	1	4	3	1	....	....	9
Stanton, Giles	2	5	2	1	....	....	10
Sparkes, Sarah	....	....	1	....	....	....	1
Scixas, Moses	1	....	2	1	....	1	5
Sheffield, Nathan	1	1	1	2	....	....	5
Sheffield, Elisha	4	2	4	7	1	5	23

NEWPORT—CONTINUED.   29

FAMILIES.	WHITES.				Indians.	Blacks.	Total.
	MALES.		FEMALES.				
	Above 16.	Under 16.	Above 16.	Under 16.			
Sheffield, Joseph	1	3	1	3	....	....	8
Slocum, John	1	5	1	3	....	3	13
Slocum, Edward	1	2	4	1	....	1	9
Slocum, William	1	3	1	2	....	....	7
Simmons, Thomas	1	1	1	1	....	....	4
Simmons, Edward	3	1	2	....	....	4	10
Simmons, Jonathan	1	2	1	3	....	....	7
Simmons, Remembrance	1	3	2	2	....	....	8
Smith, Dorcas	....	....	2	....	....	....	2
Smith, Peter	1	....	1	1	....	1	4
Smith, Arthur	1	....	1	1	....	....	3
Smith, William	2	1	2	....	....	1	6
Smith, Benedict	1	2	1	2	....	....	6
Smith, Nathaniel	1	1	1	2	....	1	6
Smith, Hannah	....	....	2	1	....	....	3
Smith, Samuel	1	1	2	....	....	....	4
Smith, Sumner	1	2	1	1	....	....	5
Smith, Joan	2	....	1	....	....	....	3
Smith, Elisha	1	2	2	....	....	....	5
Smith, Hannah	1	....	2	1	....	....	4
Smith, Proserpine	....	....	....	....	....	1	1
Smith, Henry	2	....	4	....	....	....	6
Smith, Samuel	2	1	2	3	....	1	9
Smith, Ann	....	....	1	1	....	....	2
Smith, Joseph	1	....	1	2	....	....	4
Settle, Richard	1	2	1	1	....	....	5
Swasher, Gregory	2	1	3	....	....	....	6
Spear, Elias	1	1	1	1	....	....	4
Spear, Peirce	2	....	2	....	....	....	4
Spear, John	1	....	1	....	....	....	2
Schofield, John	1	....	2	....	....	....	3
Sarzedas, Catharine	....	2	2	1	....	4	9
Sayer, Benjamin	1	3	2	1	....	....	7
Sayer, Joshua	2	....	3	....	....	3	8
Sayer, Joshua Jr	1	1	1	1	....	....	4
Safford, Daniel	1	....	1	....	....	....	2
Stanhope, Ralph	1	3	1	3	....	....	8
Stanhope, William	1	1	1	2	....	....	5
Shewen, Robert	1	2	2	....	....	....	5
Sandy, Benjamin	1	2	1	....	....	....	4
Sears, George	2	1	2	2	....	1	8
Seaver, David	1	....	3	....	....	....	4
Stafford, Elizabeth	....	....	1	....	....	....	1
Peckham & Somers, Widows	....	....	2	....	....	....	2

NEWPORT—CONTINUED.

FAMILIES.	WHITES.				Indians.	Blacks.	Total.
	MALES.		FEMALES.				
	Above 16.	Under 16.	Above 16.	Under 16.			
Shaw, William	1	1	2	1	....	....	5
Shaw, Anthony	3	2	2	2	....	....	9
Shaw, Anthony Jr	1	1	1	....	....	....	3
Shaw, Thomas	1	3	1	3	....	....	8
Shaw, John	3	2	1	1	....	....	7
Shaw, Sylvanus	2	....	1	1	....	....	4
Stewart, Gilbert	2	....	1	....	....	1	4
Stevens, Joseph	2	....	1	....	....	....	3
Stevens, John	2	2	2	....	....	1	7
Stevens, Thomas	3	4	1	1	....	1	10
Stevens, Robert	2	1	2	2	....	5	12
Stevens, William	3	....	3	1	....	4	11
Stall, William	3	4	2	1	....	....	10
Sutton, Mary	....	....	....	....	....	3	3
Sambo, Barbara	....	....	1	....	....	2	3
Simons, John	1	....	2	....	....	....	3
Simons, William	1	3	2	1	....	....	7
Shirley, Elizabeth	1	....	2	....	....	1	4
Sowle, Henry	2	2	2	1	....	1	8
Shrieve, Mary	....	1	1	1	....	....	3
Spencer, Michael	1	2	1	....	....	....	4
Secater, Betty	....	....	....	....	....	2	2
Sands, John	1	2	2	1	....	1	7
Swan, Richard	3	1	2	....	....	....	6
Stiles, Ezra	1	2	2	4	....	1	10
Sylvester, Mercy	....	4	2	1	....	....	7
Siddall, William	1	....	1	1	....	....	3
Stanley, Thomas	2	1	2	4	....	....	9
Sherburn, Lucy	1	....	3	....	....	1	5
Southwick, Joseph	1	2	2	....	....	1	6
Southwick, Solomon	2	2	2	1	....	4	11
Southwick, Joseph	2	1	1	2	....	....	6
Stoddard, Robert	1	4	2	1	....	3	11
Stoddard, Jonathan	2	1	1	3	....	....	7
Stoddard, Joshua	2	....	2	....	....	....	4
Swinborn, Thomas	3	2	4	....	....	....	9
Sisson, Robert	3	....	2	1	....	....	6
Sisson, Joseph	2	2	3	4	....	....	11
Sisson, Gideon	1	2	3	3	....	2	11
Sisson, James	7	....	3	....	....	2	12
Sisson, Lewis	1	1	1	....	....	....	3
Sisson, Edward	1	1	1	....	....	....	3
Scott, Elizabeth	....	1	2	1	....	2	6
Scott, Elizabeth	....	....	2	....	....	....	2

NEWPORT—CONTINUED.

FAMILIES.	WHITES.				Indians.	Blacks.	Total.
	MALES.		FEMALES.				
	Above 16.	Under 16.	Above 16.	Under 16.			
Scott, George	1	....	1	1	....	5	8
Scott, Thomas	1	1	1	....	....	....	3
Stoneman, Abigail	....	....	3	....	....	2	5
Searing, Mary	1	1	4	....	....	4	10
Sherman, Sarah	1	1	2	....	....	1	5
Sherman, Phebe	1	....	3	....	....	....	4
Sherman, Peleg	1	4	1	....	....	....	6
Sherman, Robert	2	....	2	....	....	6	10
Sherman, Benjamin	2	2	1	....	....	....	5
Sherman, Benjamin Jr.	1	1	2	1	....	....	5
Sherman, Elisha	1	....	2	....	....	....	3
Sherman, Ebenezer	1	....	2	....	....	1	4
Sherman, John	1	1	2	....	....	....	4
Sherman, Mary	....	....	2	....	....	....	2
Sherman, George	3	....	1	....	....	....	4
Sherman, Sampson	1	....	....	....	....	....	1
Stacy, Joshua	1	....	1	....	....	....	2
Stacy, Thomas	1	1	2	2	....	1	7
Simson, William B.	1	1	1	1	....	2	6
Simpson, Richard	2	5	2	1	....	....	10
Simpson, John	2	1	1	....	....	....	4
Simpson, John Jr.	3	....	2	....	....	....	5
Seabury, Abigail	....	....	1	....	....	....	1
Strengthfield, Edward	1	....	3	1	....	....	5
Sweat, Jonathan	3	1	3	1	....	....	8
Sweat, Samuel	1	4	2	1	...	1	9
Sadler, Hannah	1	....	1	....	....	....	2
Stockford, John	1	2	2	....	....	....	5
Selby, William	1	1	2	1	....	....	5
Starnes, John	4	2	2	....	....	....	8
Stelle, Thomas G.	1	....	3	....	....	4	8
Sheldon, Mary	....	....	2	....	....	....	2
Sweet, Abigail	....	....	1	2	....	....	3
Squires, Ann	1	....	1	....	....	....	2
Spooner, Charles	5	1	1	4	....	6	17
Spooner, Wing	1	2	1	....	....	....	4
Spooner, Deborah	....	....	3	....	....	....	3
Spooner, Benjamin	3	3	2	1	....	1	10
Spooner, Benjamin	1	4	1	4	....	....	10
Spooner, Jerusha	1	2	1	....	....	....	4
Stockman, Jockat	2	4	2	2	....	....	10
Story, Zebide	1	1	2	3	....	....	7
Springer, John	1	1	1	2	....	....	5
Springer, Bridget	....	....	....	....	....	1	1

NEWPORT—CONTINUED.

FAMILIES.	WHITES.				Indians.	Blacks.	Total.
	MALES.		FEMALES.				
	Above 16.	Under 16.	Above 16.	Under 16.			
Springer, Thomas	2	....	2	1	....	....	5
Snell, Job	1	....	1	....	....	2	4
Simpkins, George	1	1	3	2	....	....	7
Skinner, Francis	1	....	3	....	....	....	4
Thorp, Martha	....	....	1	....	....	....	1
Trevit, Eleazer	2	1	2	....	....	....	5
Trevit, Eleazer Jr.	1	2	2	....	....	....	5
Tomlin, Mary	....	1	1	1	....	....	3
Tennant, Joshua	1	1	2	1	....	....	5
Tennant, George	2	1	2	4	....	....	9
Tribut, Arthur	1	1	2	....	....	....	4
Tucker, Susanna	1	....	2	....	....	....	3
Tucker, Sarah	2	....	3	....	....	4	9
Toman, John	1	2	2	....	....	....	5
Tabor, Constant	2	1	1	....	....	....	4
Tabor, Constant Jr.	1	....	1	....	....	....	2
Troubridge, Abigail	....	....	3	1	....	....	4
Tompkins, Elijah	1	1	1	1	....	....	4
Tompkins, Samuel	1	1	1	2	....	....	5
Tate, Mary	....	....	1	....	....	....	1
Treby, Susanna	1	....	5	1	....	....	7
Treby, Wilkins	1	....	1	....	....	....	2
Treby, Samuel	4	2	4	2	1	....	13
Topham, John	1	1	2	2	....	4	10
Topham, Margaret	2	1	3	1	....	....	7
Tibbets, Nathaniel	1	2	2	1	1	1	8
Tilley, William	2	5	1	4	....	....	12
Touro, Abraham de Isaac	1	1	2	....	....	....	4
Tuel, Benjamin	1	2	1	1	....	....	5
Thurston, Eunice	3	2	3	....	....	....	8
Thurston, Edward	2	....	3	....	....	4	9
Thurston, Joseph	1	1	1	1	....	....	4
Thurston, Abigail	2	....	2	....	....	2	6
Thurston, John	1	1	1	1	....	2	6
Thurston, Hephziba	....	....	2	....	....	1	3
Thurston, John	2	5	1	....	....	....	8
Thurston, Elizabeth	....	....	2	....	....	....	2
Thurston, William	2	2	1	1	....	....	6
Thurston, John	2	1	1	....	....	1	5
Thurston, Jonathan	1	1	3	....	....	4	9
Thurston, Joseph	1	....	2	....	....	....	3
Thurston, Gardner	1	1	2	1	....	2	7
Thurston, Edward Jr.	1	1	2	1	....	....	5

NEWPORT—CONTINUED.

FAMILIES.	WHITES.				Indians.	Blacks.	Total.
	MALES.		FEMALES.				
	Above 16.	Under 16.	Above 16.	Under 16.			
Thurston, Job...............	1	1	1	3	....	....	6
Thurston, Mary.............	1	2	1	....	1	5	10
Thurston, Latham	1	2	1	1	....	2	7
Tyler, Isaac	1	3	1	1	....	....	6
Tracy, John....							
Trickly, Lemuel............	1	1	1	1	....	....	4
Taggart, Mary.............	....	....	1	....	....	....	1
Tayer, Benjamin............	3	3	1	5	....	1	13
Tayer, Joseph..............	1	....	1	1	....	....	3
Tayer, William............	1	2	1	2	....	....	6
Tayer, John................	1	....	1	....	....	....	2
Thomas, Richard............	2	....	1	1	....	....	4
Thomas, Keziah.............	....	....	2	1	....	....	3
Thomas, James........ ...	1	2	1	1	....	....	5
Tupper, Seth	1	....	....	....	....	....	1
Tripp, Stephen.............	1	....	3	....	....	....	4
Tripp, John................	1	....	1	....	....	....	2
Tripp, Stephen.............	1	....	1	....	....	1	3
Tripp, Benjamin............	1	....	2	....	....	....	3
Tripp, Benjamin, Jr.........	1	1	1	3	....	....	6
Tripp, Benoni..............	1	....	1	....	....	....	2
Tripp, Joshua..............	1	....	1	....	....	....	2
Tripp, Ithuriel..............	1	2	1	1	....	....	5
Tripp, Thomas	1	....	2	....	1	....	4
Tripp, William.............	3	1	1	2	....	2	9
Tripp, Joseph..............	1	1	2	....	....	3	7
Tweedy, William	1	....	1	2	....	2	6
Tweedy, John..............	2	....	....	....	....	3	5
Tweedy, Samuel............	2	1	2	....	....	....	5
Tillinghast, Bess............	....	....	....	....	....	3	3
Tillinghast, Jonathan........	1	....	2	....	....	1	4
Tillinghast, Joseph..........	1	2	1	1	....	2	7
Tillinghast, Nicholas P.	2	1	3	3	....	1	10
Tillinghast, Pardon Jr.	1	2	1	3	....	....	7
Tillinghast, John	3	1	2	1	....	1	8
Tillinghast, Philip...........	4	....	4	....	....	1	9
Tanner, Gideon.............	1	....	1	3	....	....	5
Tanner, John...............	1	....	1	....	....	1	3
Tanner, James.............	4	....	2	....	....	2	8
Tanner, James.............	3	2	1	1	....	....	7
Townsend, Rebecca........	....	2	3	1	....	2	8
Townsend, Alice....	....	....	1	....	....	....	1
Townsend, Flora	....	....	....	....	....	3	3
Townsend, Mary	1	....	1	....	....	....	2

NEWPORT—CONTINUED.

FAMILIES.	WHITES.				Indians.	Blacks.	Total.
	MALES.		FEMALES.				
	Above 16.	Under 16.	Above 16.	Under 16.			
Townsend, Thomas	2	2	2	3	....	....	9
Townsend, John	3	1	1	2	....	3	10
Townsend, Edmund	2	1	4	....	....	3	10
Townsend, Christopher	2	....	2	....	....	....	4
Townsend, Job	1	1	1	....	....	1	4
Thompson, Alexander	1	4	2	1	....	....	8
Turner, Haile	1	1	2	1	....	....	5
Turner, Joseph	2	....	3	4	....	....	9
Turner, Samuel	1	....	1	2	....	....	4
Taylor, Rebeccca	2	....	2	2	....	4	10
Taylor, Thankfull	....	....	2	....	....	2	4
Taylor, Nicholas	1	....	1	....	....	1	3
Taylor, James	1	1	1	1	....	1	5
Taylor, Patience	2	....	4	1	1	3	11
Taylor, Hannah	....	....	2	2	....	....	4
Taylor, Phebe	1	....	2	6	....	....	9
Taylor, Robert	3	3	1	2	....	1	10
Taylor, James	1	....	1	1	....	....	3
Ta lor, Newport	....	....	....	....	....	2	2
Taylor, Samuel	1	1	1	1	....	....	4
Taylor, James	2	2	1	3	....	....	8
Tew, Job	1	1	1	....	....	....	3
Tew, William	2	1	2	1	....	....	6
Tew, Thomas	1	3	2	2	....	....	8
Tew, James	2	....	1	1	....	....	4
Tew, James	2	1	1	1	....	....	5
Tony, Josiah	1	....	1	....	....	....	2
Tony, Jenny	....	....	....	....	....	3	3
Vernon, Samuel	3	....	2	....	....	5	10
Vernon, Thomas	1	....	1	....	....	3	5
Vernon, William	2	1	1	....	....	5	9
Vernon, Daniel	1	....	1	....	2	....	4
Vaughan, Aaron	1	2	1	1	....	....	5
Vaughan, Daniel	1	2	1	1	....	....	4
Vaughan, Daniel	1	....	1	1	....	1	4
Voss, Ebenezer	2	1	3	1	....	2	9
Voss, Benjamin	2	....	1	....	....	....	3
Vial, Nathaniel	3	1	1	1	....	1	7
Vial, John	2	5	1	....	....	....	8
Vial, John	1	1	1	4	....	....	7
Vial, Donnelly	1	1	1	....	....	1	4
Vial. Samuel	1	....	1	....	....	....	2
Vickery, Joseph	2	4	2	3	....	1	12

NEWPORT—CONTINUED.   35

FAMILIES.	WHITES.				Indians.	Blacks.	Total.
	MALES.		FEMALES.				
	Above 16.	Under 16.	Above 16.	Under 16.			
Vickery, Joseph	2	....	1	1	....	....	4
Vinnicum, John	1	....	1	1	....	....	3
Venson, Samuel	3	2	2	3	....	....	10
Venson, Sarah	1	2	2	....	....	....	5
Vars, George	....	....	....	....	....	2	2
Williams, Ebenezer	1	....	3	....	....	....	4
Williams, Alexander	3	1	1	....	....	....	5
Waldron, Joseph	3	2	4	2	....	....	11
Walts, Daniel	1	1	2	....	....	....	4
Wade, Thomas	1	1	1	....	....	....	3
White, Sarah	1	3	2	2	....	....	8
Whitson, John	1	....	1	....	....	....	2
Wanton, John	2	1	1	1	....	1	6
Wanton, John	1	1	2	1	1	2	8
Wanton, Gideon	1	2	1	....	....	4	8
Wanton, Mary	....	....	2	....	....	1	3
Wanton, James	2	....	1	3	....	1	7
Wanton, Peter	1	1	2	2	....	10	16
Wanton, Joseph	3	....	1	1	....	6	11
Wanton, Joseph Jr.	1	1	2	2	....	4	10
Wanton, Philip	4	2	4	3	....	2	15
Wanton, Joseph	2	1	2	....	1	3	9
Wanton, John (son of Joseph)	1	1	1	....	....	1	4
Wanton, Meribah	....	....	1	1	....	....	2
Wanton, Mary	....	....	3	....	....	1	4
Wanton, Marge	....	....	....	....	....	3	3
Wanton, Domine	....	....	....	....	....	3	3
Wanton, Francis	....	1	2	2	....	3	8
Wanton, Sambo	....	....	....	....	....	2	2
Weaver, John	1	2	1	1	....	....	5
Weaver, James	2	3	2	3	....	....	10
Weaver, William	1	....	1	....	....	....	2
Weaver, William	1	1	1	2	....	....	5
Wilbor, Uzziah	1	2	2	2	....	....	7
Warner, Oliver R.	2	1	2	....	....	4	9
Warner, Seth	1	1	1	3	....	3	9
Winstanley, James	1	....	2	1	....	....	4
Walker, William	3	1	1	....	....	....	5
Wallen, Sarah	....	....	1	....	....	....	1
Westgate, James	1	1	1	4	....	....	7
Westgate, John	1	....	1	1	....	....	3
Woodman, Richard	2	5	1	3	....	....	11
Wheatley, Mary	1	....	1	....	....	1	3

NEWPORT—CONTINUED.

FAMILIES.	WHITES.				Indians.	Blacks.	Total.
	MALES.		FEMALES.				
	Above 16.	Under 16.	Above 16.	Under 16.			
Wiley, Benjamin	1	1	2	....	....	....	4
Wiley, Andrew	1	....	2	....	....	....	3
Wightman, Valentine	1	1	2	1	....	....	5
Waterhouse, Timothy	2	1	3	....	....	....	6
Winpenny, Patience	....	....	1	....	....	....	1
Winpenny, Robert	2	....	1	....	....	....	3
Weathers, Thomas	2	....	2	2	....	....	6
Wing, Mary	1	....	4	1	....	....	6
Wing, Mary	....	1	2	....	....	....	3
West, Catharine	1	....	1	....	....	....	2
West, John	2	....	1	....	....	....	3
West, Martha	1	1	1	1	....	1	5
West, Nathan	1	2	1	1	....	....	5
West, Ebenezer	1	5	1	....	....	....	7
West, John	2	2	4	2	....	....	10
West, William	1	....	1	....	....	....	2
Wilcocks, Rebecca	....	1	1	1	....	....	3
Wilcocks, Samuel	1	1	1	3	....	....	6
Warren, Joseph	1	3	1	2	....	....	7
Warren, John	1	....	2	....	....	2	5
Warren, Mary	....	....	2	....	....	....	2
Willis, William	1	1	1	....	....	....	3
Whitfield, Charles	1	3	2	....	....	1	7
Whiting, Henry	1	....	1	1	....	....	3
Wigneron, Hannah	1	....	1	....	....	2	4
Wigneron, Charles	1	1	1	4	....	....	7
Way, James	1	1	1	1	....	....	4
Woodward, Witham	1	2	1	2	....	....	6
Woodward, Martha	....	....	1	....	....	....	1
Wilbor, Constant	1	2	1	1	....	....	5
Wilbor, Anthony	2	2	3	2	1	1	11
Wilbor, John	1	2	1	3	....	....	7
Wilbor, Uzziah	1	....	1	....	....	....	2
Wilbor, Benjamin	1	2	1	4	....	1	9
Wilbor, Joseph	4	1	2	1	....	....	8
Wise, Adam	1	2	1	2	....	....	6
Ward, Richard	1	1	3	1	....	....	6
Ward, Henry	1	1	1	1	....	1	5
Willson, William	1	2	1	1	....	....	5
Willson, John	1	....	2	1	....	....	4
Willson, Mary	....	1	1	1	....	....	3
Willson, Jane	....	....	3	....	....	....	3
Wilkie, Thomas	1	1	1	3	....	....	6
Wilkie, Elizabeth	2	....	2	....	....	....	4

NEWPORT—CONTINUED.

FAMILIES.	WHITES. MALES. Above 16.	WHITES. MALES. Under 16.	WHITES. FEMALES. Above 16.	WHITES. FEMALES. Under 16.	Indians.	Blacks.	Total.
Whitehorne, Richard	1	1	3	1	....	....	6
Whitehorne, Elizabeth	2	1	4	....	....	....	7
Whitehorne, Samuel	1	2	3	....	....	4	10
Wilkinson, Philip	1	....	1	....	....	3	5
Wickham, Benjamin	1	1	3	1	....	2	8
Wickham, Thomas	1	1	2	2	....	2	8
Wickham, Thomas Jr.	2	....	2	....	....	3	7
Wickham, Charles	1	....	....	....	....	3	4
Wickham, Samuel	1	1	1	5	....	2	10
Wickham, Mary	....	....	3	....	....	1	4
Whitwell, William	1	....	1	....	....	....	2
Weeden, Joseph	1	1	1	....	....	....	3
Weeden, Samuel Jr.	2	1	2	3	....	....	8
Weeden, Ephraim	1	3	2	1	....	....	7
Weeden, Philip	1	1	1	3	....	....	6
Weeden, Jonathan	1	5	1	2	....	....	9
Weeden, Henry	1	....	1	....	....	....	2
Weeden, Thomas	1	....	1	....	....	....	2
Weeden, George	1	4	1	2	1	....	9
Wainwood, Godfrey	2	....	1	....	....	1	4
Webber, Thomas	1	....	2	1	....	1	5
Watson, John	2	....	1	3	....	2	8
Wetherby, Sarah	5	1	1	1	....	1	9
Wood, Peleg	1	4	1	1	....	2	9
Wood, John	1	1	1	2	....	....	5
Wyatt, Standfast	2	2	4	2	1	1	12
Wyatt, Lemuel	1	2	3	1	....	1	8
Wyatt, Stukeley	1	....	1	....	....	....	2
Wyatt, John	1	2	1	3	....	....	7
Wright, George	1	....	1	2	....	2	6
Wright, Benjamin	3	2	3	1	....	4	13
Young, Jacob	1	1	2	....	....	....	4
Young, John	1	1	1	....	....	....	3
Young, Samuel	2	1	1	2	....	....	6
Yeates, Samuel	3	2	4	3	....	1	13
Yeates, Samuel Jr.	1	....	1	....	....	....	2
Yeoman, Margaret	1	....	1	....	....	....	2

PROVIDENCE.

FAMILIES.	WHITES.				Indians.	Blacks.	Total.
	MALES.		FEMALES				
	Above 16.	Under 16.	Above 16.	Under 16.			
Angell, John and James	4	2	2	1	....	6	15
Arnold, Welcome	2	2	1	1	3	....	9
Arnold, Joseph	1	1	2	2	....	....	6
Arnold, Christopher	2	....	1	....	....	....	3
Aplin, John	1	2	1	3	....	....	7
Arnold, James	2	3	1	1	....	....	7
Armington, ———	1	2	1	1	....	....	5
Ashton, William	2	2	1	1	....	....	6
Arnold, Josiah	1	1	1	2	....	....	5
Angell, Nathan	4	1	5	2	....	3	15
Arnold, Widow	2	1	4	2	....	1	10
Allen, Benjamin	4	4	2	....	....	....	10
Arnold, David	1	1	1	2	....	....	5
Allen, Amos	7	1	2	1	....	....	11
Aplin, Benjamin	2	....	1	....	....	....	3
Allen, Patience	....	....	....	....	7	....	7
Allen, Zachariah	2	....	2	....	1	....	5
Arnold, Jonathan	3	2	2	1	....	....	8
Alger, ———	1	1	2	....	....	....	4
Arms, John	5	2	3	2	....	....	12
Arnold, Caleb	1	1	1	1	....	....	4
Andrews, Zeph	3	4	2	2	....	....	11
Atwell, Amos	3	2	2	2	....	1	10
Arnold, Nathan	2	....	1	....	....	....	3
Allen, Comfort	2	1	1	....	....	....	4
Atwood, John	1	1	1	3	....	....	6
Brown, Nicholas	2	2	1	2	....	2	9
Brown, Hope	....	....	3	....	....	....	3
Brown, Joseph	2	1	2	2	....	4	11
Brown, John	4	1	2	2	....	2	11
Brown, Eben Tyler & Dexter	1	....	4	1	....	1	7
Bucklin, Daniel	3	3	3	....	....	1	10
Brown, George	2	....	2	....	....	....	4
Bradford, Elijah	1	1	1	1	....	....	4
Brown, Joshua	1	....	1	4	....	....	6
Brown, Allin	2	1	2	....	....	2	7
Bennet, Thomas	4	2	1	....	....	....	7

PROVIDENCE—CONTINUED.

FAMILIES.	WHITES. MALES. Above 16.	WHITES. MALES. Under 16.	WHITES. FEMALES. Above 16.	WHITES. FEMALES. Under 16.	Indians.	Blacks.	Total.
Bernard, Jethro.............	1	....	1	....	....	....	2
Burrough, Mrs.............	1	....	3	....	....	....	4
Burrough, John.............	1	2	1	....	....	....	4
Berry, James...............	1	1	1	....	....	....	3
Brown, Timothy.............	2	....	2	....	....	....	4
Brown, Ichabod.............	1	....	1	1	....	....	3
Bowen, Isaac...............	2	1	2	2	....	....	7
Burrough, James............	1	2	1	1	....	2	7
Brown, John (son of Elisha)..	1	....	2	1	1	1	6
Birkett, Thomas............	4	2	2	2	....	....	10
Bowen, William.............	2	1	1	1	....	3	8
Bowen, Ephriam............	3	1	3	3	....	2	12
Bowen, Jabez...............	3	3	2	2	....	1	11
Barker, William............	1	1	1	1	....	....	4
Brown, Adam...............	....	....	....	....	....	5	5
Burrill, James..............	3	2	2	....	....	1	8
Bowen, Benjamin...........	5	5	1	2	....	3	16
Burr, Levi..................	4	4	2	3	....	....	13
Burr, Joshua...............	1	....	1	1	....	....	3
Burr, Ezekiel...............	1	3	1	3	....	....	8
Barton, Pero...............	....	....	....	....	5	....	5
Brown, Jeremiah...........	1	....	2	3	....	1	7
Brown, Daniel..............	1	....	2	3	....	....	6
Burr, David................	2	2	3	6	....	....	13
Bradford, Joseph...........	1	1	1	3	....	....	6
Bradford, Solomon..........	1	1	2	1	....	....	5
Brown, Esek...............	2	2	3	2	....	....	9
Brown, Elisha..............	1	....	1	....	....	....	2
Beard,	1	....	1	1	....	....	3
Bowen,	1	1	1	4	....	....	7
Bowen,	1	1	1	2	....	....	5
Brown, Moses..............	4	1	3	1	....	6	15
Brown, William............	1	2	4	....	....	5	12
Brown, Richard............	3	2	4	2	....	1	12
Brown, Phinehas...........	4	1	2	5	....	....	12
Bardin, Comfort............	2	3	2	2	....	....	9
Bucklin, Joseph............	3	....	2	1	....	3	9
Barton, William............	2	3	1	....	....	....	6
Brown, George.............	1	2	1	1	....	1	6
Butler, Samuel.............	4	2	1	1	....	2	10
Black, James...............	1	....	1	2	....	....	4
Badger, Jonathan...........	1	1	2	1	....	....	5
Bacon, Elijah...............	7	4	4	5	1	....	21
Bowler,	2	....	1	....	3	....	6

PROVIDENCE—CONTINUED.

FAMILIES.	WHITES.				Indians.	Blacks.	Total.
	MALES.		FEMALES.				
	Above 16.	Under 16.	Above 16.	Under 16.			
Bogman, Charles	1	....	1	1	....	....	3
Brown, Zephaniah	1	1	1	4	....	....	7
Branch, Daniel	1	1	1	3	....	....	6
Bennet, Mrs.	1	....	4	....	....	....	5
Black, Samuel	1	2	2	2	....	....	7
Black, William	1	....	1	1	....	....	3
Bacon, David	2	2	1	....	....	....	5
Bacon, William	1	1	2	....	....	....	4
Bacon, Henry	1	....	1	....	....	....	2
Belcher, Jonathan	1	1	1	1	....	....	4
Bowers,	1	1	1	4	....	....	7
Billings, Ichabod	1	2	2	1	....	....	6
Barstow, William	3	....	1	1	....	....	5
Butcher, Widow	....	1	1	....	....	....	2
Browning, Timothy	1	2	1	2	....	1	7
Bosworth, Lewis	2	2	2	....	....	....	6
Brown, Martha	2	....	3	....	....	1	6
Brown, James	1	1	2	....	....	1	5
Cushing, Prince	....	....	....	....	....	3	3
Chace, William	2	....	1	2	....	1	6
Chace, Samuel	3	....	4	2	....	6	15
Corlis, George	4	2	2	1	2	2	13
Cooke, Nicholas	3	4	5	....	1	5	18
Carpenter, Gershom	5	1	2	3	....	....	11
Cross, John	1	....	1	1	....	....	3
Coy, Samuel	2	1	1	1	....	1	6
Comstock	2	....	2	....	....	4	8
Carr, Abigail	....	....	....	....	....	3	3
Cory, William	1	....	1	....	....	1	3
Cole, Andrew	2	2	1	1	....	....	6
Carr, Widow	....	....	1	1	....	....	2
Champney, Benjamin	1	1	1	....	....	....	3
Carpenter, Jonathan	1	....	1	1	....	....	3
Crawford, Joseph	2	....	2	1	....	4	9
Carlile, John	2	5	1	3	....	....	11
Cooke, Joseph	1	....	1	....	....	....	2
Carpenter, Widow	....	1	2	1	....	....	4
Carder,	1	4	2	1	....	....	8
College, Wm. Holroyd (steward)	29	6	3	1	2	....	41
Collier, Daniel	1	....	....	1	....	....	2
Carter, John	3	3	2	1	....	2	11
Clarke, John Innes	2	....	1	....	....	2	5
Cushing, Benjamin, Jr.	1	2	2	2	....	1	8

PROVIDENCE—CONTINUED.

FAMILIES.	WHITES.				Indians.	Blacks.	Total.
	MALES.		FEMALES.				
	Above 16.	Under 16.	Above 16.	Under 16.			
Cole John	2	2	1	2	....	1	8
Crawford, Gideon	4	1	2	1	....	2	10
Cahoon, Daniel	2	4	2	3	....	....	11
Comstock, Andrew	1	....	2	1	....	....	4
Cozzens, Benjamin	4	2	1	1	....	....	8
Curtis, Margaret	1	....	1	1	....	....	3
Collins, Eben	1	2	4	2	....	....	9
Crawford, Gideon Jr.	1	1	2	....	....	....	4
Crawford, John	1	....	2	....	....	....	3
Convis,	2	....	1	....	....	....	3
Currie, Robert	2	1	2	1	....	....	6
Callender, Elias	1	3	1	1	....	....	6
Church, Samuel	1	....	1	....	....	....	2
Collins, William	1	....	1	....	....	....	2
Clark, William	3	....	1	....	....	....	4
Cæsar, Anne	....	....	....	....	....	5	5
Cooper,	1	....	1	....	....	....	2
Cæsor, William	....	....	....	....	4	....	4
Caten,	1	1	1	....	....	....	3
Cushing, Benjamin	2	2	1	1	....	2	8
Creedman, Benjamin	1	....	2	2	....	....	5
Crocker,	1	....	1	1	....	....	3
Checkley, William	1	....	1	2	....	2	6
Carpenter, John	4	1	1	....	....	....	6
Chace, Amos	1	....	1	1	....	....	3
Colwell,	1	1	1	1	....	....	4
Cory, Isaac	1	....	1	....	....	....	2
Corpe, John	1	1	1	1	....	....	4
Chace,	1	4	5	....	....	....	10
Compton, William	2	....	1	....	....	....	3
Chace, Samuel	1	1	2	....	....	1	5
Carpenter, James	1	1	1	....	....	....	3
Creed, Capt.	2	2	1	1	....	....	6
Carew, Kezia	2	1	2	....	....	1	6
Clifford,	2	2	1	1	....	....	6
Clarke, Nicholas	1	2	2	2	....	....	7
Carpenter,	3	2	1	1	....	....	7
Carpenter, Oliver	2	....	1	....	....	....	3
Carpenter,	2	1	1	....	....	....	4
Carpenter,Oliver (wheelwright)	2	1	1	3	....	....	7
Carpenter, Timothy	1	....	1	3	....	....	5
Carpenter, Waterman	1	2	1	3	....	....	7
Drowne, Solomon	3	....	2	1	....	....	6

PROVIDENCE—CONTINUED.

FAMILIES.	WHITES.				Indians.	Blacks.	Total.
	MALES.		FEMALES.				
	Above 16.	Under 16.	Above 16.	Under 16.			
Dyer, Thomas	2	....	....	....	....	....	2
Dwire, Patric	1	3	1	1	....	....	6
Downer, Silas	1	....	1	3	....	....	5
Dexter, Knight	3	1	2	3	....	3	12
Dower, Edward	1	....	1	....	....	....	2
Dunn, Samuel	4	1	2	1	....	....	8
Drowne, Shem & Collins	2	2	2	2	....	....	8
Durfey,	1	1	1	....	4	....	7
Dana,	2	3	2	1	....	....	8
Duvall, Simon	1	4	4	3	....	....	12
Davis, William	3	....	1	2	....	....	6
De Mont,	4	....	2	1	....	....	7
Daggett, William	2	6	1	2	....	....	11
Dennison, Widow	....	1	3	....	....	....	4
Dickey, Robert	3	2	2	....	....	....	7
Dabney,	1	4	2	1	....	....	8
Dexter, William	2	2	2	4	....	....	10
Dennie,	1	1	3	1	....	....	6
Dunwell, Esther	1	2	2	1	....	....	6
Duyckman, John	1	2	1	....	....	....	4
Douglass, William	6	....	2	....	....	....	8
Dunwell, John	1	1	1	1	....	....	4
Danforth, Job	3	2	3	....	....	....	8
Durfey, Ezekiel	1	1	1	1	....	1	5
Daily, Field	1	2	1	3	....	....	7
Eveleigh, Isaac	2	2	2	2	....	....	8
Eddy, William	2	1	1	....	....	....	4
Earl, William	2	4	2	1	....	4	13
Eddy, Comfort	1	1	1	4	....	....	7
Eastabrooke, Charles	1	....	1	1	....	....	3
Eddy, Esek	3	2	3	5	....	....	13
Ellis,	1	....	2	1	....	....	4
Ellis, Jonathan	3	3	2	2	....	....	10
Eddy, John	1	2	1	2	....	....	6
Ellis, Thomas	1	1	1	....	....	....	3
Eddy, Bernard	4	2	4	3	....	1	14
Eddy, Joseph	3	2	2	3	....	....	10
Eddy, Benjamin	2	2	2	1	....	....	7
Eddy, Zechariah	1	5	2	....	....	....	8
Foster, William	1	2	1	2	....	....	6
Field, Michael	2	2	3	1	....	....	8
Field, Joseph	5	2	3	1	....	....	11

PROVIDENCE—CONTINUED.

FAMILIES.	WHITES.				Indians.	Blacks.	Total.
	MALES.		FEMALES.				
	Above 16.	Under 16.	Above 16.	Under 16.			
Field, Jemima.............	....	....	2	....	....	....	2
Fenner, Arthur	1	....	3	1	....	1	6
Fenner, Arthur Jr..........	1	2	2	....	....	....	5
Foster, John..............	2	....	1	1	....	....	4
Fuller, ...	1	4	2	3	....	....	10
Field, Widow of Anth.......	....	2	1	1	....	....	4
Felcher, ...	1	....	1	....	1	....	3
Field, John...............	1	4	3	2	....	....	10
Field, Sarah..............	....	....	1	1	....	....	2
Fenner, Daniel............	1	2	2	2	....	....	7
Frothingham, Nathaniel.....	4	1	1	....	....	....	6
Foster, Theodore..........	1	....	1	2	....	1	5
Frazier, ...	1	2	3	1	....	1	8
Fuller, Joseph	3	....	1	1	....	....	5
Field, James..............	3	5	3	2	....	....	13
Field, John...............	3	1	2	2	....	....	8
Foord, Abijah.............	1	1	1	1	....	....	4
Franklin, A.	2	3	3	1	....	....	9
Field, Isaac	2	3	1	2	....	....	8
Green, Caleb	3	1	1	1	....	....	6
Grafton, William Jr.	1	4	2	....	....	....	7
Godfrey, Sarah (widow)	2	3	1	2	....	....	8
Grafton, William	1	1	1	....	....	....	3
Griffis, John	1	1	1	1	....	....	4
Gibbs, Widow.............	1	1	2	1	....	....	5
Godfrey, Samuel.	1	....	1	2	....	....	4
Greene, Benjamin	4	2	1	1	....	....	8
Gifford, Josiah	5	2	1	2	....	....	10
Gifford, ...	1	....	1	....	....	....	2
Greene, Thomas...........	2	3	4	....	....	....	9
Grainger, John............	4	1	4	....	....	....	9
Green, James	1	3	2	1	....	1	8
Gain, George	2	....	2	2	....	....	6
Gorman, John.............	1	1	1	1	....	....	4
Giles, Abigail.............	....	1	2	4	....	....	7
Gardner, Margaret.........	....	....	....	....	....	2	2
Graves, John.............	1	2	1	5	....	....	9
Greene, Nathaniel..........	2	1	2	4	....	3	12
Greene, Caleb............	1	....	1	....	2	....	4
Greene, William...........	1	....	1	1	....	....	3
Gladding, Charles.........	1	....	1	1	....	....	3
Gladding, Benjamin........	2	2	2	4	....	....	10
Gladding, Timothy.........	5	2	1	....	....	....	8

PROVIDENCE—CONTINUED.

FAMILIES.	WHITES.				Indians.	Blacks.	Total.
	MALES.		FEMALES.				
	Above 16.	Under 16.	Above 16.	Under 16.			
Harris, David............	3	1	2	1	....	3	10
Hamman, Jonathan........	4	4	2	1	....	....	11
Hopkins, Asa............	4	1	1	2	....	....	8
Horton, Amos...........	4	4	2	1	....	....	11
Hunt, Edward...........	1	1	1	2	....	....	5
Hacker, Andrew..........	....	....	....	....	4	....	4
Hubbard, ———.........	1	....	3	....	....	....	4
Hartshorn, Stephen.......	1	3	2	2	....	....	8
Harding, Widow..........	....	....	1	3	....	....	4
Hill, Jonathan...........	1	....	2	....	....	....	3
Hacker, Joshua...........	4	3	4	3	....	....	14
Hallowell, Calvin.........	1	1	1	....	....	....	3
Hoyle, Esek.............	1	1	1	....	....	....	3
Hopkins, John...........	1	....	1	....	....	1	3
Hopkins, Stephen.........	2	2	2	....	....	6	12
Holdon, Charles..........	1	3	2	1	....	....	7
Hill, ———.............	2	3	2	....	....	....	7
Hoppen, John............	5	....	2	1	....	....	8
Healy, Recompence.......	2	....	1	1	....	....	4
Hall, William............	1	....	1	....	....	....	2
Hubbard, Ezra...........	1	....	1	1	....	....	3
Howel, David............	1	3	1	....	....	2	7
Hawkins, Abraham.......	1	2	1	2	....	....	6
Hart, Joseph............	2	2	2	1	....	....	7
Hall, Levi...............	4	2	3	3	....	....	12
Hale, Coomer............	3	....	1	1	....	....	5
Hewes, Joseph...........	2	....	2	....	....	....	4
Healy, Samuel...........	1	1	3	3	....	....	8
Hopkins, Nancy..........	....	....	1	1	....	....	2
Hawkins, Daniel..........	2	3	2	4	....	....	11
Hill, Thomas............	1	1	1	1	....	....	4
Harris, Jacob............	....	....	....	....	....	3	3
Harvey, James...........	1	....	2	1	....	....	4
Harding, Eleazar.........	3	....	1	....	....	....	4
Ham, Jotham............	1	1	1	1	....	....	4
Hoyle, Joseph............	5	1	2	3	....	....	11
Hawkins, Edward........	1	2	1	1	....	....	5
Herington, Jere..........	2	4	1	....	....	....	7
Ham, ———.............	2	....	3	2	....	....	7
Hoyle, Mary.............	....	....	1	1	....	....	2
Hoyle, William...........	1	1	1	....	....	....	3
Hamlin, Samuel..........	2	2	2	....	....	....	6
Ham, Jotham............	3	....	2	2	....	....	7
Hoppen, Benjamin........	1	1	2	2	....	....	6

PROVIDENCE—CONTINUED.

FAMILIES.	WHITES.				Indians.	Blacks.	Total.
	MALES.		FEMALES.				
	Above 16.	Under 16.	Above 16.	Under 16.			
Hopkins, William	2	2	1	....	....	....	5
Healy, John	1	....	1	3	....	....	5
Ingraham, Joseph	1	3	3	....	....	....	7
Ingraham, Samuel	3	2	1	1	....	2	9
Jenckes, Daniel	2	....	1	....	....	4	7
Jenckes, John	1	8	1	3	....	7	20
Justice, Philip	1	1	2	....	....	....	4
Jenckes, Jeremiah	2	....	1	1	....	....	4
Jones, John	1	....	1	....	....	....	2
Jackson, Richard	1	5	3	....	....	....	9
Jenckes, Sylvanus	1	....	2	1	....	2	6
Jenkins, John	1	....	1	2	....	....	4
Johnson, Samuel	1	3	2	1	....	....	7
Jackson, Samuel	2	....	2	....	....	....	4
Jackson, Daniel	1	2	1	2	....	....	6
James, William	1	....	1	....	....	....	2
Jacobs, Wilson	1	1	1	1	....	....	4
Jewet, Joseph	2	1	2	2	....	....	7
Jackson, Lydia	....	....	1	1	....	1	3
Jacobs, ——	1	3	3	2	....	....	9
Jacobs, Nathaniel	3	1	2	4	....	....	10
Kilton, John	1	....	1	1	....	....	3
Kelly, Lawrence	7	1	2	....	....	....	10
Kinnicutt, Anthony	....	....	....	....	....	6	6
Kelton, Stephen	2	....	1	3	....	1	7
Keen, Prince	1	4	1	3	....	....	9
Knowles, Edward	2	2	1	2	....	....	7
Keen, Charles	4	1	3	5	....	2	15
Knowles, Jonathan	1	3	2	1	....	....	7
Kinnicutt, Joseph	1	2	1	5	....	3	12
Kennicutt, Naomi	1	1	1	2	....	....	5
Lawrence, John	1	....	3	....	....	....	4
Lawrence, David	5	3	3	2	....	....	15
Lovet, ——	1	....	2	1	....	....	4
Lewis, Benajah	2	....	1	2	....	....	5
Law, David	1	1	3	2	....	....	7
Lindsey, Thomas	3	....	2	1	....	....	6
Loving, Simeon	2	1	1	2	....	....	6
Lawrence, Joseph	1	1	1	1	....	....	4
Luther, ——	3	1	....	....	....	....	4

PROVIDENCE—CONTINUED.

| FAMILIES. | WHITES |||| Indians. | Blacks. | Total. |
| | MALES. || FEMALES. |||||
	Above 16.	Under 16.	Above 16.	Under 16.			
Lawrence, Daniel	1	....	1	....	....	....	2
Leland, Abner	1	2	1	5	....	....	9
Leland, Ebenezer	1	1	6	....	....	....	8
Libbey, David	1	1	1	2	....	....	5
Lawrence, William	2	....	1	2	....	....	5
Livingston, William	1	4	1	2	1	....	9
Luther, Oliver	1	4	1	1	....	....	7
Low, Benjamin	2	3	1	2	....	....	8
Langford,	2	2	1	1	....	....	6
Larcher, John	4	1	1	3	....	....	9
Lindsey, Benjamin	1	....	2	2	....	....	5
Lindsey, Joshua	3	2	2	1	....	....	8
Leonard, Robert	2	3	2	1	....	....	8
Logan, William	5	1	1	3	....	....	10
Lee, Charles	3	1	1	1	....	....	6
McCan Daniel	4	2	1	1	....	....	8
McNeall John	2	....	2	1	....	....	5
Mitchell James	1	1	4	3	....	....	9
Manchester, John	1	....	1	....	....	....	2
Murfit,	1	....	1	....	....	....	2
Mitchell, Patience	....	....	....	....	....	2	2
Miller, John	6	3	3	1	....	....	13
Manning, James	1	1	1	....	....	3	6
Marsh, Daniel	1	4	4	2	....	....	11
Mawny, John	2	....	2	....	....	....	4
Malen, Sarah	1	1	2	....	....	....	4
Martin, Jacob	1	2	1	2	....	....	6
Mason, Noah	1	2	1	2	....	....	6
Mason, Timothy	2	2	1	3	....	....	8
Mason, Aaron	5	3	1	1	....	....	10
Merrill,	1	....	1	1	....	....	3
Marshall, Benjamin	2	....	3	2	....	....	7
Metcalf, Nathaniel	4	....	1	1	....	....	6
Miller,	1	....	1	3	....	....	5
Man, Benjamin	10	....	3	1	....	....	14
Mathewson, John	3	3	5	3	....	1	15
Monro, Thomas	1	2	2	1	....	....	6
McMillan,	1	....	1	1	....	....	3
Morse,	3	....	2	1	....	....	6
Martin, Joseph	4	1	1	1	....	2	9
Manchester, Gideon	4	3	1	....	....	1	9
Manning, Joseph	1	2	1	1	....	....	5

PROVIDENCE—CONTINUED.

FAMILIES.	Males Above 16.	Males Under 16.	Females Above 16.	Females Under 16.	Indians.	Blacks.	Total.
McNichols, John	1	....	1	3	....	....	5
Martin, David	2	1	4	2	....	....	9
McNeall, Hopestill	4	....	....	....	....	....	4
Mumford, John	3	1	2	....	....	2	8
Nixon, Robert	3	1	2	1	....	....	7
Nightingale, Joseph	3	1	2	1	2	4	13
Nash, John	1	1	2	1	....	....	5
Navy, Greenwich	....	....	....	....	....	7	7
Nightingingale, Samuel Jr.	1	1	3	....	....	2	7
Nichols, ——	1	....	1	....	....	....	2
Nash, Joseph	2	1	2	....	....	....	5
Nightingale, Samuel	3	....	2	3	....	....	8
Olney, Bettey	....	....	1	1	....	....	2
Olney, Joseph Jr.,	1	....	3	4	....	....	8
Olney, Christopher	4	2	1	....	2	....	9
Olney, Jonathan	1	....	1	....	....	....	2
Olney, Richard	2	1	3	1	1	....	8
Olney, Joseph	1	1	2	1	....	2	7
Olney, James	3	1	4	2	....	3	13
Olney, Tilley	1	1	1	1	....	....	4
Olney, Richard Jr.,	1	2	1	2	....	....	6
Peck, Thomas	3	1	1	....	2	....	7
Pease, Widow	1	1	1	....	....	1	4
Potter, Levi	1	1	1	....	....	1	4
Pitts,	4	1	2	2	....	....	9
Prescot, Bucklin	1	2	1	....	....	....	4
Power, Nicholas	6	1	3	1	....	5	16
Pitman, Thomas	1	3	1	1	....	....	6
Pile, William	1	....	1	....	....	....	2
Peckham, Giles	1	1	3	....	....	....	5
Peavy, Abel	2	....	1	2	....	....	5
Power, Anne	....	....	2	....	....	....	2
Page, Ambrose	3	2	1	3	....	2	11
Peck, John	1	1	2	3	....	....	7
Page, Thomas	2	1	1	1	....	....	5
Pain, Seamans	1	1	1	5	....	....	8
Pitman, Sanders	1	1	1	5	....	....	8
Packard, Nathaniel	2	3	2	3	....	....	10
Packard, Mel.	3	....	1	....	....	....	4
Paine, ———	1	1	1	1	....	....	4
Peter, Blue	....	....	....	....	....	7	7

PROVIDENCE—CONTINUED.

FAMILIES.	WHITES.				Indians.	Blacks.	Total.
	MALES.		FEMALES				
	Above 16.	Under 16.	Above 16.	Under 16.			
Patrick,	1	....	1	....	....	....	2
Potter, Rufus	1	....	1	1	....	....	3
Palmer, Humphrey	1	....	2	1	....	....	4
Peck, Lewis	1	....	1	....	....	....	2
Pearce, Benoni	2	1	1	5	....	....	9
Pettey, John	1	5	2	1	....	....	9
Potter, Morey	1	2	1	....	....	....	4
Potter, Abel	1	2	3	2	....	....	8
Peck, Eleazer	1	1	2	....	....	....	4
Poor,	1	1	1	....	....	....	3
Pround, William	3	3	2	1	....	....	9
Phillips, John	1	1	1	2	....	....	5
Peabody, Ephraim	4	3	2	1	....	....	10
Plantain, Obadiah	1	....	2	2	....	....	5
Pain, Philip	1	1	1	1	....	....	4
Potter, Joseph	3	....	1	1	....	....	5
Potter, Phinehas	1	1	1	....	....	....	3
Palton, Marey	7	....	2	....	....	....	9
Peck, Lewis	1	....	1	....	....	....	2
Potter, James	1	....	1	2	....	....	4
Potter, Reuben	1	1	2	2	....	....	6
Page, William	2	2	2	1	....	....	7
Potter, Nathan	4	....	1	....	....	....	5
Potter,	2	3	2	....	....	....	7
Potter, Widow of Geo	2	....	2	....	....	....	4
Russell, Jonathan	1	3	2	2	....	....	8
Reily, Terence	1	2	2	3	....	....	8
Ross, William	3	2	1	2	....	....	8
Rhodes, Peter	....	....	....	....	5	....	5
Robinson, Elihu	4	3	1	1	....	....	9
Russell, Joseph	5	3	2	6	....	3	19
Rowland, David	1	5	3	3	....	1	13
Read, John	1	2	1	....	....	....	4
Russel, John	1	2	1	2	....	....	6
Rawson,	3	....	2	1	....	....	6
Rogers, ——Capt	4	3	3	....	....	....	10
Reiley, Owen	..	2	1	1	....	....	5
Rowland, John	2	2	1	3	....	....	8
Rhodes, Willliam	2	4	1	1	....	....	8
Rohan, Thomas	1	..	1	....	....	....	2
Richmond, Barzillai	2	....	2	1	....	....	5
Rilto, Peter	1	1	1	....	....	....	3
Ruttenbourg, Thomas	2	....	1	1	....	....	4

PROVIDENCE—CONTINUED. 49

FAMILIES.	WHITES.				Indians.	Blacks.	Total.
	MALES.		FEMALES.				
	Above 16.	Under 16.	Above 16.	Under 16.			
Randall, Benjamin	1	....	1	....	....	....	2
Rounds, George	1	3	1	1	....	....	6
Rawson, Widow	1	....	1	1	....	....	3
Robinson,	1	....	1	....	....	....	2
Smitten,	1	....	2	....	....	....	3
Sebring,	2	1	1	....	....	....	4
Shaw, Joseph	1	....	1	....	....	....	2
Sweeting, Sarah	....	1	3	2	....	....	6
Stillwell, Daniel	3	2	1	1	....	....	7
Seamans, William	5	4	2	2	....	....	13
Smith, Mercy	2	2	1	1	....	1	7
Sabin, Thomas	2	....	2	4	....	....	8
Sheldon, Christopher	4	1	3	2	....	....	10
Sheldon, Pardon	1	2	1	....	....	....	4
Sheldon, Widow	....	1	1	1	....	....	3
Seamans, James	1	....	1	1	....	....	3
Shanney, John	1	2	1	....	....	....	4
Sabin, Timothy	2	2	2	1	....	....	7
Shoemaker's Negroes	....	....	....	....	....	6	6
Spaulding, Edward	2	2	1	1	....	....	6
Sabin, James	5	2	2	....	....	2	11
Smith, Simon	1	1	2	1	....	....	5
Sterling, Henry	2	1	3	2	....	3	11
Stoddard, Thomas	7	....	2	2	....	....	11
Seamans, Martin	4	3	1	3	....	....	11
Spencer, William	1	2	1	....	....	1	5
Sterry, Robert	1	....	....	....	....	2	3
Smith, John	4	2	2	5	....	2	15
Spencer William	1	....	2	....	....	....	3
Smith, William	3	....	2	....	2	3	10
Saunders, Nathaniel	1	3	2	3	....	....	9
Scranton,	1	....	2	1	....	....	4
Smith, Samuel	2	3	1	3	....	....	9
Seamans, Amos	2	2	2	2	....	....	8
Seamans, Joseph	1	2	1	3	....	....	7
Smith, Ephraim	2	1	1	....	....	....	4
Sessions, Darius	2	3	4	3	....	....	12
Spencer, Daniel	2	2	1	4	....	....	9
Sheldon, Timothy	2	2	1	....	....	....	5
Sutton, Barth	1	....	1	....	....	....	2
Sprague, Obadiah	1	3	1	3	....	1	9
Smith, William	1	5	1	1	....	....	8
Sweet, Nehemiah	3	....	2	4	....	....	9

7

PROVIDENCE—CONTINUED.

FAMILIES.	WHITES.				Indians.	Blacks.	Total.
	MALES.		FEMALES.				
	Above 16.	Under 16.	Above 16.	Under 16.			
Simms, Mrs	....	....	2	1	....	....	3
Solomon, Rachel	....	....	....	....	5	....	5
Smith, Noah	2	1	1	1	....	....	5
Salsbury, John	3	1	3	4	....	....	11
Smith, Charles	1	1	1	....	....	....	3
Sullen, ...	1	1	2	....	....	....	4
Seamans, ...	1	2	1	1	....	....	5
Smith, Jehu	4	4	2	4	....	....	14
Stone, ——diah	1	1	2	1	....	....	5
Sisco, ...	....	....	....	....	....	4	4
Smith, ...	1	1	1	1	....	....	4
Sisco, Ebenezer	....	....	....	....	....	2	2
Smith, Job	3	3	3	3	....	3	15
Stelle, Benjamin	1	....	2	1	....	1	5
Stewart, Archibald	1	2	2	1	....	....	6
Smith, Abiel	2	1	1	1	....	....	5
Soule, William	1	....	2	1	....	....	4
Shepardson, Elijah	1	1	1	1	....	....	4
Smith, Joshua	1	3	1	3	....	....	8
Snow, Joseph	1	2	1	....	....	4	8
Snow, Josiah	2	....	2	1	....	....	5
Stevens, Charles	1	1	1	3	1	....	7
Smith, David	3	....	1	3	....	....	7
Seaver, Richard	2	....	3	2	....	....	7
Sullivan, Daniel	1	1	1	....	....	....	3
Smith, Joseph	1	1	1	1	....	....	4
Sisson, Benjamin	2	....	2	1	....	....	5
Soule, ...	1	1	2	1	....	....	5
Sweeting, Job	1	2	3	3	....	2	11
Sisson, ...	1	....	1	1	....	....	3
Smith, Abraham	1	....	1	2	....	....	4
Snow, James	2	3	1	3	....	....	9
Snow, Daniel	1	....	1	3	....	....	5
Searll, Solomon	1	2	3	1	....	....	7
Stone, John	2	1	1	2	....	....	6
Springer, Joseph	1	....	1	....	....	....	2
Snow, Joseph Jr	2	....	2	2	....	....	6
Tillinghast, John	1	....	1	1	....	1	4
Thompson, Ebenezer	2	2	3	2	....	3	12
Tillinghast, Nicholas ...	3	3	2	2	....	1	11
Tower, John	2	....	1	1	....	....	4
Thornton, Daniel	2	....	2	1	....	....	5
Tillinghast, William	1	....	1	1	....	....	3

PROVIDENCE—CONTINUED. 51

FAMILIES.	WHITES.				Indians.	Blacks.	Total.
	MALES.		FEMALES.				
	Above 16.	Under 16.	Above 16.	Under 16.			
Tillinghast, Joseph..........	1	2	1	....	....	2	6
Thurber, Samuel............	2	3	2	....	....	....	7
Thurber, Stephen...........	1	....	1	1	....	....	3
Thomas, Widow.............	1	1	2	1	....	....	5
Tinkins, John...............	3	4	4	2	....	....	13
Tillinghast, Joseph..........	2	3	2	2	....	1	10
Thayer, Thomas.............	1	2	2	2	....	....	7
Treadwell, Jonathan.........	1	....	2	2	....	1	6
Tillinghast, Daniel..........	3	6	2	3	....	1	15
Throop, Amos...............	1	1	1	....	....	1	4
Thayer, Simeon	4	3	2	2	....	....	11
Thomas, Lewis..............	4	1	1	3	....	....	9
Tyler, William..............	1	3	1	3	....	....	8
Thurber, William...........	2	....	1	1	....	1	5
Thurber, Benjamin..........	3	1	2	1	....	....	7
Taylor, George..............	1	1	4	....	....	....	6
Turpin, Sarah...............	....	2	3	....	....	....	5
Thayer, Samuel.............	1	3	1	....	....	....	5
Thayer, Uriah...............	1	1	1	3	....	....	6
Tripe, Samuel...............	7	3	2	2	....	....	14
Tweedy	....	....	1	2	....	....	3
Tew, Paul...................	2	2	2	1	1	2	10
Thurber, William...........	2	....	1	1	1	....	5
Thurber, Edward............	4	....	4	2	....	....	10
Thurber, Samuel Jr..........	2	1	4	2	....	....	9
Thurber, Samuel............	2	....	3	....	....	....	5
Thurber, Martin.............	2	1	2	....	....	....	5
Taylor, Benjamin............	1	2	1	1	....	....	5
Teel, Caleb..................	2	1	1	....	....	....	4
Treby, John.................	1	....	2	1	....	....	4
Taylor, Edward	2	....	1	....	....	....	3
Teel, John..................	1	1	2	2	....	....	6
Turpin, Katharine...........	....	....	2	....	....	1	3
Tabor, Benedict.............	1	1	1	2	....	....	5
Tabor, Samuel..............	1	3	1	....	....	....	5
Thayer, Abner..............	3	3	2	2	....	....	10
Thurber, William...........	2	....	1	1	1	....	5
Taylor, Peter	1	1	1	1	....	....	4
Taylor, Robert..............	1	6	2	2	....	....	11
Tefft, Daniel................	1	4	1	1	....	1	8
Truman, Thomas	1	2	2	....	....	....	5
Tuckerman, ...	2	....	1	1	....	....	4
Tefft, David	2	....	1	....	....	....	3
Tyler, Israel.................	1	1	1	1	....	....	4

PROVIDENCE—CONTINUED.

FAMILIES.	WHITES.				Indians.	Blacks.	Total.
	MALES.		FEMALES				
	Above 16.	Above 61.	Under 16.	Under 16.			
Thurston, Eliz	6	....	2	1	....	....	9
Talman Peleg	1	2	1	2	....	....	6
Townsend, William	1	....	1	4	....	....	6
Talbot, Benjamin	1	2	1	2	....	....	6
Talman, Benjamin	4	5	3	2	....	....	14
Talbot, Silas	2	1	2	....	....	....	5
Tuckerman	1	....	2	1	....	....	4
Updike, John	1	3	4	3	....	1	12
Westcot, John	3	....	1	....	....	....	4
Wall, William	1	....	1	....	....	....	2
Whitehorn Mrs	....	1	1	....	....	....	2
Westcot, James	1	3	2	....	....	....	6
Warner, Samuel Jr	1	3	1	2	....	....	7
Warner, Samuel	1	....	2	....	....	....	3
Warner, John	2	1	2	3	....	....	8
Wickes,	1	....	2	2	....	....	5
Westcot, Samuel	2	1	3	4	....	....	10
White, William	2	1	1	....	....	....	4
Westcot, Thomas	1	1	1	....	....	....	3
Whitman, V	1	....	2	2	....	....	5
Waterman, Amariah	5	....	1	....	....	2	8
Waterman, Rufus	1	....	1	....	....	1	3
Winslow, Edward	1	2	2	....	....	....	5
Wheaton, Nathaniel	3	4	1	1	....	....	9
Whipple, Azariah	1	1	1	3	....	....	6
Waterman, Marmaduke	1	3	1	1	....	....	6
Wheaton, Ephraim	5	1	2	3	....	....	11
Whipple, Jabez	3	2	1	1	....	1	8
Wheaton,	1	....	2	1	....	....	4
Whitehorn, Richard	1	3	....	....	....	....	4
Wheaton, Comfort	6	3	3	3	....	....	15
Whipple, William	1	1	1	1	....	....	4
White,	1	1	1	....	....	....	3
Walmsley,	....	....	....	....	4	....	4
Williams, Timothy	4	1	1	2	....	....	8
Whitaker, William	1	1	2	1	....	....	5
Ward,	1	....	2	....	....	....	3
Wilkinson, David	1	2	3	1	....	2	9
Whitman, Jacob	3	2	2	....	1	6	14
Warner, Nathan	1	3	2	2	....	....	8
Wheaton, William	4	2	2	3	....	1	12
Whipple, Abraham	3	1	1	2	....	1	8

PROVIDENCE—CONTINUED. 53

FAMILIES.	WHITES.				Indians.	Blacks.	Total.
	MALES.		FEMALES.				
	Above 16.	Under 16.	Above 16.	Under 16.			
Whipple, Christopher........	2	1	2	1	....	....	6
Wheat, ...	1	1	1	2	....	....	5
Williams, Nathan...........	3	3	1	....	....	....	7
Westcot, Anthony...........	1	1	2	....	....	....	4
Walker, Elijah.............	1	1	3	4	....	....	9
West, Benjamin............	2	1	2	3	....	....	8
Walker, Ephraim...........	3	3	1	4	....	....	11
Warner, ...	2	1	1	....	....	....	4
Wiley, John	3	2	2	3	....	....	10
Ward, Jonathan	3	....	1	1	....	....	5
Wilson, Joseph.......	2	4	1	2	....	....	9
Williams, Joseph.....	2	2	1	1	....	....	6
White, Ebenezer	1	2	3	1	....	....	7
Williams, Andrew	4	1	1	3	....	....	9
Waterman, John...........	6	3	2	1	....	3	15
Young, Archibald..........	1	....	2	....	....	4	7
Young, Gideon (at work house)	2	2	5	4	1	. ..	14
Young, Samuel.............	1	1	1	1	....	....	4
Yeats, Archibald	3	....	1	....	....	....	4
Young, John...............	1	4	2	1	....	....	8
Young, Gideon.............	2	2	2	1	....	....	7

PORTSMOUTH.

FAMILIES.	WHITES.				Indians.	Blacks.	Total.
	MALES.		FEMALES.				
	Above 16.	Under 16.	Above 16.	Under 16.			
Almy, John	2	6	1	1	....	5	15
Allen, Caleb	4	4	4	1	....	....	13
Allen, Ebenezer	2	2	4	3	....	1	12
Allen, James	4	4	6	2	....	....	16
Allen, Thomas	2	3	3	3	....	....	11
Allen, John	4	3	4	4	....	....	15
Allen, Ebenezer	3	4	6	5	....	....	18
Allen, James	4	3	2	1	....	....	10
Allen, Jonathan	4	....	3	2	....	....	9
Albrow, James	2	3	5	1	....	....	11
Albrow, Jonathan	1	6	1	....	....	....	8
Almy, Job	2	3	2	2	....	7	16
Anthony, Isaac	1	3	2	3	1	4	14
Anthony, David	4	2	5	3	2	2	18
Anthony, Joseph	3	1	3	....	....	....	7
Anthony, William	1	1	4	....	3	2	11
Anthony, David Jr	1	1	1	2	....	....	5
Almy, Job	5	....	3	....	2	1	11
Anthony, Abraham	2	1	2	....	....	....	5
Anthony, Philip	2	2	2	2	1	....	9
Albrow, Josiah	1	5	1	....	....	....	7
Allen, Peleg	1	4	1	5	....	....	11
Allen, Rowland	1	1	1	1	....	....	4
Brownell, Jeremiah	....	....	....	....	....	11	11
Brightman, William	2	....	2	1	....	....	5
Brownell, Nathan	3	6	2	1	....	....	12
Brownell, George	2	2	4	1	....	....	9
Brownell, Stephen	2	1	2	2	....	....	7
Brownell, Thomas	4	3	6	1	....	2	16
Barker, Robert	3	3	4	2	....	....	12
Brown, Godfrey	2	2	4	2	1	....	11
Bowler, Metcalf	1	5	2	2	....	6	16
Barrington, William	1	3	1	3	....	....	8
Burdin, William	1	3	1	2	....	....	7
Borden, Joseph	3	2	2	2	....	....	9
Coggeshall, Elisha	2	4	2	4	....	....	12

PORTSMOUTH—CONTINUED.

FAMILIES.	WHITES.				Indians.	Blacks.	Total.
	MALES.		FEMALES.				
	Above 16.	Under 16.	Above 16.	Under 16.			
Cook, John	3	3	2	1	....	....	9
Cadman, Hannah	2	....	4	1	....	....	7
Cundal, Joseph	3	3	1	2	....	....	9
Curry, Mac	3	1	2	....	....	8	14
Chase, Paul	3	2	3	3	....	1	12
Chase, Aaron	5	2	2	4	....	....	13
Chery, Daniel	2	4	4	3	....	....	13
Cornell, Jonathan	1	2	1	2	....	....	6
Cornell, Walter	4	2	3	3	....	2	14
Chase, Zachariah	3	4	2	2	....	....	11
Cornell, George	2	2	3	1	....	....	8
Chase, Nathan	3	1	4	1	....	....	9
Chase, Holden	3	3	3	3	....	....	12
Chory, Thomas	1	2	1	3	....	....	7
Carrington, John	1	....	3	....	....	3	7
Corey, John	2	3	2	4	2	1	14
Cook, Matthew	1	....	1	2	....	....	4
Cook, Amey	....	1	2	2	....	....	5
Cook, Giles	2	3	3	2	....	....	10
Cook, Thomas	1	3	1	....	1	....	6
Cook, William	2	2	1	1	....	....	6
Cornell, Clarke	1	....	1	....	....	....	2
Dunbar, Charles	1	....	1	5	....	....	7
Durfee, Job	2	3	4	4	....	....	13
Durfee, Christopher	2	2	3	2	....	....	9
Dennis, Robert	2	5	2	1	....	....	10
Darby, John	2	....	2	4	....	....	10
Danford, Jonathan	1	1	1	1	1	....	5
Earle, John	1	3	1	3	....	....	8
Earle, William	1	3	1	3	....	....	8
Earle, Oliver	3	....	2	....	....	2	9
Fish, Artimus	1	....	2	1	....	....	4
Fish, John	1	2	1	....	....	....	4
Fish, Benjamin	1	3	1	....	....	....	5
Fish, Preserved	2	2	2	1	....	....	7
Fish, Robert	2	6	3	2	....	1	14
Fish, David	1	2	3	1	....	....	7
Fish, David Jr	3	2	1	5	....	....	11
Freeborn, Robert	1	4	2	3	....	2	12
Freeborn, Jonathan	3	2	3	2	....	1	11
Finletter,	2	....	1	....	....	....	3

PORTSMOUTH—CONTINUED.

FAMILIES.	WHITES.				Indians.	Blacks.	Total.
	MALES.		FEMALES.				
	Above 16.	Under 16.	Above 16.	Under 16.			
Farltner, Joseph............	3	1	1	3	....	....	8
Farltner, Thomas...........	1	3	1	2	....	....	7
Gifford, Joseph.............	2	4	4	2	....	....	12
Green, William	1	1	1	....	....	....	3
Hill, Thomas...............	5	....	1	....	....	1	7
Horswell, Thomas	1	2	1	1	....	....	5
Hall, George...............	3	3	1	6	....	....	13
Hall, William..............	1	1	2	1	....	....	5
Hall, Benjamin.............	3	1	1	1	....	....	6
Hall, George...............	1	1	3	1	....	....	6
Headley, Peleg.............	1	2	1	....	....	....	4
Hicks, Weston	1	....	3	....	....	....	4
Irish, Edward..............	2	1	2	8	....	6	19
Jepson, John...............	1	....	2	....	....	7	10
Kim, Ezekiel...............	3	2	5	1	....	6	17
Kurby, James..............	3	1	3	2	....	....	9
Lawton, George............	1	1	3	....	....	....	5
Lawton, Daniel	3	1	1	....	....	....	5
Lawton, Giles..............	3	3	5	2	....	....	13
Lawton, Peleg	1	2	1	1	....	....	5
Lawton, Robert	2	3	4	1	....	6	16
Lawton, Isaac..............	4	4	5	3	....	1	17
Lawton, Sarah	1	1	3	....	....	....	5
Lawton, Job	2	1	2	1	....	....	6
Lawton, George............	1	3	1	....	....	....	5
Lawton, John	1	2	3	1	....	....	7
Lawton, David.............	1	2	1	....	....	....	4
Lake, Jonathan	1	2	2	2	....	....	7
Lake, William	2	....	2	....	....	....	4
Lake, Daniel...............	5	....	3	....	....	....	8
Lake, Daniel Jr	1	2	1	2	....	....	6
Lawrence, Isaac............	1	....	4	....	....	....	5
Moth, Jacob	4	1	5	....	....	....	10
Manchester, Thomas	3	2	4	4	....	3	16
Martin, Joseph.............	1	....	4	....	....	....	5
Pearce, Samuel	3	2	2	1	....	1	9

PORTSMOUTH—CONTINUED.

FAMILIES.	WHITES.				Indians.	Blacks.	Total.
	MALES.		FEMALES.				
	Above 16	Under 16.	Above 61.	Under 16.			
Pearce, Samuel	3	....	2	2	....	....	7
Peckham, James	1	....	1	....	....	3	5
Paddock, William	3	....	2	1	....	....	6
Potter, Rowse	2	5	2	1	....	4	14
Remington, William	3	3	4	1	....	....	11
Remington, Thomas	2	1	2	2	....	3	10
Remington, Joseph	2	1	1	....	....	....	4
Rickerson, Charles	1	1	3	3	....	....	8
Slocum, Giles	2	1	4	1	....	11	19
Slocum, Charles	3	3	5	6	....	1	18
Slocum, Matthew	2	....	1	....	1	....	4
Slocum, Giles	1	1	1	1	....	....	4
Sherman, Benjamin	1	....	2	1	....	....	4
Sherman, Joseph	1	5	3	2	....	....	11
Sherman, Peleg	2	2	4	2	....	....	10
Sherman, John	1	3	8	4	....	....	16
Sherman, Thomas	3	7	3	3	....	....	16
Sherman, Joseph	1	1	3	3	....	4	12
Sherman, William	3	....	2	1	5	....	11
Sherman, Parker	2	5	2	3	....	....	12
Sherman, Preserved	2	....	2	....	....	....	4
Sherman, Job	2	3	2	4	....	....	11
Sherman, Sampson	2	3	2	5	1	....	13
Sherman, Amey	1	....	3	3	....	....	7
Sherman, Job	2	....	2	2	....	....	6
Sherman, Christopher	1	2	2	1	....	....	6
Sherman, Isaac	1	3	1	....	....	....	5
Sheldon, John	2	....	2	3	....	....	7
Sanford, John	1	1	1	2	....	....	5
Sanford, Rescum	2	2	2	2	....	....	8
Shreive, Thomas	4	5	4	1	....	....	14
Sisson, Abigail	4	1	4	....	....	....	9
Sisson, James	3	....	2	1	....	1	7
Sisson, John	1	3	3	3	....	....	10
Sisson, Richard	2	1	3	4	....	....	10
Sisson, Peleg	2	1	2	1	....	....	6
Sisson, George	2	3	3	3	....	....	11
Sisson, Joseph	1	....	1	2	....	....	4
Sisson, Richmond	....	....	3	1	....	....	4
Sisson, John	1	3	2	1	....	....	7
Sisson, John	1	....	1	....	....	....	2
Sisson, Joseph	1	....	1	....	....	....	2

PORTSMOUTH—CONTINUED.

FAMILIES.	WHITES.				Indians.	Blacks.	Total.
	MALES.		FEMALES.				
	Above 16.	Under 16.	Above 16.	Under 16.			
Sisson, James	1	2	3	2	....	1	9
Taylor, Clever	....	....	....	....	....	6	6
Taylor, Rubin	1	1	1	3	....	....	6
Taylor, Peter	2	2	1	1	....	....	6
Tomkins, Samuel	2	....	1	....	....	5	8
Thurston, Jonathan	2	1	1	1	....	5	10
Turner, Mary	2	....	3	....	....	....	5
Thomas, Alexander	1	....	1	3	....	....	5
Thomas, Joseph	5	3	4	....	....	....	12
Thomas, Benjamin	1	....	1	....	....	....	2
Tallman, John	1	4	1	4	....	1	11
Tallman, Benjamin	1	1	3	1	....	....	6
Taber, George	1	2	2	4	....	....	9
Wilcox, John	3	2	1	....	....	....	6
Wilcox, John Jr	2	4	2	2	....	....	10
Weeden, John	1	2	1	2	....	....	6
Ward, Philip	1	2	1	2	....	....	6
Ward, Ann	1	3	5	....	....	....	9

WARWICK.

FAMILIES.	WHITES.				Indians.	Blacks.	Total.
	MALES.		FEMALES.				
	Above 16.	Under 16.	Above 16.	Under 16.			
Arnold, James Col.	5	2	1	1	2	1	12
Arnold, David	1	2	2	2	....	....	7
Arnold, Josiah	3	....	2	....	....	....	5
Arnold, Oliver	1	4	1	....	1	....	7
Arnold, Benjamin Capt	1	1	1	1	....	....	4
Arnold, Lidia	1	1	3	2	....	....	7
Arnold, Sion	2	....	1	1	....	....	4
Arnold, Simeon	1	5	4	4	....	....	14
Arnold, Caleb	4	1	2	2	....	....	9
Arnold, Philip	1	3	2	2	1	2	11
Arnold, William	1	....	2	....	....	....	3
Arnold, Thomas (son of Wm)	1	5	1	2	....	....	9
Arnold, William (son of Wm)	1	....	1	4	....	....	6
Arnold, Nathaniel	1	1	....	....	....	....	2
Arnold, Gidion (son of James)	1	1	1	1	....	....	4
Arnold, Abigal	2	3	3	2	....	....	10
Arnold, Elisha	3	1	1	....	....	....	5
Arnold, John (son of Philip)	1	1	2	2	....	....	6
Arnold, Gidion	1	2	1	2	....	....	6
Arnold, Thomas	1	4	1	3	....	....	9
Arnold, William	1	....	1	....	....	....	2
Arnold, Joseph	2	2	2	....	....	....	6
Arnold, Israel	1	....	1	....	....	....	2
Arnold, James (son of Elisha)	4	2	4	....	....	....	10
Arnold, Stephen Esq	4	1	2	4	....	....	11
Andrew, Philip	1	5	1	2	....	....	9
Allen, John	1	3	3	....	....	....	7
Arnold, Benjamin	4	2	1	1	1	10	19
Anthony, Abraham	3	1	5	2	....	....	11
Arnold, James 5th	1	1	1	....	....	....	3
Aborn, Samuel	3	5	2	3	2	....	15
Aborn, James	4	4	1	1	....	1	11
Allen, Ebenezer	1	....	1	1	....	....	3
Anthony, John	1	2	1	4	....	....	8
Atwood, Mary	1	2	2	1	....	....	6
Barton, Rufus	1	....	4	....	1	....	6
Barton, Rufus Jr	2	....	1	....	....	6	9

WARWICK—CONTINUED.

FAMILIES.	WHITES.				Indians.	Blacks.	Total.
	MALES.		FEMALES.				
	Above 16.	Under 16.	Above 16.	Under 16.			
Braton, Daniel	2	2	2	....	....	....	6
Batty, William	2	....	2	1	....	....	5
Barton, Andrew	1	3	1	1	....	....	6
Batty, Caleb	2	1	5	4	....	1	13
Bugbee, Elizabeth	1	1	3	1	....	....	6
Bennett, John	1	....	1	....	....	....	2
Bennett, Joseph	1	....	1	....	....	....	2
Briggs, Job	1	2	1	....	....	....	4
Budlong, Moses	3	1	3	1	....	....	8
Budlong, Samuel	1	5	1	3	....	....	10
Budlong, Nathaniel	1	2	1	2	1	....	7
Bennett, John Jr	1	3	2	3	....	....	9
Baker, Jonathan	1	....	1	....	....	....	2
Budlong, John	1	3	1	4	....	....	9
Budlong, Renew	1	1	1	1	2	....	6
Budlong, James	1	....	1	....	....	....	2
Baker, Moses	2	2	1	1	....	....	6
Baker, Temperance	1	1	1	1	....	....	4
Baker, Abraham	1	1	1	....	....	....	3
Bennett, Samuel	2	1	1	3	....	....	7
Brown, Joseph	1	2	1	2	....	....	6
Baley, Samuel	1	....	3	1	....	....	5
Briggs, George	3	5	1	2	....	....	11
Barthlish, Thomas	1	4	1	2	....	....	8
Bidilcom, Thomas	1	2	1	2	....	....	6
Bennett, William	3	2	3	....	....	....	8
Bennett, Jonathan	1	1	1	1	....	....	4
Baker, Philip	2	1	2	....	1	....	6
Baker, Oliver	1	4	1	1	....	....	7
Baker, Elisha	3	3	3	....	....	....	9
Barton, Andrew	1	1	1	2	....	....	5
Barton, Joseph	1	....	1	....	....	....	2
Baker, Joseph	2	4	3	3	5	....	17
Baker, Jeremiah	1	3	1	1	....	....	6
Baker, William	1	4	1	2	....	....	8
Brayton, Benjamin	1	1	2	4	....	....	8
Briggs, Isaac	1	1	1	....	....	....	3
Briggs, Joseph	1	2	1	3	....	....	7
Bennett, Abel	1	1	1	....	....	....	3
Bennett, David	1	1	2	2	....	....	6
Budlong, Daniel Elder	2	2	1	1	....	....	6
Bentley, Caleb	1	3	1	5	....	....	10
Burk, William	1	4	1	2	....	....	8
Bennett, David	1	1	1	1	....	....	4

WARWICK—CONTINUED.

FAMILIES.	WHITES.				Indians.	Blacks.	Total.
	MALES.		FEMALES.				
	Above 16.	Under 16.	Above 16.	Under 16.			
Barton, Steukly............	2	6	6	1	....	1	16
Briggs, Ebenezer	3	....	1	5	....	....	9
Briggs, Charles............	2	2	1	....	....	....	5
Budlong, Daniel............	2	1	1	1	1	....	6
Cole, Nathaniel............	2	2	2	1	....	....	7
Cammett, Isaac	1	1	4	3	....	....	9
Card, Stephen	1	1	1	....	....	....	3
Chapman Nathaniel.........	1	4	1	1	....	2	7
Cimble, Amos.............	3	....	1	2	....	....	6
Carder, James.............	1	3	4	2	....	....	10
Carder, James Jr...........	1	4	2	1	....	....	8
Carr, Cate................	....	....	....	....	4	....	4
Comstock, Adams Esq.......	1	3	2	4	....	....	10
Chais, Abraham	2	3	3	2	....	....	10
Colven, Caleb.............	4	1	....	1	....	....	6
Carpenter, Wilborn	1	5	2	3	....	....	11
Clark, Joseph..............	1	....	1	1	....	....	3
Carpenter, Job............	2	1	2	....	....	....	5
Carpenter, Job Jr..........	1	....	....	1	....	....	2
Cook, Silas	1	2	1	4	....	1	9
Clap, Silas	3	....	2	....	3	1	9
Carpenter, Elisha..........	1	1	1	1	....	....	4
Corey, Oliver..............	1	2	1	2	....	....	6
Casey, Silas	5	2	2	1	....	2	12
Casey, John	2	1	1	....	....	....	4
Carr, Caleb...............	2	1	3	....	....	....	6
Church, William............	1	2	1	2	....	....	6
Davis, Aaron	1	....	2	....	....	....	3
Davis, Bill	1	1	1	2	....	....	5
Davis, Samuel	1	1	1	1	....	....	4
Davis, Thomas.............	1	....	1	1	1	....	4
Daley, Timothy	2	....	3	4	1	....	9
Doud, Noah...............	2	....	1	1	....	....	4
Ellis, Benjamin.............	2	1	1	3	....	....	7
Edmonds, Robart...........	2	1	2	1	....	....	6
Essex, Hugh...............	4	2	2	2	....	....	10
Fish, Daniel...............	1	....	1	....	....	....	2
Fairbanks, Benjamin........	1	2	1	....	....	....	4
Freeborn, Gideon	2	1	2	....	....	....	5

WARWICK—CONTINUED.

FAMILIES.	WHITES.				Indians.	Blacks.	Total.
	MALES.		FEMALES.				
	Above 16.	Under 16.	Above 16.	Under 16.			
Greene, Richard Esq	1	....	2	....	....	3	6
Greene, Thomas Capt	1	4	1	2	....	1	9
Gorton, Benjamin Capt	2	1	1	2	....	6	12
Greene, Caleb (son of Richard)	1	1	2	1	....	....	5
Greene, John Esq	1	....	2	....	....	2	5
Greene, Stephen Jr	1	2	1	1	....	....	5
Greene, William (son of John)	1	....	1	....	1	....	3
Greene, Ann Widow	....	2	1	2	....	....	5
Greene, Stephen	2	1	3	3	....	....	9
Gorton, Samuel	1	....	1	1	....	1	4
Gorton, Benjamin	1	4	2	1	....	....	8
Griffith, James	1	....	1	1	....	....	3
Greene, Benjamin	3	1	2	....	2	4	12
Greene, Philip Esq	2	1	2	1	....	9	15
Greene, Mary Widow	6	1	5	2	1	5	20
Greene, ames	2	1	2	....	....	1	6
Gorton, William	2	1	4	1	....	....	8
Greene, Love Fones	1	2	2	1	3	....	9
Gorton, Nathan	1	2	2	1	....	....	6
Gorton, Samuel Jr	1	....	1	2	....	....	4
Greene, Samuel Esq	1	....	3	....	....	....	4
Greene, Christopher S	1	1	1	2	....	....	5
Greene, Caleb	2	3	1	3	....	....	9
Gorton, Samuel Dr	3	2	1	4	....	....	10
Gorton, Edward	3	1	3	2	....	....	9
Gorton, Caleb	2	2	2	....	....	....	6
Greene, Christopher	2	2	2	2	1	2	11
Greene, James Esq	2	1	5	1	1	1	11
Greene, Daniel	1	....	1	....	....	4	6
Gorton, Samuel 2d	1	....	1	....	....	....	2
Gorton, Jonathan	1	1	1	3	2	....	8
Greene, Job	1	2	1	1	....	....	5
Greene, Paul	4	2	2	4	....	1	13
Gorton, Joseph (son of Samuel)	1	1	1	2	....	....	5
Gorton, Samuel (son of Dr)	1	1	1	2	....	....	5
Gorton, Othnial Esq	2	....	3	1	....	4	10
Greene, William Esq	3	2	3	3	1	4	16
Greene, Richard	7	6	5	2	1	2	23
Greene, Jabez	4	2	2	2	....	....	10
Greene, James	3	2	3	1	....	....	9
Greene, Jacob	3	3	3	2	....	....	11
Greene, Chris. (son of Nathan)	5	....	2	....	1	1	9
Greene, Thomas	1	1	1	5	....	....	8
Greene, Abraham	1	....	1	....	....	....	2

WARWICK — CONTINUED.

FAMILIES.	WHITES.				Indians.	Blacks.	Total.
	MALES.		FEMALES.				
	Above 16.	Under 16.	Above 16.	Under 16.			
Gorton, John Elder.........	3	1	4	1	....	....	9
Gorton, John Jr.............	1	....	1	....	....	....	2
Greene, David	5	1	3	1	....	....	10
Greene, John (son of David).	4	....	2	...	......	....	6
Greene, Godfrey	1	4	2	2	....	1	10
Greene, Caleb (son of Jona.).	2	1	2	....	....	....	6
Greene, John (son of Richard)	1	1	1	1	....	....	5
Gorton, William Jr..........	3	3	1	5	....	....	12
Gibbs, Thomas..............	2	4	2	2	....	....	10
Gorton, Samuel 2d..........	1	....	1	....	....	....	2
Holden, Charles Elder.......	1	....	1	....	....	5	7
Holden, Randall............	4	3	4	3	....	1	15
Holden, Rose...............	....	....	2	....	....	3	5
Hackston, Nathaniel Jr......	2	....	1	....	....	....	3
Holdredg, William..........	3	....	1	....	....	....	4
Haynes, William	1	1	2	....	....	....	4
Howard, Thomas............	1	....	2	1	....	....	4
Hudson, Benjamin...........	1	....	1	....	....	....	2
Holden, Charles Jr...	3	4	2	3	...	2	14
Holden, John Esq	2	3	2	3	1	5	16
Holden, William Esq........	2	....	2	2	....	....	6
Howard, Solomon...........	4	2	6	....	....	....	12
Hackston, Nathaniel........	1	1	1	1	....	....	4
Herlihigh, William..........	1	1	1	....	....	....	3
Hackston, Benjamin.........	1	2	2	1	....	....	6
Harrissan, George	1	....	1	3	....	....	5
Hammett, Malichi	1	4	3	3	....	....	11
Hammett, Thankful.........	....	....	1	2	....	....	3
Howard, Benjamin..........	1	2	1	1	....	....	5
Havens, William	1	2	1	3	....	....	7
Hix, Joseph	1	....	1	1	....	....	3
Hackston, John.............	2	1	2	4	....	....	9
Hathaway, Caleb	2	1	1	1	....	....	5
Johnson, John..............	3	....	1	1	....	....	5
Joyce, Marcey	2	....	1	1	....	....	4
Johnson, Elijah.............	2	1	1	3	....	....	7
Jarauld, Dutee Dr	2	9	4	2	....	....	17
Jarauld, James	1	1	1	2	....	....	5
Jarauld, Dutee Jr...........	1	...	1	....	....	....	2
Knap, David................	2	....	2	....	....	....	4
Knap, David Jr.............	1	2	1	1	....	....	5

WARWICK—CONTINUED.

FAMILIES.	WHITES.				Indians.	Blacks.	Total.
	MALES.		FEMALES.				
	Above 16	Under 61.	Above 61.	Under 16.			
Keuis, Margaret............	1	....	1	....	....	....	2
Lippitt, Jeremiah Esq......	4	....	3	....	....	9	16
Lippitt, Joseph Esq.........	3	....	5	1	....	6	15
Lippitt, Abraham...........	2	1	3	2	....	3	11
Lippitt, John..............	1	....	3	....	....	9	13
Lockwood, Amos...........	1	1	2	2	2	....	8
Low, Sarah................	2	....	2	....	....	....	4
Low, Anthony.............	3	2	1	2	....	2	10
Low, Stephen Col..........	1	1	2	1	....	6	11
Low, Stephen Jr...........	1	....	1	3	....	....	5
Low, John.................	2	2	3	2	....	1	10
Lippitt, Moses.............	2	....	1	3	....	2	8
Lockwood, Adam...........	2	1	3	1	....	....	7
Luther, Isra...............	1	1	1	....	....	....	3
Lad, John.................	3	2	4	1	....	....	10
Levalley, John.............	2	2	1	1	....	....	6
Levalley, Michal...........	1	3	1	4	....	....	9
Levalley, Christopher.......	1	2	1	2	....	....	6
Levalley, Peter............	2	2	2	3	....	....	9
Lewis, Joseph.............	1	....	1	....	....	....	2
Lilley, John...............	1	....	1	1	....	....	3
Lawton, Thomas...........	....	....	....	....	....	4	4
MacNear John.............	2	1	1	4	....	....	8
Merrill, Spencer...........	1	1	1	1	....	....	4
Moon, John................	2	1	1	3	....	....	7
Millard, Nathaniel..........	2	3	2	1	....	....	8
Millard, Squire............	1	2	1	....	....	....	4
Mathewson, Francis........	1	....	1	....	....	....	2
Mathewson, William.......	1	2	1	2	....	....	6
Mathewson, Nicholas.......	1	1	1	....	....	....	3
Mathewson, Mary..........	....	....	2	....	....	....	2
Mathewson, Moses.........	1	3	2	2	....	....	8
Mathewson, Daniel.........	1	2	1	....	....	....	4
Millard, Nathaniel..........	4	....	1	4	....	....	9
Mew, Sarah...............	....	....	....	....	6	....	6
Nicholes, John.............	3	2	3	1	....	....	9
Nicholes, Benjamin.........	2	2	2	1	2	1	10
Nicholes, Thomas..........	1	1	3	2	....	....	7
Olin, Peleg................	2	2	2	2	....	....	8
Overson, David............	1	3	1	3	....	....	8

WARWICK—CONTINUED.

FAMILIES.	WHITES. MALES. Above 16.	WHITES. MALES. Under 16.	WHITES. FEMALES. Above 16.	WHITES. FEMALES. Under 16.	Indians.	Blacks.	Total.
Palmer, Simeon	1	....	....	....	....	....	1
Proppet, Thomas	....	....	....	....	11	....	11
Phillips, Daniel	1	....	1	2	....	....	4
Pearce, Benjamin	2	....	1	1	....	....	4
Pearce, Francis	....	....	2	3	....	....	5
Potter, William	3	4	3	3	....	....	13
Potter, Mary	....	....	3	....	....	....	3
Price, Thomas	1	....	1	....	....	1	3
Pearce, Benoni	2	....	2	....	....	....	4
Remington, Peleg	2	2	2	2	....	....	8
Rhodes, John Major	1	....	....	....	....	4	5
Rhodes, John Jr	2	2	2	....	....	....	6
Rhodes, John 3d	1	4	1	1	....	....	7
Rice, Marcey	....	1	1	1	....	....	3
Rhodes, James Esq	1	1	1	....	....	....	3
Rhodes, Robert	3	1	1	2	....	....	7
Rhodes, Malichi	1	1	1	1	....	....	4
Rhodes, Sylvester	1	1	1	....	....	....	3
Rice, Fones	1	....	1	2	....	....	4
Rice, Thomas (son of Richard)	1	3	1	3	....	1	9
Rice, Thomas Esq	2	....	3	1	1	2	9
Rice, Thomas Sen	4	2	3	1	....	1	11
Rice, Elizabeth	1	2	4	1	....	....	8
Rice, Philip	1	....	2	....	....	....	3
Rice, Job	1	4	1	1	....	....	7
Rice, Henry Esq	1	4	4	3	....	....	12
Rhodes, Charles	1	....	1	....	....	....	2
Remington, Peleg	2	2	1	1	....	....	6
Remington, Jane	....	....	2	1	....	....	3
Remington, Daniel	2	1	2	1	....	....	6
Rhodes, Holden	1	1	1	2	....	1	6
Rice, William	1	1	1	....	....	....	3
Rice, Randall	1	....	2	....	....	1	4
Randall, Bethiah	5	....	3	....	....	....	8
Remington, Thomas (son of Jos.)	2	2	1	1	....	....	6
Remington, Ruel	1	2	1	1	....	....	5
Rice, Thomas Sen	4	2	3	1	1	....	11
Remington, Thomas	2	1	1	....	....	....	4
Strait, Joseph	2	....	4	1	....	....	7
Stafford, Thomas	2	1	3	3	....	3	12
Strait, Henry	1	4	2	1	....	....	8
Sweet, Thomas	2	1	3	1	....	....	7

WARWICK—CONTINUED.

FAMILIES.	WHITES.				Indians.	Blacks.	Total.
	MALES.		FEMALES.				
	Above 16.	Under 16.	Above 16.	Under 16.			
Smith, Job................	2	....	2	3	....	....	7
Sheldon, Benjamin.........	1	1	2	....	....	....	4
Stone, John................	1	1	3	....	....	....	5
Smith, Stephen.............	1	1	2	....	....	....	4
Smith, Stephen Jr..........	1	2	1	2	....	....	6
Spywood, Samson...........	....	....	....	....	6	....	6
Stone, Benjamin............	1	....	1	....	....	....	2
Stone, Thomas..............	2	1	4	2	....	....	9
Stone, Thomas Jr...........	1	4	1	1	....	....	7
Spencer, Pearce............	2	....	1	1	1	....	5
Spink, Ceaser..............	....	....	....	....	....	3	3
Salsbury, Peleg............	1	2	2	....	....	....	5
Slocom, Ebenezer...........	2	1	3	....	....	2	8
Shoemake, Abraham........	1	1	1	1	....	....	4
Slocom, Jonathan...........	1	4	2	3	2	2	14
Spencer, John..............	1	2	1	1	....	....	5
Shearman, Amos............	1	1	2	1	....	....	5
Scott, David...............	1	1	1	....	....	....	3
Swanton, Daniel............	2	1	3	....	1	....	7
Spencer, Thomas...........	2	2	1	1	....	....	6
Stafford, John..............	1	1	4	....	1	....	7
Stafford, Steukly...........	2	1	3	....	1	2	9
Snell, Daniel...............	1	2	2	1	....	....	6
Spencer, William...........	1	....	1	....	....	1	3
Taylor, Ambros............	1	1	1	....	....	....	3
Thornton Solomon..........	1	6	2	2	....	....	11
Taylor, Peter..............	1	....	1	....	....	....	2
Tillingbast, Samuel.........	1	1	2	1	....	1	6
Tripp, Israel...............	2	1	4	1	....	....	8
Tibbits, Waterman..........	2	3	1	....	....	1	7
Tiffiny, Thomas............	1	3	1	3	....	....	8
Talman, James.............	3	1	2	2	....	....	8
Tripp, Isaac...............	4	3	3	3	....	1	14
Tibits, Thomas.............	3	2	2	2	....	....	9
Utter, Zebulon.............	1	1	2	1	....	....	5
Veaughn, George...........	1	1	2	5	....	....	8
Wickes, Thomas Esq.......	1	....	2	....	....	8	11
Westcott, Nathan...........	3	4	6	4	....	....	17
Wells, John................	2	1	3	2	....	....	8
Warner, Rebecca...........	....	1	3	1	....	....	5

WARWICK—CONTINUED.

FAMILIES.	WHITES.				Indians.	Blacks.	Total.
	MALES.		FEMALES.				
	Above 16.	Under 16.	Above 16.	Under 16.			
Warner, John Esq............	2	2	3	1	1	....	9
Warner, William	1	2	4	3	....	1	11
Wickes, Robert.....	4	1	2	....	....	7	14
West, Ishmael...............	....	....	....	....	10	....	10
Waterman, Benoni..........	1	....	1	1	....	5	8
Waterman, John............	2	2	2	2	2	....	10
Whitney, James	1	2	1	1	....	....	5
Whitney, Joseph............	1	1	1	1	....	....	4
Wever, Benedict	1	1	1	....	....	....	3
Webb, William.............	1	2	2	6	....	....	11
Whipple, James	1	....	1	1	....	...	3
Wightman, George..........	1	....	2	....	....	....	3
Whipple, Job	1	1	1	....	....	....	3
Wightman, Philip	1	2	2	3	1	....	9
Wightman, Elisha	3	2	2	4	....	1	12
Wightman, Rubin..........	1	4	2	1	....	...	8
Walton, John	1	1	1	....	....	....	3
Wood, William	2	....	1	....	....	....	3
Wightman, David	1	....	1	....	....	....	2
Waterman, William.........	1	1	4	2	1	1	10
Warner, William	1	....	1	....	....	....	2
Webster, James	1	....	1	1	....	....	3
Wightman, Asa............	1	....	1	2	....	....	4
Wickes, Steukly............	1	1	1	3	....	....	6
Weaver, Jonathan	1	2	1	....	....	....	4
Whitford, George...........	1	3	1	5	....	....	10

WESTERLY.

FAMILIES.	WHITES.				Indians.	Blacks.	Total.
	MALES.		FEMALES.				
	Above 16.	Under 16.	Above 16.	Under 16.			
Allen, John	1	....	1	1	....	....	3
Allen, John	1	....	1	1	....	....	3
Austin, Jedidiah	1	....	2	....	....	....	3
Adams, Ebenezer	1	3	2	3	....	....	9
Allen, Samuel	1	1	1	3	....	....	6
Brown, Ebenezer	2	1	1	5	....	....	9
Brown, Samuel	2	1	2	1	....	....	6
Brown, John	1	....	3	1	....	....	5
Brown, James	1	2	2	1	....	....	6
Berry, Elijah	1	2	1	2	....	....	6
Berry, Peleg	1	....	1	....	....	....	2
Berry, Richard	1	....	1	....	....	....	2
Berry, Samuel	1	1	1	3	....	....	6
Burdick, Christopher	1	5	1	1	....	....	8
Bentley, George	1	2	2	1	....	....	6
Browbly, William	3	....	1	4	....	....	8
Burdick, John	4	3	2	1	....	....	10
Brand, Samuel	1	2	1	....	....	....	4
Babcock, Elkanch	1	2	2	3	....	....	8
Babcock, William	2	....	3	1	....	....	6
Babcock, William Jr	1	1	1	1	....	....	4
Babcock, Joshua	3	2	1	1	....	2	9
Babcock, Stephen	2	....	3	....	....	....	5
Babcock, Oliver	1	4	1	1	....	1	8
Babcock, Isaac	1	4	2	4	....	....	11
Babcock, Jesse	1	....	1	2	....	4	8
Babcock, Joseph	1	1	1	....	....	....	3
Babcock, Ichabod	3	4	3	3	1	....	14
Babcock, James Jr	4	1	1	5	....	....	11
Babcock, James	2	3	2	1	1	3	12
Babcock, Christopher	2	6	1	2	....	....	11
Babcock, Nathaniel 2d	5	4	2	3	1	1	16
Babcock, Ann Widow	....	....	3	....	....	....	3
Babcock, Samuel	3	5	1	4	....	....	13
Babcock, Nathan	2	2	4	2	....	1	11
Bliven, Daniel	1	3	2	3	....	....	9
Bliven, James	1	4	2	1	....	....	8

WESTERLY—CONTINUED.

FAMILIES.	WHITES.				Indians.	Blacks.	Total.
	MALES.		FEMALES.				
	Above 16.	Under 16.	Above 16.	Under 16.			
Bliven, Edward	3	....	1	1	....	....	5
Bliven, Edward Jr	3	3	2	1	....	....	9
Bliven, William	1	1	1	2	1	....	6
Bliven, Nathan	1	2	2	2	....	....	7
Bliven, John	1	3	2	2	....	....	8
Bliven, Samuel	1	2	1	2	....	....	6
Bent, Hannah Widow	....	....	1	1	....	....	2
Burdick, Arnold	1	1	1	1	....	....	4
Burdick, Jonathan	2	....	2	....	....	....	4
Burdick, Robert	2	....	3	3	....	....	8
Burdick, Simeon	1	2	1	2	....	....	6
Burdick, Thompson	1	1	1	....	....	....	3
Burdick, David	1	....	2	....	....	1	4
Burdick, Oliver	1	5	1	1	....	....	8
Brand, Thomas J	1	....	2	....	....	....	3
Brand, Thomas	1	....	1	....	....	....	2
Clarke, Paul	3	1	2	....	....	1	7
Clarke, Phineas	1	4	2	1	1	....	9
Clarke, Joseph 3d	1	1	1	6	....	....	9
Clarke, Joseph	1	....	1	....	....	....	2
Clarke, Elisha	2	4	4	1	....	....	11
Clarke, William	2	....	2	2	....	....	6
Clarke, Joseph Jr	2	5	2	2	....	....	11
Clarke, David	1	2	2	....	....	....	5
Clarke, John	1	2	1	2	....	....	6
Clarke, Ichabod	1	1	4	....	....	....	6
Clarke, Daniel	2	2	3	3	....	....	10
Clarke, Amos	2	....	1	1	....	....	4
Crary, Nathan	1	1	1	....	....	....	3
Cottrell, John	1	4	4	1	....	....	10
Coon, Joseph	2	1	1	4	....	....	8
Chesebrough, James	1	4	1	....	....	....	6
Crandall, Benjamin	3	3	1	4	1	....	12
Crandall, Ebenezer	1	....	2	....	....	....	3
Crandall, Thomas	1	1	1	....	....	....	3
Crandall, Joseph (son of Eber)	1	2	2	1	....	....	6
Crandall, Joseph 3d	1	4	1	2	....	....	8
Crandall, Elisha	2	1	1	1	....	....	5
Crandall, Enoch	1	....	1	....	....	....	2
Crandall, James	2	3	1	3	....	....	9
Crandall, James Jr	1	5	2	3	....	....	11
Crandall, Joseph	2	....	1	....	....	....	3
Crandall, William	2	4	2	2	....	....	10

WESTERLY—CONTINUED.

FAMILIES.	WHITES.				Indians.	Blacks.	Total.
	MALES.		FEMALES.				
	Above 16.	Under 16.	Above 61.	Under 16.			
Crandall, Joshua	1	6	1	1	....	....	9
Crandall, Jonathan	1	4	1	4	....	....	10
Crandall, Phineas	1	2	1	1	....	....	5
Crandall, Elijah	1	1	2	1	....	....	5
Crandall, Ezekiel	2	3	1	1	....	....	7
Crandall, Abijah	1	1	1	1	....	....	4
Champlin, Andrew	1	....	1	2	....	....	4
Champlin, Samuel	3	1	1	2	....	5	12
Champlin, Rowland	1	2	1	1	....	....	5
Crumb, Joseph	1	....	1	....	....	....	2
Crumb, William	2	1	1	1	....	....	5
Crumb, Billington	1	....	1	2	....	....	4
Crumb, Joseph Jr	1	4	1	1	....	....	7
Chapman, William	3	1	5	2	....	....	11
Chapman, Mary Widow	1	1	2	....	....	....	4
Chapman, Sumner	....	1	1	2	....	....	4
Collins, Daniel	1	1	1	....	....	....	3
Chace, Oliver	2	....	3	1	....	....	6
Davis, Joseph	3	2	3	5	....	....	13
Davis, Nathan	1	2	2	3	....	....	8
Davis, William (son of Peter)	4	1	3	1	....	....	9
Dodge, Joseph	1	....	1	....	....	....	2
Driskell, Philip	2	1	1	2	....	....	6
Dodge, Oliver	1	....	1	1	....	1	4
Dunbar, Anstes Widow	....	1	1	1	....	....	3
Edward, Gaithrot Widow	1	....	1	1	....	....	3
Foster, Jonathan Jr	1	4	1	....	....	....	6
Foster, Jonathan	2	1	2	....	....	....	5
Frazer, Gideon	1	2	1	....	....	....	4
Greenman, Silas	2	1	3	4	....	....	10
Greenman, Nathan	1	1	1	3	....	....	6
Gavil, Ezekiel	2	1	2	1	....	....	6
Gavil, Ezekiel Jr	2	1	1	1	....	....	5
Gavil, Anne Widow	....	2	2	1	....	....	5
Gavil, Stephen	2	1	4	1	....	....	8
Gavil, George	1	1	1	....	....	....	3
Gavil, Joseph	2	2	4	1	....	....	9
Gavil, Oliver	1	2	1	1	....	....	5
Gavil, Hezekiah	2	1	2	1	....	....	6
Greene, Samuel	1	....	1	2	....	....	4

WESTERLY—CONTINUED.

FAMILIES.	WHITES.				Indians.	Blacks.	Total.
	MALES.		FEMALES				
	Above 16	Under 61.	Above 61.	Under 16.			
Greene, William	3	3	2	1	....	....	9
Hiscox, William	2	1	2	1	....	....	6
Hiscox, William Jr	1	2	1	1	....	1	6
Hiscox, Nathan	1	1	1	3	....	....	6
Hiscox, Ephraim	2	....	5	....	....	....	7
Hiscox, Thomas	2	2	1	2	....	....	7
Hiscox, Joseph	1	1	1	....	....	....	3
Hall, Isaac	3	1	2	3	....	....	9
Hall, Charles	2	3	4	3	....	....	12
Hall, Joseph	1	5	1	....	....	....	7
Hall, Theodate	3	1	1	3	....	....	8
Hall, James	2	1	3	....	....	....	6
Hull, Benjamin	3	4	2	1	....	1	10
Hull, Thomas	1	1	1	1	....	....	4
Indians (Family)	....	....	....	....	7	....	7
Kenyon, George	3	....	1	....	....	....	4
Lewis, Maxson	1	1	1	3	....	....	6
Lewis, Stephen	2	2	1	2	....	....	7
Lewis, David	1	1	3	2	....	....	7
Lewis, Joseph	1	1	2	1	....	....	5
Lewis, John	5	2	6	2	....	....	15
Lewis, Hezekiah	1	3	2	1	....	....	7
Lewis, Elias	1	1	1	....	....	....	3
Lewis, Oliver	2	3	2	....	....	....	7
Lewis, John 3d	1	1	3	....	....	....	5
Lewis, Elias	1	2	1	2	1	....	7
Lanpher, Nathan	2	3	2	2	....	....	9
Lanpher, Nathan Jr	1	2	1	3	....	....	7
Lanpher, Daniel	2	....	3	1	....	....	6
Lanpher, Daniel Jr	1	1	1	2	....	....	5
Lanpher, Daniel Jr	1	3	1	5	....	....	10
Lanpher, Abram	1	2	1	1	....	....	5
Lanpher, Champlin	1	3	1	....	....	....	5
Lanpher, Benjamin	1	4	1	1	....	....	7
Lanpher, Nahor	1	4	1	3	....	....	9
Lanpher, John	1	....	1	1	....	....	3
Larkin, Abel	1	1	1	1	....	....	4
Larkin, Moses	1	3	1	1	....	....	6
Larkin, Susanna Widow	....	1	1	1	....	....	3
Langford, Esther Widow	....	2	2	1	....	....	5

WESTERLY—CONTINUED.

FAMILIES.	WHITES.				Indians.	Blacks.	Total.
	MALES.		FEMALES.				
	Above 16.	Under 16.	Above 16.	Under 16.			
Maxson, John	1	....	2	1	....	1	5
Maxson, Daniel	1	5	1	1	....	....	8
Maxson, David	2	2	2	6	....	....	12
Maxson, Thomas	3	....	1	2	....	....	6
Maxson, Joseph	1	3	2	1	....	....	7
Maxson, Tony	3	2	2	3	....	....	10
Mustee, Codandro	....	....	1	....	....	6	7
Noyes, Joseph	4	5	1	2	....	5	17
Noyes, Sanford	1	1	1	....	....	....	3
Pendleton, Simeon	1	....	2	4	....	....	7
Pendleton, Joseph	1	2	1	2	....	1	7
Pendleton, Caleb	1	4	1	3	....	....	9
Pendleton, John	1	2	2	2	6	....	13
Pendleton, Samuel	3	....	4	3	....	....	10
Pendleton, James	3	....	1	....	....	....	4
Pendleton, James Jr	1	1	1	2	....	....	5
Pendleton, William	3	3	3	5	....	1	15
Pendleton, Benjamin	2	4	2	2	....	....	10
Pendleton, Ephraim	1	3	1	1	....	....	6
Pendleton, Amos	2	3	1	1	....	2	9
Pendleton, Samuel	2	2	5	3	....	....	12
Potter, George	3	1	2	5	....	....	11
Peckham, Abel	2	4	1	2	....	....	9
Peter, Junius	2	1	2	....	....	1	6
Peckham, John	2	....	2	1	....	....	5
Peckham, Isaac	5	1	4	2	....	....	12
Rathbone, Ebenezer	4	....	4	....	....	....	8
Rathbone, Thomas	4	1	2	1	....	....	8
Randall, Jonathan	1	1	1	1	....	....	4
Ross, Thomas	2	2	4	2	....	....	10
Rhodes, James	3	3	2	2	4	3	17
Ross, John	3	....	3	2	....	....	8
Ross, John Jr	1	....	1	....	....	....	2
Ross, Peleg	2	4	2	3	....	....	11
Ross, Isaac	2	2	1	3	....	....	8
Slates, Peter	2	1	1	4	....	....	8
Saunders, John	2	2	2	....	....	....	6
Saunders, Stephen	4	1	7	2	....	1	15
Saunders, Hezekiah	2	3	1	2	....	....	8
Saunders, Peleg	2	2	2	5	....	....	11

WESTERLY—CONTINUED.

FAMILIES.	WHITES.				Indians.	Blacks.	Total.
	MALES.		FEMALES				
	Above 16.	Under 16.	Above 16.	Under 16.			
Saunders, David............	1	....	1	1	....	....	3
Saunders, Joseph..........	2	1	2	3	....	....	8
Saunders, James...........	3	1	4	2	....	....	10
Saunders, Edward.........	2	3	2	3	....	....	10
Stillman, George	1	....	1	....	....	....	2
Stillman, Joseph...........	1	....	2	3	....	....	6
Stillman, Joseph Jr........	1	1	1	....	....	....	3
Stillman, Benjamin.........	3	3	1	4	....	....	11
Stillman, George Jr........	2	1	2	3	....	....	8
Stillman, John.............	3	....	2	3	....	....	8
Smith, Nathan.............	1	1	2	....	....	....	4
Sisson, Thomas Jr..........	2	1	2	....	....	....	5
Sisson, John...............	1	1	1	3	....	....	6
Sisson, William	4	1	1	1	....	....	7
Stetson, Thankful Widow....	1	2	2	2	1	1	9
Sheffield, George..........	5	1	3	1	....	....	10
Sheffield, James............	3	....	1	1	....	....	5
Sugar, Christopher.........	1	....	2	....	....	....	3
Sisson, Peleg	4	3	2	....	....	....	9
Scims, Jerusha Widow......	1	....	2	....	....	2	5
Tefft, John	2	4	2	2	....	....	10
Thompson, Samuel Jr	1	....	1	....	5	1	8
Thompson, Elias...........	3	3	3	1	....	4	14
Thompson, Joshua	2	....	1	1	1	2	7
Thompson, Joshua Jr.......	1	1	1	....	....	....	3
Thompson, William	1	1	2	2	....	....	6
Thompson, John............	1	1	1	4	....	....	7
Thompson, Thomas	1	2	1	4	....	3	11
Thompson, Samuel.........	1	3	1	2	....	....	7
Taylor, John...............	3	4	1	4	....	....	12
Taylor, Sanford	1	1	1	....	....	....	3
Taylor, Humphrey..........	1	1	1	....	....	....	3
Taylor, David..............	2	1	2	1	....	....	6
Taylor, Job Jr.	1	....	1	1	....	....	3
Vose, Joshua...............	1	....	1	....	....	....	2
Vose, Joshua Jr............	1	1	3	....	....	....	5
Varse, Theodaly............	1	....	1	....	....	....	2
Varse, Isaac	2	2	1	5	....	....	10
Vincent, William	1	5	3	2	....	....	11
West, Francis..............	2	2	4	2	....	....	10
West, Zurvia	1	1	2	....	....	....	4

WESTERLY—CONTINUED.

FAMILIES.	WHITES.				Indians.	Blacks.	Total.
	MALES.		FEMALES.				
	Above 16.	Under 16.	Above 16.	Under 16.			
West, Samuel............	2	4	2	4	....	....	12
West, John..............	1	2	1	2	....	....	6
Ward, Samuel Esq........	3	3	4	2	....	5	17
Wilcox, Stephen..........	1	....	1	....	....	....	2
Wilcox, Jeremiah.........	2	....	2	....	4	3	11
Wilcox, Arnold...........	1	2	1	....	....	2	6
Wilcox, Hezekiah.........	4	5	2	1	....	....	12
Wilcox, Isaiah............	1	5	2	2	....	....	10
Wilcox, Valentine	1	3	1	2	....	....	7
Wilcox, Tabitha Widow ...	....	2	1	2	....	....	5
Wilcox, David	1	3	1	....	....	....	5
Wilbur, Joseph...........	1	5	1	4	....	....	11
Wilbur, Clark............	1	1	2	1	....	....	5
Wilbur, David	1	2	1	2	....	....	6
White, Seth..............	2	2	3	1	....	....	8

NORTH KINGSTOWN.

FAMILIES.	WHITES.				Indians.	Blacks.	Total.
	MALES.		FEMALES.				
	Above 16.	Under 16.	Above 16.	Under 16.			
Arnold, Joseph Esq	6	1	3	2	....	....	12
Allen, Thomas Esq	2	....	3	1	....	....	6
Allen, Thomas Jr	1	....	2	....	....	1	4
Allen, Samuel	1	....	1	2	....	....	4
Allen, John	1	1	1	2	....	....	5
Allen, Jonathan	2	....	2	3	....	....	7
Allen, Christopher	2	3	2	3	....	....	10
Aylesworth, Arthur	2	1	4	1	....	....	8
Aylesworth, Jeremiah	1	3	1	2	....	....	7
Aylesworth, Dyre	1	....	1	1	....	....	3
Allen, Matthew	1	1	1	2	....	1	6
Albro, Benoni	3	....	4	....	....	....	7
Austen, John	3	1	3	3	....	....	10
Alverson, Thomas	1	2	1	....	....	....	4
Alverson, David	1	....	1	....	....	....	2
Austen, James	1	2	1	5	....	....	9
Albro, James	1	....	1	2	....	....	4
Allen, Caleb	1	....	2	1	....	4	8
Allen, Joshua	2	1	1	7	....	3	14
Allen, Benjamin	1	....	....	....	....	1	2
Allen, Benjamin Jr	1	2	1	3	....	....	7
Allen, Chris. (son of Benjamin)	1	....	1	4	....	1	7
Arnold, Samuel	1	....	1	2	....	....	4
Aylesworth, Phebe	....	2	3	....	....	....	5
Arnold, Stephen	1	1	1	3	....	1	7
Brown, Ebenezer	2	....	2	2	....	....	6
Brown, Phenix	1	1	1	....	....	....	3
Briggs, John	1	....	1	1	....	....	3
Brushil John	....	....	....	....	8	....	8
Brushil, Sarah	....	....	....	....	2	....	2
Barber, John	3	....	3	1	....	6	13
Bouyer, Stephen	4	1	3	1	....	4	13
Bissell, Thomas	5	2	3	1	....	2	13
Bissell, John	1	....	....	....	....	....	1
Browning, Isaac	2	6	2	3	....	....	13
Brown, Beriah	3	....	1	....	....	7	11
Boles, John	1	1	1	....	....	....	3

NORTH KINGSTOWN—CONTINUED.

FAMILIES.	WHITES.				Indians.	Blacks.	Total.
	MALES.		FEMALES.				
	Above 16.	Under 16.	Above 16.	Under 16.			
Browning, Phebe	1	....	3	....	....	5	9
Brown, Charles	2	2	2	2	2	....	10
Brown, John	3	1	4	3	....	....	8
Bly, Jonathan	1	3	2	1	....	1	10
Brown, Samuel	1	....	2	....	....	....	4
Babcock, George	1	1	1	....	....	....	3
Brenton, Samuel	1	....	2	3	1	1	8
Brown, Wate	....	2	1	1	....	....	4
Boone, Samuel	1	1	3	....	....	....	5
Boone, Richard	2	2	1	3	....	1	9
Boone, Mary	1	2	3	3	....	....	9
Boone, Samuel Jr	1	2	1	2	....	....	6
Bradfield, Francis	1	....	2	1	....	....	4
Barey, Charles	1	....	1	....	....	....	2
Brown, William	1	2	1	2	....	....	6
Briggs, Richard	1	3	1	5	....	....	10
Briggs, William	1	3	1	3	....	....	8
Bragg, Nicholas	1	3	2	4	2	....	12
Brown, Charles Jr	1	3	1	....	....	....	5
Clarke, Thomas	1	2	2	1	....	1	7
Card, Philip	3	....	2	1	....	....	6
Cobb, Thomas	2	1	2	3	....	....	8
Carey, Mary	....	1	1	1	....	....	3
Clarke, Benjamin	1	2	....	....	....	....	3
Card, Job	2	1	1	1	....	....	5
Congdon, Stephen	1	2	1	....	....	....	4
Congdon, Ann	....	....	2	1	1	....	4
Congdon, James	1	3	1	3	1	....	9
Congdon, Mary	....	....	1	1	....	....	2
Codner, Samuel	1	1	1	3	....	....	6
Congdon, John Esq	1	3	2	4	....	5	15
Congdon, Francis	....	....	1	....	....	3	4
Congdon, Patience	....	....	2	2	....	2	6
Coggeshall, Daniel	1	....	1	1	1	....	4
Congdon, William	1	2	1	2	....	....	6
Card, Jonathan	3	3	3	2	....	....	11
Chace, Mary	....	....	2	....	....	....	2
Coggeshall, Joseph	1	2	1	2	....	2	8
Crandal, Benjamin	1	1	2	1	....	....	5
Cole, Benjamin	4	1	5	....	....	....	10
Carr, Gideon	1	....	1	1	....	....	3
Cooper, Abigal	....	....	5	....	....	....	5
Cooper, James	2	....	2	3	....	....	7

NORTH KINGSTOWN—CONTINUED. 77

FAMILIES.	WHITES.				Indians.	Blacks.	Total.
	MALES.		FEMALES.				
	Above 16.	Under 16.	Above 16.	Under 16.			
Cooper, Gilbert............	1	4	3	2	....	....	10
Congdon, John, (son of Joseph)	2	2	1	3	....	....	8
Congdon, Joseph...........	1	1	2	1	....	1	6
Congdon, George...........	1	1	1	1	....	....	4
Congdon, Stukely...........	1	....	1	....	....	....	2
Congdon, James (son of Joseph)	1	3	1	....	....	....	5
Cleaveland, John...........	1	3	1	4	...	....	9
Carpenter, Nathaniel........	3	....	2	....	....	....	5
Carpenter, Daniel..........	1	1	1	1	....	....	4
Chadsey, Jabez............	3	3	2	2	....	....	10
Chadsey, William...........	3	2	1	2	....	....	8
Cooper, Matthew...........	1	3	1	2	....	....	7
Corey, Caleb..............	1	1	3	2	....	....	7
Corey, Reuben.............	1	2	1	....	....	....	4
Corey William, (son of Caleb)	1	1	1	1	....	....	4
Corey, Job................	1	....	1	3	....	....	5
Corey, Will (son of Thomas)..	3	2	3	1	....	....	9
Cheesbrough, Silvester......	1	5	1	4	....	....	11
Carr, John................	2	3	5	2	....	....	12
Clarke, William............	1	2	1	3	....	....	7
Corey, John...............	1	1	1	....	....	....	3
Carr, Caleb...............	2	....	3	....	....	....	5
Case, Joseph..............	1	....	2	1	....	5	9
Case, Joseph, Jr............	2	3	2	....	....	3	10
Clarke, Elisha.............	1	4	2	1	....	....	8
Cole, John................	5	1	4	2	....	3	15
Duglass, George...........	3	....	2	3	....	....	8
Duglass, James............	3	....	1	....	....	....	4
Duglass, John.............	1	2	1	....	....	....	4
Duglass, William...........	1	1	1	1	....	....	4
Dyer, Charles.............	1	4	1	3	....	....	9
Davis, William............	2	....	2	....	....	2	6
Dyre, Edward Jr...........	1	2	1	2	....	....	6
Davis, William B. Smith.....	2	3	2	3	....	....	10
Dyer, John................	2	....	2	7	....	....	11
Dyre, Edward.............	1	....	3	....	....	....	4
Dayle, Pardon.............	1	3	2	3	....	...	9
Dyre, Edward Capt.........	1	....	1	....	....	....	2
Dean, Timothy............	1	2	1	....	....	....	4
Davis, Benjamin............	1	2	4	4	....	....	11
Duglass, Barzilla...........	1	1	2	4	....	....	8
Davis, Stephen.............	1	3	1	2	....	....	7
Davis, Jeffery..............	3	....	5	1	....	....	9

NORTH KINGSTOWN—CONTINUED.

FAMILIES.	WHITES.				Indians.	Blacks.	Total.
	MALES.		FEMALES.				
	Above 16.	Under 16.	Above 16.	Under 16.			
Dimond, Elizabeth.........	....	2	1	2	....	....	5
Ellis, Gideon.............	1	1	2	6	....	....	10
Eldred, Joseph...........	1	4	4	5	1	....	15
Eldred, Benedick.........	1	1	2	....	....	....	4
Eldred, Henry............	2	2	2	....	....	....	6
Eldred, James............	2	4	1	3	....	....	10
Eldred, Gardner..........	1	....	1	....	....	....	2
Fones, Jeremiah..........	3	1	3	....	....	....	7
Fones, Samuel............	1	3	1	5	....	....	10
Fowler, Benjamin.........	2	1	3	...	1	1	8
Fowler, George...........	1	....	1	....	....	....	2
Fowler, George Jr........	2	1	2	5	....	....	10
Fowler, James............	3	1	1	1	....	....	6
Fones, Daniel............	2	2	2	1	1	1	8
Fones, James.............	2	....	2	....	....	....	4
Fones, William...........	2	1	1	1	....	....	5
Fones, Joseph............	2	1	1	5	....	....	9
Gardner, Ezekiel.........	6	....	2	....	....	9	17
Gardner, Ezekiel Jr......	1	2	1	4	....	1	9
Gardner, Joshua..........	1	....	2	....	....	....	3
Gardner, Benjamin........	2	1	2	....	1	4	10
Greene, David............	2	2	1	1	....	7	13
Gardner, Caleb...........	3	....	1	2	....	....	6
Godfry, Sarah............	1	....	2	....	....	....	3
Greene, John.............	2	2	4	3	....	....	11
George, Phebe............	....	....	....	....	6	....	6
Godfry, Josias...........	2	2	2	....	....	....	6
Godfry, Caleb............	1	3	1	2	....	....	7
Gardner, Ephraim.........	1	1	....	....	1	1	4
Gardner, Silvester.......	1	1	1	....	....	2	5
Gardner, Pernolepy.......	....	....	2	....	....	6	8
Gardner, Richard.........	1	1	1	....	....	1	4
Gardner, Jeremiah........	1	...	2	....	....	4	7
Gardner, Jeremiah Jr.....	2	1	2	1	....	5	11
Gardner, Ezekiel.........	1	1	1	1	1	2	7
Greene, Abraham..........	1	3	1	2	....	....	7
Greene, Joshua...........	2	2	4	2	....	....	10
Gardner, Samuel..........	1	2	1	1	....	....	5
Greene, Peleg............	3	....	1	2	....	....	6
Gardner, Thomas..........	1	2	1	3	1	....	8
Gardner, James...........	1	3	3	3	1	....	11

NORTH KINGSTOWN—CONTINUED.

FAMILIES.	WHITES. MALES. Above 16.	WHITES. MALES. Under 16.	WHITES. FEMALES. Above 16.	WHITES. FEMALES. Under 16.	Indians.	Blacks.	Total.
Hill, Caleb	3	....	3	4	....	....	10
Hamelton, Benedick	1	....	1	2	....	....	4
Hazard, Gideon	1	3	2	2	....	....	8
Hamand, William	2	2	1	4	....	1	10
Hazard, Robert	2	1	1	....	....	2	6
Hazard, Jeremiah (son of R.)	2	1	1	....	....	1	5
Hazard, Jeremiah (son of Jef.)	2	....	1	....	....	7	10
Hazard, John	1	1	1	....	....	....	3
Hiames, Silvester	1	4	2	2	....	....	9
Hiames, George	1	2	2	3	....	....	8
Hart, Nathan	2	1	2	....	....	....	5
Hall, William Jr	1	....	1	....	....	....	2
Hall, Patiance	....	....	2	....	....	1	3
Havens, Capt Robert	1	....	2	1	....	....	4
Hall, William Esq	2	2	4	1	....	2	11
Helme, Rowse	2	2	1	2	....	....	7
Hall, Daniel	1	3	2	6	....	1	13
Hall, Henry	1	....	1	3	....	....	5
Havens, George	1	....	2	1	....	....	4
Huling, Alexander Capt	1	1	1	....	....	....	3
Havens, Silvester	3	7	2	1	....	....	13
Hitt, Sweet	2	1	4	2	....	....	9
Healy, Joseph	1	3	1	3	....	....	8
Hitt, Thomas	1	2	1	3	....	....	7
Harvey, William	1	3	1	2	....	....	7
Hunt, Samuel Jr	3	5	1	....	....	....	9
Hunt, Samuel	1	1	2	....	....	....	4
Hunt, Jeremiah	2	1	1	3	....	....	7
Hunt, Adam	1	1	1	3	....	....	6
Hunt, Charles	1	4	1	2	....	....	8
Hunt, Bartholemew	1	....	1	1	....	....	3
Hall, William (son of John)	1	....	2	3	....	8	14
Hall, Slocum	1	....	1	2	....	....	4
Havens, Robert	1	....	1	....	....	....	2
Havens, William and James	2	3	2	2	....	....	9
Havens, William Capt	1	....	....	....	....	10	11
Havens, Abraham	1	3	1	2	....	....	7
Hall, George	1	....	1	2	....	....	4
Huling, Alexander	1	2	2	2	....	....	7
Hill, Thomas	1	2	1	3	....	....	7
Havens, Thomas	1	1	1	....	....	....	3
Inyon, Deborah	....	....	....	....	4	....	4
Inyon, Mary	....	....	....	....	3	....	3

NORTH KINGSTOWN—CONTINUED.

FAMILIES.	WHITES.				Indians.	Blacks.	Total.
	MALES.		FEMALES.				
	Above 16	Under 16.	Above 61.	Under 16.			
Inyon, Freelove............	....	....	....	....	6	....	6
Inyon, John...............	1	....	....	....	4	....	5
Jefferson, Benjamin	1	1	2	....	....	3	7
Justin, Elizabeth	....	1	2	1	....	....	4
Justin, Penelopy............	....	1	2	....	....	....	3
Kingsly, Seawell............	2	2	2	2	....	....	8
Kingsly, Jeddediah..........	1	....	1	....	1	....	3
Lawton, Edward............	1	....	1	....	....	....	2
Manchister, Matthew........	5	4	3	2	....	1	15
Manchester, Job............	1	1	1	3	....	....	7
Margony, David............	....	....	....	....	4	....	4
Mitchell, Ephraim	1	....	1	....	....	....	2
Mitchell, Ephraim Jr........	1	1	1	2	....	....	5
Mitchell, Thomas...........	1	1	1	1	....	....	4
Mowry, John Mercht........	1	3	2	2	....	....	8
Mowry, Benjamin...........	1	1	1	2	....	....	5
Miller, Thomas.............	1	1	2	2	....	....	9
Macomber, Jeremiah	1	1	1	2	....	....	5
Mowry, John...............	1	5	2	....	....	....	8
Northup, Immanuel	1	....	1	....	....	7	9
Northup, Robart............	3	3	3	1	....	....	10
Northup, Gideon	3	4	2	2	....	....	11
Northup, John	1	2	1	2	....	3	9
Northup, William...........	1	6	1	....	....	....	8
Northup, Joseph............	4	....	2	1	....	1	8
Northup, Rufus.............	3	....	2	....	....	....	5
Nason, James	1	2	1	....	....	....	4
Northup, Stephen...........	2	1	2	....	....	2	7
Northup, Francis	....	2	3	3	....	....	8
Nichols, George	3	....	2	....	....	....	5
Nichols, Thomas............	2	2	1	1	....	....	6
Northup, Lebuas	1	3	1	2	....	....	7
Northup, Carr..............	1	4	1	....	....	....	6
Northup, Rowse............	1	4	1	2	....	....	8
Nichols, Benjamin	1	3	1	3	....	....	8
Northup, James	4	....	3	....	....	....	7
Olin, John.................	2	4	2	....	....	....	8
Olin, Joqn Jr	6	2	2	3	....	....	13

NORTH KINGSTOWN—CONTINUED.

FAMILIES.	WHITES.				Indians.	Blacks.	Total.
	MALES.		FEMALES				
	Above 16.	Under 61.	Above 61	Under 16.			
Oatley, Elizabeth	....	2	2	1	....	....	5
Phillips, Peter	1	2	....	....	1	2	6
Phillips, Thomas	1	3	1	3	....	3	11
Plase, Samuel	1	3	2	2	....	....	8
Pearce, Ebenezer	1	2	2	2	....	....	7
Phillips, Samuel Jr	1	1	1	2	....	4	9
Pearce, Lawrance	1	2	1	....	....	....	4
Pearce, James	1	1	1	....	....	....	3
Phillips, Charles	1	....	1	1	....	....	3
Pearce, Joshua	5	1	3	5	....	....	14
Pearce, John	1	....	1	....	....	....	2
Potter, Robert	5	1	1	3	....	....	10
Phillips, Israel	1	2	2	....	....	....	5
Pearce, Silvester	3	2	2	2	....	....	9
Peck, Aaron	1	2	1	1	....	....	5
Phillips, Christopher	1	....	1	2	....	....	4
Phillips, Samuel	1	1	1	1	....	....	4
Pearce, Langothy	1	1	1	2	....	....	5
Reynolds, Jabez	1	1	2	3	....	3	10
Reynolds, John (son of Peter)	3	1	2	....	....	....	6
Reynolds, Jonathan	4	3	2	4	....	....	13
Reynolds, Benjamin	2	....	....	....	....	....	2
Reynolds, John Taylor	3	1	4	1	....	....	9
Rathboon, Samuel	2	2	2	2	....	....	8
Rathboon, John	1	3	1	2	....	....	7
Reynolds, John	1	....	1	....	....	....	2
Reynolds, John Jr	1	1	1	4	....	....	7
Reynold, Benj. (son of Job)	1	1	1	....	1	....	4
Reynolds, John (son of James)	2	2	3	2	....	....	9
Reynolds, James	1	1	1	....	....	....	3
Reed, Marten	3	2	2	4	....	....	11
Rose, James	1	2	1	1	....	....	5
Rathboon, Roger	1	2	2	3	....	....	8
Spencer, Nicholas	1	3	2	3	....	4	13
Sharman, Eber	4	1	5	1	....	....	11
Sisson, Caleb	2	....	1	2	....	....	5
Smith, Thomas	1	1	3	....	....	....	5
Sweet, Eber	2	1	3	1	....	....	7
Sweet, Job	1	2	1	4	....	....	8
Smith, Fones	1	1	1	1	....	....	3
Sharman, William Jr	4	4	2	2	....	....	12

NORTH KINGSTOWN—CONTINUED.

FAMILIES.	WHITES.				Indians.	Blacks.	Total.
	MALES.		FEMALES.				
	Above 16.	Under 16.	Above 16.	Under 16.			
Smith, Jeremiah............	1	2	4	3	....	....	10
Smith, Ebenezer...........	2	....	2	2	....	....	6
Sharman, William.........	1	1	1	3	....	....	6
Shetfield, Samuel..........	1	2	1	1	....	....	5
Slocum, Ebenezer..........	3	1	3	....	....	....	7
Scranton, Ebenezer........	1	2	1	2	....	....	6
Spencer, William...........	1	1	7	4	....	....	13
Spink, Ishmeal	3	3	2	4	....	....	12
Slocum, Moses.............	1	1	1	....	....	....	3
Slocum, John..............	1	....	1	....	....	....	2
Spencer, Christopher.......	1	....	2	....	....	4	7
Stutson, Jedediah..........	1	1	1	1	....	....	4
Spink, Josias	1	....	2	1	....	....	4
Spink, Nicholas............	3	2	2	3	....	....	10
Sharman, John............	1	3	1	3	....	1	9
Sharman, Mary...........	....	3	2	3	....	....	8
Sharman, Silas............	1	3	1	2	....	....	7
Smith, Benjamin...........	1	....	1	5	....	....	7
Sweet, Silvester (carp.)....	1	....	1	....	....	....	2
Sharman, Margrett........	....	....	2	2	....	....	4
Sampson, Ama............	....	....	....	....	4	....	4
Sweet, Silvester...........	1	3	1	2	....	....	7
Smith, William............	1	....	1	1	....	....	3
Sweet, Daniel.............	2	....	3	2	....	....	7
Sambo, Job................	....	....	....	....	7	....	7
Sambo, Mary..............	....	....	....	....	4	....	4
Slocum, William...........	4	4	3	4	....	....	15
Sweet, James..............	2	2	3	3	....	....	10
Smith, Ephraim	1	....	1	1	....	....	3
Smith, Elizabeth...........	1	3	5	....	....	3	10
Sharman, George..........	1	1	1	1	....	....	4
Taylor, Col. Joseph.........	2	....	2	3	....	1	8
Tanner, Benjamin..........	2	1	3	4	....	....	10
Tibbitts, Dareas	1	....	2	....	1	....	4
Tillinghast, Charles........	1	5	1	3	....	....	10
Toujase, John..............	1	3	1	2	....	....	7
Tanner, Francis............	1	....	1	4	....	....	6
Tripp, Benjamin...........	1	1	1	....	....	....	3
Thomas, George............	1	2	1	4	....	1	9
Thomas, Samuel............	1	....	1	....	....	....	2
Thomas, Benjamin..........	1	1	1	1	....	....	4
Taujre, Peter..............	1	....	1	....	....	....	2
Tennant, Havens...........	1	3	1	2	....	....	7

NORTH KINGSTOWN—CONTINUED.

FAMILIES.	WHITES. MALES. Above 16.	WHITES. MALES. Under 16.	WHITES. FEMALES. Above 16.	WHITES. FEMALES. Under 16.	Indians.	Blacks.	Total.
Thomas, George (son of Saml)	1	3	1	2	....	....	7
Taujre, Peter Jr............	1	1	....	5	....	....	7
Updike, Lodowick...........	1	2	3	5	....	11	22
Underwood, John............	1	2	2	1	....	....	6
Updike, Richard	1	2	1	1	....	....	6
Vaughan, Isaa..............	3	....	2	1	....	....	5
Vaughan, Jonathan..........	2	....	1	1	....	2	6
Vaughan, John..............	1	2	2	2	....	....	7
Willitt Francis Esq........	2	....	2	....	....	9	13
Warnor, Samuel.............	3	....	7	3	....	....	13
Wall, Henry................	1	3	1	3	1	1	10
Wall, William..............	1	....	1	....	....	....	2
Weightman, Volentine.......	9	....	4	1	....	....	14
Whaley, Thomas.............	3	4	2	2	....	....	11
Williames, Israel..........	1	1	5	....	....	....	7
Wells, John................	1	....	2	....	....	....	3
Ward, Joseph...............	1	....	2	2	....	....	5
Watson, Doct Samuel........	1	1	....	....	....	....	2
Wright, Peter..............	4	3	1	4	....	....	12
Weightman, Paul............	1	2	1	....	....	....	4
Westgate, Stukley..........	2	1	2	2	....	....	7
Watson, Benjamin...........	3	3	2	2	....	....	10
Womsly, Thomas.............	....	....	....	....	....	3	3
Whitford, Benjamin.........	3	1	1	2	....	....	7
Weightman, George..........	1	....	2	1	....	....	4
Weightman, George Jr.......	3	3	3	1	....	....	10
Wieghtman, Holmes..........	1	....	1	2	....	....	4
Watson, Stephen............	1	2	1	3	....	....	7
Wells, Joshua..............	1	3	2	1	....	....	7
Watson Samuel..............	1	....	2	....	....	....	4
Watson, Caleb..............	1	1	1	1	....	1	5
Warwick, Elizabeth.........	....	....	....	....	4	....	4

SOUTH KINGSTOWN.

FAMILIES.	WHITES.				Indians.	Blacks.	Total.
	MALES.		FEMALES.				
	Above 16	Under 16.	Above 16.	Under 16.			
Armstrong, Thomas	2	2	1	2	....	....	7
Adams, Hannah	....	....	1	....	....	....	1
Austin, Parrasmus	1	4	1	2	....	....	8
Allin, Christopher	1	1	1	....	....	....	3
Allin, James	1	3	1	3	....	....	8
Austin, Picas	1	1	1	2	....	....	5
Allin, Elizabeth	....	2	1	....	2	....	5
Albro, Jeremiah	1	1	1	2	....	....	5
Albro, John	1	1	2	....	....	....	4
Babcock, Job	1	1	2	1	....	....	5
Babcock, Peleg	1	....	1	3	1	....	6
Babcock George	5	3	2	2	....	2	14
Babcock, Joseph	2	2	1	5	....	....	10
Babcock, Esther	....	2	1	2	....	1	6
Babcock, Hezekiah	5	....	5	1	2	3	16
Babcock, Jonathan	1	4	1	2	3	....	11
Babcock, David	3	1	5	....	2	6	17
Babcock, David Jr	1	5	1	3	....	....	10
Babcock, Abijah	1	2	1	4	....	....	8
Babcock, Job	1	4	1	1	....	....	7
Babcock Jeremiah	1	....	1	1	....	4	7
Babcock, John	2	3	1	3	....	1	10
Babcock, Jonathan	2	1	2	3	....	....	8
Babcock, Simeon	2	2	2	1	....	....	7
Babcock, Samuel	4	2	2	2	....	1	11
Billington, Joseph	2	2	2	....	....	....	6
Billington, Daniel	1	2	3	....	....	....	6
Browning, John	3	4	2	1	....	1	11
Browning, Ann	....	1	1	1	....	....	3
Browning, Joseph	2	1	1	2	1	1	8
Browning, Mary	....	....	2	....	....	1	3
Browning, William	2	2	2	3	....	2	11
Browning, Wilkinson	1	1	3	....	....	4	9
Bill, Joshua	1	1	2	....	....	....	4
Boss, William	1	3	2	....	....	....	6
Boss, Philip	2	1	2	....	....	....	5
Boss, Peter	2	3	2	1	....	1	9

SOUTH KINGSTOWN—CONTINUED.

FAMILIES.	WHITES.				Indians.	Blacks.	Total.
	Males Above 16	Males Under 16	Females Above 61	Females Under 16			
Boss, Syphax	....	....	....	....	3	....	3
Brown, Abial	1	2	1	1	....	....	5
Brown, Jeremiah	2	4	1	....	....	....	7
Brown, Thomas	2	....	1	....	1	10	14
Brown, George	1	....	1	3	....	7	12
Brown, Zepheniah	2	2	2	4	....	....	10
Brown, Beriah	2	4	3	....	2	1	12
Brown, Robert	1	6	2	1	....	7	17
Braman, John	2	2	4	3	....	....	11
Braman, Thomas	3	2	1	3	....	....	9
Barber, Joshua	2	2	2	1	....	....	7
Barber, Moses	1	2	2	1	....	....	6
Barber, James	2	4	5	1	....	....	12
Budget, Sias	....	....	....	....	5	....	5
Bull, Ephraim	1	....	2	....	....	....	3
Bull, John	1	1	1	2	....	....	5
Bull, John Jr	1	....	1	1	....	....	3
Bently, Abigail	1	1	2	3	....	1	8
Barker, Benjamin	2	1	1	....	....	....	4
Congdon, William	2	1	3	4	....	....	10
Congdon, Robert	1	1	2	2	....	....	6
Congdon, Joseph	2	....	2	....	....	4	8
Congdon, Samuel	2	1	2	3	2	4	14
Congdon, Joseph Jr	4	5	2	2	2	....	15
Collier, John	1	....	1	....	....	....	2
Carpenter, Thomas Jr	1	3	2	3	....	....	9
Carpenter, Joseph	1	2	2	....	....	....	5
Carpenter, Jeremiah	1	2	1	6	....	....	10
Carpenter, Jonathan	1	4	1	4	....	1	11
Carpenter, Thomas	1	....	4	1	....	....	6
Carpenter, Beriah	1	2	1	....	....	....	4
Crandal, Jeremiah	1	2	3	1	....	....	7
Chaughum, Samson	....	....	....	....	6	....	6
Clarke, Ichabod	1	3	1	1	....	....	6
Clarke, Nathaniel	1	2	2	1	....	....	6
Clarke, Josiah	3	1	2	2	....	....	8
Clarke, Gideon	1	2	1	1	....	1	6
Clarke, Susanna	....	2	1	1	....	....	4
Clarke, Elisha	1	....	2	1	....	....	4
Card, Job	3	8	2	1	1	1	16
Card, Jonathan	1	5	1	4	1	....	12
Case, Immanuel	1	1	1	1	....	3	7
Case, Alexander	2	1	3	2	....	....	8

SOUTH KINGSTOWN—CONTINUED.

FAMILIES.	WHITES.				Indians.	Blacks.	Total.
	MALES.		FEMALES.				
	Above 16.	Under 16	Above 16.	Under 16.			
Case, Alexander Jr.........	....	....	2	1	....	....	3
Case, William..............	2	....	1	1	....	....	4
Champlin, Elijah...........	3	2	2	4	....	....	11
Champlin, Stephen..........	2	1	2	3	2	8	18
Champlin, Robert...........	2	2	1	1	....	1	7
Champlin, William..........	1	1	2	1	....	....	5
Champlin, Thomas..........	3	2	1	5	....	....	11
Champlin, Jeffry............	2	1	1	2	1	3	10
Cross, John................	2	2	2	1	....	1	8
Chase, William.............	1	....	1	....	....	....	2
Cook, Gregory..............	1	2	1	3	....	....	7
Colegrave, James...........	1	2	1	3	....	....	7
Cottrel, Nathaniel..........	1	2	2	....	....	....	5
Cottrel, Abel...............	2	2	1	1	....	....	6
Cottrel, John...............	1	2	1	....	....	....	4
Cottrel, Stephen............	3	....	1	1	2	....	7
Cottrel, Sarah..............	....	2	3	2	....	....	7
Church, Nathaniel..........	1	....	1	1	....	....	3
Chapple, Virtue.............	1	1	2	2	....	....	6
Chapple, Caleb.............	1	4	1	2	....	....	8
Chapple, Richard...........	1	5	1	1	....	....	8
Chapple, Stephen...........	1	2	1	....	....	....	4
Coon, Betty................	....	....	....	....	4	....	4
Cory, Richard..............	1	1	1	1	....	....	4
Cory, Elias.................	1	....	1	1	....	....	3
Collins, Joseph.............	3	6	3	1	....	....	13
Dexter, Deborah............	....	....	....	....	3	....	3
Dyre, William Jr...........	2	3	1	1	....	1	8
Dyre, William..............	2	....	1	....	....	10	13
Douglas, David.............	1	4	1	1	....	....	7
Ducy, Elias.................	1	2	1	4	....	1	9
Dickenson, Robert..........	1	....	1	4	....	....	6
Draper, Thomas............	2	....	1	1	....	....	4
Dockry, John...............	3	3	1	3	1	....	11
Eldred, Seth................	3	2	2	3	1	....	11
Eldred, Holden.............	3	2	2	4	....	....	11
Earl, John..................	1	2	1	1	....	....	5
Ephraim, Belly.............	....	....	....	....	6	....	6
Fowler, Christopher.........	2	....	2	....	....	1	5
Fowler, Hannah............	....	....	....	....	1	....	1
Fowler, James..............	....	....	....	....	8	....	8

SOUTH KINGSTON—CONTINUED.

FAMILIES.	WHITES. MALES. Above 16.	WHITES. MALES. Under 16.	WHITES. FEMALES. Above 16.	WHITES. FEMALES. Under 16.	Indians.	Blacks.	Total.
Fowler, Simeon............	1	2	1	1	1	....	6
Fowler, Gideon...........	2	2	2	1	....	....	7
Fairweather, Rev Samuel....	1	....	2	....	....	3	6
Gavit, Samuel.............	1	2	1	4	....	....	8
Gardner, Nathaniel.........	1	1	1	1	....	1	5
Gardner, James............	1	....	1	1	....	....	3
Gardner, Parris............	1	1	1	1	....	....	4
Gardner, John.............	3	....	2	....	....	2	7
Gardner, John Jr...........	1	1	2	2	....	3	9
Gardner, William...........	1	2	1	1	....	1	7
Gardner, Clarke............	1	4	2	1	....	3	11
Gardner, Cato.............	....	....	....	....	....	6	6
Gardner, Amos............	6	2	2	1	1	5	17
Gardner, Silas.............	3	4	2	4	1	1	15
Gardner, John (B. N.).......	3	2	3	....	....	6	14
Gardner, Ann..............	....	....	2	1	....	....	3
Gardner, Jonathan..........	1	1	1	1	....	1	5
Gardner, Christopher.......	1	2	2	3	....	1	9
Ginman, Hannah...........	1	....	1	1	....	....	3
Gould, Adams.............	2	2	3	3	....	....	10
Gorton, John..............	3	3	8	....	2	....	16
Greene, Henry.............	3	3	3	....	....	....	9
Greene, Joshua............	1	....	3	....	....	....	4
Gardner, James............	1	....	2	....	....	....	3
Gardner, Thomas...........	1	2	1	....	....	6	10
Gardner, William...........	1	3	3	2	....	1	10
Gardner, Ruth.............	....	3	1	....	....	....	4
Gardner, Henry............	2	....	1	....	....	10	13
Gardner, Nathan...........	2	....	1	....	3	7	13
Gardner, Caleb............	2	1	4	....	3	6	16
Gardner, Nicholas..........	2	2	2	....	....	5	11
Gardner, George...........	3	....	4	1	2	5	15
Hawkins, John.............	2	....	1	....	1	2	6
Hawkins, Thomas..........	1	1	1	6	....	....	9
Hopkins, Thomas..........	1	1	2	1	....	....	5
Hopkins, Thomas Jr........	2	4	2	1	....	....	9
Hill, Daniel...............	1	....	1	....	....	....	2
Hill, Henry................	1	....	1	2	....	....	4
Hassard, Elizabeth.........	1	3	4	1	1	2	12
Hassard, Jack..............	....	....	....	....	6	....	6
Hassard, Carder............	2	7	1	....	1	8	19
Hassard, Joseph............	2	3	3	3	....	4	15

SOUTH KINGSTOWN—CONTINUED.

FAMILIES.	WHITES.				Indians.	Blacks.	Total.
	MALES.		FEMALES.				
	Above 16.	Under 16.	Above 16.	Under 16.			
Hassard, Christopher	1	1	1	2	....	....	5
Hassard, Samuel	1	3	1	2	....	2	9
Hassard, Caleb	1	2	3	3	....	....	9
Hassard, George	1	2	2	....	....	9	14
Hassard, Stephen	2	3	3	4	....	5	17
Hassard, Thomas	4	2	2	....	4	....	12
Hassard, Jonathan	1	1	2	3	....	2	9
Hassard, Enoch	2	1	1	3	4	5	16
Hassard, Simeon	2	2	2	3	1	1	11
Hassard, Henry	1	....	1	....	....	....	2
Hassard, John	1	....	2	1	....	13	17
Helme, Simeon	1	1	1	1	....	....	4
Helme, Benedict	2	2	1	3	....	....	8
Helme, James	3	5	1	1	....	4	14
Helme, Robert	1	2	1	3	....	....	7
Hefferman, Wm	1	3	1	4	....	....	9
Holloway, Wm	1	3	1	1	....	1	7
Holloway, John	1	3	1	4	....	....	9
Harvey, Edward	2	2	2	3	....	....	9
Hopper, Henry	1	3	2	....	....	....	6
Hull, Gideon	2	3	1	....	2	3	11
Hull, William	3	....	2	....	....	7	12
Hull, Charles	2	....	1	....	3	....	6
Hull, Joseph	1	2	....	....	....	1	4
Hall, Samuel	1	1	4	1	....	....	7
Jeffry, Joe	....	....	....	....	7	....	7
Joe, Kate	....	....	....	....	6	....	6
James, Allen	1	....	1	2	....	....	4
Jaquays, Samuel	1	4	2	2	....	....	9
Jaquays, Nathan	1	....	1	....	....	....	2
Jaquays, Nathan, Jr.	1	2	1	1	....	....	5
Jaquays, Jonathan	1	....	1	....	....	....	2
Jaquays, James	1	1	1	....	....	....	3
Jaquays, Joseph	1	....	1	1	....	....	3
Knowles, William	3	1	1	1	1	2	9
Knowles, Joseph	2	2	3	2	....	....	9
Knowles, Robert	5	1	2	3	....	1	12
Knowles, John	4	1	1	1	....	1	8
Kinyon, Robert	1	3	2	3	....	....	9
Lock, Nathaniel	1	....	1	3	....	....	5
Lock, Mary	....	....	....	....	1	....	1

SOUTH KINGSTOWN—CONTINUED.

FAMILIES.	WHITES.				Indians.	Blacks.	Total.
	MALES.		FEMALES.				
	Above 16	Under 16.	Above 16.	Under 16.			
Lock, Edward...	1	3	1	....	....	....	5
Lock, Timothy...	1	1	2	....	....	1	5
Lock, Jonathan...	1	4	1	1	....	....	7
Lillibridge, Susanna...	....	....	2	....	....	....	2
Ladd, Benjamin...	1	....	2	1	....	....	4
Millimon, Briant...	1	3	1	3	....	....	8
Mumford, Nathaniel...	3	1	3	....	3	3	13
Mumford, Rexon...	....	....	....	....	4	....	4
Mumford, Peleg...	1	3	2	3	....	....	9
Mumford, Gardner W...	2	1	2	2	1	....	8
Maize, Elijah...	1	3	1	....	....	....	5
Marsh, Hannah...	....	1	2	1	....	....	4
Mallard, Henry...	1	....	1	....	2	1	5
Nash, Nathan...	2	....	2	....	....	....	4
Nevis, Betty...	....	....	....	....	7	....	7
Niles, Caleb...	2	3	1	3	....	....	9
Niles, Jeremiah...	1	....	3	....	....	13	17
Niles, Silas...	2	2	3	....	2	6	15
Niles, Silas Jr...	4	....	4	3	10	6	27
Niles, Paul...	1	1	3	....	....	1	6
Northrum, Sylvester...	1	1	1	1	....	....	4
Nichols, Andrew...	2	....	2	....	....	....	4
Nichols, Andrew Jr...	1	3	1	1	....	....	6
Northrup, Stephen...	1	1	1	....	....	1	4
Oatly, Samuel...	1	1	1	1	....	....	4
Oatly, Benedict...	2	2	2	5	....	....	11
Olden, Giles...	3	3	2	1	....	....	9
Perry, Freeman...	1	3	2	3	....	2	11
Perry, Elizabeth...	1	....	5	....	....	2	8
Perry, James...	3	3	2	1	1	6	16
Perry, Peter...	....	....	....	....	8	....	8
Perry, Jonathan...	3	2	2	....	....	12	19
Parr, Moses...	1	3	2	2	....	....	8
Parr, Thomas...	1	1	1	2	....	....	5
Paul, Abigail...	....	....	....	....	5	....	5
Peckham, Benjamin...	5	2	1	1	....	5	14
Peckham, Timothy...	1	1	2	4	2	1	11
Peckham, Peleg...	2	....	1	....	....	....	3
Peckham, James...	....	....	....	....	2	....	2
Peckham, Timothy (Bl'ksmith)	3	1	2	7	....	....	13

SOUTH KINGSTOWN—CONTINUED.

FAMILIES.	WHITES.				Indians.	Blacks.	Total.
	MALES.		FEMALES.				
	Above 16.	Under 16.	Above 16.	Under 16.			
Phillips, Richard	1	....	1	....	....	....	2
Peterson, Nathan	1	5	1	2	....	....	9
Potter, John	9	3	3	3	1	10	29
Potter, Thomas	3	....	4	1	....	1	9
Potter, Christopher	1	....	1	....	....	....	2
Potter, William	1	1	1	1	....	....	4
Potter, Thomas	3	3	2	2	....	3	13
Potter, Robert	1	....	3	1	....	5	10
Potter, Judith	....	1	2	....	....	....	3
Potter, Rowse	2	1	1	....	....	1	5
Potter, Freelove	....	1	1	....	....	....	2
Potter, Benjamin	1	1	1	....	....	....	3
Potter, William	4	5	5	2	....	11	27
Perkins, Elizabeth	3	1	2	....	....	....	6
Perkins, Nathaniel	1	2	1	5	....	....	9
Polock, William W	1	3	1	1	....	....	6
Perkins, Joseph	1	1	1	....	....	....	3
Peter, Deborah	....	....	....	....	2	....	2
Parker, James	2	2	1	3	....	1	9
Parker, Katharine	....	....	2	....	....	....	2
Rodman, Mint	....	....	....	....	4	....	4
Rodman, Benjamin	2	....	4	3	1	3	13
Rodman, Samuel	3	....	1	....	1	8	13
Rodman, Thomas	2	....	....	....	....	4	6
Rodman, Abiatha	....	....	....	....	3	....	3
Rodman, Robert	1	3	1	1	1	1	8
Reece, William	1	....	3	....	....	....	4
Ridge, Valentine	1	....	1	....	....	....	2
Reynolds, Elisha	2	....	1	2	....	4	9
Reynolds, John	1	1	2	....	....	....	4
Reynolds, Henry	1	2	3	2	....	3	11
Robinson, Christopher	3	5	2	2	2	4	18
Robinson, John	1	7	2	1	....	7	18
Robinson, Ann	....	....	....	....	3	....	3
Robinson, Rowlin	2	1	3	1	....	7	14
Robinson, Matthew	1	....	2	....	1	11	15
Robinson, Amos	....	....	....	....	2	....	2
Rafe, John	3	....	1	1	....	7	12
Reckard, John	1	2	1	....	....	....	4
Sweet, Thomas	2	1	1	2	....	....	6
Sweet, Joshua	1	4	3	2	....	....	10
Sheldon, Palmer	2	1	1	2	....	....	6

SOUTH KINGSTOWN—CONTINUED. 91

FAMILIES.	WHITES				Indians.	Blacks.	Total.
	MALES.		FEMALES				
	Above 16.	Under 16.	Above 16.	Under 16.			
Sheldon, Dorcas............	....	1	2	1	....	....	4
Sheldon, James............	2	2	2	3	....	....	9
Sheldon, Isaac............	1	2	1	....	....	....	4
Sheldon, John............	5	....	1	1	1	....	8
Segar, Samuel............	3	....	1	2	....	....	6
Segar, Samuel Jr..........	2	1	4	1	2	....	10
Segar, Joseph.............	2	4	3	3	....	3	15
Segar, Joseph Jr...........	1	....	1	....	....	....	2
Sherman, Joseph..........	1	2	2	2	....	....	7
Sherman, Henry...........	1	2	1	2	....	....	6
Sherman, Jonathan.........	2	....	1	....	2	1	6
Sherman, Benjamin........	2	1	1	....	....	....	4
Sherman, Abial...........	1	....	1	1	1	1	5
Sherman Daniel...........	1	2	1	1	....	....	5
Sherman, Daniel Jr.........	1	3	3	3	....	....	10
Sherman, John............	1	2	1	1	....	....	5
Sherman, James...........	2	2	2	4	....	3	13
Sherman, Phillip...........	1	1	1	1	....	....	4
Sherman, Dorcas..........	....	1	2	....	....	....	3
Sherman, Daniel...........	2	1	3	1	....	....	7
Samson, Mary.............	....	....	....	....	3	....	8
Saunders, Wait............	1	2	1	3	....	....	7
Saunders, Benjamin........	1	2	1	1	....	....	5
Sands, Ray...............	2	3	4	3	....	9	21
Smith, Simon.............	3	....	5	1	....	....	9
Smith, John	3	....	3	1	....	2	9
Smith, Ephraim...........	1	....	1	....	....	....	2
Smith, Roswell............	7	....	1	1	1	....	10
Smith, Peter..............	1	1	1	1	....	....	4
Sheffield Jeremiah..........	1	....	1	1	....	....	3
Sheffield, Christopher......	1	2	3	3	1	....	10
Stedman, James...........	1	5	1	1	....	....	8
Stedman, Hannah..........	....	1	2	....	....	1	4
Stedman, William	1	3	1	....	....	....	5
Stedman, Thomas..........	2	1	1	6	....	3	13
Stedman, Daniel...........	1	1	3	5	....	....	10
Stanton, Benjamin..........	1	3	1	3	....	1	9
Stanton, Ben..............	....	....	....	....	7	....	7
Tourgee, Thomas...........	1	1	2	....	....	....	4
Tucker, Simeon............	2	4	3	1	....	....	10
Taber, Reckard............	1	1	1	3	....	....	6
Tennant, Oliver	1	1	1	2	....	....	5
Tefft, Ebenezer	3	1	2	....	....	....	6

FAMILIES.	WHITES.				Indians.	Blacks.	Total.
	MALES.		FEMALES.				
	Above 16.	Under 16.	Above 16.	Under 16.			
Tefft, Daniel...............	1	....	3	....	....	....	4
Tefft, Daniel Jr	1	2	1	2	....	....	6
Tefft, Stephen.............	3	1	3	1	....	....	8
Tefft, Samuel..............	2	....	1	1	....	....	4
Tefft, Gardner	1	1	2	2	....	....	6
Tefft, George..............	2	1	1	4	....	....	8
Tefft, Tennant	2	1	3	1	....	....	7
Tefft, Caleb................	1	2	1	1	....	....	5
Tefft, James	1	2	3	5	....	....	11
Taylor, Job Babcock	3	2	1	3	....	2	11
Taylor, William Potter	2	1	1	1	....	1	6
Torry, Rev. Joseph	3	1	2	2	....	....	8
Triggs, Christopher	1	1	1	....	....	....	3
Tanner, Josiah..............	1	2	3	2	....	....	8
Tanner, Isaac...............	2	3	2	3	....	....	10
Underwood, William	2	....	2	....	1	....	5
Underwood, Joseph	1	2	1	1	....	....	5
Williams, Thankful	....	....	5	3	....	1	9
Williams, Daniel............	1	3	2	1	....	....	7
Wilson, John................	1	3	1	....	....	1	6
Wilson, John Jr.............	3	....	1	....	....	....	4
Wilson, Samuel	1	....	1	....	....	....	2
Wilson, Jeremiah............	3	1	1	1	....	....	6
Watson, John................	3	....	3	1	2	6	15
Watson, John Jr.............	1	3	1	3	....	1	9
Watson, Job.................	1	4	2	1	1	7	16
Watson, Jeffry	3	2	5	1	....	6	17
Watson, Jeffry Jr............	2	2	2	....	....	5	11
Whaley, Jeremiah	2	3	3	3	....	....	11
Whaley, Samuel.............	3	2	3	4	....	....	12
Whaley, Samuel Jr	1	....	1	1	....	....	3
Wait, John..................	2	1	1	2	....	....	6
Wait, Benjamin	1	1	1	....	....	1	4
Wilcox, William.............	2	....	2	....	....	2	6
Whitehorn, James	1	4	1	2	....	....	8

EAST GREENWICH.

FAMILIES.	WHITES.				Indians.	Blacks.	Total.
	MALES.		FEMALES.				
	Above 16.	Under 16.	Above 16.	Under 16.			
Arnold, John Jr............	1	1	1	1	....	....	4
Andrew, Charles...........	2	1	2	1	....	....	6
Aldrege, Thomas...........	4	1	5	....	....	1	11
Aylsworth, John...........	1	1	1	1	....	....	4
Aylsworth, Matthew.......	....	1	1	....	....	....	2
Arnold, Oliver.............	1	....	2	5	....	4	12
Allen, Pardon.............	4	....	1	....	....	....	5
Arnold, John..............	1	....	2	....	....	....	3
Arnold, William...........	3	2	3	2	....	3	13
Arnold, Joseph............	1	....	1	....	....	....	2
Arnold, Thomas............	1	....	1	1	....	....	3
Aylsworth, Richard........	1	....	1	3	....	....	5
Aylsworth, Anthony........	1	2	1	1	....	....	5
Andrew, Rebecca...........	....	....	2	1	....	....	3
Andrew, Benoni............	1	3	1	2	....	....	7
Andrew, Jonathan	1	1	2	1	....	....	5
Andrew, Edmond............	3	2	1	3	....	....	9
Andrew, Charles	2	....	2	1	....	....	5
Alsbane, Job..............	1	2	1	2	....	....	6
Bailey, William...........	1	....	1	....	....	....	2
Bailey, William Jr........	1	3	1	2	....	....	8
Bailey, Thomas............	2	2	1	3	....	....	8
Bailey, George............	1	....	4	....	....	....	5
Bailey, Joseph............	2	3	3	3	....	....	11
Bates, David..............	1	1	2	3	....	....	7
Babcock, Robert...........	1	2	2	2	....	....	7
Briggs, Caleb.............	2	....	3	....	....	....	5
Briggs, C've..............	1	....	1	....	....	....	2
Briggs, Elvin.............	1	1	2	4	....	....	8
Briggs, Job...............	1	1	1	....	....	....	3
Briggs, John..............	2	1	4	....	....	....	7
Briggs, John Jr...........	2	1	4	....	....	....	7
Briggs, Thomas............	1	2	3	2	....	....	8
Briggs, Thomas............	1	2	3	....	....	....	6
Briggs, Nathan............	2	1	3	1	....	....	7
Briggs, Richard, (son of John)	1	4	3	2	....	....	10
Briggs, Richard	2	....	2	....	....	....	4

EAST GREENWICH—CONTINUED.

FAMILIES.	WHITES. MALES. Above 16.	WHITES. MALES. Under 16.	WHITES. FEMALES. Above 16.	WHITES. FEMALES. Under 16	Indians.	Blacks.	Total.
Bennett, Benjamin	1	....	1	....	....	....	2
Bentley, Wm	3	1	3	1	....	....	8
Brightman, John	1	2	2	1	....	....	6
Burlingame, William	1	3	1	2	1	....	8
Burlingame, John	2	....	2	....	....	....	4
Brown, Daniel	3	2	3	1	....	....	9
Brown, Bial	1	4	2	1	....	....	8
Brown, Clarke	1	1	1	2	....	....	'6
Booze, Amos	1	2	1	....	....	....	4
Bayard, Andrew	1	2	1	4	1	....	9
Card, William	1	1	1	....	....	....	3
Card, Job	1	1	1	4	....	....	7
Card, Joseph	1	....	3	2	....	....	6
Carr, Charles	1	....	1	1	....	....	3
Carr, Daniel	2	3	1	1	....	....	7
Carpenter, Cornell	3	....	1	1	....	....	5
Carver, Morgan	1	3	4	1	....	....	9
Capron, Jonathan	2	3	2	4	....	....	11
Coggeshall, William	1	....	1	....	....	....	2
Coggeshall, Benjamin	1	2	1	2	....	....	6
Coggeshall, Thomas	2	1	4	....	....	....	7
Coggeshall Nichols	1	....	1	....	....	....	2
Coggeshall, Joshua	1	1	1	....	....	....	3
Corey, Thomas	2	1	1	1	....	....	5
Cook, John	1	1	1	....	....	....	3
Cook, Hopkins	2	1	3	3	....	....	9
Cooper, Stephen	2	2	1	4	....	....	9
Casey, Gideon	1	1	1	1	....	....	4
Casey, Thomas	1	1	3	....	....	....	5
Carey, Archibald	1	1	1	....	....	....	3
Comstock, Job	1	1	1	2	....	....	5
Choon, Samuel	1	....	3	....	....	....	4
Cornell, Richard	2	....	1	2	....	....	5
Clarke, Cornelius	2	2	3	....	....	....	7
Davies, Samuel	2	....	3	....	3	1	9
Ely, Nathaniel	2	....	1	1	....	....	4
Fairbanks, Jeremiah	1	1	1	1	....	....	4
Fry, Benjamin	2	4	2	1	....	....	9
Fry, Joseph	3	3	2	3	....	2	13
Fry, Samuel	2	2	2	4	....	1	11

EAST GREENWICH—CONTINUED.

FAMILIES.	WHITES.				Indians.	Blacks.	Total.
	MALES.		FEMALES.				
	Above 16.	Under 16.	Above 16.	Under 16.			
Fry, Thomas	2	2	1	2		1	8
Fine, Jabez	1	1	1	2			5
Foster, Phineas	2	....	3	....	....	....	5
Greene, Nathaniel	1	4	2	1	....	....	9
Greene, Nathan	4	2	2	1	....	....	9
Greene, Joseph	2	2	2	....	....	....	6
Greene, Elisha	2	....	5	....	1	1	9
Greene, Sylvester	3	2	2	2	....	....	9
Greene, Stephen	1	1	1	1	1	....	5
Greene, Rufus	1	....	....	....	....	....	1
Greene, Daniel	3	1	2	2	....	....	8
Greene, Jonathan	2	2	2	....	....	....	6
Gardner, Oliver	1	....	1	3	....	....	5
Gardner, Henry	4	....	4	1	1	....	10
Gardner, John	2	....	4	....	....	....	6
Gardner, Job	4	4	3	3	....	....	14
Goddard, Nicholas	1	1	1	1	....	1	5
Giles, William	1	....	1	....	....	....	2
Glazer, John	2	1	2	1	....	1	7
Grinnell, John	1	4	....	....	....	....	5
Graves, Archibald	1	1	1	1	....	....	4
Godfore, Joshua	3	4	4	2	....	....	13
Hath, Ebenezer	1	2	1	3	....	....	7
Hamilton, Freeborne	1	1	1	....	....	....	3
Hamilton, William	1	1	2	....	....	....	4
Hall, Robert	2	1	2	....	1	....	6
Hazard, Oliver	2	....	1	2	....	....	3
Hunt, Joseph	1	....	....	....	....	....	1
Hunt, Joseph Jr	2	....	2	....	....	....	4
Hunt, Ezekiel	1	....	2	....	....	....	3
Hall, Ebenezer	2	3	1	1	....	....	7
Holden, Anthony	1	....	1	1	....	....	3
Hyde, Nicholas	1	2	2	....	....	....	5
Hopkins, Jonathan	1	4	1	3	....	....	9
Hall, Abial	4	2	2	1	1	....	10
Howland, Daniel	3	3	4	....	....	1	11
Jennings, Mary	....	....	3	....	....	....	3
Jenckes, Lowry	1	1	1	1	....	....	4
Jenckes, Michael	1	....	4	....	....	....	5
Johnson, Isaac	1	1	1	1	....	....	4
Johnson, John	1	1	1	1	....	....	4

EAST GREENWICH—CONTINUED.

FAMILIES.	WHITES.				Indians.	Blacks.	Total.
	MALES.		FEMALES.				
	Above 16.	Under 16.	Above 16.	Under 16.			
Johnson, Jonathan	3	....	3	2	....	....	8
Johnson, William	3	....	3	....	....	....	6
Jones, Josiah	3	4	3	2	....	....	12
Jones, Silas	4	2	2	....	....	....	8
Jones, Abel	2	....	2	....	....	....	4
Josselyn, Joseph	3	1	2	3	....	....	9
Jenkins Philip	1	2	2	1	....	....	6
Kenyon, Remington	1	3	2	4	....	....	10
King, Arthur	....	....	....	....	7	....	7
Luther, James	1	1	1	1	....	....	4
Lanford, John	2	....	1	1	....	....	4
Lanford, John Jr	1	2	1	2	....	....	6
Mott, Joseph	1	1	1	1	....	....	4
Mott, Stephen	1	....	2	1	....	....	3
Mott, Stephen Jr	1	....	1	....	....	....	2
Morris, Robert	1	....	1	....	....	....	2
Maxwell, Daniel	1	3	1	....	....	....	5
Mumford, Gideon	2	2	1	1	....	....	6
Mumford, Agustus	1	....	1	....	....	1	3
Mathew, Caleb	1	....	1	1	....	....	3
Mumford, Stephen	2	....	3	....	....	7	12
Mathewson, Richard	1	1	3	....	....	....	5
Moore, Isaac	1	....	1	2	....	....	4
Matteson, John	1	1	1	1	....	....	4
Marks, William	1	1	1	4	....	....	7
Milliman, John	1	6	1	3	....	1	12
Morney, Pardon	2	2	1	....	....	....	5
Nichols, John (son of Elkan)	1	3	1	....	....	....	5
Nichols, Jonathan	1	1	3	2	....	....	7
Nichols, George	1	....	1	....	....	....	2
Nichols, Richard	1	1	1	1	....	....	4
Nichols, John (son of Thomas)	1	....	1	2	....	....	4
Nichols, Freelove	....	1	2	2	....	....	5
Nichols, Thomas	2	1	2	1	....	....	6
Nichols, Alexander	3	1	2	....	....	....	6
Nichols, James	1	....	1	1	....	....	3
Nichols, Ruth	....	....	2	....	....	....	2
Nichols, Robert	1	....	1	....	....	....	2
Nichols, John	2	2	2	....	1	1	8

EAST GREENWICH—CONTINUED.

FAMILIES.	WHITES.				Indians.	Blacks.	Total.
	MALES.		FEMALES.				
	Above 16.	Under 16.	Above 16.	Under 16.			
Pierce, Job................	2	....	2	....	....	....	4
Pierce, Daniel	1	3	1	1	1	....	7
Pierce, Thomas	4	2	1	1	....	....	8
Pierce, Stephen	1	....	1	....	....	....	2
Pierce, William	2	....	4	6	1	1	14
Pierce, John...............	1	....	1	....	....	....	2
Pierce, Jeremiah	1	....	1	....	....	....	2
Pierce, Preserved	1	1	6	....	1	....	9
Pierce, John...............	2	1	3	1	....	3	10
Pierce, John (son of Benjamin)	1	2	1	....	....	....	4
Pierce, James..............	1	1	1	1	....	....	4
Pitcher, Jonathan..........	1	....	1	....	....	....	2
Pitcher, John	2	2	2	2	....	....	8
Place, Thomas	1	....	1	1	....	....	3
Place, Thomas Jr..........	3	2	1	2	....	....	8
Prentice, Ichabod..........	1	1	1	....	....	....	3
Phillips, Thomas	1	....	1	3	....	....	5
Reynolds, Aldrich	4	1	5	....	....	1	11
Relf, Samuel...............	1	....	1	1	....	....	3
Reynolds, Shipney.........	1	2	1	2	....	....	6
Reynolds, Thomas	1	1	1	1	....	....	4
Rouse, Jonathan............	1	1	1	....	....	....	3
Rice, Peleg................	2	....	3	....	....	....	5
Rouse, Gardner	1	2	1	3	....	....	7
Spencer, John..............	1	3	1	2	....	....	7
Spencer, Michael	2	1	3	2	....	....	8
Spencer, Griffin	1	2	1	1	....	....	5
Spencer, Thomas (son of B)..	2	....	2	....	....	....	4
Spencer, Stephen	1	....	1	1	....	....	3
Spencer, Walter...........	1	....	....	....	....	2	3
Spencer, Michael	1	2	1	1	....	1	6
Spencer, William Jr........	3	1	5	1	....	....	10
Spencer, Wilson............	2	1	1	1	....	....	5
Spencer, Henry	1	2	1	....	....	....	4
Spencer, William	1	2	1	4	....	....	8
Spencer, Nathan............	2	3	2	1	....	....	8
Spencer, Thomas	1	3	2	2	....	....	8
Spencer, Caleb.............	1	1	1	2	....	....	5
Spencer, Benjamin.........	1	3	1	1	....	....	6
Spencer, Gideon...........	1	1	1	1	....	....	4
Spencer, Jeremiah	2	2	2	4	....	1	11
Spencer, Thomas...........	1	....	1	....	....	....	2

98 EAST GREENWICH—CONTINUED.

FAMILIES.	WHITES.				Indians.	Blacks.	Total.
	MALES.		FEMALES.				
	Above 16.	Under 16.	Above 16.	Under 16.			
Spencer, John	2	....	1	1	....	6	10
Spencer, John	1	....	1	1	....	7	10
Spencer, George	2	2	1	2	....	....	7
Spencer, Ebenezer	2	1	1	1	3	....	8
Spencer, Benjamin	1	....	1	....	....	....	2
Spencer, Silas	1	2	2	3	....	1	9
Spencer, Susanna	....	1	1	1	....	....	3
Spencer, Rufus	2	1	2	4	2	....	11
Smith, Merrit	1	....	1	2	....	....	4
Smith, Ichabod	1	3	1	3	....	....	6
Smith, Samuel	1	1	1	....	....	....	3
Shaw, John	4	5	3	2	....	....	14
Slocum, Thomas	1	3	1	1	....	....	6
Smart, Andrew	1	1	2	3	1	....	8
Sheffield, Caleb	2	....	2	2	....	....	6
Sweet, William	3	1	2	1	....	....	7
Sweet, Anne	....	....	1	2	....	6	9
Sweet, Sylvester	3	3	2	3	2	1	14
Shippee, Stephen	1	....	1	1	....	....	3
Shippee, Thomas	2	....	1	....	....	....	3
Shippee, Thomas Jr	1	1	1	1	....	....	4
Sprague, Rowland	4	....	2	....	....	....	6
Stafford, James	1	....	2	3	....	....	6
Stafford, Joseph	1	....	....	....	....	....	1
Sweet, James	1	....	1	1	....	....	3
Sweet, Benjamin	2	4	2	2	....	....	10
Sweet, Samuel	3	4	3	2	....	....	12
Sweet, Jeremiah	3	3	2	2	....	....	10
Sweet, Henry	1	1	2	1	....	....	5
Tibbitts, Jonathan	1	3	1	1	....	....	6
Taft, Robert	2	....	1	3	....	....	6
Tibbitts, Henry	1	1	4	1	....	1	8
Tibbitts, Benjamin	1	2	1	....	....	....	4
Tillinghast, Thomas	2	4	2	2	....	....	10
Tillinghast, Philip	1	1	2	....	....	....	4
Tillinghast, George	1	2	1	1	....	1	6
Tillinghast, Benjamin	3	2	2	....	....	2	9
Tillinghast, Joseph	1	....	1	1	....	....	3
Tarbox, Samuel	1	4	1	2	....	....	8
Upton, Isaac	3	2	1	2	....	1	9
Upton, Samuel	1	....	1	2	....	....	4

EAST GREENWICH — CONTINUED.

FAMILIES.	WHITES.				Indians.	Blacks.	Total.
	MALES.		FEMALES.				
	Above 16.	Under 16.	Above 16.	Under 16.			
Varnum, James Mitchell	2	1	2	....	....	....	5
Vaughan, David	2	....	4	....	....	....	6
Vaughan, David (son of R.)	2	1	3	....	....	....	6
Vaughan, Robert	2	2	4	1	....	....	9
Vaughan, Benjamin	2	2	1	6	....	....	11
Vaughan, Job	1	1	1	2	....	....	5
Vaughan, David Jr	1	3	1	1	....	....	6
Vaughan, Samuel	1	1	2	....	....	....	4
Vaughan, Christopher	1	3	1	5	....	....	10
Weeden, Caleb	2	2	2	....	....	....	7
Whitman, John	1	3	2	4	....	....	10
Whitman, Samuel	1	1	3	2	....	....	7
Whitman, James Jr	1	1	1	1	....	....	4
Whitman, James	1	1	1	....	....	....	3
Wilcocks, Smith	1	1	3	....	....	....	5
Word, Ephraim	1	....	1	....	....	....	2
Whitford, Robert	1	2	2	1	....	....	6
Whitford, Caleb	1	2	1	2	....	....	6
Weaver, Benjamin	1	1	1	....	....	....	3
Weaver, Jonathan	2	....	1	2	....	1	6
Weaver, Timothy	1	2	1	....	....	....	4
Weaver, Peleg	1	1	3	4	....	1	10
Weaver, George	2	1	2	....	3	1	9
Weaver, Jonathan Jr	1	....	1	2	....	....	4
Weaver, Clement	1	....	1	....	....	....	2
Wells, Peter	3	....	1	1	....	....	5
Wells, Peter, Jr	2	....	....	2	....	....	4
Wells, Thomas	1	5	1	2	....	....	9
Warner, Ezekiel	1	3	1	2	....	....	7
Winslow, Joseph	1	4	1	1	....	....	7
Winslow, Job	1	1	1	....	....	....	3
Whitmarsh, Joseph	4	1	1	....	....	....	6
Wall, Maunah	1	....	2	1	....	....	4
Wood, Benjamin	1	1	2	3	....	....	7

JAMESTOWN.

FAMILIES.	WHITES.				Indians.	Blacks.	Total.
	MALES.		FEMALES.				
	Above 16.	Under 16.	Above 16.	Under 16.			
Albro, Benjamin............	1	1	1	1	....	....	4
Austin, Joseph	1	1	1	....	....	....	3
Bush, Richard.............	2	1	2	....	....	....	5
Carr, James	3	....	1	....	2	1	7
Carr, James Jr............	1	4	1	....	....	1	7
Carr, Peleg	1	1	1	2	....	1	6
Carr, Benjamin (son of Thos.)	1	3	1	2	....	....	7
Carr, Samuel	2	1	2	1	....	5	11
Carr, Benjamin (son of Edw.)	3	1	4	1	....	....	9
Carr, Edward.............	3	4	4	2	....	4	17
Carr, Hannah.............	1	....	1	....	....	....	2
Carr, Thomas.............	2	....	2	2	....	8	14
Carr, Nicholas............	1	2	2	1	....	4	10
Carpenter, Daniel.........	4	1	3	....	1	5	14
Carpenter, Daniel Jr......	1	2	2	2	....	....	7
Church, Benedict..........	1	2	2	1	....	....	6
Cranston, Caleb	2	2	2	1	....	....	7
Douglass, Joseph	1	1	1	2	....	....	5
Dick, Francis..............	....	....	....	....	9	....	9
Eldred, John..............	4	....	2	....	1	6	13
Fowler, Thomas...........	3	2	1	1	....	3	10
Fowler, Christopher.......	1	3	1	2	....	....	7
Fowler, Sylvester..........	1	1	1	2	....	....	5
Fowler, Damaris	....	2	1	....	....	1	4
Fowler, Jonathan..........	1	....	1	1	....	....	3
Fowler, Josiah	1	3	1	3	....	....	8
Franklin, Abel............	1	....	1	1	....	....	3
Franklin, Mary	1	2	2	1	....	....	6
Greenman, William........	2	1	5	1	....	....	9
Gardner, Jonathan.........	4	2	3	1	....	4	14
Greene, Joseph............	2	2	3	....	....	....	7
Greenold, Matthew........	1	....	1	1	....	....	3
Howland, Isaac............	1	....	1	....	....	10	12
Howland, John............	1	2	1	1	1	2	8

JAMESTOWN—CONTINUED.

FAMILIES.	WHITES.				Indians.	Blacks.	Total.
	MALES.		FEMALES.				
	Above 16.	Under 16.	Above 16.	Under 16.			
Howland, Jemima.............	....	....	1	....	....	1	2
Hull, Bristol...............	....	....	....	....	11	1	12
Hull, Wager................	1	....	1	2	....	....	4
Hull, Edward...............	3	2	4	3	....	10	22
Hammond, Paine.............	2	....	2	....	....	2	6
Hazard, Stephen............	2	2	1	4	....	5	14
Helme, Niles...............	1	2	1	....	....	....	4
Knowles, Reynolds..........	1	2	2	2	2	3	12
Knowles, Hazard...........	1	3	1	3	2	2	12
Martin, John...............	1	1	2	1	....	5	10
Northup, Nicholas..........	2	1	2	3	....	....	8
Nichols, Benjamin..........	1	1	1	3	....	....	6
Pugh, Sarah and Elizabeth..	....	....	2	1	....	....	3
Peckham, Philip............	2	2	2	....	....	2	8
Pierce, Isaac..............	7	....	2	....	2	2	13
Remington, Gershom.........	2	....	4	....	....	4	10
Remington, Gershom Jr......	1	4	1	1	1	3	11
Remington, Stephen.........	2	1	2	....	....	1	6
Remington, John............	2	1	2	2	....	1	8
Remington, Abigail.........	1	2	2	1	....	....	6
Slocum, Samuel.............	2	1	2	....	....	2	7
Slocum, Samuel Jr..........	1	1	1	5	....	....	8
Spencer, Thomas............	1	1	1	5	....	....	8
Straight, Jonathan.........	1	....	1	....	....	....	2
Tew, Jane..................	....	....	2	1	....	2	5
Tew, John..................	1	....	1	2	....	1	5
Tew, George................	2	2	2	1	....	8	15
Tewel, Samuel..............	1	....	2	....	....	1	4
Underwood, James & Benjamin	3	3	2	4	....	6	18
Underwood, Daniel..........	2	....	1	....	....	....	3
Weeden, Daniel.............	2	1	1	....	....	6	10
Weeden, Daniel Jr..........	3	4	4	4	....	8	23
Weeden, Benjamin...........	1	3	3	....	....	....	5
Wilcox, Daniel.............	1	1	1	1	....	....	4
Wilbor, William............	2	2	3	....	....	....	7

SMITHFIELD.

FAMILIES.	WHITES.				Indians.	Blacks.	Total.
	MALES.		FEMALES.				
	Above 16.	Under 16.	Above 16.	Under 16.			
Arnold, Job................	2	1	3	1	....	7	14
Arnold, Jonathan	4	2	4	....	....	2	12
Arnold, Patience (widow Tho.)	....	....	1	2	....	....	3
Arnold, Seth..............	3	2	1	1	....	....	7
Arnold, Elisha	2	....	3	1	....	....	6
Arnold, Stephen...........	2	....	2	3	....	....	7
Arnold, Jacob.............	2	6	2	1	....	....	11
Arnold, Edmund...........	1	....	1	....	....	....	2
Arnold, Joshua............	2	1	3	2	....	....	8
Arnold, Samuel	1	3	2	2	....	....	8
Arnold, Patience	2	....	3	1	....	....	6
Arnold, William...........	3	1	2	1	....	1	8
Arnold, Benjamin..........	3	1	3	2	....	....	9
Arnold, Caleb..............	1	....	....	....	....	....	1
Arnold, Stephen Jr	3	2	3	2	1	2	13
Arnold, Luke	1	....	1	....	1	....	3
Arnold, Enoch	1	2	1	3	....	....	7
Arnold, Zebedee...........	1	....	1	....	....	....	2
Arnold, Thomas...........	1	2	2	1	....	....	6
Arnold, Uriah..............	2	1	3	....	....	....	6
Arnold, Nathaniel	2	2	2	....	....	....	6
Arnold, William Jr.........	3	1	2	1	....	....	7
Arnold, Jonathan Jr........	3	2	1	1	....	....	7
Arnold, Rufus.............	1	4	3	1	....	....	9
Arnold, James	1	1	1	2	....	....	5
Arnold, Elijah.............	1	1	1	2	....	....	5
Arnold, Peleg.............	2	1	3	1	....	....	7
Arnold, Abraham..........	4	....	2	1	....	....	7
Arnold, Joseph............	1	1	1	....	....	....	3
Aldrich, Samuel...........	3	2	2	1	1	....	9
Aldrich, Anne Widow	2	3	2	3	....	....	10
Aldrich, Caleb	4	4	2	2	....	....	12
Aldrich, Abraham	1	....	1	2	....	....	4
Aldrich, Job	2	5	2	1	....	....	10
Aldrich, Samuel Jr	3	....	1	1	....	....	5
Aldrich, Jethro............	1	3	2	3	....	....	9
Aldrich, Reuben...........	1	3	2	2	....	....	8
Aldrich, Simeon	1	1	1	1	....	....	4

SMITHFIELD—CONTINUED.

FAMILIES.	WHITES.				Indians.	Blacks.	Total.
	MALES.		FEMALES				
	Above 16.	Under 16.	Above 16.	Under 16.			
Aldrich, Elizabeth	3	....	2	1	....	....	6
Aldrich, James	3	3	2	1	....	....	9
Aldrich, Dorathy	1	1	1	1	....	....	4
Aldrich, Samuel 3d	....	2	....	4	....	....	6
Aldrich, Stephen	1	3	1	2	....	....	7
Aldrich, Israel	1	....	1	....	....	....	2
Aldrich, Simon	1	3	1	2	....	....	7
Aldrich, Thomas	1	2	2	2	....	....	7
Angell, Ezekiel	3	3	2	3	....	....	11
Angell, Job	4	3	3	3	....	....	13
Angell, Daniel	2	1	3	1	....	1	8
Angell, James	....	....	....	....	....	....	1
Angell, Ezekiel Jr	1	3	2	3	....	....	9
Angell, Charles	2	3	2	3	....	....	10
Angell, William	1	1	1	....	....	....	3
Angell, Eber	1	4	1	1	....	....	7
Angell, Solomon	1	2	1	2	....	....	6
Angell, Gideon	1	....	1	1	....	....	3
Angell, Rufus	1	1	1	2	....	....	5
Angell, John	1	2	2	1	....	....	6
Angell, Gideon Jr	2	....	2	....	....	....	4
Appeleby, James	3	1	1	....	....	....	5
Appeleby, Benjamin	1	....	1	....	....	....	2
Appeleby, James Jr	2	3	2	4	....	....	11
Alverson, Uriah	2	4	1	2	....	....	9
Alverson, William	1	....	1	....	....	....	2
Angell, Christopher	3	....	3	3	....	....	9
Atwood, Jacob	2	1	1	2	....	....	6
Arnold, William	1	3	1	3	....	....	8
Aldrich, Richard	1	....	1	....	....	....	2
Arnold, Christopher	2	1	1	....	....	....	4
Angell, Abiah	1	....	1	....	....	....	2
Aldrich, David	1	3	1	2	....	....	7
Aldrich, Susanna	....	....	2	....	....	....	2
Aldrich, Prince	....	....	....	....	....	3	3
Berry, Sarah	....	....	2	....	....	....	2
Brayton, Baulston	3	1	....	1	....	2	7
Brayton, Isaac	2	3	1	1	....	1	8
Brayton, Stephen	2	2	2	3	....	....	9
Bucklin, Nathaniel	4	2	3	2	....	....	11
Bucklin, Sylvanus	2	....	1	....	....	....	3
Bowen, William	4	4	2	3	....	....	13
Brown, Christopher	4	4	4	2	....	....	14

SMITHFIELD—CONTINUED.

FAMILIES.	WHITES.				Indians.	Blacks.	Total.
	MALES.		FEMALES.				
	Above 16.	Under 16	Above 16.	Under 16.			
Brown, Simeon	1	1	2	....	....	....	4
Ballou, David	2	....	2	2	....	....	6
Ballou, Aaron	1	....	2	2	....	....	5
Ballou, Moses	1	3	2	....	....	....	6
Ballou, John	3	1	1	1	....	....	6
Ballou, Benjamin	1	1	1	....	....	....	3
Ballou, Simeon	1	3	1	2	....	....	7
Ballard, Benjamin	1	6	2	1	....	....	10
Bucklin, Jeremiah	1	2	1	2	....	....	6
Ballou, Jeremiah	1	1	1	....	....	....	3
Buffum, Joseph	2	3	1	1	....	....	7
Buffum, Benjamin	2	3	4	2	....	....	11
Buffum, William	1	....	1	2	....	....	4
Buffum, David	3	....	1	3	....	....	7
Buffum, Benjamin Jr.	1	....	1	....	....	....	2
Buxton, Benjamin	2	....	2	....	....	....	4
Buxton, Samuel	2	....	1	1	....	....	4
Buxton, Aaron	1	1	1	4	....	....	7
Buxton, Caleb	1	1	1	3	....	....	6
Buxton, James	1	1	1	....	....	....	3
Bartlet, Noah	2	1	2	5	....	....	10
Bennet, Timothy	1	1	1	2	....	....	5
Bradway, Thomas	2	....	1	....	....	....	3
Bradway, William	1	3	1	1	....	....	6
Bradway, Daniel	1	....	1	3	....	....	5
Barnes, Enoch	3	....	2	....	....	....	5
Barnes, Nathan	1	....	....	....	....	....	1
Brown, Levi	1	....	1	....	....	....	2
Brown, John	1	3	1	2	....	....	7
Bagley, Phebe	2	....	4	....	....	....	6
Barker, George	1	....	1	1	....	....	3
Barker, Rufus	1	....	1	2	....	....	4
Brag, Nicholas	2	2	2	5	....	....	11
Benely, William	2	3	2	1	....	....	8
Ballou, Alexander	2	....	3	....	....	....	5
Byram, Joseph	1	....	1	1	....	....	3
Bishop, Abner	1	5	2	2	....	....	10
Bennett, Robert	1	1	1	2	....	....	5
Bucklin, Ebenezer	1	....	1	....	....	....	2
Burdit, Freelove	....	1	2	1	....	....	4
Brittan, Abial	1	2	2	3	....	....	8
Backer, Seth	2	2	1	5	....	....	10
Brown, Benjamin	1	....	1	....	....	....	2

SMITHFIELD—CONTINUED.

FAMILIES.	WHITES.				Indians.	Blacks.	Total.
	MALES.		FEMALES.				
	Above 16.	Under 16.	Above 16.	Under 16.			
Comstock, George	1	1	2	3	....	....	7
Comstock, Ezekiel	2	3	4	2	....	2	13
Comstock, Ichabod	1	....	2	....	....	....	3
Comstock, Jonathan	2	1	1	4	....	....	8
Comstock, John	4	2	3	....	....	....	9
Comstock, Hezadiah	1	1	1	1	....	....	4
Comstock, Joseph	2	2	2	1	....	....	7
Comstock, Katharine	....	....	1	1	....	....	2
Comstock, Daniel	1	2	1	2	....	....	6
Comstock, Jacob	1	....	1	....	....	....	2
Comstock, Ichabod Jr	2	3	1	2	....	....	8
Comstock, Stephen	1	2	1	....	....	....	4
Cook, Joseph	3	....	1	1	....	....	5
Cruff, Samuel	3	....	2	....	....	....	5
Clark, Rachel	1	....	4	1	....	....	6
Coman, Joseph	1	3	2	....	....	....	6
Cady, Benajah	1	3	1	3	....	....	8
Cooper, Samuel	3	3	1	3	....	....	10
Carpenter, John	2	1	3	3	....	....	9
Carpenter, Joseph	1	....	1	....	....	....	2
Cass, Ebenezer	1	1	4	2	....	....	8
Cass, Amos	1	1	1	....	....	....	3
Crossman, Abial	1	....	3	3	....	....	7
Chace, Barnard	2	2	1	2	....	....	7
Chillson, Joseph	1	1	1	....	....	....	3
Connor, Stephen	1	2	1	....	....	....	4
Cook, Jonathan	1	3	1	3	....	....	8
Cook, Samuel	2	2	2	2	....	....	8
Clemence, Richard	1	2	1	4	....	....	8
Dexter, John	3	4	2	2	....	....	11
Dexter, Phebe	....	....	1	1	....	....	2
Dexter, Jonathan	2	3	2	3	....	....	10
Dexter, Andrew	1	1	2	1	....	....	5
Dexter, Gideon	1	....	....	....	....	....	1
Day, Samuel	2	4	2	4	....	....	12
Day, Nathaniel	1	1	1	3	....	....	6
Dellingham, Elisha	1	....	1	....	....	....	2
Dellingham, Jeptha	1	1	2	....	....	....	4
Eddy, John	2	2	2	1	....	....	7
Eddy, Stephen	1	1	1	1	....	....	4
Eddy, David	1	1	1	....	....	....	3
Evenes, David	1	6	4	2	....	....	13

106   SMITHFIELD—CONTINUED.

FAMILIES.	WHITES.				Indians.	Blacks.	Total.
	MALES.		FEMALES				
	Above 16.	Under 16.	Above 16.	Under 16.			
Earl, Benjamin	1	6	1	....	....	....	8
Ellet, Thomas	1	1	1	1	....	....	4
Eddy, Samuel	1	1	1	1	....	....	4
Eates, Amariah	4	3	1	....	....	....	8
East, William	....	....	....	....	5	....	5
Farnum, Martha	1	1	3	....	....	....	5
Farnum, Joseph	2	1	1	....	....	....	4
Farnum, Noah	2	....	1	....	....	....	3
Gulley, Jonathan	2	1	2	3	....	....	8
Gulley, William	2	2	1	3	....	....	8
Goldthwait, John	2	1	3	2	....	....	8
Greene, James	2	....	1	2	....	....	5
Gray, Joseph	1	....	1	....	....	....	2
Gully, Stephen	1	1	1	3	....	....	6
Gough, Jacob	2	....	1	2	....	....	5
Herndeen, Joseph	1	....	1	1	....	....	3
Hernden, Israel	1	2	1	3	....	....	7
Herndeen, Ruth	....	2	1	....	....	....	3
Herndeen, Ezekiel	1	2	1	3	....	....	7
Herndeen, Joseph Jr	1	3	1	3	....	....	8
Herndeen, Ebenezer	1	2	3	2	....	....	8
Herndeen, Jonathan	1	1	1	1	....	....	4
Herndeen, Hezekiah	2	2	3	3	....	....	10
Herndeen, Moses	1	2	1	2	....	....	6
Herndeen, Obadiah	2	3	2	....	....	....	7
Herndeen, Dinah	....	....	2	1	....	....	3
Herndeen, William	2	3	1	3	....	....	9
Herndeen, Jeremiah	1	....	....	....	....	....	1
Herndeen, Thomas	1	....	....	....	....	....	1
Herndeen, James	1	....	....	....	....	....	1
Haziah, Phillip	1	1	4	2	....	....	8
Harris, Preserved	4	3	4	....	....	....	11
Harris, Israel	1	....	1	....	....	....	2
Harris, Jonathan	3	1	5	1	....	....	10
Harris, Richard	1	....	1	....	....	....	2
Harris, David	1	3	3	5	....	....	12
Harris, Jabez	2	2	2	3	....	....	9
Harris, Abner	2	3	4	5	....	....	14
Harris, Richard Jr	1	3	3	3	....	....	10
Harris, Jeremiah	2	2	2	3	....	....	9
Harris, Stephen	1	1	1	....	....	....	3

SMITHFIELD—CONTINUED.

FAMILIES.	WHITES.				Indians.	Blacks.	Total.
	MALES.		FEMALES.				
	Above 16.	Under 16	Above 16.	Under 16.			
Hubbard, Benjamin	2	1	2	1	....	....	6
Harkness, Adam Jr	1	1	1	....	....	....	3
Harkness, Adam	3	....	2	....	....	....	5
Hawkins, Charles	2	2	3	2	....	....	9
Hawkins, John	1	2	2	2	....	....	7
Hawks, John	1	3	1	1	....	....	6
Handy, Ebenezer	1	3	1	2	....	....	7
Hawkins, Jeremiah	1	....	1	1	....	....	3
Hendrick, Stephen	1	1	1	....	....	....	3
Henries, Prudence	....	1	2	2	....	....	5
Hix, Daniel	2	1	1	1	....	....	5
Hix, Isaac	1	1	1	2	....	....	5
Holden, Garsharn	1	....	3	3	....	....	7
Hew, Samuel	1	2	1	2	....	....	6
Hills, Samuel	4	5	3	1	....	....	13
Inman, Joseph	1	5	1	1	....	....	8
Inches, Ishmael	2	....	3	1	....	....	6
Jenckes, John	1	1	2	....	....	1	5
Jenckes, Joseph	2	2	3	2	....	....	9
Jenckes, John Jr	2	3	2	1	....	....	8
Jenckes, Henry	1	2	1	1	....	....	5
Jenckes, Edmund	1	3	3	1	....	....	8
Jenckes, Jesse	2	5	1	1	....	....	9
Jenckes, Joseph Jr	1	2	2	3	....	....	8
Jenckes, Hannah	2	3	6	2	....	....	13
Jenckes, Thomas	1	1	1	8	....	....	11
Jenckes, Nathaniel	2	....	1	....	....	....	3
Jenckes, Isaac	2	1	2	1	....	....	6
Killey, Joseph	4	1	3	2	....	....	10
Keech, Amos	4	....	2	....	....	....	6
Keech, Samuel	1	2	1	2	....	....	6
Keech, Abraham	2	2	2	....	....	....	6
Kimpton, Manassa	1	1	1	2	....	....	5
King, Caleb	1	....	1	1	....	....	3
Keech, William	1	....	1	....	....	....	2
Lapham, Thomas	2	4	2	2	....	....	10
Lapham, Thomas Jr	4	1	3	1	....	....	9
Latham, Joseph	1	3	1	3	....	....	8
Latham, Robert	2	....	1	1	....	....	4
Loga, Philip	2	1	1	....	....	3	7

SMITHFIELD—CONTINUED.

FAMILIES.	WHITES.				Indians.	Blacks.	Total.
	MALES.		FEMALES.				
	Above 16	Under 16.	Above 16.	Under 16.			
Little, Mary	....	1	2	1	....	....	4
Mowry, Daniel	1	....	1	....	....	....	2
Mowry, Daniel Jr	1	....	3	....	1	2	7
Mowry, Joseph	4	....	2	....	....	....	6
Mowry, Ananias	1	....	3	....	....	....	4
Mowry, Richard	1	....	1	....	....	....	2
Mowry, Job	1	3	3	3	....	....	10
Mowry, Daniel 3d	1	2	2	....	....	....	5
Mowry, Philip	4	4	1	2	....	1	12
Mowry, Daniel 4th	1	1	1	....	....	....	3
Mowry, Job Jr	1	1	1	....	....	....	3
Mowry, Elisha Jr	1	4	2	2	....	....	9
Mowry, Phillip Jr	2	3	3	4	....	....	12
Mowry, Ananias Jr	1	2	2	3	....	....	8
Mowry, Gideon	2	1	2	3	....	....	8
Mowry, Elisha	3	2	2	1	....	....	9
Mowry, Ezekiel	1	1	1	....	....	....	3
Mowry, Stephen	3	2	1	4	....	....	10
Mowry, Uriah	1	....	1	....	....	....	2
Mowry, Jonathan	2	1	1	2	....	....	6
Mowry, John	2	3	1	1	....	....	7
Mowry, Israel	1	3	2	....	....	....	6
Mowry, David	2	2	1	3	....	....	8
Mosher, Joseph	2	3	2	3	....	....	10
Man, John	1	....	1	....	....	....	2
Man, John 3d	1	2	1	1	....	1	6
Man, Oliver	2	1	1	1	....	....	5
Man, Moses	1	....	1	....	....	....	2
Man, John Jr	2	2	2	2	....	....	8
Man, Nathaniel	2	1	3	....	....	....	6
Man, Amos	1	3	1	3	....	....	8
Mathewson, Othnial	1	2	1	....	....	1	5
Mathewson, Abraham	2	1	1	2	....	....	6
Mathewson, Winchester	2	1	2	....	....	....	5
Mathewson, Daniel	2	1	2	....	....	....	5
Mathewson, Joseph	1	....	1	....	....	....	2
Mathewson, Neroe	1	2	1	....	....	....	4
Mussey, James	1	1	2	....	....	....	4
Medbery, Benjamin	1	4	2	....	....	....	7
Medbury, Edward	1	....	1	1	....	....	3
Miller, Jonathan	1	3	1	1	....	....	6
Morton, James	2	3	1	2	....	....	8
Mowry, Uranah	1	....	2	....	....	....	3

SMITHFIELD—CONTINUED.

FAMILIES.	WHITES.				Indians.	Blacks.	Total.
	MALES.		FEMALES.				
	Above 16	Under 16	Above 16	Under 16			
Mowry, Glasco..............	....	....	....	....	....	6	6
Mowry, George............	2	....	1	....	....	....	3
McQuire, ...	2	....	1	1	....	....	4
Newman, Thomas..........	1	2	1	....	....	....	4
Newell, Jason..............	2	1	1	1	....	....	5
Newell, Jonathan...........	1	....	1	2	....	....	4
Nesnemon, Isaac...........	....	....	....	....	5	....	5
Olney, Obadiah............	3	1	3	1	....	....	8
Olney, James..............	1	2	2	1	....	....	6
Olney, Jeremiah............	1	....	2	2	....	....	5
Olney, Nedabiah...........	1	3	2	1	....	....	7
Olney, Abraham...........	1	2	1	4	....	....	8
Pain, Benjamin............	3	5	3	1	....	....	12
Pain, Arnold..............	4	4	1	3	....	....	12
Pain, John................	1	3	1	4	....	....	9
Pain, Benoni..............	1	....	1	....	....	....	2
Phillips, Daniel............	2	....	3	....	....	....	5
Phillips, Daniel Jr..........	1	....	1	4	....	....	6
Phillips, Isaac..............	1	3	2	2	....	....	8
Phillips, Stephen...........	1	2	1	1	....	....	5
Phillips, Stephen Jr.........	2	3	2	2	....	....	9
Phillips, Rufus.............	2	4	1	2	....	....	9
Phillips, John..............	4	....	3	2	....	....	9
Phillips, Israel.............	1	1	1	....	....	....	3
Potter, William............	3	1	2	2	....	....	8
Pullen, William............	1	....	1	....	....	....	2
Phillips, Ezekiel............	1	1	1	....	....	....	3
Prince, Aldrich.............	....	....	....	....	....	3	3
Place, Deborah.............	....	....	2	....	....	....	2
Phillips, Zephaniah.........	1	....	1	1	....	....	3
Phillips, Ezekiel............	1	....	1	....	....	....	2
Read, Jonathan............	2	....	2	....	....	....	4
Read, Olver...............	1	....	....	....	....	....	1
Read, Hanson..............	2	3	3	1	....	....	9
Read, John................	1	2	2	4	....	....	9
Randall, William...........	1	....	1	....	....	....	2
Rogers, John..............	1	....	2	....	....	....	3
Reaniff, John..............	1	3	1	3	....	....	8
Ross, Joseph...............	1	1	1	2	....	....	5
Records, Joseph............	1	....	2	....	....	....	3

SMITHFIELD—CONTINUED.

FAMILIES.	WHITES.				Indians.	Blacks.	Total.
	MALES.		FEMALES.				
	Above 16.	Under 16.	Above 16.	Under 16.			
Randall, Edward	1	2	1	1	....	....	5
Sayles, John	2	1	3	1	....	....	7
Sayles, John Jr	3	1	3	1	....	....	8
Sayles, Richard	1	....	1	....	....	....	2
Sayles, Richard Jr	4	1	3	2	....	....	10
Sanders, Henry	....	....	....	....	....	....	1
Sayles, Sylvanus	3	3	4	3	....	....	13
Sayles, Thomas	1	3	1	3	....	....	8
Sayles, Jonathan	1	4	2	3	....	....	10
Sayles, Gideon	3	1	2	2	....	....	8
Sayles, Daniel	1	....	1	1	....	....	3
Sayles, Elisha	1	....	1	4	....	....	6
Sayles' Joseph	1	....	....	2	....	....	3
Sayles' Ishmael	1	....	1	....	....	....	2
Smith,' Daniel	2	....	2	....	....	....	4
Smith, Philip	1	....	4	....	....	....	5
Smith, Jonathan	2	....	1	....	....	....	3
Smith, John	1	1	2	4	....	....	8
Smith, Benjamin	1	....	....	1	....	....	2
Smith, Jeremiah Jr	1	4	1	3	....	....	9
Smith, Richard	1	1	1	....	....	....	3
Smith, Nehemiah	1	1	1	2	....	....	5
Smith, Joshua	3	3	2	3	....	....	11
Smith, John (son of Philip)	1	....	1	4	....	....	6
Smith, Elisha	2	2	2	1	....	....	7
Smith, Daniel Jr	3	6	1	....	....	1	11
Smith, Jeremiah	1	1	1	2	....	....	5
Smith, Thomas	2	1	1	1	....	....	5
Smith, Susanna	....	....	2	....	....	....	2
Smith, Emer	2	1	2	....	....	....	5
Smith, Abigail	2	2	2	....	....	....	6
Smith, John 3d	2	....	1	2	1	....	6
Smith, Abraham	3	1	2	....	....	....	6
Smith, Jacob	1	....	1	....	....	....	2
Smith, Rufus	1	2	1	2	....	....	6
Smith, Thomas Jr	1	2	2	....	....	....	5
Smith, Thomas 3d	1	....	1	....	....	....	2
Smith, Resolved	1	3	1	1	....	....	6
Smith, William	2	1	2	....	....	....	5
Smith, Benjamin Jr	3	2	2	2	....	1	10
Smith, Benjamin 3d	1	2	1	....	....	....	4
Smith, William Jr	1	1	1	2	....	....	5
Steere, Thomas	2	1	3	....	....	....	6

SMITHFIELD—CONTINUED.

FAMILIES.	Males Above 16	Males Under 16	Females Above 16	Females Under 16	Indians	Blacks	Total
Steere, Elisha	2	1	1	2			6
Steere, Anthony	1	1	5				7
Steere, Enoch	1	1	1				3
Staples, Nathan	1		1				2
Staples, Ebenezer	1	1	1				3
Staples, Robert	2						2
Staples, William	1		1				2
Spauldin, Joseph	2		3	1			6
Spauldin, Aholiab	1	1	1				3
Sprague, Amos	1		3	1			5
Sprague, Enoch	2	1	2				5
Sprague, Elias	1	2	1	3			7
Sprague, Nehemiah	2	1	1	2		1	7
Sprague, Hezekiah	2	2	2	2			8
Sprague, Joseph	2	3	1	3			9
Sprague, Stephen	1	1	1	3			6
Shearmon, Nehemiah	1		2	2			5
Shippee, Thomas	3	2	3	2			10
Shippee, Samuel	1	1	3	2			7
Shippee, Nathan	3	2	4	5			14
Shippee, David	1	2	1	1			5
Staples, Nathaniel	1		3	1			5
Shippee, Solomon	1	2	2	3			8
Sheraff, Joshua	1	4	1	2			8
Sheraff, Caleb	1	1	2				4
Stead, Daniel	2		2	3			7
Slocom, Benjamin	3		2				5
Scott, Jeremiah	2		2	4			8
Sweet, Matthew	3	2	3	2			10
Sweet, Angell	1		1	1			3
Sanders, Esek	1	1	1				3
Sheldon, Willaim	1		1				2
Sheldon, John	1		1	2			4
Sheldon, Benjamin	1		1	1			3
Sheldon, James	2	3	2	3			10
Southwick, Jonathan	4	1	2				7
Sprague, Pero						2	2
Sweet, Stephen	1		1				2
Steere, John	1	1	1				3
Smith, Benjamin	1	4	1	1			7
Smith, Resolved	2						2
Smith, Ezekiel	1	1	1				3
Spiwood, Daniel					6		6
Scibit, Sarah					2		2

SMITHFIELD—CONTINUED.

FAMILIES.	WHITES.				Indians.	Blacks.	Total.
	MALES.		FEMALES.				
	Above 16.	Under 16.	Above 16.	Under 16.			
Shippee, John	1	....	1	....	....	....	2
Staples, Esperance	....	....	3	....	....	....	3
Sanders, Henry	1	3	1	2	....	....	7
Tucker, Israel	1	3	2	4	....	....	10
Tucker, Samuel	1	3	1	1	....	....	6
Tifte, Peter	2	1	2	1	....	....	6
Tifte, Peter Jr	2	1	3	....	....	....	6
Tifte, James	1	....	1	2	....	....	4
Tifte, John	1	3	1	2	....	....	7
Tifte, Robert	2	....	1	1	....	....	4
Thornton, Ebenezer	1	....	1	....	....	....	2
Thornton, Elisha	1	....	1	....	....	....	2
Thomson, Benjamin	1	1	2	1	....	....	5
Trask, Ebenezer	2	1	1	1	....	....	5
Thomson, Samuel	1	....	1	....	....	....	2
Thornton, Richard	1	2	1	....	....	....	4
Winsor, Samuel	3	....	2	1	....	....	6
Winsor, Abraham	5	2	2	2	....	....	11
Winsor, John	2	2	4	4	....	....	12
Winsor, William	1	4	1	1	....	....	7
Winsor, Jeremiah	1	3	1	5	....	....	10
Whipple, Stephen	4	2	3	4	....	1	14
Whipple, William	2	2	2	....	....	....	6
Whipple, Benjamin	1	2	2	3	....	....	8
Whipple, Mary	....	....	1	....	....	....	1
Whipple, Joseph	3	2	3	6	....	3	17
Whipple, John	1	....	2	....	....	....	3
Wright, William	1	1	1	1	....	....	4
White, Samuel	1	1	2	1	....	....	5
Waterman, Andrew	4	3	3	4	....	....	14
Waterman, Marey	1	....	1	4	....	2	8
Walcut, William	3	1	1	4	....	....	9
Whiteman, John	1	1	1	....	....	....	3
Wilkinson, Israel	3	1	3	1	....	....	8
Wilkinson, Israel Jr	2	....	2	1	....	....	5
Wilkinson, Robert	2	2	1	2	....	....	7
Wilkinson, David	2	2	2	....	....	....	6
Wilkinson, John	2	1	3	1	....	....	7
Wilkinson, Ahab	3	4	4	....	....	....	11
Wilkinson, Ozial	1	3	2	2	....	....	8
Wing, Jabez	2	3	3	2	....	....	10
Wing, Benjamin	2	1	1	1	....	....	5

SMITHFIELD—CONTINUED.

FAMILIES.	WHITES.				Indians.	Blacks.	Total.
	MALES.		FEMALES.				
	Above 16.	Under 16.	Above 16.	Under 16.			
Woodward, Thomas	1	2	2	....	....	....	5
Woodward, Robert	2	4	2	1	....	....	9
Woodward, Nathaniel	1	5	2	2	....	....	10
Woodward, Zephaniah	1	1	1	3	....	....	6
Wright, Thomas	1	....	1	3	....	....	5
Woodward, Stephen	1	....	1	1	....	....	3
Wood, John	1	3	1	1	....	....	6
Wilbour, Daniel	1	4	3	3	....	....	11
Wilbour, William	1	3	1	5	....	....	10
Young, Enoch	1	....	1	2	....	....	4
Young, Zebedee	1	....	1	1	....	....	3
Young, James	2	....	1	....	....	....	3
Young, John	6	3	1	....	....	....	10
Young, Andrew	2	2	2	1	....	....	7
Young, Andrew 2d	1	1	1	2	....	....	5
Young, Levi	1	1	1	....	....	....	3

15

SCITUATE.

FAMILIES.	WHITES.				Indians.	Blacks.	Total.
	MALES.		FEMALES.				
	Above 16.	Under 16.	Above 16.	Under 16.			
Aldrich, William	3	1	3	2	....	....	9
Aldrich, Noah	2	2	1	1	....	1	7
Atwood, Nathariah	2	4	2	1	....	....	9
Almey, Elisha	2	2	1	1	....	....	6
Aldrich, William Jr	1	3	1	....	....	....	5
Arnold, Caleb	1	2	1	4	....	....	8
Armsbee, Ebenezer	2	1	2	1	....	....	6
Angell, Jabel	2	....	1	3	....	....	6
Aylesworth, Thomas	1	3	1	2	....	2	9
Aylesworth, Peleg	2	1	3	1	....	....	7
Angell, Isaiah	3	2	2	5	....	....	12
Andrews, James	3	....	2	....	....	....	5
Abbott, Pardon	1	3	1	1	....	....	6
Angell, Jeremiah	2	....	1	....	....	....	3
Angell, Andrew	3	3	2	....	....	1	9
Angell, Samuel	1	2	1	1	....	....	5
Angell, Richard	2	3	1	2	....	....	8
Angell, Elizabeth	2	....	1	1	....	....	4
Angell, Marcy	3	....	3	2	....	....	8
Angell, Abraham	2	....	1	2	....	....	5
Andrews, Jeremiah	1	2	1	2	....	....	6
Bassett, John	1	3	2	1	....	....	7
Bowen, Nathan	1	....	1	....	....	....	2
Bowen, Elihu	1	2	4	....	....	....	7
Brown, James	2	4	3	2	....	....	11
Bucklin, Squier	3	1	1	3	....	....	8
Ballou, Benjamin	1	1	1	1	....	....	4
Bickford, Joseph	2	....	2	....	....	....	4
Bozzard, Benjamin	2	....	1	1	....	....	4
Blackman, John	3	....	3	3	....	....	9
Batty, Joshua	1	1	1	....	....	1	4
Batty, John	1	1	3	2	....	1	8
Batty, John Jr	2	2	1	2	1	....	8
Bates, Daniel	1	3	2	2	....	....	8
Brownell, Benjamin	1	2	1	1	....	....	5
Bowen, Elisha	3	....	2	....	....	....	5
Bullock, Charles	3	1	2	1	....	....	7

SCITUATE—CONTINUED.

FAMILIES.	WHITES.				Indians.	Blacks.	Total.
	MALES.		FEMALES.				
	Above 16.	Under 16.	Above 16.	Under 16.			
Brown, Jesse	1	1	2	....	....	....	4
Brown, Thomas	2	3	2	3	....	....	10
Brown, Samuel	1	2	1	2	....	....	6
Borden, John	3	1	1	1	....	....	6
Burlingame, Gideon	1	....	2	....	....	....	3
Blanchard, Joseph	2	5	2	1	....	....	10
Bowen, Jabez	1	5	4	2	....	....	12
Baker, George	3	2	3	3	....	....	11
Bennett, Thomas	1	....	1	....	....	....	2
Bennett, Daniel	4	2	2	3	....	....	11
Bennett, Francis	1	2	....	....	....	....	3
Bennett, Josiah	1	3	1	2	....	....	7
Baker, Samuel	1	3	1	3	....	....	8
Bause, Benjamin	1	1	2	1	....	....	5
Bennett, Nathan	2	2	2	6	....	....	12
Brown, Philip	1	1	1	3	....	....	6
Baker, Daniel	1	1	1	....	....	....	3
Baker, John	1	1	1	5	....	....	8
Briggs, Joseph	2	1	1	2	....	....	6
Bennett, John	1	1	3	....	....	....	5
Bennett, John Jr	1	3	1	3	....	....	8
Bennett, Hope	1	....	1	1	....	....	3
Barry, Anna	....	1	3	....	....	....	4
Baker, Benajah	2	1	1	1	....	....	5
Brock, Ezekiel	2	2	1	1	....	....	6
Blackmar, David	1	1	1	4	....	....	7
Barnes, Elisha	3	1	2	1	....	....	7
Burlingame, Philip	2	....	2	2	....	....	6
Burlingame, Abner	1	....	2	2	....	....	5
Burlingame, Abraham	1	....	2	2	....	....	5
Bennett, Joseph	1	1	2	....	....	....	4
Bates, John	1	2	1	....	....	....	4
Bates, Nathan	2	1	3	1	....	....	7
Baxter, Thomas	1	2	1	2	....	....	6
Blanchard, Elias	1	1	1	1	....	....	4
Brown, Stephen	3	2	1	5	....	....	11
Brown, Fleet	2	1	1	3	....	....	7
Bennett, Ishmael	1	1	1	1	....	....	4
Burlingame, Silas	2	1	2	1	....	....	6
Blanchard, Isaac	2	2	3	1	....	....	8
Blanchard, William	1	3	1	....	....	....	5
Blanchard, Rubin	1	3	1	2	....	....	7
Carver, Joseph	5	1	1	3	....	....	10

SCITUATE—CONTINUED.

FAMILIES.	WHITES.				Indians.	Blacks.	Total.
	MALES.		FEMALES.				
	Above 16.	Under 16.	Above 16.	Under 16.			
Colwell, John	2	...	1	...	...	...	3
Colwell, Christopher	2	2	2	...	...	...	6
Colwell, William	2	...	1	1	...	...	4
Colwell, Daniel	2	3	2	1	...	...	8
Crosby, Lott	1	3	1	3	...	...	8
Cook, Peter	2	4	2	4	...	...	12
Cook, William	1	3	2	...	...	...	6
Cole, Jonathan	3	...	3	1	...	...	7
Cranston, Peleg	3	3	4	1	...	...	11
Cole, Ambrose	2	...	1	6	...	...	9
Cornell, Ezekiel	1	2	1	1	1	...	6
Cornell, Gideon	1	2	3	2	...	...	8
Cole, Samuel	1	5	1	3	...	...	10
Colegrove, Stephen	2	2	2	3	...	...	9
Cowman, Zephaniah	1	...	...	...	...	...	1
Colvin, Jeremiah	1	1	3	1	...	...	6
Coleman, Mary	1	...	1	...	...	...	2
Cole, James	1	...	1	2	...	...	4
Cole, Hugh	3	3	3	2	...	...	11
Cole, Peabody	1	2	1	...	...	...	4
Cole, Peleg	2	2	2	1	...	...	7
Cole, Job	1	2	2	1	...	...	6
Cole, Sessions	2	2	1	1	...	...	6
Cole, Daniel	2	1	2	...	...	...	5
Colwell, Richard	2	...	2	...	...	...	4
Carpenter, John	1	1	2	...	...	...	4
Convis, James	1	1	1	...	...	...	3
Colvin, John	2	2	1	1	...	...	6
Cory, John	1	...	1	4	...	...	6
Cory, William	2	...	2	...	...	...	4
Cory, William Jr	1	1	3	...	...	...	5
Cory, Caleb	1	1	1	1	...	...	4
Colegrove, William	1	4	1	3	...	...	9
Colvin, Peter	2	...	2	2	...	...	6
Colvin, Josiah	3	2	1	3	...	...	9
Collins, Martha	...	...	2	...	...	...	2
Collins, Thomas	2	1	1	...	...	...	4
Collins, Christopher	1	1	1	1	...	...	4
Collins, Elizer	1	4	2	1	...	...	8
Collins, Elizer Jr	2	2	2	...	...	...	6
Collins, Joseph	1	...	1	4	...	...	6
Collins, Rebecca	...	...	3	1	...	...	4
Collins, Henry	1	1	1	2	...	...	5
Carpenter, Cyril	1	4	1	3	...	...	9

SCITUATE—CONTINUED.

FAMILIES.	WHITES.				Indians.	Blacks.	Total.
	MALES.		FEMALES.				
	Above 16	Under 16.	Above 16.	Under 16.			
Clark, William	4	1	3	....	....	....	8
Clark, Benjamin	1	2	1	....	....	....	4
Coman, Zephaniah	1	3	1	2	....	....	7
Drew, Silvanus	1	3	1	1	....	....	6
Davis, Jeremiah	3	2	2	3	....	....	10
Davis, Joseph	2	4	1	2	....	....	9
Davis, Simon	3	2	4	1	....	....	9
Davis, Stephen	1	4	2	....	....	....	7
Davis, Robert	2	4	3	2	....	....	11
Donal, Michael M	1	2	1	2	....	....	6
Dexter, Gideon	1	3	1	2	....	....	7
Deruse, Stephen	1	3	1	3	....	....	8
Deruse, Andrew	1	....	1	....	....	....	2
Daw, Aaron	3	....	3	1	....	....	7
Dorrance George	6	1	2	2	....	....	11
Dorrance, James	2	3	3	1	....	....	9
Eddy, Thomas	2	3	2	....	....	....	7
Eddy, Caleb Jr	1	2	1	1	....	....	5
Eddy, Caleb	1	....	1	....	....	....	2
Eddy, William	1	5	1	....	....	....	7
Eddy, Peter	1	2	2	1	....	....	6
Easton, Henry	2	1	1	5	....	....	9
Edmunds, James	2	5	1	2	....	....	10
Eldrich, Thomas	2	3	1	3	....	....	9
Edwards, Ephraim	2	1	1	2	....	....	6
Edwards, Nicholas	3	....	1	....	....	....	4
Edwards, Nicholas Jr	1	1	2	2	....	....	6
Edwards, William	2	....	2	....	....	....	4
Edwards, John	2	3	4	1	....	....	10
Franklin, Gideon	1	3	2	2	....	....	8
Franklin, Aaron	2	5	1	2	....	....	10
Franklin, Philip	2	1	2	1	....	....	6
Franklin, John	1	1	1	2	....	....	5
Franklin, David	1	1	1	2	....	....	5
Franklin, Uriah	3	1	2	1	....	....	7
Franklin, Hannah	....	2	2	1	....	....	5
Franklin, Nathan	1	....	1	....	....	....	2
Fuller, Francis	1	....	1	....	....	....	2
Fuller, Peleg	2	1	1	1	....	....	5
Fuller, Jonathan	1	1	1	....	....	....	3
Fuller, Jonathan Jr	1	2	1	1	....	....	5

SCITUATE—CONTINUED.

FAMILIES.	WHITES.				Indians.	Blacks.	Total.
	MALES.		FEMALES.				
	Above 16.	Under 16.	Above 16.	Under 16.			
Field, Thomas Jr	3	2	2	4	....	....	11
Field, Sarah	....	1	2	1	....	....	4
Fisk, Ephraim	1	1	2	2	....	....	6
Fenner, Thomas	1	2	2	2	....	....	7
Foster, Stephen	3	3	2	1	....	....	9
Fuller, David	1	1	1	....	....	....	3
Foster, Stephen Jr	1	1	1	....	....	....	3
Fry, Thomas	2	2	2	....	....	....	6
Franklin, Oliver	2	....	2	....	....	....	4
Field, Thomas	1	1	1	1	....	....	4
Ford, William	3	3	2	3	....	....	11
Fisk, Peleg	3	3	1	3	....	....	10
Fisk, Daniel	2	1	2	1	....	....	6
Fisk, Job	1	....	3	1	....	....	5
Fisk, Noah	1	1	1	1	....	....	4
Fisk, Job Jr	1	1	1	2	....	....	5
Fisk, Benjamin	1	....	2	....	....	....	3
Fisk, Valericah	....	3	1	1	....	....	5
Fisk, Hezekiah	1	....	2	....	....	....	3
Fisk, Moses	1	....	1	1	....	....	3
Fisk, Aaron	1	....	1	....	....	....	2
Fisk, Oliver	3	1	1	....	....	....	5
Fisk, William	1	1	1	1	....	....	4
Fisk, Joseph	1	1	1	....	....	....	3
Graten, Survina	....	....	2	....	....	....	2
Greene, Henry	2	1	4	1	....	....	8
Greene, Lewis	....	....	....	....	....	3	3
Gallop, William	1	3	1	4	....	....	9
Gallop, Joseph	1	1	3	6	....	....	11
Goodspeed, Stephen	1	3	1	1	....	....	6
Guile, Joseph	2	3	1	4	....	....	10
Hopkins, Ezekiel	3	1	2	....	....	....	6
Hopkins, Jeriah	2	....	1	....	....	....	3
Hopkins, Charles	1	....	1	2	....	....	4
Hopkins, Hannah	1	2	1	1	....	....	5
Hopkins, Ruben	7	1	3	....	....	....	11
Hopkins, Janah	4	1	2	1	....	....	8
Hopkins, Ephraim	1	....	1	3	....	....	5
Hopkins, Samuel	1	4	1	....	....	....	6
Hopkins, John	2	2	1	2	....	....	7
Hopkins, Joseph	2	2	3	....	....	....	7
Hopkins, Pardon	1	2	3	1	....	....	7

SCITUATE—CONTINUED.

FAMILIES.	WHITES.				Indians.	Blacks.	Total.
	MALES.		FEMALES.				
	Above 16.	Under 16.	Above 16.	Under 16.			
Hopkins, Nehemiah	1	2	1	1	....	....	5
Hopkins, Zebedee	1	1	2	2	....	....	6
Hopkins, Zabin	1	....	1	....	....	....	2
Hopkins, Abner	2	1	....	....	....	....	3
Hopkins, Jonathan	2	2	2	2	....	....	8
Hopkins, Timothy	2	1	3	2	....	....	8
Hopkins, Rufus	3	3	2	1	....	....	9
Hopkins, Isaac	1	....	1	....	....	....	2
Hopkins, Geremath	2	....	2	2	....	....	6
Hopkins, Nicholas	2	5	3	....	....	....	10
Hopkins, Philip	1	1	1	1	....	....	4
Hopkins, Royal	1	....	1	2	....	....	4
Hopkins, Laban	1	....	1	1	....	....	3
Hopkins, Daniel	2	3	2	2	....	....	9
Hopkins, Joseph Jr	2	2	1	2	....	....	7
Hambleton, Anna	....	....	2	....	....	....	2
Hatch, David	1	1	1	1	....	....	
Hall, Matthew	2	4	1	3	....	....	10
Horton, Stafford	1	....	1	1	....	....	3
Horton, Patience	1	3	2	1	....	....	7
Horton, Hezekiah	1	2	2	1	....	....	6
Horton, John Jr	2	1	2	....	....	....	5
Horton, Nathaniel	1	2	2	6	....	....	11
Herndeen, Silvanus	1	....	....	....	....	....	1
Herndeen, Matthew	1	1	1	1	....	....	4
Herndeen, Stephen	1	3	1	3	....	....	8.
Hill, Robert	1	5	2	1	....	....	9
Hill, Thomas	1	1	4	....	....	....	6
Hill, John	1	....	1	....	....	....	2
Hill, Jonathan	1	3	1	1	....	....	6
Hill, Benjamin	1	2	1	1	....	....	5
Hinds, Philemon	1	2	1	3	....	....	7
Hinds, James	1	1	1	....	....	....	3
Hinds, William	2	....	2	2	....	....	6
Hinds, William	2	....	1	....	....	....	3
Harris, Gideon	7	1	5	1	....	....	14
Harris, Charles	4	4	4	2	....	....	14
Hale, Jonathan	1	2	1	3	....	....	7
Howland, Samuel	2	2	1	6	....	....	11
Howland, Edward	1	1	1	1	....	....	4
Howard, John	1	1	1	3	....	....	6
Howard, Joseph	2	....	1	1	....	....	4
Howard, Christopher	1	1	1	1	....	....	4
Howaad, Isaac	2	....	1	....	....	....	3

SCITUATE—CONTINUED.

FAMILIES.	WHITES.				Indians.	Blacks.	Total.
	MALES.		FEMALES.				
	Above 16.	Under 16.	Above 16.	Under 16.			
Howard, William	2	....	1	2	....	....	5
Henry, John	4	....	2	....	....	....	6
Hammond, Amos	1	3	1	1	....	....	6
Hammond, Thomas	2	2	1	4	....	....	9
Hammond, Amos Jr	1	2	1	....	....	....	4
Hammond, Amos	1	....	3	....	1	....	5
Hammond, Matthew	2	2	1	....	....	....	5
Herrindon, Amos	1	....	3	1	1	....	6
Herrindon, Ephraim	1	2	1	....	....	....	4
Herrindon, Ephraim	1	2	1	1	....	....	5
Herrindon, Simeon	2	1	2	1	....	....	6
Herrindon, Josiah Jr	2	4	7	3	....	....	16
Hassard, Thomas	1	2	3	3	....	5	14
Herrindon, Nicholas	4	1	2	1	....	....	8
Herrindon, Jonathan	2	3	3	2	....	....	10
Herrindon, John	3	3	3	1	....	....	10
Herrindon, Silas	2	1	1	2	....	....	6
Herrindon, Rufus	1	2	1	2	....	....	6
Herrindon, Matthew	1	1	1	1	....	....	4
Hopkins, Ephraim	1	2	1	4	....	....	8
Jones, Joshua	1	1	1	3	....	....	6
Jones, Jerusha	....	....	1	1	....	....	2
Jenckes, Obadiah	1	....	1	....	....	....	2
Jenckes, James	1	1	1	1	....	....	4
Jefferies, Simon	1	2	3	3	....	....	9
Jillson, Squier	2	1	1	2	....	....	6
Kimball, Joseph	1	....	1	....	....	....	2
Kimball, Joseph Jr	2	5	2	1	....	....	10
Kimball, Stephen	2	4	2	3	....	....	11
Kimball, Benjamin	2	1	2	....	....	....	5
Kimball, Dean	1	1	3	1	....	....	6
Knowlton, Lydia	....	....	4	....	....	....	4
Koon, James M	1	1	2	2	....	....	6
Kilton, John J	1	3	1	1	....	....	6
Knight, Francis	....	....	....	....	....	2	2
Knight, Thomas	1	2	1	5	....	....	9
Knight, Jonathan	3	....	2	....	....	1	6
Knight, Jonathan Jr	1	....	1	1	....	....	3
Knight, Robert	1	1	1	1	....	....	4
Knight, Charles	1	3	1	2	....	....	7
Knight, Joseph	1	3	1	2	....	....	7
Knight, Christopher	1	1	....	....	....	....	2

SCITUATE—CONTINUED.

FAMILIES.	WHITES.				Indians.	Blacks.	Total.
	MALES.		FEMALES.				
	Above 16.	Under 16.	Above 16.	Under 16.			
Knight, David	1	3	1	3	....	....	8
Knight, Jonathan (Blacksmith)	1	2	2	1	....	....	6
King, Peter	1	2	1	2	....	....	6
King, Samuel	1	3	2	4	....	....	10
King, Ralph	1	1	1	....	....	....	3
King, Joshua	1	2	1	2	....	....	6
Luther, Samuel	1	....	1	2	....	....	4
Lewis, David	....	....	....	....	....	5	5
Leach, Stephen	2	3	2	3	....	....	10
Lovel, Nathaniel	2	....	2	1	....	....	5
Mathewson, Uriah	1	1	2	....	....	....	4
Mathewson, Jeremiah	1	....	3	1	....	....	5
Mathewson, James	1	3	....	2	....	....	6
Mathewson, Philip	2	3	3	2	....	....	10
Mathewson, Thomas	2	1	2	2	....	....	7
Mathewson, Thomas 3d	2	....	2	2	....	....	6
Mathewson, Jonathan	1	....	1	2	....	....	4
Mitchell, Richard	1	2	1	3	....	....	7
Matteson, John	1	3	1	1	....	....	6
Merry, Samuel	1	....	1	....	....	....	2
Medbury, Isaac	4	3	2	2	....	....	11
Martin, John	2	2	3	1	....	....	8
Mowry, Jonathan	1	....	1	2	....	....	4
Manchester, Baize	2	1	2	....	....	....	5
Manchester, Nathan	1	....	1	4	....	....	6
Manchester, John	1	1	2	2	....	....	7
Morse, James	1	....	1	....	....	....	2
Morris, Lemuel	1	4	3	....	....	....	8
Morris, Philip	1	1	2	1	....	....	5
Niles, Robert	1	1	1	2	....	....	5
Olney, Nathan	1	....	2	1	....	....	4
Olden, Joseph	1	2	1	2	....	....	6
Pearce, James	1	2	1	2	....	....	6
Pearce, William	2	1	1	1	....	....	5
Pearce, John	2	3	1	1	....	....	7
Preston, Levi	1	2	3	....	....	....	6
Potter, John	2	3	2	3	....	....	10
Potter, Fisher	2	2	2	....	....	....	6
Potter, David	2	2	1	2	....	....	7

SCITUATE—CONTINUED.

FAMILIES.	WHITES.				Indians.	Blacks.	Total.
	MALES.		FEMALES.				
	Above 16.	Under 16.	Above 16.	Under 16.			
Potter, Caleb	1	2	1	2	....	....	6
Potter, Ezra	1	2	5	4	....	....	12
Potter, Charles	1	2	1	1	....	....	5
Potter, Christopher	3	3	1	4	....	....	11
Potter, William	2	3	2	2	....	....	9
Potter, Robert	3	....	1	3	....	....	7
Place, Thomas	2	5	2	1	....	....	10
Place, Enoch	3	....	2	1	....	....	6
Place, Stephen	1	4	2	1	....	....	8
Place, Benajah	2	2	2	2	....	....	8
Parkes, John	1	....	1	....	....	....	2
Phillips, Michael	1	....	1	1	....	....	3
Phillips, James	2	1	2	2	....	....	7
Philips, Nathan	2	1	2	2	....	....	7
Philips, David	1	1	1	2	....	....	5
Philips, Edward	1	1	1	2	1	....	6
Philips, Jacob	1	3	1	2	....	....	7
Philips, Ezekiel	1	1	1	2	....	..	5
Philips, John	1	1	2	....	....	....	4
Philips, John Jr	1	1	1	1	....	....	4
Peck, Elisha	1	1	1	....	....	....	3
Peck, Doratha	....	3	1	1	....	....	5
Peck, Peleg	1	4	1	3	....	....	9
Pettie, Benjamin	1	3	1	1	....	....	6
Peckham, Stephen	2	2	2	....	....	....	6
Perkins, John	1	....	1	3	....	....	5
Perkins, Samuel	2	....	5	....	....	....	7
Pratt, Jedediah	3	....	2	2	....	....	7
Pratt, John	3	1	3	3	....	....	10
Pray, David	1	1	1	5	....	....	8
Pray, Jonathan	6	1	1	2	....	....	10
Pray, Hugh	1	3	1	1	....	....	6
Pray, Jonathan Jr	1	1	2	....	....	....	4
Prosper, Rose	....	....	....	....	....	7	7
Paine, Isaac	1	3	2	4	....	....	10
Paine, John	1	1	1	2	....	....	5
Prophet, Peter	1	3	1	1	....	....	6
Parker, Joseph	2	....	1	....	....	....	3
Parker, John	1	2	1	....	....	....	4
Parker, Caleb	1	2	....	....	....	....	3
Parker, Peter	2	1	2	....	....	....	5
Parker, John	2	3	3	3	....	....	11
Parker, Peter Jr	1	1	1	2	....	....	5
Parker, Jacob	1	1	1	2	....	....	5

SCITUATE—CONTINUED.

FAMILIES.	WHITES.				Indians.	Blacks.	Total.
	MALES.		FEMALES.				
	Above 16.	Under 16.	Above 16.	Under 16.			
Parker, James	2	4	1	2	....	....	9
Randall, Nehemiah	1	5	1	4	....	....	11
Randall, John	3	3	2	4	....	....	12
Randall, Henry	2	1	3	....	....	....	6
Randall, Stephen	2	1	1	1	....	....	5
Randall, Job	3	1	3	1	....	1	9
Randall, William	2	....	2	....	....	....	4
Rounds, Barthanum	2	3	2	4	....	....	11
Rounds, Ruben	1	....	1	3	....	....	5
Rounds, Jonathan	1	....	1	2	....	....	4
Rounds, Joseph	1	2	1	2	....	....	6
Rounds, James	4	1	4	4	....	....	13
Rounds, Peleg	5	4	4	2	....	....	15
Rounds, Shubal	....	....	....	....	....	7	7
Rounds, John	3	1	3	1	....	....	8
Russell, Abraham	1	....	1	1	....	....	3
Read, Rubin	1	5	1	....	....	....	7
Robins, Bethiah	1	1	3	1	....	....	6
Ramsdail, Phebe	....	2	1	2	....	....	5
Rice, Nathan	2	1	3	1	....	....	8
Relph, Christopher	2	....	2	....	....	....	4
Relph, Nathan	1	2	1	1	....	....	5
Relph, Obadiah	1	1	2	1	....	....	5
Relph, Hugh	3	1	2	4	....	....	10
Relph, Thomas	1	2	2	1	....	....	6
Relph, Thomas Jr	3	....	1	3	....	....	7
Remington, Joseph	3	1	2	1	1	....	8
Remington, Jonathan	1	....	1	1	....	....	4
Roberts, Abigal	2	1	3	....	....	....	6
Salsbury, Samuel	1	2	1	2	....	....	6
Salsbury, Joseph	1	....	1	2	....	....	4
Salsbury, Ephraim	1	2	1	3	....	....	7
Salsbury, William	4	1	2	2	....	....	9
Salsbury, Gilbert	1	6	1	1	....	....	9
Salsbury, William	1	1	2	1	....	....	5
Salsbury, Thomas	1	2	1	5	....	....	9
Salsbury, Henry	1	1	1	2	....	....	5
Salsbury, Samuel	2	....	1	....	....	....	3
Smith, Stephen	6	3	3	4	....	....	16
Smith, Joseph	2	4	2	1	....	....	9
Smith, Thomas	4	....	3	1	....	....	8
Smith, Richard	2	4	1	4	....	1	12

SCITUATE—CONTINUED.

FAMILIES.	WHITES.				Indians.	Blacks.	Total.
	MALES.		FEMALES.				
	Above 16.	Under 16.	Above 16.	Under 16.			
Smith, Oziel	1	1	2	....	....	....	4
Smith, John	3	....	2	....	....	....	5
Smith, Benjamin	1	2	1	2	....	....	6
Smith, Samuel	2	1	2	2	....	....	7
Smith, John	1	....	1	....	....	....	2
Smith, William	1	....	1	....	....	....	2
Smith, Stephen (son of Thos.)	2	2	3	4	....	....	11
Smith, Abner	1	1	1	3	....	....	6
Saunders, Robert	1	5	1	....	....	....	7
Soal, Jonathan	4	1	3	....	....	....	8
Snow, Zebedee	1	....	1	....	....	....	2
Sailsbury, William	1	3	1	3	....	....	8
Sheldon, William	1	1	2	1	....	....	5
Sheldon, Stephen	1	1	2	....	....	....	4
Sheldon, Stephen Jr	1	1	2	....	....	....	4
Steer, Zephaniah	1	2	4	2	....	....	9
Steer, Caleb	1	1	2	1	....	....	5
Seamans, John	3	2	4	2	....	....	11
Seamans, Jonathan	2	4	2	1	....	....	9
Seamans, Jonathan Jr	1	....	1	1	....	....	3
Seamans, Daniel	2	2	1	2	....	....	7
Seamans, William	2	....	3	1	....	....	6
Seamans, Benjamin	1	2	1	4	....	....	8
Seamans, Caleb	1	3	1	4	....	....	9
Seamans, Thomas	1	2	1	2	....	....	6
Seamans, James	1	3	3	5	....	....	12
Seamans, Noah	2	3	1	1	....	....	7
Strenchorn, James	1	1	1	....	....	....	3
Stevens, Ebenezer	1	1	2	1	....	....	5
Spicon, Samuel	1	....	2	....	....	....	3
Shippy, Solomon	1	1	1	1	....	....	4
Shippy, Job	2	5	3	....	....	....	10
Stone, Jeremiah	1	3	1	3	....	....	8
Stone, George	1	....	2	....	....	....	3
Stone, George Jr	1	1	1	2	....	....	5
Stafford, John	2	5	1	1	....	....	9
Stafford, John	2	5	1	....	....	....	8
Short, Glover	1	1	1	2	....	....	5
Slaughter, Joseph Jr	1	2	1	4	....	....	8
Slaughter, Joseph	3	....	3	1	....	....	7
Slaughter, Abner	1	3	1	1	....	....	6
Slaughter, Abial	1	1	1	....	....	....	3
Sprague, Samuel	4	3	4	2	....	....	13
Sherman, Charles	2	3	3	2	....	....	10

SCITUATE—CONTINUED.

FAMILIES.	WHITES.				Indians.	Blacks.	Total.
	MALES.		FEMALES.				
	Above 16.	Under 16.	Above 16.	Under 16.			
Sherman, Jacob	2	2	2	4	....	....	10
Slack, Benjamin	3	1	2	2	....	....	8
Silvester, Amos	1	....	1	1	....	....	3
Silvester, Richard	2	....	1	1	....	....	4
Taylor, Benjamin Jr	1	1	1	....	....	....	3
Taylor, John	1	2	1	....	....	....	4
Taylor, William	1	3	1	3	....	....	8
Taylor, John	1	....	1	....	....	....	2
Taylor, John Jr	2	2	2	....	....	....	6
Taylor, Thomas	3	3	3	1	....	....	10
Thornton, Thomas	1	4	3	4	....	....	12
Taylor, Benjamin	5	3	2	1	....	....	11
Taylor, Knight	1	3	1	2	....	....	7
Taylor, John Jr	1	2	1	2	....	....	6
Taylor, George	2	2	1	1	....	....	6
Thomas, James	1	....	1	....	....	....	2
Tanner, Palmer	1	3	1	3	....	....	8
Tourtelot, Jonathan	1	4	1	2	....	....	8
Turner, Joseph	1	....	2	....	....	....	3
Tift, Peter	2	....	1	2	....	....	5
Tift, William	1	2	1	2	....	....	6
Tucker, Joseph	3	1	4	1	....	....	10
Tripp, Abial	2	1	5	....	....	....	8
Tillinghast, James	2	2	1	....	....	....	5
Tyler, John	1	....	1	....	....	....	2
Tyler, William	3	3	3	3	....	....	12
Tyler, John Jr	1	4	3	3	....	....	11
Tyler, James	2	2	3	2	....	....	9
Vial, Constant	2	1	3	1	....	....	7
Vaughan, John	3	1	4	2	....	....	10
Walker, Obadiah	1	1	1	,2	....	....	5
Walker, Charles Jr	1	....	1	....	....	....	2
Walker, George	1	....	1	....	....	....	2
Walker, John	2	1	3	1	....	....	7
Walker, Charles	2	1	2	2	....	....	7
Walker, Abraham	1	....	1	....	....	....	2
Walker, Philip	2	....	3	2	....	....	7
Wilbur, Stephen	2	1	1	1	....	....	5
Wilbur, George	4	....	4	....	....	....	8
Wilbur, Abner	3	1	1	1	....	....	6
Wilbur, Job	2	3	1	4	....	....	10

SCITUATE—CONTINUED.

FAMILIES.	WHITES.				Indians.	Blacks.	Total.
	MALES.		FEMALES.				
	Above 16.	Under 16.	Above 16.	Under 16.			
Wilbur, Samuel.............	1	1	1	2	....	....	5
Wilcox, Jeremiah...........	1	1	1	1	....	....	4
Whitteior, Joseph...........	1	2	1	....	....	....	4
Waterman, John...........	3	....	2	5	....	....	10
Waterman, Richard.........	2	3	1	1	....	....	7
Whitten, Samuel...........	1	2	1	1	....	....	5
Whipple, Benedick.........	1	2	2	2	....	....	7
Wood, Barnet..............	4	2	3	2	....	....	11
Wood, Daniel..............	1	3	1	....	....	....	5
Wood, Benjamin...........	1	3	1	1	....	....	6
Weaver, Elithar............	2	....	3	2	....	....	7
Weaver, John..............	2	....	2	2	....	....	6
Weaver, Anstice............	1	1	2	....	....	....	4
Westcott, Oliver Jr.........	1	3	2	1	....	....	7
Westcott, John.............	1	1	1	2	....	....	5
Westcott, Oliver............	3	1	2	1	....	....	7
Westcott, Ezekiel...........	3	....	1	....	....	....	4
Westcott, James............	1	1	1	....	....	....	3
Westcott, George...........	1	3	2	2	....	....	8
Westcott, Peleg............	1	1	2	4	....	....	8
Williams, James............	3	3	3	4	....	....	13
Williams, Benjamin.........	1	....	3	....	....	....	4
Williams, Joseph...........	1	4	2	2	....	....	9
Williams, Benoni...........	5	....	3	1	....	....	9
Williams, Ephraim..........	1	2	1	1	....	....	5
Wheaton, Henry...........	2	2	2	2	....	....	8
West, William..............	4	3	3	4	....	2	16
West, John................	1	1	....	1	....	....	3
Wilkinson, Joseph..........	1	2	2	1	....	....	6
Wilkinson, Benjamin........	4	....	3	....	....	....	7
Wells, James..............	2	5	4	2	....	....	13
Wade, Simon..............	2	2	2	2	....	....	8
Wright, Zephaniah..........	3	1	2	5	....	....	11
Weatherhead, Joseph........	2	1	3	....	....	....	6
Weatherhead, Jere..........	2	1	1	3	....	....	7
Willis, Beriah..............	1	1	1	3	....	....	6
White, William.............	1	....	....	....	....	....	1
White, David..............	1	1	1	....	....	....	3
White, Peter...............	2	1	1	2	....	....	6
White, John...............	2	1	4	2	....	....	9
White, Jabez...............	1	....	1	....	....	....	2
White, Benjamin............	3	2	1	1	....	....	7
Whitman, Robert...........	2	....	1	1	....	....	4
Whitman, Robert Jr.........	2	1	1	2	....	....	6

SCITUATE—CONTINUED.

FAMILIES.	WHITES.				Indians.	Blacks.	Total.
	MALES.		FEMALES.				
	Above 16.	Under 16.	Above 16.	Under 16.			
Whitman, Benjamin.........	2	....	1	....	....	....	3
Whitman, Benjamin.........	3	1	2	1	....	....	7
Yaw, David................	1	2	2	5	....	....	10
Yaw, Amos................	1	3	1	3	....	....	8
Yaw, Philip...............	1	3	1	4	....	....	9
Yaw, John................	1	1	1	3	....	....	6
Yaw, Martha..............	1	3	2	....	....	....	6
Yaw, Jane................	....	....	1	....	....	....	1
Young, Dyer..............	1	1	1	2	....	....	5
Young, Jonah.............	1	1	1	1	....	....	4
Young, Martha............	2	4	3	1	....	....	10
Young, Joseph............	2	....	2	....	....	....	4
Young, David.............	2	1	2	1	....	....	6
Young, Stephen...........	1	5	2	....	....	....	8
Young, Joel	1	2	1	2	....	....	6
Young, William...........	1	....	2	....	....	....	3
Young, Bristow...........	....	....	....	....	1	3	4

GLOUCESTER.

FAMILIES.	WHITES.				Indians.	Blacks.	Total.
	MALES.		FEMALES.				
	Above 16.	Under 16.	Above 16.	Under 16			
Aldrich, Charles............	1	1	1	3	....	....	6
Aldrich, Joseph............	1	1	1	1	....	....	4
Aldrich, Joseph Jr..........	1	....	1	....	....	....	2
Aldrich, Stephen...........	1	1	2	4	....	....	8
Andrews, John.............	2	3	2	2	....	....	9
Allen, John................	3	3	1	1	....	....	8
Andrews, Widow...........	1	....	1	....	....	....	2
Aldrich, Noah.............	1	4	3	3	....	....	11
Arnold, David.............	3	1	1	1	....	....	6
Aldrich, Stephen Jr.........	1	1	1	3	....	....	6
Armstrong, Widow..........	1	2	2	2	....	....	7
Arnold, Caleb..............	5	2	2	1	....	....	10
Arnold, William............	1	....	1	....	....	....	2
Arnold, Gideon............	1	2	1	....	....	....	4
Arnold, Noah..............	1	....	1	1	....	....	3
Arnold, Aaron.............	1	2	1	4	....	....	8
Arnold, Noah Jr...........	3	....	2	1	....	....	6
Arnold, Israel..............	4	....	1	1	....	....	6
Andrews, Nathaniel.........	2	....	1	4	....	....	7
Angell, Nedebiah...........	1	....	2	2	....	....	5
Aldrich, Ebenezer..........	1	....	2	....	....	....	3
Brown, Andrew............	2	....	1	1	....	3	7
Brown, Elisha Jr...........	1	1	1	3	....	....	6
Brown, Jesse..............	1	1	....	3	....	....	5
Brown, Obadiah...........	1	1	1	3	....	....	6
Brown, Elisha.............	2	2	1	4	....	....	9
Bowdish, David............	1	1	1	1	....	....	4
Bowdish, Nathaniel.........	2	....	2	....	....	....	4
Bowdish, Moses............	1	....	1	....	....	....	2
Burgis, Gideon............	1	....	1	3	....	....	5
Bowen, William............	1	2	2	3	....	....	8
Burgis, Benjamin...........	1	1	1	2	....	....	5
Bushee, John..............	2	....	2	....	....	....	4
Blackmar, Nathaniel........	1	....	2	....	....	....	3
Barnes, Joseph.............	3	1	1	1	....	....	6
Benson, Jobe..............	2	2	2	....	....	....	6
Ballou, Jeremiah...........	1	....	....	....	....	....	1

GLOUCESTER—CONTINUED.

FAMILIES.	WHITES.				Indians.	Blacks.	Total.
	MALES.		FEMALES.				
	Above 16.	Under 16.	Above 16.	Under 16.			
Bartlett, Elisha	3	....	2	2	....	....	7
Brown, Ezekiel	1	....	1	1	....	....	3
Basset, Joseph	1	1	1	2	....	....	5
Brown, George	1	1	1	2	....	....	5
Brown, Benjamin	3	1	3	....	....	....	7
Brown, James	1	1	1	1	....	....	4
Ballou, Obadiah	1	1	2	3	....	....	7
Ballou, Daniel	1	1	2	2	....	....	6
Ballou, Joseph	1	....	1	2	....	....	4
Ballou, Nehemiah	1	....	1	....	....	....	2
Ballou, Seth	1	1	1	1	....	....	4
Barnes, Daniel	1	1	1	1	....	....	4
Barnes, Widow	2	....	2	....	....	....	4
Barnes, Joseph Jr	1	1	1	1	....	....	4
Baker, John	1	1	1	....	....	....	3
Baker, John Jr	1	....	1	....	....	....	2
Burllinggame, Thomas	1	3	2	2	....	....	8
Baker, Widow	....	....	2	....	....	....	2
Baker, Abraham	....	4	1	2	....	....	8
Baker, Stephen	1	....	1	....	....	....	2
Baker, John, Called Warrick	1	2	1	1	....	....	5
Bowen, Stephen	1	3	1	....	....	....	5
Bishop, William	1	2	1	3	....	....	7
Bartlet, Richard	1	1	1	4	....	....	7
Ballou, David	1	2	1	3	....	....	7
Bowen, Hazekiah	4	1	1	1	....	....	7
Bowen, Widow	....	....	2	....	....	....	2
Bowen, Ezra	1	3	1	2	....	....	7
Bowen, Hazekiah Jr	1	2	1	2	....	....	6
Barnes, Matthew	1	....	1	2	....	....	4
Bowen, Elezer	2	1	3	1	....	....	7
Bowen, George	1	2	1	2	....	....	6
Blackmarr, Stephen	1	....	1	1	....	....	3
Bollard, Ichabod	1	1	1	2	....	....	5
Blackmarr, Abner	2	3	2	1	....	....	8
Brown, Nedebiah	1	2	1	1	....	....	5
Blackmarr, James	1	1	1	3	....	....	6
Ballou, Stephen	1	4	1	1	....	....	7
Bollard, Jeremiah Jr	1	1	1	4	....	....	7
Bussey, William	2	4	2	4	....	....	12
Brown, Chad	2	2	3	1	....	....	8
Brown, Hosanna H	2	....	3	....	....	....	5
Brown, Daniel	2	3	2	3	....	....	10
Bishop, Edward	1	1	4	1	....	....	7

GLOUCESTER—CONTINUED.

FAMILIES.	WHITES.				Indians.	Blacks.	Total.
	MALES.		FEMALES.				
	Above 16.	Under 16.	Above 16.	Under 16.			
Bishop, Thomas	1	1	1	1	....	....	4
Ballou, Elezer	3	1	3	5	....	....	12
Burllinggame, David	1	2	1	3	....	....	7
Burllinggame, Benedict	2	2	1	1	....	....	6
Burllinggame, Widow	1	...	1	....	....	....	2
Brown, Obadiah Jr	1	2	1	1	....	....	5
Bartlet, Ezra	1	....	1	....	....	....	2
Bartlet, Abner	2	....	1	....	....	....	3
Bartlet, Caleb	2	....	1	....	....	....	3
Barnes, Benjamin	1	1	1	4	....	....	7
Burllinggame, Jeremiah	2	1	4	1	....	....	8
Burllinggame, Ezekiel	1	1	1	1	....	....	4
Brown, Jeremiah	1	3	1	1	....	....	6
Brown, Israel	2	1	1	6	....	....	10
Bloss, James	1	1	2	....	....	....	4
Cooper, Moses	2	1	2	1	....	1	7
Coman, William	1	2	3	2	....	....	8
Colwell, Robert	2	2	1	1	....	....	6
Cowen, Benjamin	1	....	1	....	....	....	2
Cole, James	2	2	1	1	....	....	6
Cooke, Widow	4	3	2	2	....	....	11
Cooke, Samuel	2	....	1	5	....	....	8
Clemence, Richard	1	1	1	1	....	....	4
Cooke, Silvanus	1	2	1	2	....	....	6
Collens, Thomas	1	....	2	....	....	....	3
Coller, John	1	1	1	....	....	....	3
Colwell, William Jr	1	....	1	....	....	....	2
Cooke, Silas	2	3	1	2	....	....	8
Cooke, Gideon	1	1	1	1	....	....	4
Cooke, Elijah	1	1	2	....	....	....	4
Cooper, Stephen	1	....	1	1	....	....	3
Chace, Coggshall	1	2	1	5	....	....	9
Clarke, Henry	1	4	1	1	....	....	7
Cooke, Elijah	1	1	1	....	....	....	3
Cooke, Israel	1	2	1	....	....	....	4
Chillson, Israel	2	1	2	3	....	....	8
Comstock, Jeremiah	2	....	2	....	....	....	4
Comstock, Esek	1	2	1	1	....	....	5
Comstock, Samuel	1	2	1	1	....	....	5
Crossman, Elezer	2	....	4	3	....	....	9
Crossman, Peter	1	....	1	....	....	....	2
Curtis, Thomas	2	6	1	1	....	....	10
Curtis, Widow	....	....	2	....	....	....	2

GLOUCESTER—CONTINUED.

FAMILIES.	WHITES.				Indians.	Blacks.	Total.
	MALES.		FEMALES.				
	Above 16.	Under 16.	Above 16.	Under 16.			
Comstock, Israel	1	4	1	1	....	....	7
Colwell, William	3	....	1	....	....	....	4
Cooper, Moses Jr	1	1	1	4	....	....	7
Cowen, Joseph	3	1	3	1	....	....	8
Cowen, John	3	2	1	3	....	....	9
Cowen, James	2	....	2	3	....	....	7
Clarke, Samuel	2	....	1	....	....	1	4
Cutlor, Samuel	1	....	1	1	....	....	3
Cutlor, Solomon	1	....	1	2	....	....	4
Cole, Widow	....	....	2	....	....	....	2
Dexter, Peleg	4	....	3	....	....	....	7
Dexter, John	1	3	1	3	....	....	8
Daley, Gideon	1	3	1	....	....	....	5
Durfey, John	2	3	2	1	....	....	8
Durfey, James	1	1	1	1	....	....	4
Davis, Edward	1	3	4	1	....	....	9
Davis, Joseph	1	....	1	1	....	....	3
Darling, Andrew	1	....	1	1	....	....	3
Davis, John	2	1	1	....	....	....	4
Darling, David	1	1	1	1	....	....	4
Darling, Ebenezer	2	1	4	2	....	....	9
Dyer, Anthoney	2	2	2	1	....	....	7
Dexter, Jeremiah	1	1	1	1	....	....	4
Eddy, Enos	1	1	1	2	....	....	5
Eddy, Widow	2	....	1	....	....	....	3
Eddy, Jemima Widow	....	....	2	....	....	....	2
Eddy, Jonathan	2	....	1	1	....	....	4
Eddy, Jonathan Jr	1	....	1	....	....	....	2
Eddy, John	1	1	1	....	....	....	3
Eddy, Samuel	1	4	1	2	....	....	8
Evins, Edward	3	1	1	3	....	....	8
Esten, John	2	3	2	3	....	....	10
Eddy, Gideon	1	2	1	....	....	....	4
Eddy, Joseph Jr	1	2	1	1	....	....	5
Eddy, Joseph	2	....	1	....	....	....	3
Eddy, Enoch	2	3	1	3	....	....	9
Eddy, Zachariah	1	....	1	....	....	....	2
Eddy, Daniel	2	1	3	....	....	....	6
Eates, Abner	1	1	1	1	....	....	4
Eddy, William	1	4	2	2	....	....	9
Eddy, Eliphelet	1	2	1	....	....	....	4
Edgenton, John	1	....	1	....	....	....	2

GLOUCESTER—CONTINUED.

FAMILIES.	WHITES.				Indians.	Blacks.	Total.
	MALES.		FEMALES.				
	Above 16.	Under 16.	Above 16.	Under 16.			
Esten, Obadiah	1	1	1	1	....	....	4
Field, Charles	1	4	2	....	....	....	7
Fenner, John	2	1	2	1	....	3	9
Fairfield, Abraham	1	2	1	4	....	....	8
Greene, Elisha	1	....	1	....	....	....	2
Greene, Elisha Jr	2	3	1	2	....	....	8
Greene, Peter	1	3	1	....	....	....	5
Greene, William	1	4	1	1	....	2	9
Greene, David	1	....	1	4	....	....	6
Herrendeen, Andrew	1	2	1	1	....	....	5
Herrendeen, William	2	4	2	1	....	....	9
Hopkins, Zebedee	1	....	1	....	....	....	2
Hawkins, William	2	1	1	4	....	....	8
Harris, Amaziah	1	1	1	....	....	....	3
Harris, Jonathan	1	2	1	2	....	....	6
Hopkins, Zebedee Jr	2	1	1	1	....	....	5
Harris, Joseph	3	3	1	1	....	....	8
Herrendeen, Thomas	3	3	1	2	....	....	9
Harris, Elisha	1	1	1	4	....	....	7
Hix, Dan	1	1	1	1	....	....	4
Head, Henry	1	....	1	1	....	....	3
Howland, Thomas	1	2	1	3	....	....	7
Heldrick, Samuel	1	1	1	....	....	....	3
Hawkins, Benjamin	1	3	1	4	....	....	9
Hawkins, Uriah	4	4	3	4	....	....	15
Hawkins, William Jr	1	....	1	1	....	....	3
Howland, Samuel	2	2	1	4	....	....	9
Havens, Cornelius	2	4	1	3	....	....	10
Herrendeen, William	1	....	1	2	....	....	4
Howland, John	1	1	1	....	....	....	3
Howland, John Jr	1	2	1	3	....	....	7
Howland, William	1	1	1	....	....	....	3
Hopkins, Oziel	1	....	1	....	....	....	2
Hopkins, Jabish	2	....	2	....	....	....	4
Hopkins, Seth	1	1	1	....	....	....	3
Hawkins, Elijah	1	3	1	2	....	....	7
Hill, David	1	5	2	1	....	....	9
Hopkins, David	2	....	2	....	....	....	4
Hopkins, Elisha	2	1	3	1	....	....	7
Hix, Isaac	2	2	1	2	....	....	7
Hix, Luther	1	2	1	2	....	....	6

GLOUCESTER—CONTINUED.

FAMILIES.	WHITES.				Indians.	Blacks.	Total.
	MALES.		FEMALES.				
	Above 16.	Under 16.	Above 16.	Under 16.			
Herrendeen, Othniel	1	4	2	....	....	....	7
Harvey, William	1	....	1	....	....	....	2
Harris, Jonathan Jr	1	1	1	....	....	....	3
Herrendeeen, Israel	1	1	1	....	....	....	3
Hill, William	2	....	1	....	....	....	3
Herrendeen, Levi	1	3	1	3	....	....	8
Herrendeen, Solomon	2	....	2	....	....	....	4
Herrendeen, Isiah	3	3	1	3	....	....	10
Herrendeen, Presarved	1	4	1	1	....	....	7
Herrendeen, Eliab	1	....	1	....	....	....	2
Hunt, Seth	2	....	1	1	....	....	4
Hunt, John	4	2	2	....	....	....	8
Hunt, John Jr	1	2	1	....	....	....	4
Hambelton, Frances	1	1	1	1	....	....	4
Irons, Thomas	2	3	1	2	....	....	8
Inman, Elisha Jr	1	1	1	5	....	....	8
Ide, John	1	1	1	1	....	....	4
Inman, Elisha	1	....	4	4	....	....	9
Inman, Samuel	1	1	1	....	....	....	3
Inman, Elisha 3d	1	1	1	....	....	....	3
Inman, Abraham	1	2	1	3	....	....	7
Inman, Ezekiel	1	2	1	2	....	....	6
Inman, Edward	2	4	1	1	....	....	8
Irons, Samuel Jr	1	2	1	3	....	....	7
Irons, Jeremiah Jr	2	....	1	....	....	....	3
Inman, Israel	1	....	1	....	....	....	2
Inman, John	2	3	4	5	....	....	14
Inman, David	1	1	1	4	....	....	7
Irons, Samuel	2	....	3	2	....	....	7
Irons, Stephen	1	....	1	....	....	....	2
Irons, Resolved	1	....	2	3	....	....	6
Inman, Ozial	4	2	2	2	....	....	10
Irons, William	1	1	1	2	....	....	5
Irons, Jonathan	1	....	....	....	....	....	1
Jenks, John Jr	2	3	1	2	....	....	8
Jenks, John	1	....	1	....	....	....	2
Jillson, Jonathan	1	3	2	2	....	....	8
Keech, Zepheniah	1	....	1	1	....	....	3
Keech, Christopher	3	....	2	....	....	....	5
Kimball, John	1	1	1	1	....	....	4
King, James	2	1	1	6	....	....	10

GLOUCESTER—CONTINUED.

FAMILIES.	WHITES.				Indians.	Blacks.	Total.
	MALES.		FEMALES.				
	Above 16.	Under 16.	Above 16.	Under 16.			
Knap, Paul	1	4	1	1	....	....	7
Killey, Benjamin	1	1	1	2	....	....	5
Keech, Stephen	3	1	1	2	....	....	7
Keech, Silvanus	1	....	2	2	....	....	5
Keech, Joseph	2	2	1	3	....	....	8
Killey, Manariah	3	5	1	1	....	....	10
Kimbell, Asa	1	5	1	2	....	....	9
Kimbell, Nathaniel	1	....	1	2	....	....	4
Kimbell, Jorem	1	....	3	1	....	....	5
Kinyon, Nathan	1	....	1	....	....	....	2
Keech, Jesse	1	1	1	1	....	....	4
Luther, Abia	2	....	3	....	....	....	5
Leonnard, James	2	....	2	....	....	....	4
Lewis, Arnold	1	2	1	2	....	....	6
Lewis, Peter	1	1	1	1	....	....	4
Lapham, Solomon	1	3	2	2	....	....	8
Lapham, Jethro	1	2	1	1	....	....	5
Lewis, Obadiah	4	....	2	....	....	....	6
Lewis, Vinten	1	1	2	2	....	....	6
Lewis, James	1	1	1	....	....	....	3
Lasuer, Joseph	1	....	2	....	....	....	3
Lewis, Nehemiah	1	1	1	1	....	....	4
Lewis, Richard	1	2	1	1	....	....	5
Mathewson, Peregreen	2	....	1	....	....	....	3
Mowry, Gideon	1	4	2	3	....	....	10
Mowry, Thomas Jr	1	2	1	....	....	....	4
Mowry, Jacob	1	....	4	1	....	....	6
Merethew, Jeremiah	1	2	1	3	....	....	7
Miller, Noah	1	3	3	1	....	1	9
Mackintier, Rufus	3	....	2	....	....	....	5
Mitchel, John	1	....	1	....	....	....	2
Mathewson, John (son of Israel)	1	....	1	1	....	....	3
Mitchel, Edward	1	2	1	4	....	....	8
Mathewson, John (son of John)	1	1	1	....	....	....	3
Mowry, Thomas	1	....	1	....	....	....	2
Mathewson, Joshua	1	....	....	....	....	....	1
Mathewson, Nero	1	3	1	....	....	....	5
Mathewson, Jno. (son Pereg'n)	1	....	1	....	....	....	2
Mackintier, Simeon	1	1	1	....	....	....	3
Mackintier Rufus Jr	1	3	1	2	....	....	7
May, Samuel	2	4	3	1	....	....	10
Melavery, Widow	....	1	1	1	....	....	3

GLOUCESTER—CONTINUED.

FAMILIES.	WHITES.				Indians.	Blacks.	Total.
	MALES.		FEMALES.				
	Above 16.	Under 16.	Above 16.	Under 16.			
Mowry, Zepheniah	1	1	1	2			5
Mathewson, Daniel	1	....	1	2			4
Mitchel, Experance	1	....	1	2			4
Mitchel, John Jr	1	3	1	1			6
Mitchel, Daniel	1	1	1	2			5
Man, Andrew	1	2	2	1			6
Moffet, Micajah	1	....	1	2			4
Moffet, Enoch	1	1	1	....			3
Mitchel, Jonathan	2	....	2	....			4
Mitchel, Zuriel	1	....	1	....			2
Man, Daniel	1	1	1	2			5
Martin, William	1	....	3	....			4
Martain, James	1	2	1	3			7
Mitchel, Ezekiel	1	....	1	1			3
Marten, Gideon	1	2	2	1			6
Mason, Reuben	1	1	1	....			3
Owen, Thomas	3	2	1	1			7
Owen, Daniel	2	2	1	5			10
Owen, Solomon	3	4	3	....		1	11
Olney, Joseph	1	1	1	....			3
Olney, John	1	2	1	1			5
Phetteplace, Jobe	3	1	3	1			8
Potter, Samuel	2	3	1	1			7
Phillips, John	1	....	1	2			4
Phillips, Adam	1	1	1	....			3
Phillips, Great Jeremiah	1	....	1	....			2
Phillips, William	1	3	1	1			6
Phillips, Jeremiah 3d	1	4	1	2			8
Place, Joseph	2	1	1	....			4
Place, Daniel	1	1	1	....			3
Pollock, Henry	1	....	1	....		2	4
Peters, Marke	1	1	1	2			5
Pain, Nathan	3	2	3	2			10
Pain, Nathan Jr	1	3	1	1			6
Pain, Stephen	2	....	....	....			2
Phetteplace, Samuel	3	....	3	....			6
Phillips, David	3	3	1	....			7
Phillips, Jeremiah Jr	1	....	2	....			3
Phillips, Ephraim	1	....	1	....			2
Phillips, Joshua	1	1	1	....			3
Phillips, Andrew	1	4	1	6			2
Phillips, David Jr	2	4	2	3			11

GLOUCESTER—CONTINUED.

FAMILIES.	WHITES.				Indians.	Blacks.	Total.
	MALES.		FEMALES.				
	Above 16.	Under 16.	Above 16.	Under 16.			
Phetteplace, Benjamin	1	1	1	1	....	....	4
Phetteplace, Samuel Jr	3	3	1	4	....	....	11
Phetteplace, Jonathan	3	2	3	4	....	....	12
Place, John	1	4	1	1	....	....	7
Page, John	2	....	....	....	....	....	2
Page, William (son John)	1	1	1	1	....	....	4
Page, James	1	3	1	2	....	....	7
Phetteplace, Resolved	1	3	1	3	....	....	8
Phetteplace, John	1	4	1	2	....	....	8
Pearce, Ephraim	1	1	1	1	....	....	4
Page, Joseph	3	2	3	3	....	....	11
Page, William Jr	1	....	1	....	....	....	2
Potter, Abel	2	2	1	1	....	....	6
Phillips, Joseph	1	3	1	3	....	....	8
Place, Peter	1	....	1	6	....	....	8
Place, Nathan	1	....	1	....	....	....	2
Place, Stephen	1	1	1	3	....	....	6
Pollock, Charles	1	2	1	5	....	....	9
Pain, Stephen Jr	1	2	1	1	....	....	5
Pain, Benjamin	1	1	1	....	....	....	3
Plumer, Richard	1	....	1	1	....	....	3
Place, Simeon	1	....	2	....	....	....	3
Raymond, William	3	2	3	3	....	....	11
Raymond, Nathaniel	1	....	1	....	....	....	2
Raymond, Israel	1	1	1	....	....	....	3
Ross, Samuel	1	1	2	4	....	....	8
Ross, Samuel Jr	1	1	1	1	....	....	4
Ross, John	2	3	2	4	....	....	11
Ross, William	2	2	1	1	....	....	6
Ross, Joseph	2	3	1	4	....	....	10
Ross, Isaac	1	2	3	4	....	....	10
Round, Jothum	1	....	1	2	....	....	4
Richardson, Widow	....	2	5	1	....	....	8
Richmond, Seth	1	....	1	....	....	....	2
Richmond, David	1	1	1	....	....	....	3
Round, George	1	1	1	2	....	....	5
Richardson, Isaac	2	1	1	1	....	....	5
Richardson, David	1	....	1	2	....	....	4
Smith, Rufus	2	4	3	....	....	....	9
Smith, John	1	1	1	....	....	....	3
Smith, Aholiab	1	2	1	1	....	....	5
Smith, Widow	2	....	2	....	....	....	4

GLOUCESTER—CONTINUED.

FAMILIES.	WHITES.				Indians.	Blacks.	Total.
	MALES.		FEMALES.				
	Above 16.	Under 16.	Above 16.	Under 16			
Smith, John (son Benj)	1	3	1	4	....	1	10
Smith, Arnold	1	1	1	....	....	....	3
Smith, Ezekiel	1	....	1	1	....	....	3
Salisbury, Edward	1	5	1	3	....	....	10
Salisbury, David	3	4	1	....	....	....	8
Smith, Benjamin	1	1	2	2	....	....	6
Smith, Enos	1	2	1	2	....	....	6
Sayles, Ezekiel	2	3	2	1	....	....	8
Smith, Wait	1	1	1	....	....	....	3
Smith, Obed	1	1	2	2	....	....	6
Smith, Stephen	2	....	1	1	....	....	4
Smith, Joseph	3	....	1	....	....	....	4
Smith, Joseph Jr	1	1	1	1	....	....	4
Sprague, Jonas	1	....	1	....	....	....	2
Sprague, Richard	1	2	1	2	....	....	6
Sanders, Stephen	1	2	2	2	....	....	7
Shippe, Peter	4	4	....	1	....	....	9
Steere, Jonah	3	1	3	1	....	....	8
Smith, Simon	1	4	2	1	....	....	8
Slocum, ——	1	....	1	....	....	....	2
Steere, Hosea	1	1	2	....	....	....	4
Steere, John	1	1	1	1	....	....	4
Steere, Enoch	1	4	2	1	....	....	8
Steere, Noah	1	1	1	1	....	....	4
Smith, Leonard	1	....	3	....	....	....	4
Shelton, Esek	1	4	1	3	....	....	9
Sweet, James	3	....	1	....	....	....	4
Sweet, James Jr	1	....	1	1	....	....	3
Smith, Richard	1	....	2	....	....	....	3
Smith, Esek	1	....	1	1	....	1	4
Steere, Widow	....	1	2	....	....	....	3
Steere, David	1	1	1	2	....	....	5
Smith, Abraham	2	....	5	....	....	....	7
Smith, Isaac	1	1	1	....	....	....	3
Smith, Stephen Jr	1	2	1	1	....	....	5
Sanders, Abraham	2	3	2	3	....	....	10
Sanders, Othniel	1	....	1	1	....	....	3
Sanders, Robert	1	2	1	4	....	....	8
Sanders, Henry	1	....	1	....	....	....	2
Salisbury, Stephen	1	1	2	....	....	....	4
Sprague, Samuel	2	....	2	2	....	....	6
Steere, Samuel	1	4	2	2	....	....	9
Smith, Jonathan	3	2	2	2	....	....	9
Sweet, Timothy	4	....	1	....	....	....	5

GLOUCESTER—CONTINUED.

FAMILIES.	WHITES.				Indians.	Blacks.	Total.
	MALES.		FEMALES.				
	Above 16.	Under 16.	Above 16.	Under 16.			
Stone, Ezra	1	5	1	2	....	....	9
Shippe, Christopher	1	....	1	1	....	....	3
Shippe, Christopher Jr	1	....	1	1	....	....	3
Smith, Joseph (son Saml.)	1	1	2	....	....	....	4
Streetor, John	1	1	1	1	....	....	4
Short, Samuel	2	....	1	2	....	....	5
Short, John	2	3	2	2	....	....	9
Stone, Oliver	1	3	1	2	....	....	7
Staples, William	1	....	1	1	....	....	3
Smith, Jobe	1	....	1	1	....	....	3
Sanders, Jeremiah	1	....	1	1	....	....	3
Shirmon, Elkanah	1	3	3	....	....	....	7
Shippe, Thomas	1	....	1	2	....	....	4
Shippe, Stephen	1	....	1	5	....	....	7
Smith, Jahalel	1	1	1	2	....	....	5
Steere, Jobe	1	....	1	1	....	....	3
Steere, Simeon	1	....	1	1	....	....	3
Steere, Jeremiah	2	3	2	7	....	....	14
Sweet, Jeremiah	1	1	3	2	....	....	7
Shippe, Joseph	1	1	3	1	....	....	6
Shippe, Henry	2	1	5	....	....	....	8
Steere, Richard	1	....	1	....	....	....	2
Steere, Stephen	3	3	3	3	....	....	12
Sheldon, Caleb	1	2	1	....	....	....	4
Smith, John Jr	1	3	2	4	....	....	10
Smith, Widow Sarah	....	....	2	....	....	....	2
Smith, Stephen (son John)	1	....	1	1	....	....	3
Smith, Israel	1	....	1	1	....	....	3
Smith, Jeremiah	1	3	3	1	....	....	8
Sprague, Jedediah	3	2	1	4	....	....	10
Straite, John	1	2	1	....	....	....	4
Sayles, Israel	3	4	3	2	....	....	12
Smith, Martin	1	2	1	2	....	....	6
Tucker, Richard	1	2	1	2	....	....	6
Tucker, Benoni	2	....	1	2	....	....	5
Tucker, Silas	1	1	1	....	....	....	3
Thornton, Ebenezer	1	1	1	1	....	....	4
Tucker, Rufus	1	2	1	1	....	....	5
Thornton, John	1	....	1	2	....	....	4
Turner, William	2	1	2	2	....	....	7
Thornton, Samuel	1	3	2	3	....	....	9
Tourtellot, William	1	1	1	3	....	....	6
Tourtellot, Jesse	1	2	1	....	....	....	4

GLOUCESTER—CONTINUED.

FAMILIES.	WHITES.				Indians.	Blacks.	Total.
	MALES.		FEMALES.				
	Above 16.	Under 16.	Above 16.	Under 16.			
Tourtellot, Daniel........	1	....	1	....	....	....	2
Tinkcom, Hazekiah........	2	4	3	1	....	....	10
Tucker, Abner............	5	....	3	2	....	....	10
Thornton, John Jr........	3	2	1	2	....	....	8
Thornton, Benjamin.......	1	1	1	2	....	....	5
Thompson, Ichabod.......	1	1	1	....	....	....	3
Tourtellot, Benjamin......	1	2	3	3	....	....	9
Thornton, Jeremiah.......	1	2	1	1	....	....	5
Tourtellot, Abraham......	1	2	1	1	....	....	5
Thornton, Joseph.........	1	....	1	2	....	....	4
Thayer, Abraham.........	1	1	1	3	....	1	7
Thornton, Levi...........	1	....	1	....	....	....	2
Vinsent, William..........	1	....	1	....	....	....	2
Vinsent, William Jr.......	1	2	1	4	....	....	8
Vallet, David.............	1	1	2	....	....	....	4
Vallet, Jonathan..........	1	1	1	1	....	....	4
Wade, Nathan............	2	....	3	1	....	....	6
Wade, Jonathan..........	2	4	1	3	....	....	10
Wade, William...........	1	3	1	2	....	....	7
Wade, Nathaniel..........	1	2	1	1	....	....	5
Wade, Gideon............	1	....	1	3	....	....	5
Williams, John............	1	2	1	3	....	....	7
Winsor, Joseph...........	3	....	2	1	....	....	6
Winsor, Abraham.........	2	1	1	2	....	....	6
Winsor, Amos............	1	3	1	1	....	....	6
Winsor, Christopher......	1	1	1	1	....	....	4
Winsor, Anan.............	1	....	1	2	....	....	4
Winsor, Charles...........	1	4	1	2	....	....	8
Warner, Benjamin.........	2	4	4	1	....	....	11
Warner, Benjamin Jr......	1	1	1	....	....	....	3
Whipple, Benajah.........	1	5	1	3	....	....	10
Williams, Silas............	2	....	2	....	....	....	4
Williams, Reuben.........	1	....	1	....	....	....	2
Williams, Thomas.........	3	1	2	5	....	....	11
Wood, Nathan............	1	4	1	3	....	....	9
Walter, Daniel............	1	3	1	2	....	....	7
Wilkinson, William........	1	2	1	4	....	....	8
Woodward, John..........	1	....	1	....	....	....	2
Wilmarth, Timothy........	3	1	1	....	....	1	6
Wilmarth, Timothy Jr.....	1	1	1	....	....	....	3
White, Asa...............	1	1	1	....	....	....	3
Waterman, Abraham......	3	5	2	2	....	....	12

GLOUCESTER—CONTINUED.

FAMILIES.	WHITES.				Indians.	Blacks.	Total.
	MALES.		FEMALES.				
	Above 16.	Under 16.	Above 16.	Under 16.			
Whipple, Elijah	1	1	1	1	....	....	4
Walling, Cornelius	1	....	1	....	....	....	2
Walling, Jeremiah	2	1	1	3	....	....	7
White, Douglas	1	2	1	....	....	....	4
Wood, Noah	2	3	1	2	....	....	8
Wall, Thomas	1	2	1	1	....	....	5
Walling, Jacob	1	1	1	3	....	....	6
Walling, Isaac	1	1	2	1	....	....	5
Walling, John	1	3	1	2	....	....	7
Walling, Widow	1	....	3	....	....	....	4
Whelock, Daniel	1	1	2	....	....	....	4
Whelock, Daniel Jr	1	2	1	....	....	....	4
Whitman, Noah	3	1	2	1	....	....	7
White, Noah	1	1	2	2	....	....	6
Whipple, Jonathan	3	4	1	1	....	....	9
Winsor, Stephen	1	1	1	....	....	....	3
Williams, Widow	2	....	3	....	....	....	5
Whipple, John	3	4	2	1	....	....	10
Wood, Thomas	1	4	2	4	....	1	12
Wood, Widow	1	....	2	....	....	....	3
Wilcox, Jirah	1	4	1	2	....	....	8
Whipple, Enoch	2	....	2	....	....	....	4

WEST GREENWICH.

FAMILIES.	WHITES.				Indians.	Blacks.	Total.
	MALES.		FEMALES.				
	Above 16.	Under 16.	Above 16.	Under 16.			
Albro, Peter	2	1	2	2	....	....	7
Albro, John	1	2	3	3	....	....	9
Angell, Job	1	1	1	....	....	....	3
Andrew, Thomas	1	1	1	....	....	....	3
Andrew, James	1	....	1	....	....	....	2
Aylesworth, Arthur	2	....	2	....	....	....	4
Aylesworth, David	2	....	4	2	....	....	8
Aylesworth, Judiah	2	4	1	2	....	....	9
Aylesworth, Abel	1	....	1	2	....	....	4
Arnold, Elisha	1	....	....	1	....	....	2
Arnold, Caleb	1	2	1	....	....	....	4
Arnold, Eleazer	1	....	3	1	....	....	5
Allen, Benjamin	1	....	1	2	....	....	4
Austin, Jeremiah	1	1	1	1	....	....	4
Austin, Ellis	1	3	2	3	....	....	9
Austin, Joseph	1	2	2	2	....	....	7
Austin, Robert	1	1	3	1	....	....	6
Austin, Pasco	2	1	1	2	....	....	6
Austin, Benjamin	1	3	1	1	....	....	6
Austin, George	1	1	1	1	....	....	4
Austin, Rufus	1	4	1	1	....	....	7
Austin, Daniel	1	3	2	3	....	....	9
Benjamin, John	1	....	1	2	....	....	4
Brand, Robert	1	2	1	3	....	....	7
Benson, John	1	....	1	2	....	....	4
Barbour, Josiah	2	1	1	4	....	....	8
Barker, William	2	2	2	2	....	1	9
Baley, Caleb	3	1	3	1	....	....	8
Blanchau, Barnet	1	1	1	2	....	....	5
Baker, Margaret	2	....	1	3	....	....	6
Bates, Sarah	2	....	1	....	....	....	3
Briggs, Moses	2	1	3	1	....	....	7
Briggs, Stephen	1	1	1	1	....	....	4
Briggs, Robert	1	1	2	3	....	....	7
Briggs, John	1	3	1	2	....	....	7
Briggs, Gardner	1	2	1	3	....	....	7
Briggs, Azariah	1	2	1	2	....	....	6

WEST GREENWICH—CONTINUED.

FAMILIES.	WHITES. MALES. Above 16.	WHITES. MALES. Under 16.	WHITES. FEMALES. Above 16.	WHITES. FEMALES. Under 16.	Indians.	Blacks.	Total.
Boss, Edward	1	....	1	2	....	....	4
Brown, John	1	1	1	1	....	....	4
Brown, Nathaniel	1	2	1	1	....	....	5
Brown, Gideon	1	2	1	2	....	....	6
Brown, Nathan	1	....	1	1	....	....	3
Brown, Nicholas	2	....	2	....	....	....	4
Brown, Nicholas Jr	1	....	1	....	....	....	2
Bodlison, Return	1	1	2	2	....	....	6
Bodlision, Edward	1	4	1	2	....	....	8
Case, John	2	3	2	4	....	....	11
Case, John Jr	3	3	2	4	....	....	12
Case, Joseph	2	1	2	....	....	....	5
Case, Elisha	1	3	1	1	....	....	6
Case, Sanford	2	2	1	3	....	....	8
Case, Nathaniel	2	1	1	....	....	....	4
Coray, Sheffield	1	1	3	2	....	....	7
Coray, Benedick	1	2	1	....	....	....	4
Carr, Eseck	1	3	1	3	....	....	8
Carr, Charles	3	....	2	....	....	....	5
Carr, Caleb	1	1	1	....	....	....	3
Carr, Precilla	1	1	3	....	....	....	5
Carr, Joshua	1	1	1	....	....	....	3
Carr, Eliazer	1	3	2	2	....	....	8
Collins, Elizabeth	2	3	1	1	....	....	7
Culver, David	1	....	1	....	....	....	2
Carpenter, Robert	3	1	2	2	....	....	8
Comstock, William	5	....	6	1	....	....	12
Comstock, Thomas	1	3	2	1	....	....	7
Comstock, Jonathan	2	1	2	1	....	....	7
Comstock, Marcy	....	....	3	....	....	....	3
Capron, Benjamin	1	....	2	3	....	....	6
Capron, Oliver	1	1	1	....	....	....	3
Cooke, Thomas	1	2	1	1	....	....	5
Crandall, Peter	1	2	1	1	....	....	5
Crandall, Sarah	2	1	4	1	....	....	8
Cleveland, Hannah	1	1	2	1	....	....	5
Constable, William	1	....	3	2	....	....	6
Casey, John	3	1	3	1	....	....	8
Converse, James	1	2	2	1	....	....	6
Doliven, Joseph	2	....	1	....	....	....	3
Davis, William	1	1	3	....	....	....	5
Dean, Jonathan	2	1	4	1	....	....	8

WEST GREENWICH—CONTINUED.

FAMILIES.	WHITES.				Indians.	Blacks.	Total.
	MALES.		FEMALES.				
	Above 16.	Under 16.	Above 16.	Under 16.			
Dyre, George	2	4	2	2	....	....	10
Draper, Joseph	1	2	2	5	....	....	10
Eldred, Nathan	2	2	2	1	....	....	7
Eldred, Jeremiah	1	1	1	4	....	....	7
Eldred, Thomas	2	1	2	....	....	....	5
Ellis, Nicholas	2	3	1	2	....	....	8
Ellis, John	1	4	1	1	....	....	7
Ellis, Ayrs	3	....	1	2	....	....	6
Ellis, William	1	....	1	....	....	....	2
Ellis, Gideon	1	4	2	2	....	....	9
Ellis, Rufus	1	....	1	2	....	....	4
Ellis, Gideon Jr	1	3	1	....	....	....	5
Ellis, Wait	1	1	1	1	....	....	4
Eseck, Richard	1	....	1	3	....	....	5
Fish, Alie	....	....	3	....	....	....	3
Fay, Joseph	2	....	2	1	....	....	5
Fink, Amos	1	1	1	5	....	....	8
Gammet Abraham	2	....	2	2	....	....	6
Greene, Abel	1	4	1	2	....	....	8
Greene, Benjamin (son James)	1	3	1	3	....	....	8
Greene, Jeremiah	1	4	1	3	....	....	9
Greene, Eleazer	2	2	2	1	....	....	7
Greene, Charles	1	2	1	1	....	....	5
Greene, Caleb (son Benjamin)	1	....	1	....	....	....	2
Greene, Benjamin	1	1	2	1	....	....	5
Greene, Jonathan	1	....	1	3	....	....	5
Greene, Elisha	1	2	1	3	....	....	7
Greene, Philip	1	1	1	....	....	....	3
Greene, Caleb	1	1	1	....	....	....	3
Greene, Barlo	3	3	1	4	....	1	12
Greene, Joseph	1	2	1	1	....	....	5
Gorton, Thomas	1	2	3	....	....	....	6
Gorton, Benjamin	3	1	1	4	....	....	9
Gorton, Hezekiah	1	1	1	3	....	....	6
Godfrey, Ruben	1	5	1	3	....	....	10
Gardner, Elizabeth	2	....	2	....	....	....	4
Gill, Samuel	1	....	1	3	....	....	5
Gates, Simon	2	5	1	1	....	....	9
Greenman, Edward	1	4	3	1	....	....	9
Gallop, Samuel	1	....	1	3	....	....	5

WEST GREENWICH—CONTINUED.

FAMILIES.	WHITES.				Indians.	Blacks.	Total.
	MALES.		FEMALES.				
	Above 16.	Under 16.	Above 16.	Under 16.			
Hopkins, Samuel	2	....	1	1	....	....	4
Hopkins, Joseph (son Samuel)	1	2	1	4	....	....	8
Hopkins, Joseph	1	....	1	1	....	1	4
Hopkins, Alexander	1	....	1	....	....	....	2
Hopkins, John	2	1	2	1	....	....	6
Hopkins, George	1	....	1	....	....	....	2
Hopkins, William	1	....	2	....	....	....	3
Hopkins, Henry	1	2	1	1	....	....	5
Hopkins, Samuel Jr	1	1	2	4	....	....	8
Hopkins, Tibbits	1	2	2	1	....	....	6
Hopkins, David	2	2	2	....	....	....	6
Hawksie, Thomas	2	....	1	....	....	....	3
Hiams, May	1	....	1	2	....	....	4
Hall, Timothy	2	1	4	....	....	....	7
Hall, Robert	1	....	1	6	....	....	8
Hall, David	1	2	1	3	....	....	7
Hall, John	2	4	2	1	....	....	9
Hall, Preserved	1	1	1	....	....	....	3
Hall, Cobb	2	....	2	3	....	....	7
Harris, Nicholas	1	1	1	....	....	....	3
Hassard, Robert	2	....	1	....	....	....	3
Hassard, Robert Jr	1	1	2	2	....	2	8
Hall, Benjamin	1	....	1	1	....	....	3
Hall, David	1	5	4	2	....	....	12
Herrinton, Job	2	4	2	3	....	....	11
Jones, Deliverance	....	1	1	....	....	....	2
Jenkins, Benjamin	1	....	1	3	....	....	5
Jenkins, George	1	2	1	4	....	....	8
Johnson, Benjamin	1	....	1	....	....	....	2
Johnson, Nichols	1	3	1	1	....	....	6
Johnson, Elkanah	1	4	1	5	....	....	11
Joslin, Thomas	1	1	1	....	....	....	3
Jones, Joseph	1	....	1	....	....	....	2
Jones, John	1	1	1	3	....	....	6
Jordorn, Samuel	1	2	2	3	....	....	8
Kinyon, David	2	1	1	1	....	....	5
Kittle, Ephraim	1	1	1	....	....	....	3
Kittle, Ephraim Jr	2	4	1	4	....	....	11
Kittle, Edward	2	3	1	3	....	....	9
Kittle, Edward Jr	1	4	1	2	....	....	8
King, Henry	1	2	1	2	....	....	6
King, Magdeline	2	1	2	1	....	....	6

WEST GREENWICH—CONTINUED.

FAMILIES.	WHITES.				Indians.	Blacks.	Total.
	MALES.		FEMALES.				
	Above 16.	Under 16.	Above 16.	Under 16.			
King, Samuel...............	1	1	1	4	....	....	7
Lanphear, William.........	1	1	1	2	....	....	5
Lewis, Jacob...............	1	....	3	....	....	....	4
Lewis, Daniel..............	1	1	1	....	....	....	3
Lee, Peter.................	1	....	1	....	....	....	2
Ledson, Jeremiah..........	1	....	1	....	....	....	2
Myers, Mary...............	1	2	2	....	....	....	5
Manchester, Thomas........	2	....	2	3	....	....	7
Mory, Jeremiah............	1	1	1	2	....	....	5
Moon, James...............	3	1	2	4	....	....	10
Moon, Peleg...............	1	3	1	....	....	....	5
Matteson, Jonathan........	1	....	5	....	....	....	6
Matteson, Jonathan Jr.....	2	3	2	2	....	....	9
Matteson, David (son Jonathan)	1	2	1	2	....	....	6
Matteson, Henry...........	1	1	1	3	....	....	6
Matteson, Richard..........	1	1	2	4	....	....	8
Matteson, Nathan...........	1	3	2	4	....	....	10
Matteson, Martha..........	....	....	2	....	....	....	2
Matteson, Ezekiel..........	1	....	1	1	....	....	3
Matteson, William.........	1	....	1	5	....	....	7
Matteson, Edmund.........	1	....	....	....	....	....	1
Matteson, James...........	1	....	1	....	....	..	2
Matteson, Uriah............	1	2	1	2	....	....	6
Matteson, Rufus............	1	....	1	1	....	....	3
Matteson, Abel.............	1	2	1	....	....	....	4
Matteson, Silas.............	1	1	1	3	....	....	6
Matteson, John.............	1	....	2	1	....	....	4
Matteson, Job..............	1	1	1	3	....	....	6
Matteson, David............	2	3	1	....	....	....	6
Matteson, Josiah Jr.........	2	2	1	....	....	....	5
Matteson, Josiah...........	4	2	2	2	....	....	10
Matteson, Job..............	1	1	1	1	....	....	4
Matteson, John (son of James)	1	3	1	3	....	....	8
Matteson, Thomas..........	1	1	1	1	....	....	4
Matteson, George..........	1	1	1	5	....	....	8
Matteson, Jonathan (son Jas.)	3	1	1	3	....	....	8
Matteson, John Jr..........	2	1	1	4	....	....	8
Matteson, Abraham.........	2	....	1	4	....	....	7
Matteson, Abraham.........	1	....	1	2	....	....	4
Matteson, John (son Abraham)	1	1	1	1	....	....	4
Nichols, Thomas...........	1	....	1	1	....	....	3

WEST GREENWICH—CONTINUED.

FAMILIES.	WHITES.				Indians.	Blacks.	Total.
	MALES.		FEMALES.				
	Above 16.	Under 16.	Above 16.	Under 16.			
Nichols, Joseph	2	....	3	1	....	5	11
Nichols, William	1	6	2	1	....	1	11
Nichols, Henry	2	....	2	1	....	....	5
Nichols, Richard	1	1	1	....	....	....	3
Nichols, Mary	....	3	4	1	....	....	8
Niles, George	1	....	1	3	....	....	5
Niles, Joseph	1	2	2	3	....	....	8
Niles, Jonathan	1	1	1	3	....	1	7
Niles, Jeremiah	1	2	2	4	....	....	9
Niles, John Jr	1	1	1	....	....	....	3
Niles, Nathaniel	2	....	2	1	....	....	5
Niles, Samuel	3	....	2	2	....	....	7
Niles, John	1	....	1	....	....	....	2
Olin, Henry	3	1	2	1	....	....	7
Olin, Henry Jr	1	1	1	2	....	....	5
Popple, Stephen	1	2	1	1	....	....	5
Potter, Samuel	1	2	1	1	....	....	5
Potter, Abel	3	1	1	1	....	....	6
Potter, Abel Jr	2	2	1	1	....	....	6
Potter, Johnson	1	....	1	....	....	....	2
Parker, John	2	5	2	1	....	....	10
Parker, George	2	2	1	1	....	....	6
Phelps, Joseph	1	....	1	1	....	....	3
Reynolds, Samuel	2	1	3	3	....	....	9
Reynolds, James	1	....	2	1	....	1	5
Reynolds, Amos	2	1	1	2	....	....	6
Reynolds, Henry	4	....	3	4	....	....	11
Reynolds, Henry Jr	1	....	1	2	....	....	4
Reynolds, John	3	1	1	1	....	....	6
Reynolds, Amos	2	1	1	2	....	....	6
Roger, Thomas	3	....	3	....	....	....	6
Rathbun, Thomas	3	1	1	5	....	....	10
Rathbun, Nathaniel	2	....	3	....	....	....	5
Richmond, Adam	1	2	1	3	....	....	7
Russel, John	1	3	1	....	....	....	5
Rouse, Benjamin	1	1	1	3	....	....	6
Sweet William (Son Nathaniel)	1	3	1	1	....	....	6
Sweet, William	1	1	3	2	....	....	7
Sweet, Josiah	3	....	2	....	....	....	5
Sweet, Griffen	3	....	3	....	....	....	6

WEST GREENWICH—CONTINUED.

FAMILIES.	WHITES.				Indians.	Blacks.	Total.
	MALES.		FEMALES.				
	Above 16.	Under 16.	Above 16.	Under 16			
Sweet, William Jr.	1	2	1	3	....	....	7
Sweet, Thomas	1	3	1	2	....	....	7
Sweet, Henry	1	2	1	....	....	....	4
Spencer, Jonathan	1	3	2	1	....	....	7
Spencer, Job	2	4	2	....	....	....	8
Spencer, Randall	1	....	1	1	....	....	3
Spencer, Samuel	2	1	1	....	....	....	4
Slocett, Philip	4	....	3	....	....	....	7
Straight, Job	1	2	2	1	....	....	6
Strait, Job	1	1	2	2	....	....	6
Strait, John	3	....	2	1	....	....	6
Strait, David	1	1	1	3	....	....	6
Strait, John	1	2	1	3	....	....	7
Strait, Thomas	1	....	2	2	....	....	5
Strait, Nathan	1	1	1	....	....	....	3
Spink, Benjamin	2	2	2	....	....	....	6
Stanton, John	2	2	1	1	....	....	6
Stone, Uriah	2	2	2	3	....	....	9
Stafford, Thomas	2	3	2	2	....	....	9
Stafford, Michael	1	....	3	1	....	....	5
Skellon, John	1	....	1	....	....	....	2
Tillinghast, Benjamin	3	1	2	2	....	1	9
Tillinghast, John	1	....	1	1	....	....	3
Tillinghast, Pardon	3	....	2	3	....	2	10
Tillinghast, Thomas	2	1	2	3	....	1	9
Tripp, Gideon	2	3	1	4	....	....	10
Tanner, Henry	3	2	2	3	....	....	10
Tanner, Benjamin	1	5	1	1	....	....	8
Tanner, Nathaniel	1	1	2	3	....	....	7
Tanner, Deborah	....	....	4	....	....	....	4
Tanner, James	1	2	1	1	....	....	5
Vaughan, George	1	1	....	....	....	....	2
Vaughan, George Jr.	1	....	2	3	....	....	6
Vaughan, Joseph	1	....	1	1	....	....	3
Vaughan, John	1	....	1	2	....	....	4
Wright, Thomas	3	3	3	1	....	....	10
Winman, Richard	2	....	3	....	....	....	5
Weathers, John	1	....	2	....	....	....	3
Watson, Samuel	2	....	1	1	....	....	4
Watson, Nicholas	1	1	1	2	....	....	5
Weaver, Joseph	1	1	1	1	....	....	4

WEST GREENWICH—CONTINUED.

FAMILIES.	WHITES.				Indians.	Blacks.	Total.
	MALES.		FEMALES.				
	Above 16.	Under 16.	Above 16.	Under 16.			
Weaver, Benjamin............	1	....	1	....	....	....	2
Weaver, Benjamin............	1	....	2	1	....	....	4
Wood, Joseph................	1	1	1	2	....	....	5
Whitford, Pasco..............	1	1	1	....	....	1	4
Whitford, David..............	1	....	1	1	....	....	3
Whitford, Job................	2	3	2	2	....	....	9
Whitford, Sarah..............	....	....	1	1	....	....	2
Whitford, Nicholas...........	4	3	3	1	....	....	11
Whitford, George.............	2	....	1	1	....	....	4
Whitford, Thomas............	2	3	1	1	....	....	7
Wait, Jeremiah...............	1	1	1	1	....	....	4
Wait, William................	2	....	1	1	....	....	4
Wait, John...................	1	....	1	1	....	....	3
Wilcox, Thomas..............	1	2	2	5	....	....	10
Wells, Benjamin..............	1	1	1	....	....	....	3
Wells, Caleb.................	1	2	2	....	....	....	5
Young, James................	1	1	1	....	....	....	3
Young, Benjamin.............	1	2	2	....	....	1	5
Young, John.................	1	3	1	2	....	....	7
Young, Thomas..............	2	3	3	....	....	....	8

CHARLESTOWN.

FAMILIES.	WHITES.				Indians.	Blacks.	Total.
	MALES.		FEMALES.				
	Above 16.	Under 16	Above 16.	Under 16.			
Austin, Silas...............	1	1	1	....	1	....	4
Allen, Stephen.............	2	2	3	2	....	....	9
Austin, Robert.............	3	1	3	2	....	....	9
Austin, William............	2	3	1	....	....	....	6
Adams, Thomas............	1	3	1	1	....	....	6
Adams, John................	1	....	3	....	....	....	4
Anthony, John.............	....	....	....	....	7	....	7
Aaron, Cole.................	....	....	....	....	4	....	4
Aaron, Sarah................	1	3	1	2	....	....	7
Babcock, Ichabod..........	3	5	1	2	1	....	12
Browning, Jere.............	2	3	3	2	....	....	10
Browning, Ephraim........	1	1	2	2	....	1	7
Babcock, Christopher......	1	1	2	4	....	5	13
Babcock, Peleg..............	1	2	1	1	....	....	5
Babcock, Simeon...........	1	1	1	....	1	....	4
Babcock, Ichabod...........	1	1	1	3	....	....	6
Burdick, Samuel............	3	3	3	5	....	....	14
Burdick, Samuel Jr........	1	....	1	....	....	....	2
Burdick, Jonathan..........	1	3	1	3	....	....	8
Burdick, Ichabod...........	1	3	1	1	....	....	6
Burdick, Ephraim..........	1	2	1	2	....	....	6
Burnett, Elisha..............	1	3	1	....	....	....	5
Brayman, Benjamin........	1	....	3	1	....	....	5
Baset, William..............	1	1	2	....	....	....	4
Browning, Anne............	2	2	2	1	....	....	7
Congdon, John..............	3	1	3	4	3	2	16
Congdon, James............	1	3	1	3	....	....	8
Congdon, James Jr........	1	3	1	1	....	....	6
Congdon, Mary.............	....	....	3	....	....	4	7
Congdon, Robert...........	1	....	1	....	1	1	4
Congdon, William..........	2	1	1	3	2	1	10
Congdon, Cuff...............	....	....	....	....	8	....	8
Church, Charles............	1	3	3	3	....	....	10
Church, John...............	1	3	1	1	....	....	6
Clarke, Joshua..............	2	2	1	3	....	....	8
Clarke, Ephraim............	4	....	3	2	....	....	9

150 CHARLESTOWN—CONTINUED.

FAMILIES.	WHITES.				Indians.	Blacks.	Total.
	MALES.		FEMALES				
	Above 16.	Under 16.	Above 16.	Under 16.			
Clarke, Hannah	1	1	2	1	....	....	5
Clarke, Joseph	1	2	1	2	....	....	6
Clarke, Ephraim	1	....	1	3	....	....	5
Clarke, Ichabod	1	1	1	1	....	....	4
Clarke, Benjamin	1	2	1	....	....	....	4
Clarke, William	2	1	2	3	....	....	8
Clarke, George	2	....	2	....	....	....	4
Clarke, Jacob	1	3	2	....	....	....	6
Clarke, Jonathan	3	....	3	....	....	....	6
Clarke, Elisha	4	2	1	1	....	....	8
Clarke, Caleb	2	....	2	....	....	....	4
Clarke, Jonathan	....	....	....	....	....	....	1
Cross, Peleg	2	1	3	4	1	3	14
Cross, Sarah	3	....	1	1	....	....	5
Cross, Joseph	1	1	3	1	....	....	6
Cross, Samuel	1	....	1	....	....	....	2
Cross, Thomas	1	1	1	1	....	....	4
Closon, Ichabod	2	3	4	2	....	....	11
Cokes, Ephraim	....	....	....	....	8	....	8
Cokes, Thomas	....	....	....	....	2	....	2
Cokes, Stephen	1	3	1	2	....	....	7
Cooper, Joe	....	....	....	....	6	....	6
Champlin, Jesse	1	....	2	1	2	2	8
Champlin, Christopher	1	4	3	2	....	14	24
Champlin, Michael	1	2	1	1	....	....	5
Crandall, Caleb	1	2	1	3	....	....	7
Crandall, Samuel	2	....	2	5	....	....	9
Crandall Samuel Jr	1	1	1	1	....	....	4
Crandall, Edward	1	4	3	1	....	....	9
Crandall, Simeon	2	3	2	2	....	....	9
Crandall, Eber	1	1	1	3	....	....	6
Crandall, Jeremiah	1	1	1	....	....	....	3
Cuff, James	....	....	....	....	6	....	6
Cosnock, Joseph	....	....	....	....	9	....	9
Cheels, Hannah	....	....	....	....	4	....	4
Coques, Abigail	....	....	....	....	3	....	3
Coheas, Mary	....	....	....	....	3	....	3
Card, Joshua	2	3	2	1	....	....	8
Card, William	1	1	1	2	....	....	5
Card, John	1	5	3	2	....	....	11
Card, Joshna	1	....	2	3	....	....	6
Card, Joab	1	1	1	1	2	....	6
Dunn, Samuel	1	....	1	1	....	....	3

CHARLESTOWN—CONTINUED.

FAMILIES.	WHITES. MALES. Above 16.	WHITES. MALES. Under 16.	WHITES. FEMALES. Above 16.	WHITES. FEMALES. Under 16.	Indians.	Blacks.	Total.
Davis, Joseph	1	1	1	3	....	....	6
Dungo, Abraham	....	....	....	....	8	....	8
Enoss, Jesse	1	1	1	1	....	....	4
Edwards, Daniel	2	3	2	2	....	....	9
Eyers, Joseph	1	1	1	....	....	....	3
Greene, Joshua	2	3	1	3	....	....	9
Griffin, George	1	1	1	1	....	....	4
Greenman, Clarke	1	1	1	....	....	....	3
Goodbody, John	2	....	1	....	1	....	4
Grinold, Susanna	....	....	2	....	....	....	2
Grinold, Stephen	2	2	1	....	....	....	5
Greene, Thomas	2	....	2	....	....	....	4
Greene, John	2	1	2	4	....	....	9
Greene, Amos	2	3	2	2	....	....	9
Greene, Amos Jr	1	5	2	3	....	....	11
Greene, Josias	1	1	1	2	....	....	5
Greene, Benjamin	1	2	1	2	....	....	6
Gardner, Daniel	1	2	1	3	....	....	7
Gavit, Edward	1	1	1	....	....	....	3
Hoxey, Gideon	3	2	2	3	....	1	11
Hoxey, Joseph	2	1	3	....	4	1	11
Hoxey, Stephen	2	4	1	1	....	....	8
Hoxey, Benjamin	4	....	1	1	2	....	8
Harvey, Peter	1	....	1	....	....	....	2
Harvey, William	3	3	1	1	....	....	8
Hall, Ephraim	1	4	1	2	....	....	7
Hall, Thomas	1	1	2	1	....	....	5
Hall, Jonathan	3	1	1	3	....	....	8
Hall, Peter	2	1	3	1	....	....	6
Hall, George	1	....	3	2	....	....	6
Hall, Consider	2	4	2	1	....	....	9
Hall, Nathan	1	....	2	....	....	....	3
Hall, Ann	1	....	2	....	....	....	3
Hazard, Jonathan J	1	3	1	1	....	1	7
Hazard, Robert	1	2	1	1	....	....	5
Holway, Joseph	2	2	1	2	....	....	7
Harvey, John	1	4	2	....	....	....	7
Harvey, James	1	2	3	4	....	....	10
Harvey, Joseph	1	2	2	1	....	....	6
Indians, various	....	....	....	....	413	....	413

CHARLESTOWN—CONTINUED.

FAMILIES.	WHITES.				Indians.	Blacks.	Total.
	MALES.		FEMALES.				
	Above 16.	Under 16.	Above 16.	Under 16.			
Johnson, David............	1	1	1	....	....	....	3
Johnson, Abigail...........	1	1	4	1	....	....	7
Johnson, Joseph...........	3	1	2	....	....	....	6
Johnson, Isaac............	1	1	1	2	....	....	5
Johnson, Nathaniel.........	2	2	2	2	....	....	8
Johnson, Daniel............	2	3	3	....	....	....	8
Johnson, Stephen...........	2	....	4	....	....	....	6
Johnson, Gideon...........	2	1	2	1	....	....	6
Jones, Robert..............	1	....	1	....	....	....	2
Jones, Robert Jr...........	1	....	2	....	....	....	3
Kinyon, Thomas...........	1	5	1	1	....	....	8
Kinyon, Daniel............	3	4	2	2	....	....	11
Kinyon, Enoch............	3	2	1	....	1	....	7
Kinyon, Enoch............	3	....	2	....	....	....	5
Kinyon, John.............	1	2	1	....	....	....	4
Kinyon, Joshua...........	1	1	1	1	1	....	5
Kinyon, Samuel...........	5	3	2	1	....	....	11
Kinyon, James............	2	....	1	6	....	....	9
Kinyon, Joseph............	3	....	1	....	....	....	4
Kinyon, Joseph Jr.........	1	1	1	1	....	....	4
Knowles, Daniel...........	2	4	1	3	....	....	10
Lewis, Beriah..............	1	2	1	2	....	....	6
Lad, John.................	3	....	3	....	....	....	6
Larkin, Kinyon	1	1	1	1	....	....	4
Layton, James.............	1	....	1	....	....	....	2
Layton, Amey.............	1	....	1	....	....	....	2
Lake, Edward.............	1	7	3	1	....	....	12
Lock, Joseph..............	1	3	1	3	....	....	8
Lewis, Peleg...............	1	....	1	1	....	....	3
Lovet, Joseph..............	1	2	1	....	....	....	4
Millard, John..............	1	5	2	1	....	....	9
Marthers. Simeon..........	....	1	....	....	....	4	5
McAmbey, Jonathan	2	....	1	3	....	....	6
Ney, Isaac................	2	1	3	....	....	....	6
Ney, Stephen..............	1	3	3	....	....	....	7
Nash, Jonathan............	1	2	1	2	....	....	6
Nash, Jonathan............	1	1	1	2	....	....	5
Newman, John............	1	3	1	1	....	....	6
Nichols, Joseph............	1	....	1	2	....	....	4

CHARLESTOWN—CONTINUED.

FAMILIES.	WHITES. MALES. Above 16.	WHITES. MALES. Under 16.	WHITES. FEMALES. Above 16.	WHITES. FEMALES. Under 16.	Indians.	Blacks.	Total.
Perry, Edward	1	4	3	4	1	....	13
Perry, Stephen	1	2	1	3	....	....	7
Perry, Samuel	1	....	....	....	....	1	2
Park, Joseph	1	....	....	1	....	....	2
Park, John	1	3	2	....	3	....	9
Proser, Arnold	1	4	1	1	....	....	7
Perce, John	2	....	2	....	....	1	5
Percy, John	1	3	2	2	....	....	8
Perce, Edward Jr	1	1	1	1	....	....	4
Potter, John	3	2	2	....	....	....	7
Potter, Robert	2	2	3	3	1	2	14
Potter, Ichabod	1	1	1	1	....	....	4
Peckham, John	2	3	1	3	....	....	9
Peckham, Daniel	1	....	1	1	....	....	3
Peckham, Daniel Jr	2	1	2	1	....	....	6
Pearce, Edward	1	1	....	....	....	....	2
Pearce, Nathan	1	....	1	....	....	....	2
Pearce, John	1	2	2	....	....	....	5
Petty, Joseph	1	1	3	1	1	....	7
Robinson, Sylvester	3	1	1	2	2	6	15
Reynolds, Robert	1	....	1	....	....	....	2
Stanton, Joseph Jr	2	....	2	....	1	....	5
Stanton, Joshua	1	....	1	....	....	....	2
Stanton, Joseph	3	1	2	1	1	4	12
Stanton, Daniel	2	2	3	1	....	....	8
Stanton, Samuel	1	2	3	1	....	....	7
Stanton, Stephen	1	1	1	....	....	....	3
Stanton, Augustus	1	3	2	....	....	....	6
Saunders, Ann	1	....	1	....	....	....	2
Saunders, Daniel	3	....	1	1	2	....	7
Saunders, Isaac	3	....	2	....	....	....	5
Saunders, Tobias	3	2	2	4	....	....	11
Sheffield, Ichabod	1	2	1	3	....	....	7
Sheffield, Nathaniel	2	1	3	1	....	....	7
Sheffield, Thomas	1	4	1	1	....	....	7
Stafford, James	2	....	2	1	....	....	5
Stiles, Israel	1	2	1	1	....	....	5
Scribens, William	3	3	1	1	....	....	8
Salbry, Mial	1	3	1	1	....	....	6
Shearman, Thomas	1	3	2	1	....	....	7
Taylor, Nathan	1	1	1	2	....	....	5

FAMILIES.	WHITES.				Indians.	Blacks.	Total.
	MALES.		FEMALES.				
	Above 16.	Under 16.	Above 16.	Under 16.			
Taylor, Job	3	1	3	2	....	....	9
Taylor, Joseph	3	3	4	2	....	....	12
Tucker, Jabez	2	1	3	2	....	....	8
Tucker, Simeon	2	....	2	....	....	....	4
Tucker, Nathan	1	1	1	3	....	....	6
Tucker, John	1	1	1	....	....	....	3
Ulter, Josias	1	2	1	4	....	....	8
Vinson, Nicholas	1	....	1	....	....	....	2
Wilcox, David	1	....	1	1	....	....	3
Wilcox, Edward	1	....	2	....	....	....	3
Wilcox, Joseph	2	2	3	4	....	....	11
Worden, Christopher	2	2	1	1	....	....	5
Welsh, William	4	1	3	1	....	....	9
Worden, Jeremiah	1	....	2	1	1	1	6
Worden, John	3	3	3	1	....	....	10
Worden, Benjamin	1	1	1	1	....	....	4
York, William	1	4	1	2	....	....	8
York, Samuel	2	2	6	2	....	....	10

COVENTRY.

FAMILIES.	WHITES.				Indians.	Blacks.	Total.
	MALES.		FEMALES.				
	Above 16.	Under 16.	Above 16.	Under 16.			
Andrew, Griffin	1	2	1	2	....	....	6
Andrew, John.................	2	2	3	4	....	....	11
Aylesworth, Robert	1	2	1	2	....	....	6
Arnold, Job	2	3	1	2	....	....	8
Arnold, John	1	6	2	3	....	....	12
Arnold, Benjamin Jr	2	2	1	1	....	1	7
Aylesworth, Philip...........	1	1	4	1	....	....	7
Aylesworth, Philip Jr	1	3	1	3	....	....	8
Ames, Jacob	1	3	2	3	....	....	9
Allinton, John	2	2	4	3	....	....	11
Andrew, Charles J...........	2	5	2	....	....	....	9
Andrew, Thomas	2	....	1	2	....	....	5
Andrew, Patience	1	1	2	....	....	....	4
Andrew, Charles	2	....	5	....	....	....	7
Andrew, William	2	3	3	3	....	....	11
Andrew, Elnathan	4	3	2	2	....	....	11
Burdin, Abraham............	1	1	2	....	....	....	4
Bates, James	4	2	4	2	....	....	12
Bates, Francis	3	3	1	2	....	....	9
Bennet, Timothy	2	3	1	3	....	....	9
Bennet, Joseph Jr	2	3	2	1	....	....	8
Bolster. Lott................	2	2	1	...	....	....	5
Burlingame, William	2	...	3	3	....	....	8
Burlingame, Daniel	5	1	5	3	....	....	14
Burlingame, Benjamin	1	3	1	1	....	....	6
Burlingame, Joseph.........	2	1	3	2	....	....	8
Burlingame, Stephen........	1	5	2	1	....	....	9
Bennet, Abel Jr.............	1	2	1	2	....	....	6
Bennet, Ezekiel	1	2	1	4	....	....	8
Blanchard, John.............	2	6	2	....	....	....	10
Blanchard Moses............	1	2	2	....	....	....	5
Brayton, Francis	5	....	4	1	....	....	10
Brayton, Francis Jr.........	2	1	2	2	....	....	7
Brayton, Jonathan	2	3	3	1	....	....	9
Brayton, Thomas	3	1	1	1	....	....	6
Brayton, Gideon	1	4	1	2	....	....	8
Brayton, David	1	2	2	3	1	....	9

COVENTRY—CONTINUED.

FAMILIES.	WHITES.				Indians.	Blacks.	Total.
	MALES.		FEMALES.				
	Above 16.	Under 16.	Above 16.	Under 16.			
Brayton, William	2	3	2	1	....	....	8
Bucklin, Joseph	4	....	5	2	....	....	11
Bridges, Obadiah	1	3	1	1	....	....	6
Bailey, Samuel	1	2	1	2	....	....	6
Budlong, Aaron	2	1	1	1	....	....	5
Briggs, Herman	2	....	2	....	....	....	4
Briggs, John	2	2	1	2	....	....	7
Briggs, Henry	1	1	....	4	....	....	6
Briggs, William	1	....	1	1	....	....	3
Briggs, Benjamin	2	2	3	1	....	....	8
Bennet, Phineas	1	3	1	2	....	....	7
Bennet, Aseph	1	1	2	1	....	....	5
Bennet, Abel	1	3	1	1	....	....	6
Bennet, Joseph	1	2	2	1	....	....	6
Burlison, John	1	3	2	2	....	....	8
Brown, Philip	2	1	1	1	....	....	6
Brown, Ichabod	1	1	1	6	....	....	9
Brown, Israel	3	2	3	3	....	....	11
Brown, Aaron	3	3	2	2	....	....	10
Brown, Cuffy	....	....	....	....	....	9	9
Capwell, Henry	1	1	3	1	....	....	7
Capwell, Stephen	2	4	2	2	....	....	10
Capwell, Stephen	1	1	1	....	....	....	3
Capwell, Peter	1	2	2	....	....	....	5
Craige, Andrew	1	1	1	2	....	....	5
Casey, Jesse	1	2	1	4	....	....	8
Collins, William	1	2	1	2	....	....	6
Cahoone, Benjamin	1	4	1	2	....	....	8
Cory, Anthony	3	3	5	1	....	....	12
Cory, Nathan	1	3	1	1	....	....	6
Chatsey, Richard	1	2	2	1	....	....	6
Cavol, John	1	1	1	5	....	....	8
Colegrove, Thomas	2	2	1	3	....	....	8
Colegrove, Stephen	4	....	3	....	....	....	7
Corners, Stephen	1	4	1	3	....	....	9
Corners, Daniel	2	5	1	3	....	....	11
Calvin, Thomas	1	....	1	2	....	....	4
Calvin, James	2	2	4	3	....	....	11
Calvin, Benedict	2	....	3	4	....	....	9
Calvin, Stephen	3	4	3	2	....	....	12
Calvin, Meribah	....	2	2	....	....	....	4
Calvin, Samuel	2	4	1	2	....	....	9
Calvin, Daniel	1	....	2	....	....	....	3

COVENTRY—CONTINUED.

FAMILIES.	WHITES.				Indians.	Blacks.	Total.
	MALES.		FEMALES.				
	Above 16.	Under 16.	Above 16.	Under 16.			
Calvin, John	2	3	3	3	....	....	11
Calvin, Joseph Jr	1	2	2	....	....	....	5
Calvin, James	1	....	2	....	....	....	3
Calvin, Joseph	4	1	1	1	....	....	7
Cook, Robert	1	4	1	2	....	....	8
Cook, Samuel	2	....	1	1	....	....	4
Cook, Charles	1	3	1	2	....	....	7
Dexter, Benjamin	3	3	2	2	....	....	10
Dye, Daniel	2	....	1	....	....	....	3
Dayley, Benjamin	1	1	1	1	....	....	4
Eddy, Thomas	1	....	2	....	1	....	4
Eldrege, Daniel	1	2	1	2	....	....	6
Eldrege, James	1	2	1	2	....	....	6
Edmunds, William	2	2	2	3	....	....	9
Fowler, William	1	2	1	3	....	....	7
Fenner, Jeremiah	3	5	3	1	1	....	13
Fisk, Nathan	1	5	1	2	....	....	9
Fox, John	3	2	4	2	....	....	11
Finch, Pero	....	....	....	....	5	....	5
Gardiner, Daniel	2	5	3	3	....	....	13
Goff, Nathan	2	2	2	2	....	....	8
Goff, Abner	3	1	2	2	....	....	8
Gordon, Peleg	1	1	5	2	....	....	9
Gordon, George	1	2	1	2	....	....	6
Gibson, James	2	5	2	2	....	....	11
Gibbs, Josiah	3	5	4	5	....	....	17
Greene, Nathan Jr	6	1	2	1	....	1	11
Greene, Jabes	1	....	2	1	....	....	4
Greene, John	3	1	5	1	....	....	10
Greene, Gideon	2	1	2	1	....	....	6
Greene, Griffin	3	2	2	2	....	....	9
Greene, Benjamin	3	2	1	3	....	....	9
Greene, Peleg	1	1	1	1	....	....	4
Greene, Thomas	2	2	2	1	....	....	7
Greene, Job	4	3	3	2	....	....	12
Greene, Judiah	2	3	3	2	....	....	10
Greene, Samuel	2	3	2	3	....	....	10
Greene, Robert Jr	1	3	1	2	....	....	7
Greene, Wardel	2	3	1	2	....	....	8
Greene, Robert	1	....	1	3	....	....	5

COVENTRY—CONTINUED.

FAMILIES.	WHITES.				Indians.	Blacks.	Total.
	MALES.		FEMALES.				
	Above 16.	Under 16.	Above 16.	Under 16.			
Greene, John	2	2	2	....	....	....	6
Greene, Isaac	1	3	3	1	....	....	8
Greene, Benjamite	2	1	2	4	....	....	9
Greene, Ebenezer	3	....	2	....	....	....	5
Greene, Usal	3	....	2	3	....	....	8
Greene, Jonathan	4	....	2	1	....	....	7
Greene, James	3	3	4	4	....	....	14
Greene, John	2	1	2	....	....	....	5
Greene, James	1	....	1	....	....	....	2
Greene, Increase	2	1	2	2	....	....	7
Greene, Increase Jr.	1	2	3	1	....	....	7
Greene, Jeremiah	2	1	2	2	....	....	7
Greene, Nathaniel	3	1	2	1	....	....	7
Hathaway, Thomas	1	1	1	4	....	....	7
Heventon, Richard	5	....	3	1	....	....	9
Heventon, James	1	3	1	3	....	....	8
Hopkins, Jeremiah	3	1	1	3	....	....	8
Hudson, Stukely	3	3	4	3	....	....	13
Hall, George	2	1	1	3	....	....	7
Hester, Bateman	1	1	1	1	....	....	4
Johnson, Ezekiel	2	4	2	2	....	....	10
Johnson, Ebenezer	2	2	1	5	....	....	10
Johnson, Elisha	4	1	2	....	....	....	7
Johnson, Elkanah J	1	3	1	....	....	....	5
Johnson, Joseph	2	6	2	1	....	....	11
Johnson, John	2	4	2	2	....	....	10
Johnson, John Jr	2	3	2	3	....	....	10
Johnson, Obadiah	2	2	3	1	....	....	8
Johnson, Henry	1	1	1	1	....	....	4
Johnson, Samuel	3	3	1	1	....	....	8
Johnson, Edmund	2	2	1	1	....	....	6
Joselin, Joseph	1	1	2	1	....	....	5
Jordon, Barrick	1	1	1	2	....	....	5
Jordon, Edmund	3	5	2	2	....	....	12
Jordon, Philip	1	2	3	2	....	....	8
Knight, Ezra	1	2	....	2	....	....	5
Knight, Caleb	1	2	1	4	....	....	8
Kasson, Adams	3	1	4	....	....	....	8
King, William	2	2	3	....	....	....	7
King, Amaziah	1	1	1	3	....	....	6
King, Ebenezer	2	4	2	1	....	....	9

COVENTRY—CONTINUED.

FAMILIES.	WHITES.				Indians.	Blacks.	Total.
	MALES.		FEMALES.				
	Above 16.	Under 16.	Above 16.	Under 16.			
King, Joseph	1	2	1	1	....	....	5
Kinyon, Joseph	2	4	2	3	....	....	11
Ledson, Michael	1	2	1	3	....	....	7
Ledson, Robert	3	1	2	2	....	....	8
Ledson, Ephraim	1	1	1	3	....	....	6
Ledson, John	1	1	2	2	....	....	6
Love, Robert	1	2	2	1	....	....	6
Love, William	1	5	2	2	....	....	10
Love, William Jr	1	4	2	2	....	....	9
Lewis, Mathew	1	2	1	4	....	....	8
Lion, John	2	5	2	2	....	....	11
Matteson, Joseph	1	3	1	5	....	....	10
Matteson, Sarah	1	1	1	1	....	....	4
Matteson, John	1	2	1	1	....	....	5
Matteson, Thomas	3	3	2	4	....	....	12
Matteson, Jonathan	3	1	2	1	....	....	7
Matteson, Thomas Jr	2	1	1	1	....	....	5
Matteson, Pesila	1	1	3	3	....	....	8
Matteson, Benjamin	1	1	2	....	....	....	4
Matteson, Thomas	3	5	4	3	....	....	15
Matteson, Joseph	2	3	2	1	....	....	8
Morse, Jean	....	2	1	1	....	....	4
Nichols, Alice	....	2	2	1	....	....	5
Nichols, David	1	1	2	....	....	....	4
Nichols, Jonathan	1	....	1	....	....	....	2
Nichols, David	1	1	2	....	....	....	4
Nichols, William	1	2	1	2	....	....	6
Nichols, Caleb	2	1	1	3	....	....	7
Olin, Jonathan	1	1	1	....	....	....	3
Phillips, John	2	3	2	2	....	....	9
Perry, Amos	1	1	....	2	....	....	4
Pirce, Ezericon	1	3	1	1	....	....	6
Potter, Ezekiel	1	3	1	3	....	....	8
Potter, John	2	2	2	....	....	....	6
Potter, William	1	1	1	4	....	....	7
Potter, Nehemiah	1	1	1	4	....	....	7
Potter, Thomas	2	3	1	2	....	....	8
Potter, Josiah	1	2	2	1	....	....	6
Potter, Jesse	1	....	1	2	....	....	4

COVENTRY—CONTINUED.

FAMILIES.	WHITES.				Indians.	Blacks.	Total.
	MALES.		FEMALES.				
	Above 16.	Under 16.	Above 16.	Under 16.			
Potter, Stephen	2	2	3	4			11
Potter, Mary		3	2				5
Potter, George	1	1	2				4
Potter, Peleg	1	3	1	1			6
Potter, Ichabod	1		2	1			4
Potter, Ichabod Jr	1	3	1	1			6
Parker, Peter	2	7	2	1			12
Parker, Thomas	3	1	2	1			7
Parker, George	1	2	2	1			6
Parker, Elisha	1	3	1	1			6
Parker, Samuel	2		1	2			5
Perkins, Ebenezer	3	1	2				6
Rates, Peleg	1	1	1	1			4
Ray, William	2	1	2				5
Remington, Mathew	1	4	2	2			9
Roberts, James	3	2	3	2			10
Roberts, Jonathan	1	2	1	3			7
Rice, Richard Jr	2	4	2	5			13
Rice, Isaac	2	2	1	2			7
Rice, John Jr	1	2	1	2			6
Rice, Caleb	2		3	1			6
Rice, John	2	3	2	1			8
Rice, Richard	4		3				7
Rice, Randall	1		2				3
Rice, Ebenezer	2	1	2	7			12
Spencer, Peleg	1	1	1	1			4
Spencer, Charles	1		1	2			4
Spencer, Joshua	1	2	1	1			5
Streight, Jeremiah	1			2			3
Shearman, Elkanah	2	1	1	2			6
Stafford, Thomas	3	4	1				8
Stafford, William	3	5	1	2			11
Stafford, John	1		1				2
Sweet, Benjamin	3	1	4	2			10
Sweet, Benjamin Jr	2	1	1	1			5
Sweet, James	3	1	1	4			9
Stone, John	1	2	1	2			6
Stone, William	2	2	1	2			7
Scott, Joseph	3	3	2	1			9
Scott, Samuel	1	2	1	2			6
Tarbox, Spinck	1	1	1	1			4

COVENTRY—CONTINUED.

FAMILIES.	WHITES.				Indians.	Blacks.	Total.
	MALES.		FEMALES.				
	Above 16.	Under 16.	Above 16.	Under 16.			
Tarbox, Samuel	2	2	....	....	....	....	4
Truck, Jacob	....	....	....	....	3	....	3
Tingley, Ephram	3	3	....	....	....	....	6
Utter, Thomas	1	1	2	1	....	....	5
Vaughn, Daniel	1	5	1	1	....	....	8
Vaughn, Caleb	3	1	2	....	....	....	6
Westcott, Ephraim	2	2	2	5	....	....	11
Westcott, Benjamin	1	....	1	1	....	....	3
Westcott, Stukley	2	6	2	1	....	....	11
Wickes, Thomas	2	2	2	1	....	....	7
Wickes, Ebenezer	1	2	1	2	....	....	6
Wickes, Benedict	2	3	2	....	....	....	7
Wickes, Joseph	2	1	2	....	....	....	5
Weaver, Joseph	3	....	3	1	....	....	7
Weaver, Daniel	1	2	2	1	....	....	6
Weaver, John	1	2	1	3	....	....	6
Weaver, Langford	1	2	2	1	....	....	6
Weaver, Jonathan	1	2	3	3	....	....	9
Wall, Samuel	1	4	2	3	....	....	10
Wood, John	1	3	4	....	....	....	8
Wood, Jean	....	2	4	....	....	....	6
Wood, Jonathan	2	5	3	3	....	....	13
Wood, Thomas	1	2	1	2	....	....	6
Waterman, James	4	1	2	2	....	....	9
Whipple, Joseph	2	5	3	2	....	....	12
Walker, Joseph	1	1	2	3	....	....	7
Weight, Telverton	1	2	1	2	....	....	6
Wall, John	1	3	1	2	....	....	7
Wilber, Jonathan	1	4	2	1	....	....	8
Whaley, Thomas	3	....	2	....	....	....	5
Whaley, Thomas Jr	1	1	1	1	....	....	4
Wilson, Penlope	....	3	1	2	....	....	6
Whitford, Nicholas	1	2	1	4	....	....	8

EXETER.

FAMILIES.	WHITES.				Indians.	Blacks.	Total.
	MALES.		FEMALES.				
	Above 16.	Under 16.	Above 16.	Under 16.			
Austin, Silas	1	....	1	1	....	....	3
Austin, Stephen	1	....	1	....	....	....	2
Austin, Robert	2	....	3	1	....	....	6
Austin, Pasqua	4	1	2	1	1	....	9
Austin, Jeremiah	2	3	2	1	....	....	8
Austin, Jeremiah Jr	2	3	1	1	....	....	7
Austin, Marcy	....	....	2	....	....	....	2
Albro, Robert	1	....	1	2	....	....	4
Albro, John	3	....	1	....	....	....	4
Albro, Thomas	1	....	1	1	....	....	3
Allin, William	1	....	2	....	....	....	3
Allin, Jeremiah	1	....	1	....	....	....	2
Ash, John	2	4	2	4	....	....	12
Arnold, Caleb	3	5	2	....	....	....	10
Babcock, Joseph	1	1	2	....	....	....	4
Briggs, Peleg	1	2	2	2	....	....	7
Brown, Josiah	1	1	1	1	....	....	4
Brown, Benjamin	1	....	2	1	....	....	4
Bates, Jonathan Jr	1	1	....	....	....	....	2
Bates, John	1	3	1	4	....	....	9
Bowditch, Abraham	1	1	2	2	....	....	6
Bentley, Thomas	2	....	2	....	....	....	4
Bentley, Benjamin	2	2	2	1	....	....	7
Bentley, Ezekiel	1	....	1	1	....	....	3
Brownell, Mary	....	1	1	2	....	....	4
Benjamin, Jonathan	2	1	1	2	....	....	6
Boon, William	3	2	2	3	....	....	10
Boss, Peter	1	....	1	....	....	....	2
Baker, Joseph	2	2	2	3	....	....	9
Baker, Joseph	2	2	2	4	....	....	10
Baker, James	1	....	2	....	....	....	3
Baker, John	1	....	1	1	....	....	3
Brown, John	1	2	1	....	....	....	4
Brown, Christopher	2	1	2	1	....	....	6
Barber, Joseph	4	3	3	1	....	1	12
Barber, Edward	1	5	2	3	....	....	11
Barber, Daniel	2	2	2	2	....	....	8

EXETER—CONTINUED.

FAMILIES.	WHITES.				Indians.	Blacks.	Total.
	MALES.		FEMALES.				
	Above 16.	Under 16.	Above 16.	Under 16.			
Barber, Jonathan	1	2	1	....	....	....	4
Barber, Daniel Jr	1	2	1	1	....	....	5
Barber, Moses	1	1	1	1	....	....	4
Brayman, Samuel	2	2	1	2	....	....	7
Braman, Soloman	2	2	3	2	....	....	9
Brayman, David	1	....	1	2	....	....	4
Bissel, Samuel	2	2	1	3	....	....	8
Congdon, Benjamin	1	1	1	1	....	....	4
Congdon, John	4	5	2	1	....	2	14
Cartill, William	1	2	1	2	....	....	6
Cooper, David	1	1	1	3	....	....	6
Codner, Hannah	....	....	1	1	....	....	2
Cottrell, Samuel	2	1	3	3	1	....	10
Cottrell David	1	1	2	1	1	....	6
Cottrell John	2	2	3	....	....	....	7
Champlin, Jeffrey	3	4	1	3	....	5	16
Champlin, Christopher	1	2	1	1	....	4	9
Champlin, Benjamin	2	2	2	....	1	....	7
Champlin, John	5	1	2	2	....	1	11
Crandall, John	4	2	6	6	2	1	21
Crandall, John Jr	1	....	2	3	....	....	6
Chapman, John	1	1	2	2	....	6	12
Codner, David	1	2	2	3	....	....	8
Codner, Ephraim	5	....	2	....	....	....	7
Codner, George	1	....	1	2	....	....	4
Corey, Silas	2	1	1	....	....	....	4
Clerke, Cabel	2	....	2	....	....	....	4
Clerke, William	1	....	1	4	....	....	6
Clarke, James	1	....	1	1	....	....	3
Dawley, Samuel	1	1	3	2	....	....	7
Dawley, Michael	1	2	1	5	....	....	9
Dawley, Michael	2	1	3	2	....	....	8
Dawley, Nathan	4	3	2	3	....	....	12
Dawley, Benjamin	3	....	1	2	....	....	6
Dawley, Nicholas	1	1	1	2	....	....	5
Dawley, Ephraim	1	2	1	1	....	....	5
Dawley, David	1	....	1	1	....	....	3
Dawley, Peter	1	1	1	1	....	....	4
Dawley, Elisha	1	....	1	....	....	....	2
Davis, William	1	1	1	....	....	....	3
Davis, Samuel	1	1	1	....	....	....	3
Davis, Benjamin	2	....	2	2	....	....	6

EXETER—CONTINUED.

FAMILIES.	WHITES.				Indians.	Blacks.	Total.
	MALES.		FEMALES.				
	Above 16.	Under 16.	Above 16.	Under 16.			
Eames, Ichabod	1	2	1	2	....	....	6
Eames, Elizabeth	....	1	2	....	....	....	3
Eldred, John	1	3	1	2	....	....	7
Eldred, Sylvester	1	....	3	....	....	....	4
Eldred, Samuel	2	1	3	2	....	....	8
Fowler, Job	1	1	2	1	....	....	5
Fowler, Alle	1	2	1	....	....	....	4
Forster, Jonathan	1	1	2	....	....	....	4
Gardner, Benjamin	1	2	1	3	....	....	7
Gardner, John	3	2	1	2	1	....	9
Gardner, Abel	1	1	1	1	....	....	4
Gardner, Nicholas	3	2	2	1	....	3	11
Gardner, Nicholas	1	....	2	1	....	....	4
Gardner Benjamin	1	....	1	2	....	....	4
Gardner, John	1	2	2	4	....	....	9
Gardner, Huling	1	1	1	1	....	1	5
Gardner, Elisha	1	2	1	3	....	....	7
Gardner, Nicholas	4	2	3	1	....	15	25
Gardner, Nicholas, Jr.	1	3	1	2	....	....	7
Gardner, William	1	1	1	2	....	....	5
Greene, John	1	3	1	1	....	....	6
Greene, Benjamin	1	2	1	3	....	....	7
Greene, Benjamin	1	3	1	1	....	1	7
Greene, Jeremiah	1	3	1	2	....	1	8
Greene, Nathan	2	1	2	1	....	....	6
Greene, Joseph	3	5	2	2	....	....	12
Gorton, Samuel	1	4	1	1	....	....	7
Hill, William	2	3	3	1	....	....	9
Hill, Davis	1	1	1	....	....	....	3
Hammond, John	1	1	2	7	....	....	11
Hopkins, Beriah	1	....	1	1	....	....	3
Hammond, Joseph	2	1	3	1	....	....	7
Hall, Benoni	1	1	2	1	....	....	5
Hall, William	2	....	....	....	....	....	2
Hall, Rowland	1	1	1	1	....	....	4
Hall, Oliver	1	....	1	....	1	....	3
Hevenden, David	1	2	1	2	....	....	6
Herington, Christopher	1	3	2	2	....	....	8
Herington, John	1	1	2	1	....	....	5
Herington, Job	2	4	4	1	....	....	11
Heffernon, William	1	2	1	....	....	....	4

EXETER—CONTINUED.

FAMILIES.	WHITES.				Indians.	Blacks.	Total.
	MALES.		FEMALES.				
	Above 16.	Under 16.	Above 16.	Under 16.			
Hyamer, Spinck	1	2	1	2	....	....	6
Hyamer, William	1	3	3	3	....	....	10
Hart, Nicholas	1	3	1	....	....	....	5
Hoxsie, Samuel	1	....	1	1	....	....	3
Hazard, Phebe	....	1	1	1	....	....	3
Holloway, Joseph	2	4	3	....	....	....	9
Jackaways, Joseph	1	....	1	1	....	....	3
Jones, Benjamin	1	....	1	....	....	....	2
Jones, Noel	1	....	1	2	....	....	4
Joslin, John	2	3	3	3	....	....	10
James, John	1	....	1	....	....	....	2
James, William	1	1	1	1	....	....	4
Joslin, Henry	2	3	1	1	....	....	7
Kynion, John	2	4	1	1	....	....	8
Kynion, John } Kynion, Giles }	3	3	2	8	....	....	16
Kynion, Nathaniel	1	2	1	3	....	....	7
Lawton, Timothy	2	....	1	2	....	....	5
Lawton, Benjamin	1	....	1	1	....	....	3
Lawton, Benjamin Jr	1	1	1	1	....	....	4
Lawton, Oliver	1	3	2	1	....	....	7
Lawton, Timothy	2	1	1	2	....	....	6
Lewis, James	3	....	4	1	....	....	8
Lewis, Joseph	1	....	1	....	....	....	2
Lewis, Randall	1	2	1	2	....	....	6
Lewis, Jacob	3	1	1	....	....	....	5
Lewis, Jonathan Jr	3	1	1	....	....	....	5
Lewis, John	4	4	2	3	....	....	13
Long, Ezekiel	1	....	2	....	....	....	3
Lillibridge, Benjamin	3	....	1	1	....	....	5
Mosher, Ichabod	2	2	2	1	....	....	7
Mowry, Joseph	4	3	2	5	....	....	14
Mowry, Samuel	1	2	1	5	....	....	9
Mowry, Christopher	2	....	2	....	....	....	4
Moon, Peleg	3	1	2	2	....	....	8
Moon, Ebenezer	3	2	2	....	....	....	7
Moon, Robert	1	1	1	....	....	....	3
Moon, Benoni	1	2	1	1	....	....	5
Mooney, Samuel	1	1	3	1	....	....	6
Mooney, Joseph	2	2	2	....	....	....	6
Moot, Benjamin	2	2	1	1	....	....	6

EXETER—CONTINUED.

FAMILIES.	WHITES.				Indians.	Blacks.	Total.
	MALES.		FEMALES.				
	Above 16.	Under 16.	Above 16.	Under 16.			
Northup, James............	1	....	1	1	....	....	3
Northup, Benjamin.........	3	2	1	3	....	....	9
Northup, Joseph...........	1	....	1	1	....	....	3
Northup, Thomas..........	2	2	3	4	....	....	11
Northup, Benjamin.........	1	2	1	2	....	....	6
Nye, John.................	2	2	2	1	....	....	7
Potter, Benjamin...........	1	1	3	2	....	....	7
Potter, John...............	1	....	2	2	....	....	5
Potter, Jean...............	....	....	1	4	....	....	5
Potter, Daniel	1	4	1	....	....	....	6
Phillips, Samuel............	1	4	1	3	....	....	9
Peregoa, Robert............	1	2	1	2	....	....	6
Popel, William.............	2	3	2	2	....	....	9
Perkins, Newman..........	4	5	2	2	....	....	13
Perkins, Uriah.............	1	2	1	1	....	....	5
Pulman, John..............	1	....	1	2	....	....	4
Peirce, George.............	3	2	3	....	....	....	8
Rhodes, Walter............	1	6	1	1	....	....	9
Rhodes, John..............	1	1	2	3	....	....	7
Robbins, Caleb.............	2	1	3	2	....	....	8
Robbins, Benoni...........	1	....	1	1	....	....	3
Reynolds, Joseph..........	2	2	3	2	....	1	10
Reynolds, Joseph Jr........	2	....	2	1	....	....	5
Reynolds, George..........	1	....	3	2	....	....	6
Reynolds, Joseph (son of G)..	1	....	1	1	....	....	3
Reynolds, Benjamin	2	1	2	2	....	....	7
Reynolds, John.............	1	1	1	2	....	....	5
Reynolds, Robert...........	1	....	4	1	5	....	11
Reynolds, Robert Jr	1	1	1	2	....	....	5
Reynolds, Benjamin........	2	....	1	3	....	....	6
Reynolds, Benj (son of Clement	2	....	1	3	....	....	6
Reynolds, John.............	2	....	1	....	....	....	3
Reynolds, Job..............	1	2	3	....	1	....	7
Reynolds, Jonathan........	1	4	2	4	1	1	13
Reynolds, Elisha...........	2	2	1	4	....	....	9
Rathbun, Jonathan.........	2	2	1	3	....	....	8
Rathbun, John.............	2	3	2	2	....	....	9
Rathbun, Joseph...........	2	....	1	1	....	1	5
Rathbun, Joshua...........	1	3	1	3	....	....	8
Rathbun, Simeon...........	1	2	1	2	....	....	6
Rathbun, Thomas..........	2	2	3	....	....	....	7

EXETER—CONTINUED.

FAMILIES.	WHITES.				Indians.	Blacks.	Total.
	MALES.		FEMALES.				
	Above 16.	Under 16.	Above 16.	Under 16.			
Rathbun, Benjamin	1	1	1	4			7
Rathbun, Joshua Jr	2	1	2	2			7
Rathbun, John	2	1	5				8
Rathbun, Obadiah	3	1	5	1			10
Rathbun, Thomas	2	1	2		1	1	7
Rathbun, George	1	2	2				5
Richmond, Stephen	3	2	5	2			12
Richmond, John	1		1	1			3
Spink, Ishmael	1	4	3	3			11
Sheldon, Roger	2	1	3	1			7
Spencer, John	1	4	2	2			9
Sweet, Jeremiah	1	2	3	2			8
Sweet, Robert	3	2	3	4			12
Sweet, William	1		2				3
Sweet, William	1		1	3			5
Sweet, George	3	2	5	4			14
Sweet, George Jr	1	2	1	1			5
Sweet, Jeremiah's children		1		2			3
Sunderlen, Mary	1		1	2		2	6
Sunderlen, Daniel	1	3	1	1			6
Sprague, Soloman	3	2	2	3			10
Stanton, Latham	1	1	2				4
Smith, James	2	1	1	3			7
Shearman, Nathaniel	1		1				2
Shearman, Eber	2	1	4	2			9
Shearman, Peleg	1		1	1			3
Shearman, Benhajah	2	2	1	3			8
Shearman, Thomas	1	2	1	3			7
Shearman, Ichabod	1	1	2	2			6
Shearman, Peleg	4	2	3	1			10
Shearman, Reynolds	2		1				3
Shearman, Eber	2	1	5	1			9
Terrey, Silas	1		1	2			4
Terrey, William	1	1	2	2			6
Tillinghast, John	1	2	1	1			5
Tillinghast, Pardon	3	2	1	2			8
Tillinghast, Stukely	1	3	1	4			9
Tanner, Susanna		2	1				3
Tanner, Thomas	1	3	1		1		6
Tisdell, William	2	1	2	1			6
Tripp Ezekil	1	2	1	2			6
Tripp, Peregrine	1	2	3	3			9

EXETER—CONTINUED.

FAMILIES.	WHITES.				Indians.	Blacks.	Total.
	MALES.		FEMALES.				
	Above 16.	Under 16.	Above 16.	Under 16.			
Tripp, Job................	2	1	2	1	....	....	6
Tripp, Peleg.............	1	1	2	....	....	....	4
Tifft, Jonathan...........	4	3	3	....	....	....	10
Tifft, Martha.............	....	....	2	1	....	....	3
Thomas, Peleg............	1	....	1	....	....	....	2
Thomas, Benjamin.........	1	3	1	3	....	....	8
Thomas, William...........	1	3	1	1	....	....	6
Utter, Simeon.............	1	....	2	1	....	....	4
Vaughan, George..........	3	4	4	2	....	....	13
Vaughan, John............	1	....	1	....	....	....	2
Watson, Robert...........	1	1	1	4	....	....	7
Weaver, Harris...........	2	1	2	....	....	....	5
Whitford, John............	3	....	3	3	....	9	18
Whitford, John Jr.........	1	1	1	3	....	....	6
Whitford, Amos...........	1	1	1	1	....	....	4
Whitford, David...........	1	1	1	3	....	....	6
West, Benjamin...........	1	....	2	1	....	....	4
Weight, John.............	1	....	2	....	....	3	6
Weight, Gideon...........	1	2	1	2	....	....	6
Weight, Joseph...........	2	3	3	4	....	....	12
Weightman, Stephen.......	1	....	1	1	....	....	3
Weightman, Daniel........	1	5	2	2	....	....	10
Wilkey, Jeremiah..........	2	....	2	....	....	....	4
Wilkey, Thomas...........	1	1	1	3	....	....	6
Wilkey, John..............	1	1	1	....	....	....	3
Wilcox, Abraham 3d.......	2	3	1	1	....	....	7
Wilcox, Thomas...........	1	1	1	1	....	....	4
Wilcox, Job...............	1	3	3	1	....	....	8
Wilcox, Ishmael...........	1	....	1	3	....	....	5
Wilcox Abigail............	....	1	1	....	....	....	2
Wilcox, Elijah.............	1	....	1	1	....	....	3
Wilcox, Nathan...........	1	1	1	1	....	....	4
Wilcox, Isaiah.............	1	....	1	1	....	....	3
Wilcox, Abraham..........	1	4	1	1	....	....	7
Wilcox, Abraham..........	3	3	1	2	....	....	9
Wilcox, Jeffrey............	1	1	1	1	....	....	4
Wilcox, William...........	2	1	2	3	....	....	8
Wilcox, John..............	2	2	1	3	....	....	8
Wilcox, George...........	1	2	1	3	....	....	7
Wilcox, Mathew...........	1	1	1	....	....	....	3
Wilcox, Hopson...........	1	3	1	1	....	....	7

EXETER — CONTINUED.

FAMILIES.	WHITES.				Indians.	Blacks.	Total.
	MALES.		FEMALES.				
	Above 16.	Under 16.	Above 16.	Under 16.			
Wilcox, Robert............	1	3	1	1	....	2	6
Wilcox, Job...............	2	2	1	1	....	....	6
Wilcox, Robert............	1	....	1	1	....	....	3
Young, John...............	1	2	1	2	....	....	6

WARREN.

FAMILIES.	WHITES.				Indians.	Blacks.	Total.
	MALES.		FEMALES.				
	Above 16.	Under 16.	Above 16.	Under 16.			
Arnold, William	1	3	2	4	....	....	10
Barton, Haile	1	1	2	....	....	....	4
Barton, William	1	2	1	1	....	1	6
Barton, Rufus	1	2	2	....	....	....	5
Barton, Lydia	1	1	2	....	....	....	4
Barton, Richard	1	2	2	1	....	4	10
Barton, Benjamin	1	3	2	1	....	1	8
Bliss, William	3	2	2	4	....	....	11
Bushee, James	1	1	1	....	....	....	3
Bardeen, Nathan	1	....	1	2	....	....	4
Butterworth, Joseph	1	....	1	....	....	....	2
Butterworth, Benjamin	1	....	2	....	....	....	3
Butterworth, Hezekiah	1	2	2	1	....	....	6
Butterworth, John	1	....	1	....	....	....	2
Burr, Shubael	1	4	2	1	....	1	9
Bowen, Nathan	2	2	3	2	....	....	9
Bowen, Stephen	1	....	1	....	....	....	2
Bowen, Nathaniel	3	1	2	2	....	....	8
Bowen, Smith	1	3	1	5	....	....	10
Bowen, Samuel	1	....	2	....	....	....	3
Bowen, Josias	1	3	1	2	....	....	7
Bowen, Jonathan	1	3	1	2	....	....	7
Bowen, Stephen Jr	1	4	1	1	....	....	7
Brownell, Nicholas	1	....	1	2	....	....	4
Burden, Thomas	1	....	2	1	....	....	4
Brown, John	2	....	2	....	....	....	4
Baker, Jesse	4	4	3	1	....	1	13
Child, Sylvester	5	2	2	3	....	4	16
Child, Jeremiah	1	1	1	1	....	....	4
Child, Hezekiah	2	1	1	6	....	....	10
Child, John	2	3	1	1	....	2	9
Child, Crowell	2	1	4	....	....	4	11
Child, William	1	2	1	1	....	1	6
Child, James	1	1	1	2	....	....	5
Child, John	1	....	1	....	....	....	2
Child, Caleb	4	1	1	....	....	1	7

WARREN—CONTINUED.

FAMILIES.	WHITES. MALES. Above 16.	WHITES. MALES. Under 16.	WHITES. FEMALES. Above 16.	WHITES. FEMALES. Under 16.	Indians.	Blacks.	Total.
Cowen, John	1	....	2	3	....	....	6
Cranston, Mary	....	....	2	1	....	....	3
Cranston, Caleb	1	1	2	1	....	....	5
Cranston, Benjamin	1	2	1	....	....	....	4
Carr, Robert	1	4	1	1	....	1	7
Carr, Caleb	1	3	1	....	....	....	5
Carr, Ruth	2	1	2	1	....	....	6
Carr, Jonathan	1	....	2	1	....	....	4
Comstock, Jeremiah	1	1	1	1	....	....	4
Collins, Charles	1	1	1	1	....	....	4
Chase, Edward	2	2	1	1	....	....	6
Cornell, Gideon	1	2	3	2	....	....	8
Cole, Edward	1	1	1	1	....	....	4
Cole, Curtis	1	2	2	3	....	....	8
Cole, Peter	1	....	1	....	....	....	2
Cole, Ebenezer	2	2	2	2	....	1	9
Cole, William	3	2	1	....	....	....	6
Cole, Eddy	1	1	1	2	....	....	5
Cole, Daniel	3	3	2	3	....	....	11
Cole, Isaac	1	3	1	....	....	....	5
Cole, John	1	....	1	....	....	....	2
Cole, John Jr	2	2	1	....	....	....	5
Cole, Ichabod	2	....	1	....	....	....	3
Cole, Benjamin	2	3	3	1	....	1	10
Cole, Isaiah	2	2	2	2	....	....	8
Cole, Thomas	2	1	2	2	....	....	7
Cole, Allen	1	1	1	1	....	....	4
Eddy, Joseph	1	4	1	3	....	....	9
Eddy, Oliver	1	....	1	....	....	....	2
Eddy, Sarah	....	1	1	1	....	....	3
Eddy, Edward	1	3	1	....	....	....	5
Easterbrook, Moses	2	1	1	....	....	....	4
Easterbrook, Patience	1	....	3	....	....	....	4
Easterbrook, Alitheah	....	....	2	....	....	....	2
Easterbrook, Robert	1	1	1	....	....	....	3
Easterbrook, Benjamin 2d	1	4	1	....	....	....	6
Easterbrook, John	2	....	1	1	....	....	4
Easterbrook, Abel	1	....	1	....	....	....	2
Easterbrook, Thomas	1	....	1	....	....	....	2
Easterbrook, Benjamin	2	2	1	1	....	....	6
Easterbrook, Warren	1	....	1	1	....	....	3
Easterbrook, Susannah	2	1	3	2	....	....	8
Easterbrook, Peleg	1	1	1	2	....	....	5

WARREN—CONTINUED.

FAMILIES.	WHITES.				Indians.	Blacks.	Total.
	MALES.		FEMALES.				
	Above 16.	Under 16.	Above 16.	Under 16.			
Easterbrook, Samuel	1	....	1	....	....	....	2
Fisk, Amos	1	2	1	....	....	....	4
Fisk, Samuel	1	1	1	1	....	....	4
Franklin, Ebenezer	1	4	1	1	....	....	7
Gratix, John	2	1	1	....	....	....	4
Greenman, George	1	....	1	1	....	....	3
Garret, William	1	1	1	....	....	....	3
Gardner, Edward	2	2	3	3	....	1	11
Harding, John	1	3	1	....	....	....	5
Hicks, Samuel	1	1	2	1	....	....	5
Hicks, Samuel 2d	1	2	2	2	....	....	7
Hill, Barnard	3	1	1	....	....	....	5
Hill, Elizabeth	....	1	1	....	....	....	2
Hill, Nathaniel	2	....	....	....	....	....	2
Hoar, William	3	3	2	2	....	....	10
Haile, William	3	2	1	3	....	....	9
Haile, Amos	1	4	1	3	....	....	9
Haile, Nathan	1	5	2	1	....	....	9
Haile, Richard	3	3	2	1	....	....	9
Hastings, Peter	1	1	1	....	....	....	3
Jolls, Jeremiah	1	....	1	1	....	....	3
Kelly, Joseph	1	3	1	1	....	....	5
Kelly, Daniel	1	2	3	2	....	....	8
Kelly, John O	1	1	1	2	....	3	8
Kinnecutt, John	2	1	3	....	1	....	7
Kinnecutt, John Jr	1	4	2	2	....	....	9
Kinnecutt, Shubeal	2	2	2	2	....	....	8
Knight, Philip	2	3	1	3	....	....	9
Luther, Samuel	3	3	1	....	....	....	7
Luther, Martin	2	1	3	3	....	2	11
Luther, Barnebe	2	....	....	4	....	....	8
Luther, Caleb	1	....	2	....	....	....	3
Luther, Frederick	1	3	3	2	....	....	9
Luther, Ebenezer	1	1	2	1	....	....	5
Luther, Jabez	1	1	1	4	....	....	7
Milller, Samuel	1	1	2	....	....	1	5
Miller, William	1	5	1	....	....	....	7

WARREN—CONTINUED.

FAMILIES.	WHITES.				Indians	Blacks	Total
	MALES.		FEMALES.				
	Above 16.	Under 16.	Above 16.	Under 16.			
Miller, Hope	....	2	1	2	....	....	5
Miller, Nathan	3	2	3	1	....	2	11
Miller, William T	3	1	1	....	....	1	6
Miller, Barnard	2	1	2	....	1	1	7
Miller, Job	1	1	1	1	....	1	5
Miller, James	1	1	3	....	....	....	5
Mason, Marmaduke	1	2	1	1	....	....	5
Mason, James	1	....	1	....	....	....	2
Mason, Edward	1	1	1	1	....	....	4
Mason, Holden	2	....	1	1	....	....	4
Mason, John	2	....	3	4	....	7	16
Mason, Gardner	2	2	3	3	....	1	11
Martin, Sarah	1	....	1	1	....	....	3
Ormsbe, Ezra	2	....	1	1	....	....	4
Ormsbe, Joshua	1	4	1	2	....	....	8
Ormsbe, Joseph	1	4	1	1	....	....	7
Ormsbe, John	1	2	2	3	....	1	9
O'Bryan, William	1	1	1	....	....	....	3
Pearse, Samuel	1	4	3	2	....	....	10
Phinny, Elisha	1	5	2	1	....	....	9
Rounds, Oliver	1	1	1	1	....	....	4
Reynolds, Peter	3	1	2	2	....	....	8
Smith, Joseph	3	2	1	1	....	....	7
Shearman, Benjamin	1	....	2	....	....	....	3
Shearman, Nathaniel	1	1	1	....	....	....	3
Sallisbury, Mary	....	....	2	....	....	....	2
Sallisbury, Barnard	1	....	1	....	....	....	2
Sallisbury, Oliver	1	3	1	....	....	....	5
Sallisbury, Caleb	1	1	1	1	....	....	4
Sallisbury, Job	1	....	1	....	....	....	2
Sallisbury, Oliver Jr	1	2	1	2	....	....	6
Sallisbury, Jonathan	1	3	1	4	....	....	9
Sallisbury, William	1	....	1	....	....	....	2
Sisson, John	1	3	2	1	....	....	7
Sisson, George	3	....	3	....	....	....	6
Sisson, Gideon	1	2	1	....	....	....	5
Sharp, Negro	....	....	....	....	4	1	5
Snell, Seth	2	1	1	1	....	....	5
Sanders, Jacob	2	3	1	1	....	....	7

WARREN—CONTINUED.

FAMILIES.	WHITES.				Indians.	Blacks.	Total.
	MALES.		FEMALES.				
	Above 16.	Under 16.	Above 16.	Under 16.			
Turner, Caleb	2	2	3	....	....	....	7
Treadwell, Phebe	....	....	1	....	....	....	1
Thompson, Charles	1	2	2	1	....	....	6
Thomas, Sarah	1	....	2	1	....	....	4
Togood, Simeon	1	1	1	3	....	....	6
Thurber, John	2	1	2	2	....	....	7
Whiting, Joshua	3	3	2	....	....	....	8
Whiting, Nathaniel	2	....	1	....	....	....	3
Wheaton, Samuel	3	3	4	1	....	....	11
Wheaton, Noah	1	....	1	2	....	....	4
Wheaton, Perez	2	1	1	1	....	....	5
Wheaton, Hannah	1	1	2	1	....	....	5
Whitaker, Rufus	1	1	1	2	....	....	5

MIDDLETOWN.

FAMILIES.	WHITES.				Indians.	Blacks.	Total.
	MALES.		FEMALES.				
	Above 16.	Under 16.	Above 16.	Under 16.			
Allen, John................	2	1	4	....	....	....	7
Allen, Samuel............	2	1	1	1	....	....	5
Anthony, Elizabeth......	....	3	2	1	....	....	6
Anthony, Daniel..........	1	1	1	2	....	1	6
Albro, David..............	1	2	1	3	....	....	7
Barker, Peter.............	1	....	3	....	....	....	4
Barker, Peter Jr..........	2	3	3	3	....	....	11
Barker, Edward...........	1	2	1	....	....	....	4
Barker, Edward Jr........	1	....	3	....	....	....	4
Barker, Jeremiah..........	1	....	1	1	....	....	3
Barker, John..............	3	....	2	....	....	....	5
Barker, Elisha............	2	....	1	1	....	....	4
Barker, Joshua............	1	3	3	1	....	....	8
Barker, Giles..............	1	2	1	3	....	....	7
Barker, David.............	1	1	1	....	....	....	3
Baley, Samuel............	2	1	2	2	....	2	9
Baley, John...............	1	....	2	1	....	2	6
Baley and Little, Widows..	2	....	4	2	....	....	8
Baley, Hannah............	....	2	3	1	....	2	8
Burdick, Benjamin........	2	4	2	2	....	....	10
Bliss, William.............	2	5	5	1	....	....	13
Banister, John............	3	1	2	....	1	8	15
Brown, Gideon............	2	3	2	2	....	....	9
Brown, William...........	2	3	1	4	....	....	10
Coggeshall, Gideon........	4	3	1	3	....	1	12
Coggeshall, Jonathan......	1	1	1	3	....	....	6
Coggeshall, William.......	1	....	2	....	....	....	3
Coggeshall, Thomas.......	3	1	2	1	....	....	7
Coggeshall, Joshua........	2	1	4	3	....	1	11
Coggeshall, Joshua........	2	....	2	1	....	1	6
Coggeshall, Thomas 3d....	1	2	1	1	....	....	5
Card, John................	1	2	4	....	....	....	7
Chace, Peter..............	1	2	1	2	....	....	6
Chace, James.............	2	2	3	1	....	....	8
Cornell, Robert...........	1	....	1	3	....	....	5
Cornell, George...........	3	1	3	....	....	....	7

MIDDLETOWN—CONTINUED.

FAMILIES.	Males Above 16	Males Under 16	Females Above 16	Females Under 16	Indians	Blacks	Total
Church, Joseph	1	....	1	....	....	1	3
Cadman, Robin	....	....	....	....	....	2	2
Clarke, Jeremiah	1	1	1	1	....	....	4
Clarke, John	3	....	3	....	....	....	6
Clarke, Samuel	1	....	1	....	....	....	2
Dyre, Mary	....	....	3	....	....	....	3
Durfee Thomas	2	....	2	1	....	....	5
Dudley, Charles	1	....	4	1	....	3	9
Easton, Walter	3	3	3	1	....	5	15
Easton, Edward	1	3	2	3	....	....	9
Easton, Jonathan	1	....	1	....	....	6	8
Easton, Nicholas	2	1	3	3	....	2	11
Foster, Caleb	2	....	1	....	....	....	3
Forister, ——	4	3	1	4	....	....	12
Gould, John Jr	2	....	2	....	....	....	4
Gould, Thomas	2	2	2	4	....	....	10
Gould, Thomas Jr	2	5	2	4	....	....	13
Gould and Anthony, Widows	....	....	6	....	....	....	6
Greene, John	2	6	3	3	....	....	14
Hopkins, Thomas	1	1	1	2	....	....	5
Hazard, Thomas	1	6	3	1	1	3	15
Holmes, John	3	....	4	1	....	2	10
Horswell, Peter	2	2	3	2	....	....	9
Horswell, John	1	1	3	3	....	....	8
Hoar, William	1	1	1	....	....	....	3
Handy, John	4	....	1	....	2	1	8
Hill, Thomas	1	....	1	....	....	....	2
Irish, George	6	4	2	5	1	5	23
Lewis, Enoch	1	2	2	....	....	....	5
Manchester, Isaac	3	3	2	1	....	....	9
Mitchell, James	2	1	1	2	....	....	6
Overing, Henry John	1	....	....	....	....	3	4
Oliphant, James	1	....	1	....	....	....	2
Peckham, Stephen	2	....	3	1	....	....	6

MIDDLETOWN—CONTINUED.

FAMILIES.	WHITES.				Indians.	Blacks.	Total.
	MALES.		FEMALES.				
	Above 16.	Under 16.	Above 16.	Under 16.			
Peckham, Wliiam	1	....	1	....	....	....	2
Peckham, William Jr	1	1	1	1	....	....	4
Peckham, William (son Sam'l)	1	3	3	1	....	....	8
Peckham, Elisha	1	1	1	1	....	....	4
Peckham, Peleg	1	1	2	....	....	....	4
Peckham, Job	2	1	1	4	....	....	8
Peckham, Samuel	3	1	4	1	....	....	9
Peckham, Daniel	1	....	3	1	....	....	5
Peckham, Benjamin	3	3	2	....	....	....	8
Peckham, Joseph Jr	1	3	4	2	....	....	10
Peckham, Richard	2	1	1	....	....	....	4
Peckham, Joseph	2	4	1	3	....	....	10
Peckham, James	2	....	4	2	....	....	8
Peckham, Thomas	2	....	2	....	1	....	5
Phillips, Ann	....	....	3	....	....	....	3
Potter, James	3	2	2	1	....	3	12
Peabody, John	1	....	2	....	....	....	3
Peabody, Joseph	2	1	1	2	....	....	6
Pearce, Richard	1	3	1	1	....	....	6
Ryder, Joseph	2	2	2	1	....	....	7
Ryder, Joseph Jr	1	....	1	1	....	....	3
Robinson, Margaret	....	....	1	1	....	....	2
Rogers, Peleg	2	3	1	1	....	....	7
Rogers, John	3	1	2	....	....	....	6
Rogers, James	....	....	....	....	3	....	3
Romes, George	1	....	....	....	....	4	5
Smith, Isaac	1	1	3	....	....	2	7
Smith, Philip	1	3	2	2	....	....	8
Smith, Benjamin	4	1	4	3	....	....	12
Sisson Joseph	1	4	2	1	....	....	8
Slocum, Giles	1	2	3	2	....	....	8
Slocum, John	3	2	2	2	....	2	11
Stoddard, William	1	....	4	1	....	3	9
Stoddard, Salisbury	2	3	2	3	....	....	10
Sanford, Giles	1	5	1	2	....	....	9
Sheldon, John	1	1	2	....	....	....	4
Taggart, William	3	6	2	3	....	....	14
Taylor, Peter	1	2	1	1	....	....	5
Tew, Edward	1	....	3	....	....	....	4
Turner, William	5	1	6	1	....	....	13

MIDDLETOWN—CONTINUED.

FAMILIES.	WHITES.				Indians.	Blacks.	Total.
	MALES.		FEMALES.				
	Above 16.	Under 16.	Above 16.	Under 16.			
Vars, John..............	3	1	1	4	....	....	9
Wood, John.............	1	....	4	....	1	....	6
Wilson, Jonathan...........	4	2	3	....	....	....	9
Weeden, William...........	3	....	3	....	....	....	6
Weeden, Jonathan..........	2	2	2	1	....	....	7
Ward, Richard............	1	....	3	2	....	....	6
Weaver, Thomas...........	3	1	2	1	1	....	8
Weaver, Thomas Jr.........	1	....	2	3	....	....	6
Weaver, Clemment.........	3	1	2	....	....	....	6
Weaver, Thos (son of Clem't)	1	3	2	1	....	....	7
Weaver, William...........	2	2	3	2	....	....	9
Wilcocks, Josiah...........	2	2	3	3	....	....	10

BRISTOL.

FAMILIES.	WHITES.				Indians.	Blacks.	Total.
	MALES.		FEMALES.				
	Above 16.	Under 16.	Above 16.	Under 16.			
Allen, Sarah	....	1	2	2	....	....	5
Addie, Joseph	1	....	1	....	....	...	2
Barrows, John	1	3	1	1	....	....	6
Burt, John	1	....	2	....	....	2	5
Bosworth, James	1	....	1	....	....	....	2
Bradford, William	2	2	2	4	....	2	12
Bradford, Daniel	2	2	3	3	....	....	10
Bradford, Priscilla	....	....	3	....	....	....	3
Bosworth Benjamin 3d	1	...	2	1	....	....	4
Bosworth, Benjamin	1	2	1	2	....	....	6
Bosworth, William	2	1	1	2	....	....	6
Bosworth, William Jr	1	1	1	....	....	....	3
Blake, Ebenezer	1	3	2	1	....	....	7
Burr, Simon	1	3	1	3	....	....	8
Bullock, Lenox	1	1	1	3	....	....	6
Bourn, Shearjashub	3	2	2	....	....	3	10
Bourn, Shearjashub Jr	1	....	1	....	....	....	2
Church, Peter	1	2	1	1	....	1	6
Church, Nathaniel	2	....	1	....	....	....	3
Church, Unis	....	....	1	4	....	....	5
Church, Samuel	1	4	2	2	....	....	9
Cary, Nathaniel	1	1	2	....	....	2	6
Cary, Ichabod	....	....	....	....	7	....	7
Cob, Elizabeth	....	....	2	....	....	....	2
Clarke, Lemuel	2	1	3	....	....	6	12
Coomer, John	3	....	1	....	1	1	6
Cushing, Josiah	1	....	1	....	....	1	3
Champlin, Thomas	1	4	1	....	....	....	9
Chase, Isaac	2	1	3	2	....	....	8
Coggeshall, William	1	....	1	1	....	3	6
Coggeshall, Sarah	....	....	2	....	....	....	2
Coggeshall, Newby	2	4	3	1	....	2	12
Coggeshall, George	1	....	1	1	....	....	3
Christopher, William	2	2	2	3	....	....	9
Coxx, William Jr	2	....	1	2	....	....	5
Diman, James	1	4	1	3	....	2	11
Diman, Jeremiah	3	1	2	1	....	....	7
Diman, Jonathan	2	....	1	2	....	....	5
Diman, Nathaniel	1	3	1	2	....	....	7
Diman, Joseph	1	1	1	1	....	....	4

BRISTOL—CONTINUED.

FAMILIES.	WHITES.				Indians.	Blacks.	Total.
	MALES.		FEMALES.				
	Above 16.	Under 16.	Above 16.	Under 16.			
DeWolf, Charles	1	1	1	2	....	....	5
DeWolf, Mark Anthony Jr	1	....	1	....	....	2	4
Drown, Richard	1	....	1	1	....	....	3
Drown, Solomon	1	....	1	1	....	....	3
Drown, Jonathan	1	2	2	1	....	....	6
Eslich, Isaac	2	....	1	....	....	....	3
Eslich, Mary	....	....	3	....	....	....	3
Finney, Jeremiah	2	2	3	4	....	....	11
Finney, Josiah	1	2	2	5	....	1	11
Fales, Nathaniel	3	1	3	1	1	1	10
Fales, Timothy	1	....	....	....	....	....	1
Fales, Nathaniel Jr	1	....	1	1	....	1	4
Fales, Jonathan	2	....	2	....	....	....	4
Gladding, John	4	....	2	1	....	....	7
Gladding, Daniel	1	....	1	2	....	....	4
Gladding, William	2	4	2	2	....	....	10
Gladding, John Jr	2	5	1	2	....	....	10
Glover, John	3	1	3	....	2	1	10
Greene, Thos. Farm Family	....	....	1	1	1	5	8
Gain, Andrew	1	....	1	1	....	....	3
Gray, Thomas	1	3	2	2	....	....	8
Hough, Elizabeth	....	....	1	....	....	....	1
Hill, Bernard	1	....	1	1	....	....	3
Harding, William	1	5	1	2	....	....	9
Holmes, William	2	2	3	....	....	....	7
Howland, John	1	....	1	....	....	....	2
Howland, John Jr	2	5	1	3	....	....	11
Harscall, Mary	....	....	2	....	....	3	5
Hubbard, John	1	....	1	....	....	....	2
Hoar, William	2	....	4	....	....	....	6
Hogens, John	1	....	1	2	....	....	4
Ingraham, John	1	....	1	....	....	....	2
Ingraham, John Jr	3	5	1	2	....	....	11
Ingraham, Jeremiah	2	2	1	2	....	1	8
Ingraham, Timothy	1	....	1	1	....	....	3
Ingraham, Joshua	1	....	2	4	....	2	9
Jolls, Robert	1	2	1	2	....	....	6
Jolls, Mehetabel	....	....	2	....	....	5	7

BRISTOL—CONTINUED. 181

FAMILIES.	WHITES.				Indians.	Blacks.	Total.
	MALES.		FEMALES.				
	Above 16.	Under 16.	Above 16.	Under 16.			
Jolls, Ebenezar............	1	2	1	....	....	....	4
Jolls, John................	1	3	1	3	....	....	8
Kinnicut, Sarah............	....	....	2	....	1	1	4
Lynsey, Joseph............	1	1	1	1	....	....	4
Lynsey, William...........	2	1	3	....	....	....	6
Lynsey, William Jr........	1	1	1	1	....	....	4
Lynsey, Elizabeth.........	....	....	2	1	....	....	3
Lamb, Sarah...............	....	....	2	2	....	....	4
Lefavour, Daniel...........	2	....	1	....	....	1	4
Liscomb, Samuel..........	1	4	2	1	....	....	8
Lawless, Wliliam...........	1	1	1	1	....	....	4
Munro, Bennet Jr..........	1	....	2	....	....	....	3
Munro, Nathan............	1	4	2	1	....	....	8
Munro, George............	1	1	1	2	....	....	5
Munro, Mary..............	....	....	1	....	....	....	1
Munro, William...........	1	1	3	2	....	3	10
Munro, Hezekiah..........	1	....	1	1	....	2	5
Munro, James.............	1	1	....	....	....	....	2
Munro, Stephen...........	3	1	1	2	....	1	8
Munro, Bennet............	4	2	3	....	....	7	16
Munro, William 2d........	1	1	1	4	....	....	7
Munro, Charles...........	2	1	1	....	....	....	4
Munro, Hannah...........	2	1	1	1	....	....	5
Munro, Edward...........	1	2	1	1	....	....	5
Munro, Nathaniel..........	2	2	1	2	....	....	7
Munro, Archibald.........	1	1	1	1	....	....	4
Munro, Nathan 2d.........	3	1	1	5	....	....	10
Munro, Simeon............	1	1	3	....	....	....	5
Munro, William 3d........	1	2	1	....	....	....	4
Manchester, Seabury.......	1	3	1	1	....	....	6
Manchester, Nathaniel.....	1	....	2	1	....	....	4
Maxfield, Daniel...........	2	2	2	2	....	....	8
Mingo, John...............	....	....	....	....	....	3	3
McCarty, William.........	1	....	1	2	....	....	4
McCarty, Margaret........	....	....	2	....	....	....	2
May, John................	1	2	3	1	....	....	7
Martindale, Sion...........	2	....	2	3	....	....	7
Munday, Jonathan.........	1	....	1	....	....	....	2
Norris, John..............	2	3	2	3	....	....	10
Newning, James...........	1	1	1	....	....	....	3

BRISTOL—CONTINUED.

FAMILIES.	WHITES.				Indians.	Blacks.	Total.
	MALES.		FEMALES.				
	Above 16.	Under 16.	Above 16.	Under 16.			
Oldridge, Joseph............	1	1	2	....	....	....	4
Oldridge, Alletha...........	....	....	1	1	....	....	2
Oldridge, John..............	2	1	1	....	....	....	4
Oldridge, John 2d...........	1	....	1	....	....	....	2
Oxx, Samuel................	2	2	1	3	....	....	8
Oxx, George................	1	1	1	3	....	....	6
Pearse, Nathaniel Jr........	2	....	2	....	....	1	5
Pearse, Richard............	2	2	2	3	....	....	9
Pearse, William............	2	4	4	1	....	3	14
Pearse, George.............	1	2	2	2	....	....	7
Pearse, Thomas.............	1	1	2	....	....	....	4
Pearse, Nathaniel...........	3	....	4	1	....	7	15
Peck, Jonathan..............	2	4	2	5	....	3	16
Peck, Loring................	1	1	2	1	....	....	5
Paine, Mary.................	1	1	1	....	....	2	5
Pratt, John..................	3	1	1	1	....	....	6
Potter, Hopstill.............	3	....	1	1	....	....	5
Potter, Simeon..............	2	....	2	....	....	11	15
Phillips, Nathaniel..........	4	1	1	2	....	....	8
Richardson, David...........	1	1	1	1	....	....	4
Read, Joseph................	3	2	6	2	....	....	13
Reynolds, Joseph............	2	2	5	1	....	4	14
Reynolds, Joseph Jr.........	1	1	1	1	....	....	4
Reynolds, Mercy............	....	....	2	1	....	....	3
Russell, Joseph..............	3	....	1	....	1	2	7
Rosbottom, Benjamin........	1	....	1	....	....	3	5
Salsbery, Benjamin..........	2	....	1	....	....	....	3
Salsbery, Caleb..............	2	1	1	2	....	....	6
Salsbery, Levi...............	1	3	1	2	....	....	7
Salsbery, Bennet............	1	1	1	1	....	....	4
Swan, Thomas...............	1	1	2	1	....	....	5
Sanford, Restcomb...........	3	....	2	3	....	....	8
Sanford, Joshua.............	2	4	3	1	....	1	11
Smith, Nathaniel............	2	1	1	1	....	1	6
Smith, Benjamin............	3	1	2	1	....	....	7
Smith, John.................	1	2	1	2	....	....	6
Smith, Nathaniel............	1	....	1	....	....	....	2
Smith, Peter................	1	1	1	2	....	....	5
Smith, James................	3	1	2	3	....	....	9
Smith, Richard..............	3	1	2	1	....	....	7
Smith, Josiah...............	2	2	4	3	....	1	12

BRISTOL—CONTINUED. 183

FAMILIES.	WHITES.				Indians.	Blacks.	Total.
	MALES.		FEMALES.				
	Above 16.	Under 16.	Above 16.	Under 16.			
Smith, Stephen..............	4	....	1	5	....	2	12
Thurber, Caleb..............	1	2	1	1	....	....	5
Throope, William	2	1	1	1	....	....	5
Throope, Esther.............	....	....	2	1	....	....	3
Smith, John	1	....	3	4	2	....	10
Smith, Samuel..............	1	3	3	2	....	....	9
Smith, Billings	1	2	1	5	....	....	9
Salbey, Edward	2	1	2	2	....	....	7
Usher, John................	1	....	2	....	....	1	4
Usher, John Jr..............	2	2	3	2	....	....	9
Usher, Hezekiah............	1	....	3	9	....	1	14
Usher, Allen................	1	5	1	....	....	....	7
VanDoorn, Anthony	1	3	1	4	....	1	10
Walker, Patience............	....	....	3	....	....	1	4
West, William	2	2	1	2	....	....	6
West, Oliver	1	1	1	1	....	....	4
West, James................	1	1	1	2	....	....	5
West, Samuel...............	1	3	2	....	....	....	6
West, John	3	2	2	1	....	....	8
Wardwell, Phebe............	1	1	3	1	....	....	6
Wardwell, Joseph............	1	2	1	2	....	....	6
Wardwell, Benjamin	1	....	1	....	....	....	2
Wardwell, Isaac.............	1	1	2	2	....	....	6
Wardwell, Stephen	2	1	2	3	....	....	8
Wilson, William.............	1	....	1	....	....	....	2
Wilson, John	1	....	1	....	....	....	2
Wilson, Jeremiah............	3	1	2	....	....	....	6
Wilson, Thomas	1	....	1	....	....	....	2
White, William	1	1	2	4	....	....	8
Woodbury, Lydia............	....	....	1	....	....	....	1
Whitaker, Samuel	1	1	3	1	....	....	6
Waldron, John	1	1	1	1	....	2	6
Waldron, John 2d	2	1	2	....	....	2	6
Waldron, Cornelius	1	....	2	....	....	....	3
Waldron, Isaac..............	1	4	1	....	....	....	6
Waldron, Nathaniel	2	4	2	2	....	....	10
Waldron, Phebe.............	2	1	2	3	....	1	9
Young, Joyce	....	1	1	1	....	....	3

TIVERTON.

FAMILIES.	WHITES.				Indians.	Blacks.	Total.
	MALES.		FEMALES.				
	Above 16.	Under 16.	Above 16.	Under 16.			
Anthony, Joseph	1	....	5	....	....	1	7
Almy, John	2	4	....	1	....	1	8
Almy, William	1	....	2	1	....	5	9
Almy, Gideon	2	5	1	1	....	....	9
Almy, Joseph	1	4	1	2	....	....	8
Almy, Ann, widow	1	3	2	3	....	2	11
Almy, Mary, widow	....	....	1	....	....	2	3
Albutt, John	1	3	1	1	....	....	6
Borden, Mary	2	....	1	3	....	1	7
Borden, Christopher	1	1	1	2	....	2	7
Borden, Elijah	1	1	1	7	....	....	10
Borden, John Jr	1	....	1	....	1	1	4
Borden, Joseph	1	7	1	4	....	....	13
Bennet, Robert (son of Jona)	1	1	1	5	....	....	8
Bowen, John	3	....	....	1	....	5	9
Borden, Samuel	2	1	2	2	....	....	7
Borden, Joseph	2	1	2	2	....	....	7
Borden, John	2	1	2	1	2	3	11
Bennet, Jonathan	1	....	4	....	....	....	5
Burrington, Sarah	....	....	1	....	....	....	1
Barker, Bersheba	1	....	2	....	....	....	3
Bennet, John	1	1	1	1	....	....	4
Brown, Abraham	4	2	1	3	....	2	12
Brown, Sarah	....	....	1	....	....	....	1
Booth, Silas	1	2	1	3	....	....	7
Brown, Lydia	....	3	2	2	....	1	8
Bennet, Philip	1	....	1	3	....	....	5
Borden, Benjamin	1	2	1	2	....	....	6
Bennet, Robert	2	1	2	....	....	....	5
Borden, John	1	2	2	4	....	....	9
Baley, Oliver	3	3	3	2	....	1	12
Bennet, Johnson	1	....	1	1	....	....	3
Briggs, Mary	3	1	2	2	....	....	8
Brownell, Giles	2	....	2	....	....	2	6
Brownell, Charles	2	2	2	5	....	....	11
Brownell, George	3	2	1	1	....	....	7
Barker, Abraham	3	1	6	2	....	3	15

TIVERTON—CONTINUED.

FAMILIES.	WHITES.				Indians	Blacks	Total
	MALES.		FEMALES.				
	Above 16.	Under 16.	Above 16.	Under 16.			
Crandell, Joseph	1	....	1	....	....	....	2
Campbell, Othniel	2	....	2	....	1	....	5
Crandell, Nathaniel	1	....	1	8	....	....	10
Cory, Caleb	2	....	2	....	....	....	4
Chase, Benjamin	1	4	1	2	....	....	8
Chase, Benjamin and Abner	2	....	1	....	....	4	7
Cook, Walter	4	1	2	3	....	....	10
Cook, Abial	1	....	1	1	....	....	3
Cook, Paul	1	1	1	2	....	....	5
Cook, Caleb	1	2	1	....	....	....	4
Cook, Bennet	1	1	1	....	....	....	3
Cook, John	1	....	....	....	....	....	1
Cook, John	3	....	1	5	....	3	12
Cook, Thomas	1	....	3	....	....	....	4
Cook, Job	2	2	3	....	....	....	7
Cook, Jeremiah	2	2	3	3	1	....	11
Cook, George	3	3	1	3	....	....	10
Cook, Isaac	1	2	1	2	....	1	7
Cory, Isaac	2	2	2	2	....	2	10
Corter, Henry	1	1	1	....	....	....	3
Clossen, Eseck	2	1	2	....	....	....	5
Clossen, Thomas	1	1	1	1	....	....	4
Cook, Peleg	2	1	1	3	....	....	7
Crossman, Paul	1	1	1	1	....	....	4
Chase, Bersheba	....	....	1	....	....	....	1
Cornell, Walter	2	....	1	1	....	1	5
Cory, Roger	2	....	2	....	....	....	4
Crocker, George	2	1	2	1	....	....	6
Cook, Joseph	1	....	2	....	....	1	4
Cook, Joseph Jr	1	....	1	1	....	....	3
Cole, James	1	....	1	....	....	....	2
Cook, Oliver	1	1	4	1	3	....	10
Crandall, Eber	1	3	1	....	....	....	5
Chamberlain, Ephraim	1	1	1	2	....	....	5
Coggishall John	4	1	3	....	....	....	8
Cory, Susannah	....	....	1	....	....	....	1
Church, Israel	1	....	1	....	....	....	2
Cook, Abraham	....	....	....	....	6	1	7
Durfee, Benjamin	3	....	5	1	....	8	17
Durfee, Benjamine Jr	1	3	1	3	....	2	10
Davis, Pardon	1	2	1	3	....	....	7
Devel, Keziah	....	1	1	2	....	....	4
Devel, Jonathan	2	1	2	....	....	....	5

TIVERTON—CONTINUED.

FAMILIES.	WHITES.				Indians.	Blacks.	Total.
	MALES.		FEMALES.				
	Above 16.	Under 16.	Above 16.	Under 16.			
Davenport, John............	1	3	1	1	....	....	6
Dennis, John...............	2	....	1	....	....	1	4
Davenport, Ephraim	1	2	2	2	....	....	7
Dennis, Obadiah............	2	2	1	5	....	....	10
Davenport, Eph. (son of Eph.)	1	....	1	2	....	....	4
Devel, Daniel..............	1	2	1	1	....	....	5
Devel, Stephen.............	1	3	1	....	....	....	5
Devel, Gilbert.............	3	5	1	3	....	1	13
Durfee, David..............	1	....	1	....	....	....	2
Durfee, David Jr...........	1	2	1	4	....	1	9
Durfee, William	2	3	1	3	....	4	13
Durfee, Samuel.............	2	....	....	3	....	3	8
Durfee, Joseph.............	1	1	1	1	....	....	4
Durfee, James..............	1	....	1	2	....	....	4
Devel Jonathan.............	3	....	1	....	....	....	4
Devel, Silas...............	1	....	1	1	....	....	3
Durfee, James Jr...........	1	2	3	4	....	....	10
Durfee, Rebeckah...........	....	1	1	1	....	....	3
Dwelley, Joshua............	3	1	1	2	....	....	7
Dwelley, Daniel............	2	1	1	1	1	....	6
Durfee, Gideon.............	2	4	1	4	....	....	11
Durfee, John...............	2	2	1	4	....	....	9
Durfee, Job................	1	5	2	....	....	....	8
Durfee, Benjamin (son of John)	2	....	1	....	....	....	3
Estes, Thomas..............	4	2	2	3	....	....	11
Eley, Joseph...............	1	2	1	....	....	....	4
Earl, Water	2	....	5	....	....	....	7
Eddy, David................	1	....	1	2	....	....	4
Fish, Robert...............	1	2	3	....	....	....	6
Fish, John.................	1	2	1	1	....	....	5
Eish, Zuriel...............	1	1	1	2	....	....	5
Fish, Ebenezer.............	1	1	2	....	....	....	4
Fish, Benjamin.............	1	4	1	1	....	....	7
Francis, John..............	1	2	3	4	....	....	10
Freeman, John..............	1	1	1	....	....	....	3
Fish, Thomas...............	1	3	1	1	....	....	6
Fish, William..............	2	2	5	3	....	....	12
Grinnell, Nathaniel........	1	2	1	3	....	....	7
Gray, Sarah Widow	....	2	2	....	....	....	4
Gray, Pardon...............	2	4	2	3	....	2	13
Gray, Philip...............	1	2	2	2	....	3	10

TIVERTON—CONTINUED.

FAMILIES.	WHITES.				Indians.	Blacks.	Total.
	MALES.		FEMALES.				
	Above 16.	Under 16.	Above 16.	Under 16.			
Gray, William	1	1	3	....	....	....	5
Gray, Gideon	1	2	1	....	....	....	4
Gifford, Richard	1	2	2	....	....	....	5
Gifford, Recompence	2	2	1	2	....	....	7
Gray, Edward	5	2	2	2	....	1	12
Grinnell, Jonathan	2	....	1	....	1	....	4
Gifford, Stephen	1	2	4	5	....	....	13
Gifford, Annaniah	1	....	2	....	....	....	3
Gifford, William	1	3	1	1	....	....	6
Grinnell, Daniel	1	2	1	1	....	....	5
Hart, Joseph	1	2	1	....	....	....	4
Hammond, David	1	3	1	1	....	....	6
Hart, Smiton	3	1	2	1	....	....	7
Hull, Charles	1	1	1	....	....	....	3
Howland, John	1	....	2	1	....	....	4
Hicks, Stephen	1	2	1	....	....	....	4
Hill, Clement	1	1	1	....	....	....	3
Hicks, Samuel Jr	2	1	1	....	....	....	4
Hicks, Samuel	4	2	5	1	....	....	12
Hambly, Benjamin	2	2	2	2	....	....	8
Hart, Jonathan	1	1	1	2	....	....	5
Hosier, Giles	1	3	2	1	....	....	7
Hart, Constant	1	2	1	2	....	....	6
Hart, William	3	2	2	4	....	....	11
Hart, Smiton Jr	1	....	1	....	....	....	2
Irish, Ichabod	1	1	1	2	....	....	5
Jamison, William	1	2	1	2	....	....	6
Jencks, Benjamin	2	....	1	1	....	....	4
Jennings, John	1	1	2	4	....	....	8
Jennings, Isaac	2	2	1	1	....	....	6
Knight, Benjamin	1	2	1	....	....	....	4
King, Benjamin	2	....	1	1	....	....	4
King, Godfree	1	2	1	1	....	....	5
King, Olphree	1	2	1	1	....	....	5
King, Job	1	1	1	2	....	....	5
Knight, Benjamin Jr	1	1	1	....	....	....	3
Lamunyon, Samuel	3	2	3	....	....	....	7
Lawton, Jonathan	1	....	1	....	....	....	2
Lake, Philip	2	2	2	4	....	....	10

TIVERTON—CONTINUED.

FAMILIES.	WHITES.				Indians.	Blacks.	Total.
	MALES.		FEMALES.				
	Above 16.	Under 16.	Above 16.	Under 16.			
Lake, David	1	....	1	....	....	....	2
Lake, Noah	1	1	1	1	....	....	4
Lake, Job	1	3	1	1	....	....	6
Lake, Jonathan	1	3	1	....	....	....	5
Lake, Abigail	....	....	1	....	....	....	1
Lake, Joel	1	....	1	....	....	....	2
Lake, James	1	....	1	1	....	....	3
Manchester, Isaac	4	3	4	4	....	1	16
Manchester, Christopher Jr.	1	3	1	1	....	....	6
Manchester, Christopher	3	1	1	1	....	....	6
Manchester, John	1	....	1	....	....	....	2
Manchester, Rebeckah	....	....	3	2	....	1	6
Manchester, Gilbert	1	1	1	1	....	....	4
Manchester, Godfree	1	....	1	1	....	....	3
Macumber, Michael	2	3	2	1	....	....	8
Manchester, Edward	3	1	1	....	....	....	5
Macumber, Benjamin	1	2	2	2	....	....	7
Macumber, Ephraim	1	1	1	3	....	....	6
Manchester, Peleg	2	5	2	1	....	....	10
Manchester, Stephen	1	2	1	4	....	....	8
Manchester, David	1	2	1	....	....	....	4
Manchester, Thomas	1	....	2	....	....	....	3
Mosher, Obadiah	1	3	3	2	....	....	9
Mosher, Paul	1	2	1	2	....	....	6
Manchester, William Jr	2	4	1	4	....	....	11
Manchester, William	1	....	1	....	1	....	3
Negues, John	4	....	4	....	....	....	8
Negues, John Jr	1	1	1	2	....	....	5
Negues, Benjamin	2	4	2	2	....	....	10
Negues, Job	2	....	2	....	....	....	4
Negues, Thomas	1	1	1	3	....	....	6
Osband, William	3	1	2	2	....	....	8
Perry, John	2	1	3	2	....	....	8
Perry, Pearce	3	1	1	3	....	....	8
Perry, Paul	1	1	1	3	....	....	6
Perry, Phinehas	2	2	2	2	....	....	8
Pettes, Nathan	3	3	1	1	....	....	8
Peckham, George	1	1	1	2	....	....	5
Palmer, Benjamin	1	2	1	1	....	....	5

TIVERTON — CONTINUED.

FAMILIES.	WHITES.				Indians.	Blacks.	Total.
	MALES.		FEMALES.				
	Above 16.	Under 16.	Above 16.	Under 16.			
Russel, Samuel	1	....	1	2	....	....	4
Round, John	1	1	1	2	....	....	5
Round, David Jr	1	3	1	4	....	....	9
Round, David	1	1	1	1	....	....	4
Springer, Thomas	3	3	2	1	....	....	9
Sawdey, Benjamin	1	....	1	5	....	....	7
Sawdey, Benjamin	2	1	4	1	....	....	8
Sanford, Content	1	1	2	....	....	....	4
Simmons, Moses	1	....	1	2	....	....	4
Simmons, Peleg	3	....	1	1	....	....	5
Simmons, Thomas	1	4	1	1	....	....	7
Sawyer, John	1	....	1	....	....	....	2
Sanford, William	3	1	3	....	....	....	7
Sheldon, Jonathan	1	1	1	1	....	....	4
Slocum, Ebenezer	3	2	2	4	....	10	21
Sowle, Cornelius	1	....	1	....	1	....	3
Sowle, Abner	2	3	1	1	....	....	7
Sanford, George	1	....	1	1	....	....	3
Sherman, Lot	1	2	1	2	....	....	6
Sherman, Richard	2	1	1	6	....	....	10
Shrieve, John	1	1	1	2	....	....	5
Sawdey, Peleg	1	....	1	3	....	....	5
Sherman, Reuben	1	2	2	1	....	....	6
Sherman, Jared	1	1	1	4	....	....	7
Sawdey, William	1	....	1	4	....	....	6
Simmons, Samuel	1	2	1	....	....	....	4
Seabury, Philip	2	4	1	....	....	....	7
Seabury, Sion	3	1	2	2	....	....	8
Sanford, Samuel	1	1	3	2	1	....	8
Stafford, Samuel	1	2	1	1	....	....	5
Stafford, John	1	1	2	2	....	....	6
Sherman, David	3	4	3	3	....	....	13
Sherman, Ebenezer	1	....	1	....	....	....	2
Stafford, David	2	1	3	....	....	....	6
Stafford, John	1	....	....	....	....	1	2
Stafford, Jane	....	2	1	2	....	....	5
Stafford, Joshua	1	2	1	....	....	....	4
Sisson, Thomas	1	1	2	....	....	2	6
Sowle, Jacob	1	1	1	3	....	....	6
Sowle, William	1	2	1	2	....	....	6
Sherman, Sampson	1	2	1	5	....	....	9
Sowle, Joseph	1	3	1	2	....	....	7
Stafford, Abraham	1	....	1	1	....	....	3

TIVERTON—CONTINUED.

FAMILIES.	WHITES.				Indians.	Blacks.	Total.
	MALES.		FEMALES.				
	Above 16.	Under 16.	Above 16.	Under 16.			
Simmons, Peter....	1	3	1	3	....	....	8
Simmons, Martha...........	....	....	1	....	....	1	2
Tripp, Ebenezer............	2	2	1	....	....	....	5
Thatcher, Peter	1	....	1	1	....	....	3
Tripp, Rufus	1	2	1	....	....	....	4
Tallman, Stephen...........	1	2	1	3	....	....	7
Tallman, Peter..............	2	1	2	....	1	1	7
Taber, Joseph...............	1	....	2	1	1	1	6
Taber, Jacob	1	1	3	2	1	....	8
Taber, Water...............	1	3	1	2	....	....	7
Taber, Paul................	3	....	1	....	....	....	4
Taber, Thomas..............	3	1	2	2	....	....	8
Taber, Samuel	1	1	1	2	....	....	5
Tripp, Abial................	3	....	3	....	....	....	6
Taber, Stephen..............	3	3	2	2	....	....	10
Taber, Pardon	1	1	2	2	....	....	6
Taber, Thomas Jr...........	1	1	2	....	....	....	4
Taber, Moses................	1	1	2	2	....	....	6
Taber, David...............	1	1	1	1	....	....	4
Taber, Amon...............	1	....	1	....	....	....	2
Taber, John................	3	2	3	2	....	....	10
Taber, Joseph...............	3	....	3	1	....	....	7
Woodle, Gershom...........	3	2	2	2	....	....	9
Woodle, Gershom Jr	1	2	1	3	....	....	7
Woodle, Gershom (son of Wm.)	1	1	1	2	....	....	5
Woodle, William Jr........	1	4	1	1	....	....	7
Warren, Gamaliel	1	3	1	....	....	....	5
Willcox, Culbud............	2	3	3	3	....	1	12
Weaver, Thomas............	1	2	2	3	....	....	8
Wilke, Mary................	2	1	2	....	....	....	5
Waite, John.................	1	1	3	2	....	....	7
Wood, George....	1	1	1	3	....	....	6
Willingstone, Ichabud........	1	....	1	1	....	....	3
Willcox, John...............	2	2	2	3	....	....	9
Willcox, William............	2	2	2	3	....	....	9
Willcox, Mary..............	....	....	2	....	....	....	2
Willcox, William Jr...	1	5	1	4	....	....	11
Willcox, Prissillar	....	....	2	4	....	....	6
Willcox, Gideon............	2	1	1	1	....	....	5
Wanton, Mary	....	....	1	....	....	1	2
Westgate, George......	1	....	1	4	....	....	6
Westgate, Silvenius....	2	2	1	2	....	....	7

TIVERTON—CONTINUED.

FAMILIES.	WHITES.				Indians.	Blacks.	Total.
	MALES.		FEMALES.				
	Above 16.	Under 16.	Above 16.	Under 16.			
Lake, Giles..............	1	4	2	3	....	....	10
Lake, Richard............	1	4	1	2	....	....	8
Moon, Walter.............	1	2	1	2	....	....	6
Robbin, Pardon...........	....	....	....	....	6	....	6
Wanton, William..........	....	....	....	....	6	1	7
Wanton, Solomon..........	....	....	....	....	4	1	5
Gray, Joseph.............	....	....	....	....	2	1	3
Demas, Joseph............	....	....	....	....	4	....	4
Quonaway, Keziah.........	....	....	....	....	4	....	4
Davids, Jacob............	....	....	....	....	4	....	4
Almy, Amea...............	....	....	....	....	3	....	3
Pope, Jane...............	....	....	....	....	8	....	8
David, Deborah...........	....	....	....	....	3	1	4
Wancum, Deborah..........	....	....	....	....	6	....	6

LITTLE COMPTON.

FAMILIES.	WHITES.				Indians.	Blacks.	Total.
	MALES.		FEMALES.				
	Above 16.	Under 16.	Above 16.	Under 16.			
Brown, William	3	1	1	....	....	....	5
Brown, Silvanus	1	....	1	2	....	....	4
Brown, Robert	2	1	2	1	....	....	6
Brown, Thomas	1	1	1	3	....	....	6
Bennett, John	1	3	3	2	....	....	9
Bennett, James	3	....	4	....	....	....	7
Briggs, Anne	1	....	2	....	....	....	3
Briggs, Levett	1	1	1	1	....	....	4
Briggs, Enoch	2	3	2	2	....	....	9
Briggs, Richard	1	....	....	....	....	....	1
Briggs, Widow	1	....	....	....	1	....	2
Bryant, Lucy	....	....	2	1	....	....	3
Bailey, Samuel	3	1	1	2	....	2	9
Bailey, Ephraim	1	3	1	....	2	1	8
Bailey, Thomas	1	....	2	1	....	3	7
Bailey, William	1	....	1	1	....	....	3
Bailey, John	1	1	2	....	....	3	7
Bailey, Isaac	1	1	1	....	....	....	3
Bailey, Mary	....	....	1	3	....	....	4
Bailey, Thomas Jr	1	2	2	1	....	....	6
Briggs, William	4	1	3	4	1	....	13
Barton, William	1	2	1	1	....	1	6
Barton, Rufus	1	2	2	....	....	....	5
Burges, Thomas	1	2	2	....	....	1	6
Burges, Ichabod	1	2	1	1	....	....	5
Brightman, Israel	1	....	1	1	1	....	4
Brownell, Thomas	2	1	3	1	....	....	7
Brownell, Joseph	1	3	1	1	....	....	6
Brownell, Pearce	3	1	3	....	....	....	7
Brownell, William	1	1	1	....	....	....	3
Brownell, Stephen	2	1	4	....	....	1	8
Brownell, Richard	2	1	1	1	....	....	5
Brownell, Samuel	2	....	2	....	....	1	5
Brownell, Charles	1	1	2	1	....	....	5
Brownell, George	1	1	1	1	....	....	4
Brownell, Deborah	....	....	2	....	....	....	2
Brownell, John	2	....	1	....	....	....	3
Brownell, William 2d	2	2	1	....	....	....	5

LITTLE COMPTON—CONTINUED.

FAMILIES.	WHITES.				Indians.	Blacks.	Total.
	MALES.		FEMALES.				
	Above 16.	Under 16.	Above 16.	Under 16.			
Brownell, Benjamin	1	....	1	1	....	....	3
Brownell, Joseph	1	1	2	....	....	....	4
Brownell, Stephen 2d	1	1	2	....	....	....	4
Brownell, Gideon	1	....	....	....	....	....	1
Coe, Joseph	4	2	2	1	....	....	9
Coe, William	1	1	1	1	....	....	4
Clap, Elisha	3	1	5	....	....	....	9
Cook, David	1	1	3	....	....	2	7
Cook, Abial	3	2	2	2	....	3	12
Church, Thomas	3	7	5	1	2	3	21
Church, Col Thomas	3	....	3	1	....	....	7
Church, Constant	1	....	1	1	....	....	3
Church, Ebenezer	1	2	2	2	....	....	7
Church, William	1	3	2	2	....	....	8
Church, Nathaniel	1	....	3	....	....	....	4
Church, Caleb	1	2	1	1	....	....	5
Church, Gideon	1	2	1	....	....	....	4
Church, Joseph	1	....	1	....	....	....	2
Childs, Jeremiah	2	....	1	1	....	....	4
Clasen, Grace	....	....	1	....	....	....	1
Carr, William	1	4	2	1	....	....	8
Crandall, Benjamin	1	1	2	....	....	....	4
Chace, James	4	3	2	1	....	....	10
Davenport, William	1	4	4	3	....	....	12
Davenport, John	1	4	1	1	....	....	7
Davenport, Thomas	2	....	1	1	....	....	4
Davenport, Jeremiah	1	....	1	....	....	....	2
Davenport, Eliphalet	3	....	2	1	....	....	6
Davenport, Jonathan	1	1	1	....	....	....	5
Durfee, Wing	1	2	1	1	1	....	6
Dring, Thomas	1	....	1	....	....	....	2
Dring, Philip	1	....	2	1	....	....	4
Dyer, Elizabeth	2	....	2	....	....	....	4
Ellis, Jonathan	1	1	4	....	....	....	6
Earl, George	1	....	1	....	....	....	2
Grinnell, Aaron	1	1	1	1	....	....	4
Grinnell, William	3	....	1	....	....	....	4
Grenell, Daniel	1	....	2	2	....	....	5
Grenell, Aaron	2	5	4	1	....	....	12
Grenell, Richard	2	2	4	....	....	2	10

LITTLE COMPTON—CONTINUED.

FAMILIES.	WHITES.				Indians.	Blacks.	Total.
	MALES.		FEMALES.				
	Above 16.	Under 16.	Above 16.	Under 16.			
Gifford, Canaan............	1	3	3	....	....	....	7
Gifford, Enos..............	1	2	1	5	....	....	9
Gifford, Joseph............	1	3	1	2	....	....	7
Gifford, Esther............	1	1	2	2	....	....	6
Gifford, John..............	2	1	1	1	....	....	5
Gibbs, John................	1	1	1	2	....	....	5
Gray, Samuel...............	2	5	3	2	....	2	14
Horswell, Francis..........	1	1	1	1	....	....	4
Hunt, John.................	3	....	2	1	....	1	7
Hunt, Elizabeth............	....	....	1	....	....	....	1
Hunt, Adam.................	1	2	1	2	....	....	6
Hillard, David.............	2	3	2	1	....	....	8
Hillard, Susanna...........	....	....	2	....	....	1	3
Hart, Stephen..............	2	1	2	....	....	....	5
Hart, Richard..............	1	....	1	....	1	....	3
Hart, Joseph...............	1	....	1	1	....	....	3
Hart, Nicholas.............	1	....	1	2	....	....	4
Head, Benjamin.............	4	1	1	1	....	....	7
Head, Benjamin 2d..........	1	2	1	1	....	....	5
Head, Henry................	1	....	1	1	....	....	3
Irish, John } Irish, Thomas }	3	2	2	4	....	....	11
Irish, David...............	1	1	2	....	....	....	4
Irish, Samuel..............	1	1	1	1	....	....	4
Little, Joseph.............	....	1	1	1	....	....	3
Little, Fobes..............	1	....	2	....	....	....	3
Little, Fobes Jr...........	1	3	1	2	....	....	7
Lind, Sarah................	....	....	3	....	....	....	3
Miller, Robert.............	1	....	1	....	....	....	2
Manchester, John...........	2	2	1	....	....	....	5
Manchester, Charles........	1	....	1	....	....	....	2
Manchester, Archer.........	1	2	1	2	....	....	6
Palmer, Susanna............	1	....	2	1	....	....	4
Palmer, Silvester..........	1	1	1	....	....	....	3
Palmer, Elizabeth..........	....	....	2	2	....	....	4
Palmer, Amy................	1	1	3	2	....	....	7
Palmer, Joseph.............	1	1	3	2	....	....	7
Palmer, Simeon.............	3	....	3	1	....	....	7
Palmer, Rescomb............	1	1	1	3	....	....	6

LITTLE COMPTON—CONTINUED.

FAMILIES.	WHITES.				Indians.	Blacks.	Total.
	MALES.		FEMALES.				
	Above 16.	Under 16.	Above 16.	Under 16.			
Palmer, Elkanah	2	1	3	....	....	....	6
Palmer, Thomas	2	1	1	1	....	....	5
Pearce, George	3	....	1	....	....	1	5
Pearce, Sarah	1	2	1	....	....	....	4
Pearce, Right	1	1	1	....	....	....	3
Pearce, Nathaniel	3	3	4	1	....	1	12
Pearce, Deborah	1	....	1	....	....	1	3
Pearce, Giles	3	1	2	3	....	....	9
Pearce, Elizabeth	....	....	3	1	....	....	4
Pearce, James	1	4	1	2	....	....	8
Peckham, Joseph	1	1	2	....	....	....	4
Peckham, John	1	3	1	1	....	....	6
Rouse, George	1	1	2	....	....	....	4
Rogers, Samuel	1	....	1	....	1	....	3
Records, Jonathan	3	....	2	3	....	....	8
Richmond, Benjamin	1	....	1	....	....	1	6
Richmond, Perez	1	3	2	4	....	2	12
Richmond, William	2	4	3	....	....	....	9
Stoddard, Israel	5	....	3	....	....	....	8
Stoddard, Nathaniel	1	1	2	3	....	....	7
Stoddard, Benjamin	2	....	1	4	....	....	7
Stoddard, David	2	....	2	5	....	2	11
Searles, Nathaniel	2	....	2	....	....	....	4
Searles, Nathaniel Jr	1	1	1	1	....	2	6
Searles, Daniel	1	1	2	1	....	....	5
Southwath, Abigail	....	1	3	2	....	....	6
Southwath, Constant	3	3	2	....	....	....	9
Snell, Isaac	1	2	2	1	....	....	6
Snell, Pardon	2	....	1	2	....	....	5
Snell, Job	1	2	1	1	....	....	5
Sawyer, Josias	3	4	2	2	....	....	11
Shaw, Peter Jr	1	1	1	2	....	....	5
Shaw, Benjamin	2	4	1	2	....	....	9
Shaw, Peter	1	2	5	1	....	....	9
Shaw, Abigail	1	....	3	....	....	....	4
Shaw, Seth	1	1	1	....	....	....	3
Shaw, Israel	2	3	2	1	....	....	8
Shaw, Cornelius	1	1	1	3	....	....	6
Simmons, Gideon	1	1	1	....	....	....	3
Simmons, Adam	1	1	3	2	....	....	7
Simmons, George	2	2	1	3	....	....	8
Simmons, William	1	3	1	....	....	....	5

LITTLE COMPTON—CONTINUED.

FAMILIES.	WHITES.				Indians.	Blacks.	Total.
	MALES.		FEMALES.				
	Above 16.	Under 16.	Above 16.	Under 16.			
Simmons, Mary...............	1	....	3	....	....	....	4
Simmons, Joseph.............	3	1	3	....	....	....	7
Simmons, Cornelius..........	1	....	1	....	....	....	3
Simmons, Aaron..............	1	3	1	3	....	....	8
Simmons, Zarah..............	1	2	1	1	....	....	5
Simmons, Comfort............	....	....	3	1	....	....	4
Simmons, Benjamin...........	3	....	4	....	....	....	7
Simmons, John...............	1	2	1	2	....	....	6
Seabury, Gideon..............	1	....	1	1	....	....	3
Seabury, Constant............	1	....	1	2	....	....	4
Seabury, Rebecca.............	1	....	4	....	....	....	5
Seabury, Lydia...............	1	1	3	....	....	....	5
Taylor, William...............	3	5	2	2	....	....	12
Taylor, Philip................	1	2	1	3	....	....	7
Taylor, Robert and Rebecca..	1	2	3	2	....	....	8
Taylor, James................	1	1	2	....	....	....	4
Taylor, Gideon...............	2	1	2	4	....	....	9
Tompkins, Sarah..............	2	2	1	3	....	....	8
Tompkins, Elizabeth..........	....	....	2	....	....	....	2
Tompkins, Joseph.............	3	1	2	....	....	....	6
Tabor, Philip.................	1	1	1	....	....	....	3
Wilbur, Aaron................	2	2	2	....	....	1	7
Wilbur, Isaac.................	2	....	5	....	....	....	7
Wilbur, Samuel 2d............	1	....	1	....	....	....	2
Wilbur, William...............	1	1	2	....	....	....	4
Wilbur, John..................	1	3	1	3	....	1	7
Wilbur, Daniel................	2	3	1	3	....	....	9
Wilbur, Joseph and Jos. Jr....	2	2	3	2	1	....	10
Wilbur, William Jr............	3	3	4	3	....	....	13
Wilbur, Samuel...............	2	1	2	....	....	....	5
Wilbur, Silvanus..............	1	....	1	2	....	....	4
Wilbur, Charles...............	1	3	1	6	....	....	11
Wilbur, Thomas and Thos. Jr.	4	2	3	1	....	....	10
Wilbur, Walter................	1	4	3	1	....	....	9
Wood, John...................	2	....	1	....	....	....	3
Wood, John 2d................	2	1	2	4	....	....	9
Wood, Thomas................	1	....	1	....	....	....	2
Wood, Isaac..................	1	....	2	....	....	....	3
Wood, George................	1	1	2	5	....	1	10
Wood, Henry.................	2	1	1	1	....	....	5
Wood, Peleg..................	3	....	1	1	....	....	5
Wood, Joseph................	2	1	1	....	....	....	4

LITTLE COMPTON—CONTINUED.

FAMILIES.	WHITES.				Indians.	Blacks.	Total.
	MALES.		FEMALES.				
	Above 16.	Under 16.	Above 16.	Under 16.			
Woodman, John............	1	1	2	....	....	....	4
Woodman, Constant	1	....	1	....	....	1	3
Woodman, John Jr...........	....	1	1	....	....	....	2
Woodman, John 3d..........	1	2	2	1	....	....	6
Woodman, Bathsheba........	....	....	3	....	....	....	3
Woodman, Mary............	....	....	3	....	....	....	3
Woodworth, Elisha..........	3	....	4	....	....	....	7
White, Christopher..........	3	2	3	1	....	....	9
Williston, John.............	1	....	....	....	....	....	1
Wilcox, Sarah..............	....	....	3	....	....	....	3
Indians...................	....	....	....	....	10	....	10
Blacks	....	....	....	....	....	4	4

RICHMOND.

FAMILIES.	WHITES.				Indians.	Blacks.	Total.
	MALES.		FEMALES.				
	Above 16.	Under 16.	Above 16.	Under 16.			
Adams, Mary............	....	....	2	....	....	....	2
Adams, Stephen............	1	2	1	1	....	....	5
Austin, Joseph............	2	4	2	2	....	....	10
Brown, James............	1	5	1	2	....	....	9
Babcock, Elisha............	1	1	6	2	....	3	13
Babcock, Elisha (son of E.)..	2	1	1	....	....	....	4
Barber, Thomas............	2	8	3	1	....	....	14
Barber, Ezekiel............	2	2	3	1	....	....	8
Barber, Samuel............	1	2	1	2	....	....	6
Barber, Caleb............	2	4	2	2	....	....	10
Barber, Benjamin............	2	4	2	2	....	1	11
Barber, Nicholas............	2	1	4	1	....	....	8
Baker, Benjamin Jr.........	1	....	1	....	....	....	2
Baker, Benjamin............	3	5	2	1	....	....	11
Baker, Solomon............	1	....	2	2	....	....	5
Burdick, Edmond............	1	....	2	2	....	....	5
Bailey, Samuel............	1	....	1	2	....	....	4
Bailey, Clark............	1	2	2	....	....	....	5
Bailey, Richard............	2	2	4	3	....	....	11
Bentley, John............	4	1	2	2	....	....	9
Bentley, William............	2	3	2	3	....	....	10
Bentley, Ezekiel............	1	2	1	1	....	....	5
Baggs, John............	3	4	2	....	....	....	9
Brownell, Eunice............	....	1	1	2	....	....	4
Boss, Jeremiah............	3	....	2	....	....	2	7
Boss, Jonathan............	1	1	1	1	....	....	4
Boss, Peter............	1	3	1	4	....	....	9
Boss, Joseph............	1	1	1	....	....	....	3
Colgrove, Oliver............	3	3	2	3	....	....	11
Colgrove, Jeremiah............	1	2	1	2	....	....	6
Clarke, Arnold............	1	1	1	....	....	....	3
Clarke, John............	1	4	2	1	....	....	8
Clarke, Joshua............	1	3	1	3	....	....	8
Clarke, Oliver............	1	1	2	....	....	....	4
Clarke, Walter............	1	3	2	1	....	....	7
Clarke, William............	4	....	2	1	....	....	7

RICHMOND—CONTINUED.

FAMILIES.	WHITES.				Indians.	Blacks.	Total.
	MALES.		FEMALES.				
	Above 16.	Under 16.	Above 16.	Under 16.			
Clarke, Josua (son of Wm.)	1	3	1	2	....	....	7
Clarke, James	2	3	2	2	....	....	9
Clarke, Isaac	1	3	1	3	....	....	8
Clarke, Joseph	3	2	2	....	3	....	10
Clarke, Thomas	2	....	2	....	....	....	4
Clarke, Simeon	3	2	4	2	....	....	11
Clarke, William Jr	1	1	1	3	....	....	6
Clarke, Samuel	1	2	..	....	....	2	5
Collins, Jedediah	2	2	2	1	....	....	7
Card, Benjamin	1	2	1	3	....	....	7
Cory, John	1	....	1	....	....	....	2
Cory, Samuel	1	1	3	1	....	....	6
Dake, Hannah	1	....	2	1	....	....	4
Dyer, Elizabeth	1	....	1	....	....	....	2
Dyer, Daniel	1	4	1	....	....	....	6
Dyer, John	1	2	1	3	....	....	7
Enos, John	2	....	2	....	....	....	4
Enos, Benjamin	1	3	4	2	....	1	11
Ellsworth, Joseph	2	....	1	1	....	....	4
Frazer, John	1	1	1	3	....	....	6
Foster, John	1	....	2	....	....	....	3
Griffin, Joshua	1	....	1	....	....	....	2
Griffin, John	1	....	3	....	....	....	4
Griffin, James	1	2	1	1	....	....	5
Griffin, Philip	1	1	1	2	....	....	5
Hall, Ruth	....	2	1	3	....	....	6
Hall, Ebenezer	1	2	1	2	....	....	6
Hall, Elisha	4	3	4	....	....	....	11
Holloway, Nicholas	1	....	....	....	....	....	1
Holloway, George	1	1	3	1	....	....	6
Holloway, Samuel	1	2	1	3	....	....	7
Hernington, Paul	1	4	2	1	....	....	8
Hernington, William	1	2	1	....	....	....	4
Hoxsie, Stephen	3	2	4	....	....	....	9
Hoxsie, Barnabas	2	2	2	2	....	....	8
Hoxsie, Solomon	3	1	2	1	....	....	7
Hoxsie, Job	1	1	1	2	....	....	5
Hoxsie, Joseph	3	3	2	4	....	....	12
Hoxsie, Joseph Jr	2	3	2	4	....	....	11

RICHMOND—CONTINUED.

FAMILIES.	WHITES.				Indians.	Blacks.	Total.
	MALES.		FEMALES.				
	Above 16.	Under 16.	Above 16.	Under 16.			
Irish, Sarah	....	....	2	2	....	....	4
James, Joseph	1	1	1	....	....	....	3
James, James	3	4	5	4	....	....	16
James, Jonathan...........	2	....	3	....	....	....	5
James, Patience	2	3	2	....	....	....	7
James, Benjamin	2	2	1	2	....	....	7
James, Thomas	1	....	2	....	....	....	3
James, Jonathan Jr	1	3	2	1	....	....	7
Johnson, Ezekiel	2	5	3	2	....	....	12
Knowles, Elizabeth	2	....	1	....	....	3	6
Knowles, Robert	1	2	1	4	....	....	8
Kinyon, Mary	....	....	1	1	....	....	2
Kinyon, John	1	1	2	3	....	....	7
Kinyon, William	3	3	2	2	....	....	10
Kinyon, Nathan	1	5	1	3	....	....	10
Kinyon, Benedict..........	1	6	1	1	....	....	9
Kinyon, Thomas Jr	1	3	1	1	....	....	6
Kinyon, Sylvester Jr	1	3	1	2	....	....	7
Kinyon, John	3	....	1	1	2	....	7
Kinyon, Sylvester	1	2	2	....	....	....	5
Kinyon, Thomas (son of David)	3	4	1	3	....	....	11
Kinyon, Thomas...........	1	....	2	1	2	....	6
Larkin, Nicholas	2	1	1	1	....	....	5
Larkin, Edward	1	2	1	3	....	....	7
Larkin, Elisha	1	....	1	....	....	....	2
Larkin, Stephen...........	1	1	1	1	....	....	4
Larkin, David.............	1	....	1	....	....	....	2
Lewis, Isaac	1	....	1	1	....	....	3
Lewis, George	4	....	3	1	....	....	8
Lewis, Nathan	1	3	1	4	....	....	9
Lillibridge, Thomas	2	5	4	2	....	....	13
Lillibridge, Edward	1	3	3	1	....	1	9
Larkham, Lasonlet	1	4	2	2	....	....	9
Moon, John...............	1	....	1	1	....	....	3
Moon, Job................	1	3	1	2	....	....	7
Moore, Robert............	2	2	3	1	....	....	8
Moore, David.............	2	2	3	1	....	....	8
Maxson, Jonathan	1	1	1	4	....	1	8
Mosher, Nicholas	4	6	3	2	....	....	15
Mosher, Gideon	1	2	3	1	....	....	7

RICHMOND—CONTINUED.

FAMILIES.	WHITES. MALES. Above 16.	WHITES. MALES. Under 16.	WHITES. FEMALES. Above 16.	WHITES. FEMALES. Under 16	Indians.	Blacks.	Total.
Niles, George..............	1	1	1	2	....	....	5
Ney, George...............	2	2	1	1	....	....	6
Nicholas, David............	2	1	2	....	....	....	5
Nicholas, Andrew...........	1	1	1	....	....	....	3
Pettis, Robert..............	1	....	....	....	....	....	1
Potter, Jonathan............	3	2	6	2	....	....	13
Potter, Thomas.............	4	3	1	1	....	....	9
Potter, Smitern.............	1	1	1	3	....	....	6
Potter, William.............	1	1	1	....	....	....	3
Potter, William Jr..........	2	1	3	....	....	....	6
Potter, William 3d..........	1	1	2	3	....	....	7
Potter, Robert..............	1	....	1	2	....	....	4
Potter, David...............	3	1	2	2	....	....	8
Potter, Incomb.............	1	1	1	....	....	....	3
Pierce, Aounnour...........	....	....	1	2	....	....	3
Peterson, Ichabod...........	1	1	1	5	....	....	8
Phillips, Jane...............	....	2	1	1	....	....	4
Phillips, Bartholomew.......	1	1	2	2	2	....	8
Pulman, Nathaniel...........	1	....	1	1	....	....	3
Perry, Edward..............	3	1	4	2	....	2	12
Pendleton, John.............	2	....	2	2	....	....	6
Reynolds, William..........	1	3	1	1	....	....	6
Reynolds, William Jr.......	1	1	1	....	....	....	3
Reynolds, James............	1	1	1	1	....	....	4
Roger, Robert..............	1	....	2	....	....	....	3
Remington, David...........	1	3	1	....	....	....	5
Rogers, Samuel.............	1	2	1	2	....	....	6
Rogers, Weight.............	1	....	....	....	....	....	1
Rogers, Thomas.............	1	1	3	1	1	....	7
Rogers, Thomas Jr..........	2	3	1	4	....	....	10
Sheldon, William...........	1	1	1	1	....	....	4
Sisson, Rodman.............	2	2	2	....	....	1	7
Stanton, Samuel.............	1	1	1	2	....	....	5
Stanton, Robert.............	1	4	2	2	1	....	10
Tifft, Joseph Jr.............	3	2	2	4	....	....	11
Tifft, Benjamin..............	1	3	2	2	....	....	8
Tifft, Samuel Jr.............	2	....	2	....	....	....	4
Tifft, Joseph................	3	2	4	2	1	....	12
Tifft, Jeremiah..............	1	2	2	1	....	....	6
Tifft, Samuel...............	2	1	2	1	....	3	9

RICHMOND—CONTINUED.

FAMILIES.	WHITES.				Indians.	Blacks.	Total.
	MALES.		FEMALES.				
	Above 16.	Under 16.	Above 16.	Under 16.			
Tifft, Ezekiel	2	2	4	2	....	....	8
Tifft, William	3	3	2	2	....	....	12
Tanner, George	1	3	3	2	....	....	9
Thomas, Peleg	1	3	1	4	....	....	9
Tindon, Jonathan	....	....	....	....	9	....	9
Vallitt, Jeremiah	1	1	1	6	....	....	9
Wording, Samuel	1	....	1	2	....	....	4
Wording, John	1	....	1	2	....	....	4
Wright. John	1	2	2	1	....	....	6
Weaver, Thomas	1	3	1	....	....	....	5
Webster, James	3	2	2	3	....	....	10
Webster, John	2	2	2	3	....	....	9
Webster, John Jr	2	3	2	4	....	....	11
Woodmansie, Joseph	1	2	2	2	....	....	7
Woodmansie, Joseph Jr	1	2	1	....	....	....	4
Woodmansie, John	1	2	1	1	....	....	5
Woodmansie, James	1	....	1	1	....	....	3
Wilcox, Edward	2	1	2	2	....	....	7
Wilcox, Sheffield	1	....	1	1	....	....	3
Wilcox, Stephen	1	1	1	4	....	....	7
Wilcox, Stephen	3	....	2	1	....	....	6
Wilcox, Robert	1	....	1	1	....	....	3
Wilbour, John	2	1	2	3	....	....	8
Wilbour, Samuel	1	....	1	....	....	....	2
Wilbour, Samuel Jr	2	1	1	3	....	....	7
Wilbour, Peter	1	4	1	1	....	....	7
Watson, William	1	1	1	1	....	....	4
Webb, George	4	2	2	2	....	....	10
Webb, John	2	1	1	1	....	....	5
Williams, Maccoon	1	4	1	3	....	....	9

CUMBERLAND.

FAMILIES.	WHITES.				Indians.	Blacks.	Total.
	MALES.		FEMALES.				
	Above 16.	Under 16.	Above 16.	Under 16.			
Angell, Abraham	1	3	1	3	....	....	8
Angell, Thomas	1	....	2	....	....	....	3
Allen, Nemiah	1	4	3	2	....	....	10
Allen, Timothy	1	2	1	3		1	8
Aldrich, Phillip	1	....	1	....	....	....	2
Aldrich, Abel	1	2	1	1	....	....	5
Aldrich, Jonathan	1	3	4	2	....	....	10
Aldrich, Robert	3	2	4	3	....	....	12
Aldrich, Joseph	1	2	1	2	....	....	6
Alexander, Roger	1	3	2	2	....	....	8
Alexander, Mary	....	....	2	1	....	....	3
Arnold, Nathan	1	2	2	....	....	....	5
Arnold, Amos	2	3	2	2	....	....	9
Arnold, Levi	1	2	2	1	....	....	6
Arnold, Oliver	1	1	1	2	....	....	5
Arnold, Moses	1	....	1	....	....	....	2
Arnold, John	1	3	2	3	....	....	9
Armsbery, Jeremiah	1	2	2	2	....	....	7
Brown, Abiel	1	3	1	4	....	....	9
Brown, Jeremiah	2	1	1	1	....	....	5
Brown, Christopher	2	1	2	4	....	....	9
Brown, Ichabod	1	....	1	2	....	....	4
Brown, Stephen	4	1	3	1	....	....	9
Brown, Ephraim	1	2	1	3	....	....	7
Brown, John	1	2	1	3	....	....	7
Brown, Amos	1	2	1	5	....	....	9
Brown, Sibel	1	1	1	1	....	....	4
Brown, Joseph	2	1	4	3	....	....	10
Bowen, Amos	1	....	1	....	....	....	2
Bowen, Thomas	1	1	1	1	....	....	4
Bowen, William	1	....	1	....	....	....	2
Bowen, Nicholas	1	1	1	1	....	....	4
Bowen, Stephen Jr	2	....	1	3	....	....	6
Braley, Roger	3	2	1	3	....	....	9
Bishop, John	2	2	2	2	....	....	8
Bishop, Gideon	1	....	3	....	....	....	4
Bishop, Simeon	2	3	2	....	....	....	7

CUMBERLAND—CONTINUED.

FAMILIES.	WHITES.				Indians.	Blacks.	Total.
	MALES.		FEMALES.				
	Above 16.	Under 16.	Above 16.	Under 16.			
Brownell, George	1	2	1	2			6
Bicknell, Japhet	2	2	1	1			6
Butler, Benjamin	1	....	1	1			3
Blanding, Samuel	1	2	3	1			7
Blanding, Ephraim	1	....	2	3			6
Bozworth, Jonathan	1	....	1	....			2
Bradford, George	3	3	1	3			10
Barber, Thomas	1	2	1	1			5
Burlingame, John	2	1	5	....			8
Burlingame, Daniel	1	....	1	....			2
Butterworth, Noah	1	3	2	2			8
Broch, Mary	....	....	4	1			5
Blu, Jeremiah	2	....	2	1			5
Ballou, Abner	2	3	2	2			9
Ballou, Levi	2	1	1	4			8
Ballou, Stephen	2	2	2	2			8
Ballou, Ezekiel	1	....	2	1			4
Ballou, Reuben	2	2	2	2			8
Ballou, Ariel	3	1	2	3			9
Ballou, James	3	4	3	2			12
Ballou, Seth	1	2	1	2			6
Ballou, Asa	1	1	1	1			4
Ballou, Noah	3	5	3	1			12
Ballou, Joseph	1	2	2	1			6
Ballou, Benjamin	1	2	1	1			5
Ballou, Elisha	1	....	2	3			6
Bartlet, Jeremiah	1	2	3	5			11
Bartlet, Rufus	2	2	2	3			9
Bartlet, John	4	2	5	2			13
Bartlet, Eber	1	2	2	....			5
Bartlet, Joseph	5	1	3	1			10
Bartlet, Jehu	1	3	1	3			8
Carpenter, William	1	2	5	2			10
Carpenter, Asa	1	3	1	4			9
Carpenter, Jotham	3	1	3	....			7
Carpenter, Jotham Jr	1	1	1	1			4
Carpenter, Nathaniel	2	....	2	....			4
Carpenter, Ezekiel	1	2	1	2			6
Clarke, Edward	2	....	1	....			3
Clarke, Samuel	2	5	3	2			12
Clarke, John	1	3	2	3			9
Commuis, Joseph	1	1	1	3			6
Capron, Charles	2	....	1	1			4

CUMBERLAND—CONTINUED.

FAMILIES.	WHITES.				Indians.	Blacks.	Total.
	MALES.		FEMALES.				
	Above 16.	Under 16.	Above 16.	Under 16.			
Capron, Philip............	2	1	2	1	....	....	6
Cook, Abraham............	2	1	3	5	....	....	11
Cook, Abraham Jr.........	1	1	1	1	....	....	4
Cook, Ariel...............	2	1	5	1	....	....	9
Cook, Nathaniel...........	1	3	1	1	....	....	6
Cook, Hezekiah............	4	4	2	3	....	....	13
Crowninshield, Richard.....	1	3	1	3	....	....	8
Chase, Joseph.............	3	3	1	2	....	....	9
Chase, Isaac..............	1	2	3	....	....	....	6
Cole John,................	2	....	2	....	....	....	4
Cole, John Jr.............	1	1	1	....	....	....	3
Chamberlin, Samuel........	1	1	1	7	....	....	10
Cargill, James.............	2	5	1	1	....	....	9
Day, Ezra................	1	3	2	3	....	....	9
Dexter, James.............	4	2	2	3	....	....	11
Dexter, David.............	3	3	2	2	....	....	10
Dexter, John..............	1	2	5	1	....	....	9
Davis, Joseph.............	2	....	2	....	....	....	4
Davis, Benjamin...........	1	....	2	....	....	....	3
Darling, Peter.............	2	3	2	....	....	....	7
Darling, Richard...........	1	....	1	....	....	....	2
Darling, Job..............	1	1	1	3	....	....	6
Darling, Joseph............	3	1	2	5	....	....	11
Darling, John.............	1	2	2	2	....	....	7
Darling, John Jr...........	1	2	1	3	....	....	7
Estes, Zecheus............	1	1	1	1	....	....	4
Estes, Richard............	3	1	1	1	....	....	6
Estes, Samuel.............	1	2	1	3	....	....	7
Estes, Abijah.............	1	1	1	....	....	....	3
Estes, John...............	2	2	2	2	....	....	8
Emmerson, William........	2	....	2	....	....	....	4
Field, John...............	1	6	1	2	....	....	10
Franklin, Vial.............	1	2	1	4	....	....	8
Fisk, John................	2	2	2	4	....	2	12
Follett, Joseph............	1	1	1	2	....	....	5
Follett, Benjamin..........	1	2	2	3	....	....	8
Follett, Abraham..........	2	6	1	3	....	....	12
Fuller, Peleg..............	1	....	2	....	....	....	3
Fisher, Jonathan...........	2	4	5	2	....	....	13
Grant, John...............	3	1	3	1	....	....	8

CUMBERLAND—CONTINUED.

FAMILIES.	WHITES.				Indians.	Blacks.	Total.
	MALES.		FEMALES.				
	Above 16.	Under 16.	Above 16.	Under 16.			
Grant, Gilbert	1	....	1	....	....	....	2
Grant, Joseph	2	....	2	1	....	....	5
Gaskill, Samuel	1	1	1	....	....	....	3
Gaskill, William	2	....	2	4	....	....	8
Goold, Benjamin	1	2	2	4	....	....	9
Goold, John	1	....	4	1	....	....	6
Goold, Jabez	1	2	1	2	....	....	6
Goold, Nathaniel	1	4	1	3	....	....	9
Herrenden, Nathan	1	1	2	4	....	....	8
Herrenden, Jonathan	1	....	2	1	....	....	4
Harris, Christopher	1	3	1	1	....	....	6
Hews, Daniel	1	....	1	....	....	....	2
Hawkins, Andrew	1	3	1	2	....	....	7
Hunt, Edward	1	....	1	1	....	....	3
Hogg, David	1	3	3	4	....	....	11
Haskill, Abner	3	1	1	3	....	....	8
Hill, Roger	1	2	1	5	....	....	9
Hathway, Silvanus	1	4	1	3	....	....	9
Hathway, Meletiah	1	1	1	....	....	....	3
Howard, James	1	....	2	....	....	....	2
Howard, Seth	1	5	1	3	....	....	10
Howard, Silas	1	3	1	1	....	....	6
Howard, John	1	3	1	3	....	....	8
Howard, Prince	....	....	....	....	....	2	2
Howard, Samuel	1	5	1	3	....	....	9
Inman, Francis	1	....	2	....	....	....	3
Inman, Huldah	2	....	3	....	....	....	5
Ide, Timothy	1	1	2	1	....	....	5
Joslen, Henry	2	....	1	1	....	....	4
Joslen, Thomas	1	3	1	1	....	....	6
Jenks, Jeremiah	2	3	2	1	....	....	8
Jenks, Daniel	1	3	4	3	....	....	11
Jenks, Daniel Jr	1	4	2	2	....	....	9
Jenks, Amos	1	....	1	3	....	....	5
Jenks, Lawrence	1	2	1	2	....	....	6
Jenks, Daniel	1	....	3	....	....	....	4
Jenks, John	1	1	1	3	....	....	6
Jones, Ebenezer	1	....	1	....	....	....	2
Jillson, Uriah	2	....	2	1	....	....	5
Jillson, Nathaniel	3	....	4	....	....	....	7
Jillson, Nathaniel Jr	1	....	1	....	....	....	2

CUMBERLAND—CONTINUED.

FAMILIES.	WHITES.				Indians.	Blacks.	Total.
	MALES.		FEMALES.				
	Above 16.	Under 16.	Above 16.	Under 16.			
Jillson, Nathaniel 3d	1	2	1	....	....	....	4
Jillson, Nathan	1	1	1	2	....	....	5
Jillson, Stephen	1	1	2	5	....	....	9
Jillson, Enos	1	1	1	5	....	....	8
Knox, John	1	....	1	....	....	....	2
Knolton, Timothy	1	3	1	2	....	....	7
Lapham, Abner	1	3	1	2	....	2	9
Lapham, Joseph	1	....	1	....	....	....	2
Lapham, John	1	2	1	2	....	....	6
Lovet, John	1	....	1	1	....	....	3
Lovet, John Jr	1	1	1	2	....	....	5
Lovet, James	2	6	2	1	....	5	16
Lee, Joseph	1	4	2	4	....	....	11
Miller, Peter	1	2	1	2	....	....	6
Miller, Daniel	1	1	3	2	....	....	7
Miller, Daniel Jr	1	3	1	2	....	....	7
Miller, Josiah	1	2	1	1	....	....	5
Mosher, Gardner	1	2	....	1	....	....	4
Mosher, Jonathan	3	2	3	1	....	....	9
Meads, James	1	1	1	2	....	....	5
May, Benjamin	2	3	2	1	....	....	8
Mowry, James	1	....	1	1	....	....	3
Mason, Pelatiah	3	....	2	2	....	....	7
Mason, Jonathan	3	1	2	7	....	....	13
Mahony, Timothy	1	....	1	....	....	....	2
Newell, Aaron	1	3	1	3	....	....	8
Peck, Solomon	1	3	1	3	....	....	8
Peck, George	2	2	2	2	....	....	8
Peck, Benjamin	2	2	2	1	....	....	7
Peck, Ichabod	3	3	1	1	....	....	8
Philbrock, Elias	2	....	1	2	....	....	5
Parker, Rhoda	....	....	4	....	....	....	4
Raze, David	2	1	6	....	....	....	9
Raze, Joseph	2	1	4	1	....	....	8
Raze, Joseph Jr	2	1	2	1	....	....	6
Ray, Henry	2	3	3	2	....	....	10
Ray, Joseph	3	2	2	2	....	....	9
Richmond, Jeremiah	1	4	1	2	....	1	9

CUMBERLAND—CONTINUED.

FAMILIES.	WHITES.				Indians.	Blacks.	Total.
	MALES.		FEMALES.				
	Above 16.	Under 16.	Above 16.	Under 16.			
Rounds, Martin	1	1	1	3	....	....	6
Robinson, Nathaniel	4	4	2	2	....	....	12
Slack, Eliphalet	1	2	1	....	....	....	4
Smith, Daniel	2	3	1	1	....	....	7
Smith, Johathan	3	2	2	1	....	....	8
Smith, John	2	2	2	....	....	....	6
Smith, John Jr	1	2	1	....	....	....	4
Smith, John 3d	1	....	3	....	....	....	4
Sheldon, William	1	1	1	2	....	....	5
Sheldon, Roger	1	2	1	4	....	....	8
Scott, Jeremiah	2	4	3	1	....	....	10
Staples, Nathan	2	1	3	2	....	....	8
Staples, Stephen	2	2	1	3	....	....	8
Staples, Hannah	1	1	3	....	....	....	5
Shurtliff, Silas	2	3	1	2	....	....	8
Sprague, Jonathan	4	2	4	2	....	....	12
Sly, John	4	....	1	3	....	....	8
Shepardson, Nathaniel	2	1	2	6	....	....	11
Streeter, Enoch	1	1	1	2	....	....	5
Streeter, Joseph	1	1	3	1	....	....	6
Tower, Ichabod	1	2	1	1	....	....	5
Tower, Levi	1	....	3	2	....	....	6
Tower, Enoch	1	4	1	2	....	....	8
Tower, Benjamin	2	3	2	1	....	....	8
Tower, Reuben	1	1	1	1	....	....	4
Taft, Stephen	1	1	1	2	....	....	5
Thurston, James	3	1	1	4	....	....	9
Trask, Edward	1	....	1	2	....	....	4
Tillson, Joseph	1	....	1	....	....	....	2
Whipple, Jeremiah	4	2	5	....	....	2	13
Whipple, Martha	1	1	6	....	....	....	8
Whipple, Stephen	1	....	3	....	....	....	4
Whipple, Moses	1	2	1	2	....	....	6
Whipple, Israel	2	1	1	....	....	....	4
Whipple, Joseph	2	1	2	....	....	....	5
Whipple, John	1	2	4	2	....	....	9
Whipple, John Jr	1	1	1	....	....	....	3
Whipple, Ibrook	2	....	2	....	....	....	4
Whipple, Samuel	1	2	6	1	....	....	10
Whipple, Christopher	1	1	1	3	....	....	6
Whipple, Peter	1	1	1	1	....	....	4

CUMBERLAND—CONTINUED.

FAMILIES.	WHITES.				Indians.	Blacks.	Total.
	MALES.		FEMALES.				
	Above 16.	Under 16.	Above 16.	Under 16.			
Whipple, Daniel............	3	....	3	....	....	....	6
Whipple, Simon............	1	....	1	1	....	....	3
Whipple, Joel..............	3	....	3	1	....	....	7
Whipple, Eleazer...........	1	3	1	3	....	....	8
Wilkinson, Jeremiah........	2	1	3	2	....	....	8
Wilkinson, Jeremiah Jr......	1	3	1	1	....	....	6
Wilkinson, William.........	2	2	1	6	....	....	11
Wilkinson, Daniel..........	2	1	1	1	....	....	5
Wilkinson, Daniel Jr........	1	....	1	3	....	....	5
Wilkinson, Joab............	1	....	1	....	....	....	2
Wilkinson, Simon..........	2	1	1	2	....	....	6
Wilkinson, Benjamin........	1	1	1	2	....	....	5
Williams, Robert...........	1	....	1	1	....	....	3
Wheatherhead, Enoch.......	3	1	4	3	....	....	11
Wheatherhead Daniel.......	1	....	2	3	....	....	6
Wheatherhead, John........	1	1	1	1	....	....	4
Willmarth, Mary............	....	1	3	3	....	....	7
Wood, Thomas.............	2	3	2	....	....	....	7
Willcox, Daniel............	4	....	3	5	....	....	12
Waterman, Elisha..........	1	....	1	....	....	....	2
Wallcott, Benjamin.........	2	4	2	3	....	....	11
Wallcott, William...........	1	....	1	....	....	....	2
Young, Hugh..............	1	....	3	....	....	....	4

CRANSTON.

FAMILIES.	WHITES.				Indians.	Blacks.	Total.
	MALES.		FEMALES.				
	Above 16.	Under 16.	Above 16.	Under 16.			
Andrews, John Esq	2	....	1	1	....	2	6
Arnold, Peleg	3	4	1	1	....	....	9
Arnold, Lydia	....	....	1	....	....	....	1
Arnold, Rhodes	1	....	1	2	....	1	5
Abbott, Daniel	1	....	1	....	....	....	2
Abbott, John	1	3	1	2	....	....	7
Andrews, Anna	....	....	6	1	....	....	7
Atwood, William	1	3	1	1	....	....	6
Aborn, Anthony Esq	1	1	1	....	....	....	3
Aldrich, William doctor	1	1	2	2	....	....	6
Arnold, Rice John	1	1	1	3	....	....	6
Aborn, Elizabeth widow	....	1	2	1	....	....	4
Aborn, Daniel	1	1	1	2	....	....	5
Burton, John Esq	2	....	2	....	....	1	5
Burton, Benjamin	2	3	1	4	....	....	10
Burton, William	1	1	1	2	....	....	5
Blanchard, Benjamin	1	1	1	3	....	....	6
Burllinggame, Christopher	1	1	1	2	....	....	5
Batty, Nicholas	1	1	1	1	....	....	4
Boyd, James	1	....	1	1	....	....	3
Briggs, Townsend	1	3	1	2	....	....	7
Briggs, Oliver	2	3	1	....	....	....	6
Burllinggame, Peter 3d	2	2	4	4	1	....	13
Burllinggame, Phillip	2	1	1	2	....	1	7
Burton, John Jr	1	3	1	5	....	....	10
Burllinggame, Peter	1	....	1	....	....	....	2
Burllinggame, Stephen	1	....	1	....	....	....	2
Burllinggame, Joshua	1	....	2	....	....	....	3
Burllinggame, James	1	3	3	2	....	....	9
Burllinggame, Nathan	1	1	2	1	....	....	5
Burllinggame, Elezar	1	1	1	1	....	....	4
Burllinggame, Caleb	1	....	2	1	....	....	4
Burllinggame, Peter Jr	1	1	2	....	....	....	4
Burllinggame, Jonathan	2	1	2	....	....	....	5
Burllinggame, William	1	1	1	1	....	....	4
Burllingame, widow of Josiah	1	1	1	1	....	....	4
Burllinggame, Samuel	1	1	1	3	....	....	6

CRANSTON—CONTINUED.

FAMILIES.	WHITES.				Indians.	Blacks.	Total.
	MALES.		FEMALES.				
	Above 16.	Under 16.	Above 16.	Under 16.			
Burllinggame, Samuel Jr	1	2	1	....	....	....	4
Brown, Stephen	2	....	1	....	....	....	3
Baker, Thomas	4	3	3	4	2	....	16
Baker, William	1	2	2	2	....	....	7
Briggs, James	1	....	2	....	....	....	3
Briggs, Pardon	1	1	1	....	....	....	3
Briggs, Randall	1	3	1	3	....	....	8
Briggs, Robert	3	4	3	2	....	....	12
Brown, Benjamin	1	1	1	1	....	....	4
Burton, David	1	2	2	2	....	....	7
Burton, George	1	1	1	....	....	....	3
Burllinggame, Elisha	1	2	1	2	....	....	6
Burllinggame, Benjamin	1	1	1	1	....	....	4
Barney, Israel	1	3	1	4	....	....	9
Batty, Josiah	1	2	3	1	....	....	7
Blanchard, Ruben	2	....	1	1	....	....	4
Burges, Joseph	3	....	2	....	....	....	3
Burges, James	2	3	1	4	....	....	10
Bennet, William	2	1	4	1	....	....	8
Briggs, Sarah	....	....	1	....	....	....	1
Congdon, Benjamin	3	....	3	....	....	....	6
Congdon, Samuel	1	1	1	3	....	....	6
Congdon, Ephraim	3	1	3	1	....	....	8
Congdon, Thomas	1	2	1	2	....	....	6
Coggeshall, Joseph	2	....	1	1	....	....	4
Corpe, Thomas Esq	2	....	2	....	....	....	4
Corpe, John	1	....	2	....	....	....	3
Carpenter, William	1	4	1	2	....	....	8
Comstock, Gideon Esq	3	....	2	....	....	....	5
Clarke, John	2	1	1	2	....	....	6
Collins, William	1	4	4	4	....	....	13
Collins, Rufus	1	1	1	1	....	....	4
Collins, James	1	....	1	1	....	....	3
Carpenter, Low	1	1	1	1	....	....	4
Chace, Roda	....	1	1	....	....	....	2
Carpenter, Silas	2	....	....	....	....	....	2
Carpenter, Nathaniel	1	2	2	....	....	....	3
Carpenter, Elisha	1	1	....	....	1	....	3
Carpenter, Prudence (widow B)	....	....	1	....	....	....	1
Carpenter, (widow of John)	2	1	2	....	....	....	3
Collins, Prisiller Widow	....	....	1	....	....	....	1
Clifford, Francis	1	....	1	1	....	....	3

CRANSTON—CONTINUED.

FAMILIES.	WHITES.				Indians.	Blacks.	Total.
	MALES.		FEMALES.				
	Above 16.	Under 16.	Above 16.	Under 16			
Dexter, Stephen............	2	....	2	....	....	....	4
Dyer, John................	1	....	1	....	....	....	2
Dyer, Charles.............	1	....	2	....	....	....	3
Dyer, William.............	2	....	1	....	....	....	3
Dyer, John (son of John)...	1	2	1	2	....	....	6
Dyer, John (son of Charles)..	1	2	2	....	....	....	5
Dyer, Samuel..............	1	1	....	1	....	....	3
Deen, Ezra................	3	1	2	1	....	....	7
Dunkin, James.............	1	....	1	....	....	....	2
Dyer, Charles Jr..........	1	3	2	....	....	....	6
Demmen, Mary Widow.....	....	....	1	1	....	....	2
Dexter, Mary..............	....	1	1	....	....	....	2
Edwards, William..........	1	6	1	....	....	....	8
Edmunds, John............	1	1	2	....	....	....	4
Edwards, Edward..........	1	2	1	2	....	....	5
Edwards, Joseph...........	1	1	1	1	....	....	4
Field, William.............	3	2	2	5	....	....	12
Field, William Jr..........	1	....	1	2	....	....	4
Field, James..............	2	4	1	4	2	....	13
Field, Jeremiah............	2	3	4	1	....	....	10
Field, John...............	2	2	2	2	....	....	8
Field, Thomas.............	2	....	....	....	....	....	2
Fenner, Joseph............	2	....	2	....	1	....	5
Fenner, Robe (widow of Asahel)	....	2	1	2	....	....	5
Fenner, William...........	2	....	4	1	....	....	7
Fenner, William Jr.........	1	2	1	4	....	....	8
Fenner, Arthur............	1	4	1	4	....	....	10
Fenner, John..............	1	3	1	....	....	....	5
Fenner, Stephen...........	1	3	1	2	....	....	7
Fenner, Daniel............	1	3	1	4	....	....	9
Fenner, Samuel............	1	1	2	3	....	....	7
Fitten, Robert.............	1	....	....	....	....	....	1
Filmore, Adam............	1	2	2	3	....	....	8
Fuller, by Rhodes' Still House	1	3	1	3	....	....	8
Field, John Jr.............	1	2	3	....	....	....	6
Gorton, John..............	1	....	1	....	....	....	2
Gorton, Israel.............	1	....	1	....	....	....	2
Gorton, Israel Jr..........	2	3	2	2	....	....	9
Gorton, Pardon............	1	....	1	....	....	....	2
Goff, Charles..............	1	1	1	1	....	....	4
Green, John...............	2	1	1	1	....	....	5

CRANSTON—CONTINUED.

FAMILIES.	WHITES.				Indians.	Blacks.	Total.
	MALES.		FEMALES.				
	Above 16.	Under 16.	Above 16.	Under 16.			
Gibbs, Israel.............	1	....	1	....	....	....	2
Green, Widow, of Newport...	...	....	2	....	....	....	2
Higinbotham, Niles........	1	....	1	....	....	....	2
Higinbotham, Obadiah	1	1	1	....	....	....	3
Hoyl, James.............	1	1	1	1	....	....	4
Henrys, Robert...........	2	2	2	2	....	....	8
Henrys, Caleb............	2	2	2	....	....	....	6
Harris, Joseph Esq........	2	....	2	....	....	4	8
Harris, Elisha............	2	2	3	1	....	....	8
Harris, Andrew	2	...	5	1	....	2	10
Harris, James Esq.........	2	2	1	6	....	....	11
Harris, Elizabeth, widow.....	3	....	3	1	....	....	7
Hudson, John............	1	1	3	1	....	....	6
Hudson, Mary (widow of Thos.)	....	....	1	1	....	....	2
Hammon, William Jr........	1	5	1	3	....	....	10
Handay, Benjamin.........	6	2	2	1	....	....	11
Hudson, William...........	2	1	....	....	....	....	3
Hains, Josiah.............	1	....	1	....	....	....	2
Hunt, Phebe, widow	....	2	1	1	....	....	4
Hammet, Caleb...........	1	1	2	....	....	....	4
Hines, Nathan............	1	1	1	1	....	....	4
Hunt, Zebede............	1	4	2	1	....	....	8
Hawkins, Barnes..........	1	2	1	....	....	....	4
Joy, Job................	1	4	2	4	....	....	11
Knight, Andrew...........	2	....	1	1	....	....	4
Knight, Joseph............	1	1	1	..	....	....	3
King, John	1	1	1	2	....	....	5
King, John Jr............	1	1	1	....	....	....	3
King, Jeremiah	1	1	1	1	....	....	4
King, Asa...............	2	2	2	2	....	....	8
King, Jonathan...........	1	....	1	....	1	....	3
King, Jonathan Jr	2	....	1	1	....	....	4
Knight, Jonathan	1	2	3	....	....	....	6
Knight, Robert...........	1	....	3	3	....	....	7
Knight, Edward...........	3	2	2	3	....	....	10
Knight, Robert Jr	1	1	1	2	....	....	5
Knight, Benjamin	2	3	3	1	....	....	9
Knight, John	2	....	2	....	....	....	4
Knight, Richard...........	4	2	4	1	....	....	11
Knight, Richard Jr	2	2	2	2	....	....	8
Knight, William...........	2	....	1	1	....	....	4

CRANSTON—CONTINUED.

FAMILIES.	WHITES.				Indians.	Blacks.	Total.
	MALES.		FEMALES.				
	Above 16.	Under 16.	Above 16.	Under 16.			
Knight, Phillip............	2	1	2	3	....	....	8
Knight, Stephen...........	1	3	2	2	....	....	8
Knight, Thomas............	1	....	....	....	....	....	1
Knight, Ruben	1	....	1	....	....	....	2
Knight, Henry.............	1	1	1	1	....	....	4
Knight, Dorcas, Widow	....	2	2	1	....	....	5
Knight, Jeremiah	1	1	2	....	....	....	4
Knight, Nehemiah..........	1	....	1	5	....	....	7
Keitch, Seth	1	....	1	....	....	....	2
Knap, Nehemiah	2	....	1	....	....	....	3
Kindrick, Alexander	1	....	2	2	....	....	5
Lockwood, Benoni	2	1	2	1	2	....	8
Lippitt, Christopher........	4	1	1	....	....	6	12
Lockwood, Joseph	2	2	4	1	....	....	9
Lockwood, Jacob	1	2	1	5	....	....	9
Lyon, Jack (a negro)	....	....	....	....	....	6	6
Merithew, Samuel	1	2	1	1	....	....	5
Manchester, Thomas	1	3	2	1	....	....	7
Merithew, Elias	1	1	1	3	....	....	6
Mason, Thomas	2	....	1	2	....	....	5
Nicholas, John	1	2	1	2	....	....	6
Nicholas, Richard..........	1	....	1	....	....	....	2
Potter, John Esq	1	1	1	....	....	....	3
Potter, Caleb Esq	4	....	3	....	....	4	11
Potter, Jeremiah	2	3	2	5	....	....	12
Potter, Thomas Esq	3	3	1	3	....	....	10
Potter, Thomas	3	1	3	4	....	....	11
Potter, Thomas (son of Edwd.)	1	4	1	....	....	....	6
Potter, Edward Esq	2	....	1	....	....	....	3
Potter, Phillip	1	....	....	....	....	....	1
Pain, John	2	1	2	....	....	....	5
Potter, Josiah.............	1	4	2	2	....	....	9
Potter, Content, Widow.....	....	1	2	....	....	....	3
Potter, Zurial.............	1	1	1	5	....	....	8
Potter, Meshach	1	....	1	....	....	....	2
Potter, Abednego...........	2	1	2	1	....	....	6
Phillips, Samuel...........	2	....	2	....	....	....	5
Potter, Anthony............	1	1	1	....	....	....	3
Potter, Phillip Jr..........	1	2	1	....	....	....	4
Pitcher, John	1	2	1	4	....	....	8

CRANSTON—CONTINUED.

FAMILIES.	WHITES.				Indians.	Blacks.	Total.
	MALES.		FEMALES.				
	Above 16.	Under 16.	Above 16.	Under 16.			
Pitcher, Jonathan	1	1	1	2	....	....	5
Phillips, Elisha	1	1	1	1	....	....	4
Potter, William	1	3	1	....	....	....	5
Potter, Samuel	2	1	3	5	....	....	11
Potter, Stephen	2	2	4	2	....	....	10
Potter, Caleb	1	....	1	2	....	....	4
Phillips, William	1	....	....	....	....	....	1
Potter, (widow of Benoni)	....	....	2	1	....	....	3
Potter, (widow of Gideon)	1	....	1	1	....	....	3
Remington, Stephen	1	....	1	1	....	....	3
Remington, Lippitt	1	3	2	1	....	....	7
Randall, Jonathan	3	....	2	....	....	2	7
Randall, Henry	1	....	2	....	....	4	7
Randall, Henry Jr	1	1	1	....	....	....	3
Randall, William	1	....	....	....	....	....	1
Randall, William Jr	2	1	1	2	....	....	6
Randall, William 3d	1	3	1	2	....	....	7
Randall, Joseph	1	....	....	....	....	....	1
Randall, Joseph Jr	2	1	1	1	....	....	5
Randall, John Esq	1	....	....	....	....	....	1
Randall, John Jr	1	2	1	3	....	....	7
Relph, Edward	1	2	1	....	....	....	4
Randall, Israel	2	1	2	3	....	....	8
Relph, Samuel	1	....	1	....	....	....	2
Relph, Thomas	1	....	1	....	....	....	2
Remington, Margaret	....	....	1	....	....	....	1
Rhodes, Joseph	2	....	1	....	....	1	4
Rhodes, Joseph Jr	4	2	3	1	....	....	10
Rhodes, Nehemiah	2	1	2	3	....	3	11
Rhodes, William	2	....	3	....	....	1	6
Roberts, William	1	....	1	....	....	....	2
Roberts, Ephraim	1	1	2	3	....	....	7
Roberts, Caleb	1	2	2	3	....	....	8
Robert, Oliver	1	....	1	2	....	....	4
Roberts, David	1	....	2	....	....	....	3
Roberts, Samuel	1	1	1	....	....	....	3
Roberts, Christopher	1	1	1	....	....	....	3
Rhodes, James	1	....	1	....	....	....	2
Read, Benjamin	1	4	1	4	....	....	10
Rhodes, Charles	1	1	3	2	....	....	7
Rhodes, Peter	1	3	1	2	....	....	7
Read, on Docter Bowens Farm	2	....	1	....	....	....	3
Ryley, in the Pesthouse	1	2	1	1	....	....	5

CRANSTON—CONTINUED.

FAMILIES.	Males Above 16.	Males Under 16.	Females Above 16.	Females Under 16.	Indians.	Blacks.	Total.
Rogers, Eliner	1	2	1	....	....	....	4
Relph, Selvenas	2	....	2	1	....	....	5
Sheldon, Nicholas	1	....	2	....	....	....	3
Sarle, Hannah (widow of R.)	....	....	1	....	....	....	2
Sheldon, Nicholas Jr	2	3	2	1	....	....	8
Sheldon, Stephen Esq	2	2	3	4	....	....	11
Sheldon, John	1	....	2	....	1	....	4
Sheldon, Abraham	2	....	1	....	....	....	3
Sheldon, Phillip	3	1	4	....	....	....	8
Sheldon, James	1	1	2	4	....	....	8
Sarle, Edward	5	1	2	3	....	7	18
Sarle, Richard	2	1	2	1	1	3	10
Sarle, Edward Jr	1	....	1	....	....	....	2
Sarle, Thomas	2	2	2	3	....	....	9
Sarle, Ezekeel	1	....	1	....	....	1	3
Sprague, Peter	2	....	3	....	....	....	3
Sprague, Benjamin	1	....	....	....	....	....	1
Sprague, Benjamin Jr	1	1	1	....	....	....	3
Sprague, Jonathan	2	2	1	....	....	....	5
Sprague, Nathaniel	1	....	2	1	....	....	4
Sprague, Jonathan Jr	1	....	1	....	....	....	2
Sprague, William	1	3	2	1	....	....	7
Stone, William	2	....	1	....	....	....	3
Stone, Joseph	1	1	2	1	....	....	5
Stone, Jabez	1	3	1	2	....	....	7
Stone, Peter Jr	1	4	3	3	....	....	11
Stone, Peter	1	....	....	....	....	....	1
Smith, Samuel	1	1	1	1	....	....	4
Smith, Mary (widow of Gid.)	....	....	1	1	....	....	2
Staford, John	1	1	1	....	....	....	3
Solsbary, Marten	1	....	3	....	....	....	4
Salsbary, Nathan	1	....	2	1	....	....	4
Spencer, William	1	2	1	....	....	....	4
Shearman, Elezar	1	1	1	1	....	....	4
Stone, James	1	1	1	....	....	....	3
Smith, John	1	3	1	1	....	....	6
Smith, Benjamin	1	1	1	....	....	....	3
Smith, Simeon	1	....	1	....	....	....	2
Stone, Samuel	1	5	2	2	....	....	10
Smith, Christopher	1	....	1	1	....	....	3
Thorton, Stukly	1	2	2	2	....	....	7
Turner, Joshua	1	....	1	....	....	....	2

CRANSTON—CONTINUED.

FAMILIES.	WHITES.				Indians.	Blacks.	Total.
	MALES.		FEMALES.				
	Above 16.	Under 16.	Above 16.	Under 16.			
Tylor, William	1	2	1	1	....	....	5
Turner, Joshua Jr	2	1	2	1	....	....	6
Tylor, Elisabeth (Widow)	....	....	2	....	....	....	2
Tucker, Zacheriah	2	5	2	1	....	....	10
Thurman, John	1	....	1	....	....	....	2
Tylor, Jonathan	1	....	1	1	....	....	3
Tylor, Israel	1	1	1	1	....	....	4
Thornton, Stephen	1	1	1	1	....	....	4
Turner, Mary (wife of John)	....	2	1	....	....	....	3
Utter, Jeremiah	1	3	1	3	....	....	8
Williams, Nathaniel Esq	4	1	4	....	....	....	9
Williams, Fredrick	1	2	1	3	....	....	7
Williams, Jeremiah	1	1	2	1	....	3	8
Williams, Thomas	1	....	1	....	....	....	2
Williams, John	2	2	2	2	....	....	8
Williams, Nathaniel Jr	1	1	1	3	....	....	6
Williams, Christopher	2	1	1	2	....	....	6
Williams, Nathan	2	2	3	1	....	....	8
Waterman, Nathaniel	1	....	2	....	....	....	3
Waterman, Stephen	2	2	3	1	....	....	8
Waterman, John	2	....	3	....	....	....	5
Waterman, John Jr	1	1	1	1	....	....	4
Williams, Lydia (widow of Jos.)	....	1	2	1	....	....	4
William, Abner	1	1	2	2	....	....	6
Westcot, William	1	....	....	....	....	....	1
Westcot, Benjamin	2	....	1	....	....	....	3
Westcot, Samuel	2	1	1	1	....	....	5
Westcot, Stukly	2	1	2	1	....	....	6
Westcot, Gideon	1	1	2	3	....	....	7
Westcot, William Jr	1	....	1	....	....	....	2
Westcot, Daniel	1	....	1	....	....	....	2
Warner, Susannah	....	....	2	....	....	....	2
Westcot, Josiah	1	....	1	....	....	....	2
Westcot, Zerobable	1	3	3	2	....	....	9
Whipple, Levi	1	6	1	....	....	....	8
Waterman, Deliverance (wid)	1	2	2	....	....	....	5
Waterman, Zurial Esq	2	1	2	....	....	....	5
Westcot, Josiah Jr	3	....	2	4	....	....	9
Westcot, Gardner	2	2	2	3	....	....	9
Wells. Peter	3	....	5	....	....	....	8
Williams, Mary (widow)	....	....	2	....	....	....	2
Wanton, Jonah Langford	1	2	2	....	....	....	5

CRANSTON—CONTINUED.

FAMILIES.	WHITES.				Indians.	Blacks.	Total.
	MALES.		FEMALES.				
	Above 16.	Under 16.	Above 16.	Under 16.			
Williams, Peleg............	2	....	1	3	....	....	6
Whittieur, Oliver..........	1	1	1	....	....	....	3
Watson, Thomas...........	1	1	1	1	....	....	4
Waterman, Thomas.........	2	2	2	5	....	....	11
Westcot, Jeremiah..........	1	3	1	2	....	....	7
Westcot, Nathan...........	1	....	2	....	....	....	3
Warner, Ezekiel Esq........	2	2	2	1	....	....	7
Warner, Penelope, widow....	1	1	2	....	....	....	4
White, John...............	1	....	1	....	....	....	2
Waterman, William.........	1	1	1	5	....	....	8
Watt, Prophit, Indian.......	....	....	....	....	3	....	3
Womsly, Joseph, Indian.....	....	....	....	....	5	....	5

HOPKINTON.

FAMILIES.	WHITES.				Indians.	Blacks.	Total.
	MALES.		FEMALES.				
	Above 16.	Under 16.	Above 16.	Under 16.			
Austin, Ezekiel	3	1	3	2	....	....	9
Allen, Pasavil	3	1	3	3	....	....	10
Adams, Henry	1	....	1	....	....	....	2
Burdick, William	3	....	1	1	....	....	5
Burdick, Luke	1	....	1	....	....	....	2
Burdick, Daniel Jr	1	....	1	2	....	....	4
Burdick, Stephen	1	6	1	....	....	....	8
Burdick, Elias	2	5	1	1	....	....	9
Burdick, Herbert	3	....	2	....	....	....	5
Burdick, Rufus	1	....	1	2	....	....	4
Burdick, Joseph	4	1	1	1	....	....	7
Burdick, Elnathan	1	....	1	....	....	....	2
Burdick, Dier	1	....	....	2	....	1	4
Burdick, Mary	....	....	1	....	....	....	1
Burdick, Edward	2	....	2	1	....	....	5
Burdick, Elijah	1	1	2	1	....	....	5
Burdick, Robert	1	5	1	1	....	....	8
Burdick, Phinehas	1	3	1	1	....	....	6
Burdick, Hubbard Jr	1	....	1	....	....	....	2
Burdick, Silvanus	1	....	1	....	....	....	2
Burdick, Tilliamas	1	....	1	1	....	....	3
Burdick, Ezekiel	2	2	3	2	....	....	9
Burdick, Nathan	1	3	2	....	....	....	6
Burdick, Daniel	1	3	2	1	....	....	7
Burdick, Amos	1	2	1	4	....	....	8
Burdick, Parker	2	1	2	4	....	....	9
Burdick, Libius	1	2	1	1	....	....	5
Burdick, John	4	4	1	2	....	....	11
Button, Cyrus	1	....	1	....	....	....	2
Button, Isaiah	1	2	2	2	....	....	7
Button, Rufus	2	1	1	2	....	....	6
Button, Samuel	2	....	1	....	....	....	3
Button, Samuel Jr	2	3	3	3	....	....	11
Button, Daniel	1	2	1	2	....	....	6
Button, Joshua	1	....	2	1	....	....	4
Bosen, Daniel	1	1	1	1	....	....	4
Bosen, Charles	1	1	1	1	....	....	4

HOPKINTON—CONTINUED.

FAMILIES.	WHITES.				Indians.	Blacks.	Total.
	MALES.		FEMALES.				
	Above 16.	Under 16.	Above 16.	Under 16.			
Brightman, Joseph	3	2	3	....	....	....	8
Baker, Nathan	3	3	2	4	....	....	12
Brombly, Thomas	1	1	3	2	....	....	7
Braman, John	1	1	1	2	....	....	5
Braman, James	2	1	2	1	....	....	6
Barber, John	1	5	1	1	....	1	9
Barber, William	1	3	2	1	....	....	7
Barber, Ezekiel	2	1	1	1	....	....	5
Barber, Benjamin	1	1	1	1	....	1	5
Brown, Samuel	1	....	1	2	....	....	4
Brown, John	1	2	5	....	....	....	8
Brown, John Jr	1	4	1	2	....	....	8
Brown, Abigail	....	1	1	1	....	....	3
Bent, John	2	....	4	1	....	1	8
Babcock, Hezekiah	1	2	4	....	....	11	18
Babcock, Rouse	1	2	3	1	....	4	11
Babcock, Abigail	....	2	1	....	....	....	3
Babcock, Simeon	2	4	3	2	....	....	11
Babcock, Oliver	1	4	3	1	....	1	10
Babcock, Debro	....	1	2	1	....	....	4
Babcock, Samuel	1	1	4	2	1	4	13
Crandall, Amos	1	....	1	3	....	....	5
Crandall, Hijah	3	1	1	5	....	....	10
Crandall, John	1	....	1	....	....	....	2
Crandall, Levy	2	1	3	1	....	....	7
Crandall, Stephen	1	1	1	2	....	....	5
Crandall, Jonathan	1	2	1	3	....	....	7
Crandall, Nathan	2	2	2	6	....	....	12
Crandall, David	1	2	1	1	....	....	5
Crandall, Levy Jr	1	1	2	1	....	....	5
Crandall, Benajah	2	1	1	....	....	....	4
Crandall, Ozariah	1	....	1	1	....	....	3
Clerke, Joshua	4	4	3	....	....	1	12
Clerke, Joseph	1	1	1	2	....	....	5
Clerke, Arnold	1	....	1	2	....	....	4
Clerke, Jesse	1	1	1	1	....	....	4
Colegrove, Benjamin	1	3	1	1	....	....	6
Champlin, Samuel	1	2	2	6	....	....	11
Champlin, Jeffery	1	....	1	....	....	....	2
Chever, Edward	1	1	1	....	....	1	4
Cottrel, John	2	....	2	....	....	....	4
Cottrel, John Jr	1	....	1	2	....	....	4
Collins, Hezekiah	4	....	5	1	....	2	12

HOPKINTON—CONTINUED.

FAMILIES.	WHITES.				Indians.	Blacks.	Total.
	MALES.		FEMALES.				
	Above 16.	Under 16.	Above 16.	Under 16.			
Collins, Joshua	1	1	1	1	....	....	4
Collins, John	1	1	1	2	....	....	5
Church, Joshua	....	2	1	1	....	....	4
Crom, Daniel	1	2	2	3	....	....	8
Cartwright, Briant	1	....	2	....	....	....	3
Cartwright, Briant Jr	1	2	1	3	....	....	7
Carpenter, Hezekiah	2	1	2	....	....	....	5
Coon, John Jr	1	....	2	2	....	....	5
Coon, Elisha	3	2	1	3	....	....	9
Coon, David	3	1	1	4	....	....	9
Coon, Jonathan	1	3	1	3	....	....	8
Coon, Daniel	1	....	3	1	....	....	5
Coon, Joshua	1	2	2	3	....	....	8
Coon, William Jr	1	2	1	3	....	....	7
Coon, Amos	1	3	1	....	1	....	6
Coon, William 3d	1	....	1	3	....	....	5
Coon, Thomas	1	3	1	2	....	....	7
Coon, Elias	1	1	1	2	....	....	5
Coon, Jemime	1	....	1	1	....	....	3
Coon, John	2	1	2	2	....	....	7
Coon, Samuel	1	3	2	2	....	....	8
Coon, William	2	3	2	3	....	....	10
Coon, Peleg	1	3	1	2	....	....	7
Coon, Ross	1	1	1	....	....	....	3
Drack, Charles	1	5	1	2	....	....	9
Davis, David	1	1	1	2	....	....	5
Davis, John	2	2	2	....	....	....	6
Davis, Jedediah	5	....	3	1	3	1	13
Davis, Joseph	1	1	1	1	....	....	4
Deark, Joshua	1	1	1	2	....	....	5
Dier, Rebecker	....	1	2	2	....	....	5
Eagleston, Joseph	1	1	1	2	....	....	5
Eagleston, Asa	1	1	2	4	....	....	8
Edwards, Peleg	1	2	2	....	....	....	5
Forster, Samuel	1	....	2	....	....	....	3
Frink, Jedediah	1	1	1	2	....	....	5
Goodbird, John	2	4	1	3	....	....	10
Gardner, John	2	....	2	1	1	....	6
Gardner, Potter	1	....	1	1	....	....	3
Gardner, Samuel	1	2	3	5	....	1	12

HOPKINTON—CONTINUED.

FAMILIES.	WHITES.				Indians.	Blacks.	Total.
	MALES.		FEMALES.				
	Above 16.	Under 16.	Above 16.	Under 16.			
Gardner, Joseph............	....	....	....	....	5	....	5
Gimo, Sarah...............	....	....	....	....	3	....	3
Green, William............	2	2	2	1	....	....	7
Hall, Elijah...............	1	....	1	....	....	....	2
Hall, Jacob...............	1	....	1	....	....	....	2
Hall, Moses...............	1	2	1	....	....	....	4
Hall, Henry...............	1	4	1	2	....	....	8
Hall, John................	2	....	1	....	....	....	3
Hall, Moses...............	1	2	1	....	....	....	4
Hall, William.............	2	3	1	4	....	....	10
Hall, Hezekiah............	1	....	1	4	....	....	6
Hall, Henry...............	1	....	3	1	....	....	5
Hall, Ezekiel..............	2	....	1	....	....	....	3
Hill, Ebenezer.............	2	3	2	....	....	....	7
Hill, Josiah...............	1	....	1	....	....	....	2
Hill, Samuel..............	1	1	1	1	....	....	4
Harin, Newman	1	....	1	1	....	....	3
Harin, William............	2	1	4	1	....	....	8
Hinkely, ——.............	1	3	1	2	....	....	7
Kinyon, Peter.............	2	....	2	....	....	....	4
Kinyon, Nathaniel.........	2	1	1	1	....	....	5
Kinyon, Peleg.............	2	2	2	2	....	....	8
Kinyon, Peter Jr...........	1	....	1	1	....	....	3
Kinyon, George...........	2	4	2	6	....	....	14
Kinyon, Stephen...........	1	5	1	2	....	....	9
Kinyon, John..............	1	....	1	....	....	....	2
Kinyon, James.............	1	....	2	....	....	....	3
Lewis, Jonathan...........	1	2	1	2	....	....	6
Lewis, Mary...............	....	1	4	....	....	3	8
Lewis, Elias...............	1	1	1	2	....	....	5
Lewis, Nathan.............	1	....	1	1	....	....	3
Lewis, Jesse...............	1	1	1	....	....	....	3
Lewis, Ann................	....	....	3	....	....	....	3
Lewis, Marsh..............	1	1	1	....	....	....	3
Lewis, Daniel..............	1	....	1	3	....	....	5
Lewis, George.............	1	3	1	3	....	....	8
Lewis, Amos..............	3	....	3	1	....	....	7
Lewis, Ezekiel.............	2	4	1	2	....	....	9
Lewis, Elizer..............	1	3	1	1	....	....	6
Lewis, Paul................	1	2	1	....	....	....	4
Lewis, Amos Jr............	1	2	1	1	....	....	5

HOPKINTON—CONTINUED.

FAMILIES.	WHITES.				Indians.	Blacks.	Total.
	MALES.		FEMALES.				
	Above 16.	Under 16.	Above 16.	Under 16.			
Langworthy, Samuel	1	2	1	2	....	....	6
Langworthy, Amos	1	3	1	5	....	....	10
Larkin, Samuel	1	....	4	1	....	....	6
Larkin, Samuel Jr	1	5	1	1	1	....	9
Larkin, Sarah	1	....	1	....	....	....	2
Larkin, David	1	2	1	2	....	....	6
Larkin, Timothy	2	3	2	1	....	....	8
Larkin, John	1	4	1	4	....	....	10
Larkin, Tabetha	1	....	2	....	....	....	3
Lane, Ebenezer	1	....	1	1	....	....	3
Lanphear, Ebenezer	1	1	3	1	....	....	6
Lanphear, Joshua	1	1	3	1	....	....	6
Lanphear, Joshua Jr	1	1	1	2	....	....	5
Lanphear, Ebenezer Jr	1	1	1	1	....	....	4
Lanphear, Jonathan	1	....	1	....	....	....	2
Lawton, Joseph	2	1	4	2	....	....	9
Lawton, Sarah	1	....	2	....	....	....	3
Maxson, Amos	1	....	2	....	....	....	3
Maxson, Samuel	4	1	4	5	....	....	14
Maxson, Silvanus	2	3	3	....	1	....	9
Maxson, Samuel Jr	1	2	1	....	....	....	4
Maxson, Joseph	1	1	2	....	....	....	4
Maxson, Joshua	1	....	1	1	....	....	3
Maxson, Matthew	5	2	1	2	....	....	10
Maxson, Benjamin	3	....	3	....	....	....	6
Maxson, Stephen	2	3	1	4	....	....	10
Maxson, William	1	....	1	....	1	....	3
Maxson, William Jr	3	1	1	1	....	....	6
Maxson, Isaiah	3	1	3	1	....	....	8
Maxson, John Jr	3	2	2	1	....	....	8
Maxson, Jesse	1	3	2	....	....	....	6
Maxson, John	1	....	2	1	....	....	4
Milliard, John	2	....	2	2	....	....	6
Marshall, John	2	3	4	3	....	....	12
Mott, Ebenezer	1	4	1	2	....	....	8
Merret, Samuel	2	1	3	....	....	....	6
Merret, Pheleck	1	....	1	1	....	....	3
Nun, Samuel	1	....	1	....	....	....	2
Ney, Caleb	3	....	3	2	....	....	8
Odil, George	1	3	1	....	....	....	5

HOPKINTON—CONTINUED.

FAMILIES.	WHITES.				Indians.	Blacks.	Total.
	MALES.		FEMALES.				
	Above 16.	Under 16.	Above 16.	Under 16.			
Palmer, Amos	4	5	2	3	....	....	14
Palmer, Amos Jr	1	2	1	....	....	....	4
Palmer, Lawton	3	2	1	4	....	....	9
Porter, Nathan	1	2	2	4	....	....	9
Peckham, Content	....	....	2	....	....	....	2
Philips, John	1	2	1	1	1	....	6
Philips, Joseph	1	....	2	....	....	....	3
Palmeter, Jonathan	1	2	3	2	....	....	8
Palmeter, Nathan	1	....	1	2	....	....	4
Potter, Stephen	2	1	1	....	....	....	4
Potter, Judeth	....	....	1	....	....	....	1
Potter, Caleb	1	....	1	3	....	....	5
Potter, Nathaniel	2	....	1	....	....	....	3
Perry, Simeon	4	1	3	1	....	2	11
Pople, John	1	....	3	1	....	....	5
Pople, William	1	1	1	....	....	....	3
Patteson, Amos	1	1	2	2	....	....	6
Pettis, William	1	2	1	....	....	....	4
Pettis, David	1	6	2	2	....	....	11
Pettis, Matthew	1	2	1	....	....	....	4
Pooser, Ichabod	1	2	1	2	....	....	6
Pettys, James	2	4	1	1	....	....	8
Pettys, Stephen	2	1	1	1	....	....	5
Pettys, William	2	....	2	2	....	....	6
Rogers, Amos	1	2	1	1	....	....	5
Rogers, Carey	1	2	1	1	....	....	5
Rogers, Ephraham	2	....	1	1	....	....	4
Reynolds, Samuel	1	2	1	....	....	....	4
Reynolds, Richmond	2	2	2	5	....	....	11
Reynolds, Zaccheus	2	1	3	2	....	....	8
Reynolds, Clerke	2	..	2	....	....	1	5
Robins, Richard	1	1	1	....	....	....	3
Ross, Josua	1	1	1	1	....	....	4
Randall, Benjamin	1	3	1	4	....	....	9
Randall, Mary	2	....	2	....	....	....	4
Randall, David	1	3	1	2	....	....	7
Randall, John	1	....	2	2	....	....	5
Robinson, Edward	1	....	2	1	....	....	4
Robinson, Frances	1	2	2	1	....	....	6
Robinson, John	2	....	2	1	....	....	5
Robinson, John Jr	1	1	2	1	....	....	4
Stiles, Israel	1	1	2	1	1	....	6

HOPKINTON—CONTINUED

FAMILIES.	WHITES.				Indians.	Blacks.	Total.
	MALES.		FEMALES.				
	Above 16.	Under 16.	Above 16.	Under 16.			
Statson, David..............	1	3	3	1	....	....	8
Statson, Thomas.............	1	1	1	3	....	....	6
Satterly, John...............	2	1	1	....	....	....	4
Satterly, Gideon.............	1	2	1	3	....	....	7
Sheldon, William............	1	5	1	1	....	....	8
Stilman, Elisha..............	1	4	2	3	....	....	10
Stilman, Samuel.............	1	1	1	....	....	....	3
Stanbury, John..............	1	2	1	4	....	....	8
Stephen, Thomas.............	1	....	1	....	....	....	2
Sweet, Libeous..............	1	2	2	....	1	....	6
Sanders, William............	1	....	1	....	....	....	2
Sanders, Uriah..............	1	1	1	4	....	....	7
Sanders, Henry..............	1	1	1	....	....	....	3
Sanders, William Jr..........	1	3	2	2	....	....	8
Sanders, Joseph.............	1	1	1	....	....	....	3
Thurston, William...........	3	2	1	4	....	....	10
Thurston, George Jr.........	2	3	2	1	....	....	8
Thurston, George............	1	....	1	....	....	....	2
Thurston, Joseph............	1	....	1	....	....	....	2
Tanner, Mary...............	1	2	2	1	....	....	6
Tanner, Francis.............	2	1	1	1	....	2	7
Tanner, William Jr..........	1	1	1	....	....	....	3
Tanner, William.............	3	1	3	5	....	....	12
Tanner, Abel................	2	1	1	3	....	....	7
Utter, Abraham.............	2	1	3	4	....	....	10
White, Roger...............	4	1	2	....	....	....	7
White, Oliver...............	2	2	2	2	....	....	8
White, Hannah..............	....	....	1	1	....	....	2
Wording, William............	1	1	1	3	....	....	6
Wilber, Thomas.............	2	4	2	2	....	....	10
Wilber, Woodman...........	1	1	1	1	....	....	4
Witter, Josiah..............	1	1	1	4	....	....	7
Witter, Samuel..............	1	1	2	2	....	....	6
Witter, John................	1	1	2	....	....	....	4
Witter, Joseph..............	2	....	1	....	....	....	3
Witter, William.............	1	1	1	4	....	....	7
Wills, Exchange.............	....	....	....	....	....	4	4
West, Frances...............	1	3	2	2	....	....	8
West, Thomas...............	2	5	2	1	....	....	10
Wait, Pain..................	1	1	2	....	....	....	4
Wells, Matthew.............	1	7	1	1	....	....	10

HOPKINTON—CONTINUED.

FAMILIES.	WHITES.				Indians.	Blacks.	Total.
	MALES.		FEMALES.				
	Above 16.	Under 16.	Above 16.	Under 16.			
Wells, James Jr............	1	3	3	4	....	3	14
Wells, Peter..............	1	3	2	2	....	....	8
Wells, Joshua Jr..........	1	2	2	....	....	1	6
Wells, James..............	1	....	1	....	....	2	4
Wells, Barker.............	1	1	2	1	....	....	5
Wells, Jonathan...........	2	....	2	....	....	....	4
Wells, Jonathan Jr.........	3	....	1	2	....	....	6
Wells, Edward.............	3	1	3	3	....	....	10
Wells, Joshua.............	3	1	2	....	....	....	6
Wells Thomas 3d...........	3	3	2	4	....	....	12
Wells, Thomas Jr..........	3	1	2	1	....	....	7
Wells, Randall............	1	....	2	2	....	....	5
Wells, Thompson...........	1	1	1	2	....	....	5

JOHNSTON.

FAMILIES.	WHITES.				Indians.	Blacks.	Total.
	MALES.		FEMALES.				
	Above 16.	Under 16.	Above 16.	Under 16.			
Angell, Thomas	3	1	3	2	1	2	12
Angell, Israel	1	2	2	3			8
Arnold, Jonathan	3		1				4
Aldrich, Ezra	1	1	1	2			5
Alverson, Lydia	1	1	1	1	1		5
Angell, Prince						6	6
Antram, William	2		1				3
Aldrich, Andrew	1	4	2	3			10
Angell, Daniel	1	2	2	2			7
Angell, William	1	1	2	2			6
Arwen, William	1	1	1	2			5
Arnold, Jonathan Jr	1		1				2
Brown, David	1		1	3			5
Borden, William	2		1	2			5
Brown, Gideon	2	2	4	2		1	11
Borden, Abraham	2	2	3	3			10
Borden, Joseph	1	1	2	1			5
Borden, Thomas	1		1	1			3
Borden, Richard	1		1				2
Beverly, George	3	2	1	5			11
Brown, John	3		2				5
Brown, Obadiah	1	2	1	1			5
Baxter, William	1	1	1	1			4
Borden, Oliver	1		2	1			4
Beverly, John	2	1	2	2			7
Burllingame, Roger	1	2	1	1			5
Brown, Ruben	1		1				2
Brown, John Jr	1	4	2	2			9
Borden, Joseph Jr	2		1	1			4
Belknap, Abraham	4	2	2	4			12
Belknap, Jedutham	1	2	1	4			8
Beverly, Hope		1	1	1			3
Bristor, ——						7	7
Coman, Benjamin	1	1	1	1			4
Clemence, Thomas	1	1	1	3			6
Carpenter, Israel & Nicholas	2	4	3				9
Carey, Thomas	1	2	1				4

JOHNSTON—CONTINUED.

FAMILIES.	WHITES.				Indians.	Blacks.	Total.
	MALES.		FEMALES.				
	Above 16.	Under 16.	Above 16.	Under 16.			
Carpenter, Benjamin	2	4	1	....	....	....	7
Clemence, Zebedee	1	1	3	1	....	....	6
Caesar, ——	....	....	....	....	....	8	8
Cuchup, Hannah	....	....	....	....	3	....	3
Cuchup, James	....	....	....	....	3	....	3
Carey, John	1	3	1	3	....	....	8
Dyer, Samuel	1	....	2	....	....	....	3
Dyer, James	2	....	1	3	....	....	6
Eddy, Richard	3	3	2	1	....	....	9
Etheridge, Thomas	1	....	1	....	....	....	2
Fenner, Arthur	3	1	3	2	....	....	9
Fenner, Thomas	2	1	1	1	....	....	5
Fenner, Abbot	1	....	1	....	....	....	2
Fenner, John	2	1	1	3	....	....	7
Fish, Joseph	4	....	2	....	....	....	6
Fish, Ephraim	2	4	1	1	....	....	8
Fenner, Richard	4	....	4	2	....	....	10
Fenner, Richard Jr	1	1	1	....	....	....	3
Fenner, Edward	2	3	2	3	....	....	10
Fish, Fisher	1	....	1	....	....	....	2
Field, Thomas	2	1	2	2	....	....	7
Frank, Rufus	....	....	....	....	....	5	5
Glover, Margaret	....	....	2	....	....	....	2
Greene, Joshua	2	2	1	2	....	....	7
Harris, Henry	1	....	1	....	1	1	4
Harris, Josiah	1	3	2	3	....	1	10
Harris, Thomas	2	1	2	....	....	1	6
Harris, Caleb	1	5	2	....	....	....	8
Harris, Elnathan and Mary	....	....	3	....	....	....	3
Harris, Christo and Andrew	2	2	2	2	....	2	10
Hawkins, Hope	....	....	2	....	....	4	6
Hammon, William	1	3	1	2	....	....	7
Hawkins, Rufus Jr	1	1	1	1	....	....	4
Howard, William	1	3	2	....	....	....	6
Hawkins, William	1	2	2	4	....	....	9
Harris, William	3	3	1	2	....	....	9
Hawkins, Rufus	1	....	1	....	....	....	2
Huet, Suel	1	1	1	....	....	....	3
Hammon, Stephen	1	3	1	....	....	....	5
Hawkins, Jeriah	1	2	2	....	....	....	5

JOHNSTON—CONTINUED.

FAMILIES.	WHITES.				Indians.	Blacks.	Total.
	MALES.		FEMALES.				
	Above 16.	Under 16.	Above 16.	Under 16.			
Hopkins, Jeremiah..........	1	2	2	1	....	....	6
King, Esaias..............	2	1	6	....	....	....	9
Kilton, Samuel............	1	3	1	1	....	....	6
King, Josiah..............	3	1	3	1	....	....	8
King, Isaiah..............	1	3	1	1	....	....	6
Keech, Joel...............	1	1	1	1	....	....	4
Kimball, Joshua...........	3	1	3	....	....	....	7
King, Benjamin............	2	3	2	3	....	....	10
Ladd, Samuel.............	1	....	1	....	....	....	2
Lewis, Dimezas...........	....	....	....	....	....	1	1
Luther, Consider Jr........	2	3	2	4	....	....	11
Luther, Consider..........	2	....	....	....	....	....	2
Lathum, William..........	2	4	2	3	....	....	11
Lewis, Prince.............	....	....	....	....	....	8	8
Man, Thomas.............	1	1	1	5	....	....	8
Mathewson, James.........	2	1	2	....	....	....	5
Manton, Daniel............	1	4	4	1	....	2	12
Mathewson, William.......	3	1	1	1	....	....	6
Mathewson, Noah..........	2	4	2	3	....	....	11
Mathewson, Daniel.........	2	....	1	1	....	....	4
Mathewson, Israel.........	3	1	1	....	....	....	5
Mathewson, Israel Jr.......	1	....	1	....	....	....	2
Mathewson, John..........	1	....	2	2	....	....	5
Mackintash, Samuel	1	....	1	2	....	....	4
McDonald, Barak..........	1	2	1	4	....	....	8
Olney, Emor..............	2	7	2	....	....	3	14
Olney, Tent...............	....	....	1	....	....	....	1
Potter, Christopher........	1	3	1	2	....	....	7
Pain, William	3	2	1	4	....	....	10
Place, Anthony...........	1	2	1	2	....	....	6
Potter, Philip.............	2	3	1	2	....	....	8
Pearce, Ephraim..........	2	3	1	2	....	....	8
Potter, Robert............	1	2	2	2	....	....	7
Randall, James............	1	2	1	1	....	....	6
Randall, Joseph...........	2	1	2	1	....	....	6
Ramsdell, Shewbridge......	1	....	1	....	....	1	3
Remington, Elizabeth......	....	....	1	....	....	....	1
Rutenbarge, John..........	1	1	1	2	....	....	5

JOHNSTON—CONTINUED.

FAMILIES.	WHITES.				Indians.	Blacks.	Total
	MALES.		FEMALES.				
	Above 16.	Under 16.	Above 16.	Under 16.			
Rhodes, Peleg................	3	3	2	1	....	....	9
Reed, Simeon................	1	1	1	3	....	....	6
Rhodes, William.............	1	....	1	....	....	....	2
Remington, Joshua...........	4	1	3	2	....	....	10
Saunders, Samuel............	1	2	1	2	....	....	6
Sprague, Rufus..............	1	1	1	1	....	....	4
Smith, Samuel...............	2	....	1	....	....	....	3
Sweet, Jack..................	....	....	....	....	....	4	4
Sweet, John..................	3	1	1	3	....	....	8
Sheldon, Jeremiah............	3	1	....	1	....	....	5
Sprague, Daniel..............	2	1	2	....	....	....	5
Sprague, Ebenezer............	2	2	1	5	....	....	10
Strivens, Henry..............	3	....	1	1	....	....	5
Strivens, Henry Jr...........	1	2	1	1	....	....	5
Sheldon, Nehemiah...........	1	....	2	4	....	....	7
Stone, Hannah................	....	1	2	....	....	....	3
Sprague, Reuben.............	3	3	1	2	....	....	9
Stone, Josiah.................	1	1	1	2	....	....	5
Thornton, Solomon...........	1	3	2	3	....	....	9
Thornton, Christopher.......	2	....	1	2	....	....	5
Thornton, Noah..............	1	....	1	4	....	....	6
Thornton, Joseph.............	1	....	2	3	....	....	6
Thornton, Elihu..............	2	1	2	....	....	....	5
Thornton, Richard (son of Jos)	1	2	2	5	....	....	10
Thornton, Stephen...........	1	1	1	....	....	....	3
Tripp, Seth	1	3	1	4	....	....	9
Tripp, John...................	1	....	1	2	....	....	4
Thornton, Ephraim...........	1	....	1	1	....	....	3
Tracy, Olive..................	....	....	2	1	....	....	3
Thornton, Richard...........	1	....	1	....	....	....	2
Thornton, Daniel.............	2	2	2	4	....	1	11
Thornton, John...............	1	1	2	4	....	....	8
Toby, Mercy..................	....	....	....	....	....	6	6
Vinsent, Nicholas.............	1	2	1	1	....	....	5
Vinsent, Caleb................	1	5	2	1	....	....	9
Waterman, Jeremiah.........	1	1	1	1	....	....	4
Waterman, Daniel............	1	2	1	2	....	1	7
Warner, William..............	1	1	3	1	....	....	6
Waterman, Benjamin Jr.	2	1	4	3	....	....	10
Williams, Peleg...............	3	3	3	1	....	....	10

JOHNSTON—CONTINUED.

FAMILIES.	WHITES.				Indians.	Blacks.	Total.
	MALES.		FEMALES.				
	Above 16.	Under 16.	Above 16.	Under 16.			
Waterman, Benjamin	2	1	2	1	....	....	6
Williams, Jeremiah	1	1	1	2	....	....	5
Williams, Oliver	1	2	1	1	....	....	5
Williams, William	1	2	1	....	....	....	4
Williams, Daniel	1	....	3	....	....	....	4
Williams, Robert	2	3	2	1	....	....	8
Waterman, John Jr	2	3	3	4	....	....	12
Waterman, Joseph	2	....	2	1	....	....	5
Winsor, Samuel	2	2	2	5	....	....	11
Waterman, Job	2	4	2	....	....	....	8
Waterman, John	3	2	5	1	....	....	11
Waterman, William	2	....	1	1	....	....	4

NORTH PROVIDENCE.

FAMILIES.	WHITES.				Indians.	Blacks.	Total.
	MALES.		FEMALES.				
	Above 16.	Under 16.	Above 16.	Under 16			
Angell, Nedebiah..........	1	1	3	1	....	....	6
Angell, Jason...............	1	1	1	....	....	....	3
Angell, James..............	3	3	3	3	....	....	12
Angell, Oliver.............	2	....	4	....	....	....	6
Angell, Enoch.............	2	2	2	1	....	....	7
Angell, Hope...............	1	....	1	1	....	....	3
Angell, James..............	1	....	2	1	....	....	4
Anthony, Daniel............	3	4	2	4	....	....	13
Bentsley, Arnold...........	1	1	1	....	....	....	3
Bagley, Joseph.............	2	....	2	....	....	....	4
Bagley, William............	1	2	1	1	....	....	5
Banister, Isaac.............	2	....	3	....	....	....	5
Brown, Daniel.............	1	3	1	6	....	....	11
Brown, Elisha..............	2	....	3	1	....	....	6
Brown, Joseph.............	3	1	3	1	....	1	9
Barding, Samuel............	1	1	1	1	....	....	4
Bundy, Silas................	2	1	1	1	....	....	5
Barns, John.................	1	2	1	1	....	....	5
Betlis, John.................	....	....	....	....	5	....	5
Bois, Joseph................	1	2	2	2	....	....	7
Burges, Thomas............	2	3	2	1	....	....	8
Cooper, Nathan.............	1	....	2	....	....	....	3
Cooper, Peter...............	2	1	3	3	....	....	9
Cooman, Richard...........	2	....	2	3	....	....	7
Clarke, Daniel..............	1	3	1	3	....	....	8
Coomstock, James..........	1	1	3	....	1	....	6
Dexter, Christopher........	2	2	2	5	....	....	11
Dexter, Mercy..............	1	2	1	2	....	1	7
Dexter, Jeremiah...........	2	....	2	....	....	1	5
Davis, Thomas..............	1	....	....	....	....	....	1
Durfey, John Jenckes.......	1	....	1	2	....	....	4
Ester, Cornelius............	3	....	1	1	....	....	5
Eddy, Lewis................	1	1	1	2	....	....	5

NORTH PROVIDENCE—CONTINUED.

FAMILIES.	WHITES.				Indians.	Blacks.	Total.
	MALES.		FEMALES.				
	Above 16.	Under 16.	Above 16.	Under 16.			
Foster, John	2	....	2	....	....	....	4
Freeman, Martin	1	....	1	1	....	....	3
Field, Joseph	1	1	1	....	....	....	3
Friend, Gabriel	1	....	1	1	....	....	3
Hawkins, Deborah	....	....	1	1	....	....	2
Hawkins, Hashabiah	1	....	2	2	....	....	5
Hawkins, Joseph	1	4	3	6	....	....	14
Hawkins, Joseph Jr	1	....	1	3	....	....	5
Hicks, William	1	1	1	1	....	....	4
Harris, Benjamin	1	....	1	....	....	....	2
Healy, Ezra	1	2	1	4	....	....	8
Hopkins, Daniel	1	....	....	....	....	1	2
Hopkins, Uriah	1	3	2	....	....	....	6
Hopkins, Esek	1	2	3	2	....	4	12
Hutchenson, Ruth	....	4	2	2	....	....	8
Inman, John	2	....	3	1	....	....	6
Jenckes, Ebenezer	1	....	4	....	....	....	5
Jenckes, Jonathan	3	....	2	2	....	1	8
Jenckes, Stephen	2	2	1	....	....	....	5
Jenckes, Ichabod	2	4	4	3	....	....	13
Jenckes, Moses	1	1	1	....	....	....	3
Jenckes, Nathaniel	1	1	1	....	....	....	3
Jenckes, Gideon	1	2	1	2	....	1	7
Jenckes, Eleazar	1	2	1	3	....	....	7
Jenckes, Ebenezer Jr	2	....	1	1	....	....	4
Jenckes, Esek	2	1	1	1	....	....	5
Jenckes, William	1	2	1	3	....	....	7
Jenckes, Jonathan Jr	2	1	2	....	....	....	5
Jenckes, John Jr	1	2	1	....	....	....	4
King, Ruben	1	1	1	1	....	....	4
King, Abner	2	1	1	1	....	....	5
Little, Mary	....	....	1	....	....	2	3
Lunt, Samuel	....	....	1	1	....	....	2
Lealand, Jesse	1	2	1	2	....	....	6
Miles, Timothy	1	....	1	....	....	....	2
Martin, Benjamin	2	2	2	1	....	....	7
Olney, John	1	....	1	....	....	....	2

NORTH PROVIDENCE—CONTINUED.

FAMILIES.	WHITES.				Indians.	Blacks.	Total.
	MALES.		FEMALES.				
	Above 16.	Under 16.	Above 16.	Under 16.			
Olney, Gideon	3	5	1	....	....	....	9
Olney, Nehemiah	1	....	1	....	....	....	2
Olney, Job	3	1	2	1	....	....	7
Olney, Abraham	1	1	1	....	....	....	3
Olney, Samuel	1	2	4	....	....	2	9
Olney, Charles	2	....	3	....	....	1	6
Olney, Charles Jr.	1	2	3	1	....	....	7
Olney, Ezra	2	1	2	4	....	....	9
Olney, Isaac	1	2	1	2	....	....	6
Olney, Thomas	1	....	2	1	....	1	5
Olney, Thomas Jr.	1	1	1	2	....	....	5
Olney, Joseph	2	1	2	2	....	....	7
Olney, Epenetus	1	1	2	2	....	....	6
Owen, John	1	....	1	....	....	....	2
Owen, Josiah	3	1	3	4	....	....	11
Phillips, William	1	....	1	....	....	....	2
Phillips, Levi	1	....	2	3	....	....	6
Peck, Gemime	....	....	3	....	....	....	3
Power, Martha	....	....	3	....	....	1	4
Pike, Jonathan	3	....	2	....	....	....	5
Parmer, Jabez C.	1	2	1	....	....	....	4
Potter, Levi	1	3	1	3	....	....	8
Randall, Henry	1	3	3	2	....	....	9
Ruttenburg, Daniel	1	3	2	3	....	....	9
Richardson, Harmon	1	1	1	....	....	....	3
Randall, Peter	2	3	2	1	....	....	8
Randall, Joseph	1	1	1	1	....	....	4
Shepard, Benjamin	1	1	1	....	....	....	3
Saulsbury, Joshua	1	2	1	3	....	....	7
Sampson, Alexander	2	4	1	1	....	....	8
Smith, Jeremiah	1	2	1	2	....	....	6
Smith, Nehemiah	3	3	1	2	....	....	9
Smith, Levi	1	1	1	4	....	....	7
Smith, Joseph	1	2	1	3	....	....	7
Smith, Edward	2	5	2	2	....	2	13
Scott, John	2	....	2	....	....	....	4
Scott, Martha	....	....	1	....	....	....	1
Sears, John	2	....	2	1	....	1	6
Sears, Alden	2	1	1	2	....	....	6
Tripp, Edward	2	....	2	1	....	....	5

NORTH PROVIDENCE—CONTINUED. 235

FAMILIES.	WHITES.				Indians.	Blacks.	Total.
	MALES.		FEMALES.				
	Above 16.	Under 16.	Above 16.	Under 16.			
Tripp, John..................	1	1	2	1	....	....	5
Tucker, Nathan.............	1	1	2	....	....	....	4
Tucker, Samuel.............	1	....	2	....	....	....	3
Tucker, John................	1	1	1	2	....	....	5
Tucker, Samuel Jr..........	2	1	2	3	....	....	8
Thorps, Reuben.............	1	2	1	3	....	....	7
Viall, Jonathan.............	3	1	1	5	....	....	10
Whipple, Thomas...........	3	3	3	3	....	....	12
Whipple, Joseph............	2	2	3	1	....	....	8
Whipple, Jonathan..........	3	....	3	....	....	....	6
Whipple, Ephraim...........	2	2	2	4	....	....	10
Whipple, Benjamin..........	2	....	1	1	....	....	4
Whipple, Jesse..............	1	....	1	1	....	....	3
Whipple, Stephen...........	1	5	1	2	....	....	9
Whipple, Daniel.............	1	3	1	1	....	1	7
Whipple, Benjamin Jr......	2	3	1	3	....	....	9
Weaver, Abial...............	1	2	1	5	....	....	9
Walker, Nathaniel...........	1	2	2	4	....	....	9
Woodward, Jacob...........	1	....	4	3	....	....	8
Williams, John..............	....	....	....	....	....	10	10
Williams, John..............	1	2	2	1	....	....	6
Williams, Zebedee..........	1	2	2	3	....	....	8
Whiteiur, Ebenezer.........	....	....	1	2	....	....	3
Wight, William..............	1	1	1	....	....	....	3
Waterman, Nathaniel.......	2	1	2	....	....	....	5
Waterman, Neriah..........	2	....	2	1	....	....	5
White, Adams...............	2	....	2	2	....	....	6
Young, Robert..............	2	....	3	1	....	....	6

BARRINGTON.

FAMILIES.	WHITES.				Indians.	Blacks.	Total.
	MALES.		FEMALES.				
	Above 16.	Under 16.	Above 16.	Under 16.			
Allin, Thomas................	1	3	2	3	....	5	14
Allin, Matthew...............	1	1	3	2	....	5	12
Allin, Ruth (widow).........	....	....	1	....	....	1	2
Allen, Samuel................	3	....	2	....	....	....	5
Allen, Viall..................	1	1	1	4	....	....	7
Allen, Samuel 2d.............	1	4	1	1	....	....	7
Allen, Joseph.................	1	....	1	....	....	....	2
Allen, Joseph Jr..............	2	4	2	....	1	....	9
Adams, Edward...............	2	3	2	2	....	....	9
Adams, James................	2	2	1	3	....	....	8
Adams, Samuel...............	3	3	1	1	....	....	8
Adams, Nudigate..............	1	1	3	....	....	1	6
Adams, Hannah (widow)....	....	....	1	....	....	....	1
Andrews, William............	1	1	1	3	....	....	6
Bicknell, Joshua..............	5	3	5	1	....	3	17
Bicknell, Asa.................	1	2	1	....	....	3	7
Bicknell, Rachel (widow)....	....	....	1	....	....	4	5
Brown, James.................	3	....	2	1	5	3	14
Brown, William...............	1	3	1	3	....	....	8
Brown, James Jr..............	1	2	1	1	....	....	5
Bowen, Henery...............	1	1	2	1	....	....	5
Bowen, James.................	1	2	3	3	....	....	9
Bowen, Josiah.................	1	2	2	....	....	....	5
Barnes, Samuel...............	1	....	2	1	....	....	4
Barnes, Thomas...............	3	....	1	1	....	....	5
Barnes, Levi..................	1	2	1	4	....	....	8
Boswoth, Edward.............	1	....	2	....	....	2	5
Boswoth, Jonathan...........	2	1	4	3	....	....	10
Boswoth, Samuel.............	3	2	1	2	....	....	8
Bears, Charles................	1	2	2	....	....	....	5
Bears, Spencer................	1	....	1	1	....	....	3
Bishop, Ebenezer.............	1	....	1	....	....	....	2
Cary, Michel..................	1	1	1	....	....	....	3
Drown, Benjamin.............	3	2	1	....	....	....	6
Drown, Benjamin Jr.........	1	....	1	1	....	....	3

BARRINGTON—CONTINUED.

FAMILIES.	WHITES.				Indians.	Blacks.	Total.
	MALES.		FEMALES.				
	Above 16.	Under 16.	Above 16.	Under 16.			
Grant, Joseph.............	2	....	2	....	....	....	4
Grant, Joseph Jr...........	1	3	2	1	....	....	7
Grant, Shubale............	1	3	1	2	....	....	7
Grant, Thomas.............	2	....	2	2	....	....	6
Garnzey, Marther (widow)...	....	....	1	....	....	....	1
Fuller, Frances............	1	3	2	1	....	....	7
Humphry, Josiah...........	3	....	3	....	....	....	6
Humphry, Samuel..........	2	....	1	3	....	....	6
Humphry, Nathanell........	1	3	1	3	....	....	8
Humphry, Elknah..........	2	2	2	2	....	1	9
Humphry, Samuel Jr........	1	....	1	1	....	....	3
Heath, Nathanell...........	1	1	2	2	....	....	6
Hath, Peleg................	1	2	1	2	....	....	6
Harding, John..............	1	....	3	....	....	....	4
Harding, Richard...........	3	6	4	1	....	....	14
Horton, Moses.............	3	....	3	....	....	....	6
Horton, Simeon............	1	1	1	2	....	....	5
Hewse, Spicer.............	1	1	1	3	....	....	6
Hathaway, Benjamin........	2	....	2	1	....	....	5
Kent, Samuel..............	1	4	4	3	....	....	12
Kent, Joshua...............	1	....	2	1	....	....	4
Killey, John................	4	1	3	....	....	1	9
Killey, William.............	3	1	2	3	....	....	9
Kinicut, Daniel.............	1	4	1	3	....	....	9
Kinicut, Hezekiah..........	1	....	1	....	....	....	2
Low, Hooper...............	3	3	1	5	....	1	13
Luther, Caleb..............	1	....	1	1	....	....	3
Martin, John...............	3	1	3	2	....	1	10
Martin, Nathanell...........	5	2	3	3	....	....	13
Martin, Mary (widow).......	4	1	1	2	....	....	8
Medbury, Rebeckah.........	....	....	1	....	....	....	1
Peck, Solomon.............	4	2	3	1	....	....	10
Peck, Solomon Jr...........	1	2	1	2	....	....	6
Peck, Sarah (widow)........	1	2	3	1	....	....	7
Quom, Joshua..............	....	....	....	....	5	....	5
Remington, Enock..........	1	2	2	3	....	....	8

BARRINGTON—CONTINUED.

FAMILIES.	WHITES.				Indians.	Blacks.	Total.
	MALES.		FEMALES.				
	Above 16.	Under 16.	Above 16.	Under 16.			
Richmond, Sippeo..........	....	....	....	....	3	....	3
Smith, James...............	1	5	2	1	....	....	9
Smith, Nathanell...........	2	1	1	1	....	....	5
Smith, Sarah (widow).......	1	....	3	....	1	....	5
Smith, Peter...............	2	....	1	1	....	....	4
Short, John................	3	2	2	2	....	....	9
Salsbury, George...........	1	2	2	2	....	....	7
Tiffany, Ester (widow)......	1	....	3	1	....	1	6
Tiffany, Hezekiah..........	1	....	2	....	....	5	8
Townsend, Solomon Rev.....	1	1	1	1	....	....	4
Townsend, Solomon Jr.......	2	3	3	....	....	....	8
Tyler, Moses...............	1	1	2	4	1	....	9
Traffen, Phillip............	1	2	1	2	....	....	6
Toogood, Eunice	....	....	1	....	1	....	2
Tripp, Consider............	1	....	3	1	....	....	5
Viall, Joseph...............	4	....	3	1	....	....	8
Viall, Josiah...............	1	1	1	1	....	....	4
Watson, Matthew...........	2	....	4	1	....	4	11
Watson, Matthew Jr........	1	2	1	1	1	....	6
Young, Charles.............	1	....	1	2	....	....	4

RECAPITULATION

OF THE INHABITANTS OF THE COLONY OF RHODE ISLAND, ACCORDING TO THE OFFICIAL CENSUS TAKEN IN 1774.

	Families.	WHITES.				Total Whites.	Indians.	Blacks.	Total of each town
		MALES.		FEMALES.					
		Above 16.	Under 16.	Above 16.	Under 16.				
Newport............	1,590	2,100	1,558	2,624	1,635	7,917	46	1,246	9,208
Providence.........	655	1,219	850	1,049	832	3,950	68	303	4,321
Portsmouth.........	220	343	341	400	285	1,369	21	122	1,512
Warwick............	353	569	512	615	465	2,161	88	89	2,438
Westerly............	257	421	441	443	401	1,706	37	69	1,812
New Shoreham......	75	109	119	121	120	469	51	55	575
East Greenwich......	275	416	345	464	338	1,563	31	69	1,663
North Kingstown....	361	538	497	595	552	2,182	79	211	2,472
South Kingstown.....	364	550	554	597	484	2,185	210	440	2,835
Jamestown..........	69	110	90	118	82	400	32	131	563
Smithfield..........	476	742	665	769	638	2,814	23	51	2,888
Scituate............	564	909	879	933	817	3,538	8	55	3,601
Glocester...........	525	743	724	740	719	2,926	....	19	2,945
West Greenwich.....	304	429	395	465	456	1,745	....	19	1,764
Charlestown........	307	312	315	350	264	1,241	528	52	1,821
Coventry...........	274	474	555	493	470	1,992	11	20	2,023
Exeter..............	289	441	415	478	446	1,780	17	67	1,864
Middletown.........	123	210	179	259	156	804	13	64	881
Bristol..............	197	272	232	319	256	1,079	16	114	1,209
Tiverton............	208	418	500	438	434	1,790	71	95	1,956
Warren.............	168	237	251	255	185	928	7	44	979
Little Compton.....	218	304	254	382	220	1,160	25	47	1,232
Richmond..........	189	286	316	324	287	1,213	20	24	1,257
Cumberland........	264	400	408	478	450	1,736	3	17	1,756
Cranston...........	340	476	399	517	390	1,782	19	60	1,861
Hopkinton..........	299	427	420	477	415	1,739	21	48	1,808
Johnston...........	167	242	227	254	234	957	9	65	1,031
North Providence....	138	193	172	230	197	792	7	31	830
Barrington	91	142	118	162	120	542	18	41	601
	9,450	14,042	12,731	15,349	12,386	54,460	1,479	3,668	59,707

INDEX

OF

RHODE ISLAND CENSUS

IN

1774

By

E. E. BROWNELL, B.E.E.

1954

NOTICE

This work was reproduced by the photo-offset process from the original edition. A characteristic of this copy, from which the offset printer worked, was that the image was uneven. Every effort has been made by our photo-offset printer to produce as fine a reprint of the original edition as possible.

        Genealogical Publishing Company

INDEX OF TOWNS

in

1774 RHODE ISLAND CENSUS

TOWN	PAGE
Barrington	236 to 238
Bristol	179 to 183
Charlestown	149 to 154
Coventry	155 to 161
Cranston	210 to 218
Cumberland	203 to 209
East Greenwich	93 to 99
Exeter	162 to 169
Gloucester	128 to 140
Hopkinton	219 to 226
Jamestown	100 to 101
Johnston	227 to 231
Little Compton	192 to 197
Middletown	175 to 178
Newport	1 to 37
North Kingstown	75 to 83
North Providence	232 to 235
Portsmouth	54 to 58
Providence	38 to 53
Richmond	198 to 202
Scituate	114 to 127
Smithfield	102 to 113
South Kingstown	84 to 92
Tiverton	184 to 191
Warren	170 to 174
Warwick	59 to 67
Westerly	68 to 74
West Greenwich	141 to 148

INDEX - 1774 CENSUS OF RHODE ISLAND

A

AARON,
  Cole - 149
  Sarah - 149
ABBOTT,
  Daniel - 210
  John - 210
  Joseph - 2
  Pardon - 114
ABORN,
  Anthony, Esq. - 210
  Daniel - 210
  Elizabeth, wid. - 210
  James - 59
  Samuel - 59
ACKLAND,
  Philip - 2
ADAMS,
  Ebenezer - 68
  Edward - 236
  Hannah - 84
  Hannah, wid. - 236
  Henry - 219
  James - 236
  John - 149
  Mary - 198
  Nudigate - 236
  Samuel - 236
  Stephen - 198
  Thomas - 149
ADDIE,
  Joseph - 179
AIKINS,
  Sarah - 2
ALBRO,
  Benjamin - 100
  Benoni - 75
  David - 175
  James - 75
  Jeremiah - 84
  John - 84;141;162
  Peter - 141
  Robert - 162
  Thomas - 162

ALBROW,
  James - 54
  Jonathan - 54
  Josiah - 54
ALBUTT,
  John - 184
ALDREGE,
  Thomas - 93
ALDRICH,
  Abel - 203
  Abraham - 102
  Andrew - 227
  Anne, wid. - 102
  Caleb - 102
  Charles - 128
  David - 103
  Dorathy - 103
  Ebenezer - 128
  Elizabeth - 103
  Ezra - 227
  Israel - 103
  James - 103
  Jethro - 102
  Job - 102
  Jonathan - 203
  Joseph - 128;203
  Joseph, Jr. - 128
  Noah - 114;128
  Phillip - 203
  Prince - 103
  Reuben - 102
  Richard - 103
  Robert - 203
  Samuel - 102
  Samuel, Jr. - 102
  Samuel, 3rd - 103
  Simeon - 102;103
  Stephen - 103;128
  Stephen, Jr. - 128
  Susanna - 103
  Thomas - 103
  William - 114
  William, Dr. - 210
  William, Jr. - 114

INDEX - 1774 CENSUS OF RHODE ISLAND

ALESWORTH,
  Anthony - 2
ALEXANDER,
  Mary - 203
  Roger - 203
ALGER,
  _____ - 38
ALL,
  Abraham - 1
  Abraham, Jr. - 1
ALLBROUGH,
  Clarke - 2
ALLCOCK,
  Elizabeth - 2
ALLEN,
  Amos - 38
  Benjamin - 1;38;75;141
  Benjamin, Jr. - 75
  Caleb - 54;75
  Chris. (son of Benj.) - 75
  Christopher - 75
  Comfort - 38
  Ebenezer - 1;54;59
  Elizabeth - 1
  Hannah - 1
  Henry - 1
  James - 54
  John - 54;59;68;75;128;175
  Jonathan - 54;75
  Joseph - 2;236
  Joseph, Jr. - 236
  Joshua - 75
  Matthew - 75
  Nemiah - 203
  Noah - 2
  Pardon - 93
  Pasavil - 219
  Patience - 38
  Peleg - 54
  Rowland - 54
  Samuel - 68;75;175;236

ALLEN,
  Samuel, 2nd - 236
  Sarah - 179
  Stephen - 149
  Thomas - 54
  Thomas, Esq. - 75
  Thomas, Jr. - 75
  Timothy - 203
  Viall - 236
  William - 2
  Zachariah - 38
ALLIN,
  Christopher - 84
  Elizabeth - 84
  James - 84
  Jeremiah - 162
  Matthew - 236
  Ruth, wid. - 236
  Thomas - 236
  William - 162
ALLINTON,
  John - 155
ALLISON,
  Mary - 2
ALMEY,
  Elisha - 114
ALMY,
  Amea - 191
  Ann, wid. - 184
  Benjamin - 1
  Gideon - 184
  Job - 54
  John - 54;184
  Jonathan - 1
  Joseph - 184
  Mary, wid. - 184
  William - 184
ALSBANE,
  Job - 93
ALVERSON,
  David - 75
  Lydia - 227
  Thomas - 75

INDEX - 1774 CENSUS OF RHODE ISLAND

ALVERSON,
  Uriah - 103
  William - 103
AMBROS,
  Israel - 2
AMES,
  Jacob - 155
AMEY,
  Joshua - 1
AMORY,
  Mary - 1
ANDERSON,
  Francis - 2
ANDREW,
  Benoni - 93
  Charles - 93;155
  Charles J. - 155
  Edmond - 93
  Elnathan - 155
  Griffin - 155
  James - 141
  John - 155
  Jonathan - 93
  Patience - 155
  Philip - 59
  Rebecca - 93
  Thomas - 141;155
  William - 155
ANDREWS,
  _____, wid. - 128
  Anna - 210
  James - 114
  Jeremiah - 114
  John - 128
  John, Esq. - 210
  Nathaniel - 128
  William - 236
  Zeph. - 38
ANGELL,
  Abiah - 103
  Abraham - 114;203
  Andrew - 114
  Charles - 103

ANGELL,
  Christopher - 103
  Daniel - 103, 227
  Eber - 103
  Elizabeth - 114
  Ehoch - 232
  Ezekiel - 103
  Ezekiel, Jr. - 103
  Gideon - 103
  Gideon, Jr. - 103
  Hope - 232
  Isaiah - 114
  Israel - 227
  Jabel - 114
  James - 103;232
  James & John - 38
  Jason - 232
  Jeremiah - 114
  Job - 103;141
  John - 103
  John & James - 38
  Marcy - 114
  Nathan - 38
  Nedebiah - 128;232
  Oliver - 232
  Prince - 227
  Richard - 114
  Rufus - 103
  Samuel - 114
  Solomon - 103
  Thomas - 203;227
  William - 103;227
ANTEMIS,
  Content - 2
ANTHONY,
  _____, wid. - 176
  Abraham - 54;59
  Daniel - 175;232
  David - 54
  David, Jr. - 54
  Elisha - 1
  Elizabeth - 175
  Hezekiah - 1

INDEX - 1774 CENSUS OF RHODE ISLAND

ANTHONY,
  Isaac - 54
  James - 1
  Jenny - 1
  John - 1;59;149
  Joseph - 1;54;184
  Mary - 1
  Peleg - 1
  Philip - 54
  Sarah - 1
  William - 1;54
ANTRAM,
  William - 227
APLIN,
  Benjamin - 38
  John - 38
APPELEBY,
  Benjamin - 103
  James - 103
  James, Jr. - 103
ARCHER,
  Dorothy - 2
  Susanna - 2
ARMINGTON,
  _____ - 38
ARMS,
  John - 38
ARMSBEE,
  Ebenezer - 114
ARMSBERY,
  Jeremiah - 203
ARMSTRONG,
  _____, wid. - 128
  John - 2
  Thomas - 84
ARNOLD,
  Aaron - 128
  Abigal - 59
  Abraham - 102
  Amos - 203
  Benjamin - 59;102
  Benjamin, Jr. - 155
  Benjamin, Capt. - 59

ARNOLD,
  Caleb - 2;38;59;102;
     114;141;128;
     162
  Christopher - 38;103
  David - 38;59;128
  Edmund - 102
  Eleazer - 141
  Elijah - 102
  Elisha - 59;102;141
  Enoch - 102
  Gideon - 128
  Gidion - 59
  Gidion (son of
     James) - 59
  Hart - 2
  Israel - 59;128
  Jacob - 102
  James - 38;102
  James, 5th - 59
  James, Col. - 59
  James (son of
     Elisha) - 59
  Job - 102;155
  John - 93;155;203
  John, Jr. - 93
  John (son of Philip)
     - 59
  Jonathan - 38;102;227
  Jonathan, Jr. - 102;
     227
  Joseph - 38;59;93;
     102
  Joseph, Esq. - 75
  Joshua - 102
  Josiah - 2;38;59
  Levi - 203
  Lidia - 59
  Luke - 102
  Lydia - 210
  Moses - 203
  Nathan - 38;203

INDEX - 1774 CENSUS OF RHODE ISLAND

ARNOLD,
 Nathaniel - 59;102
 Noah - 128
 Noah, Jr. - 128
 Oliver - 59;93;203
 Patience - 102
 Patience - (widow of
    Tho.) - 102
 Peleg - 102;210
 Philip - 59
 Rhodes - 210
 Rice John - 210
 Rufus - 102
 Samuel - 75;102
 Seth - 102
 Simeon - 59
 Sion - 59
 Stephen - 75;102
 Stephen, Jr. - 102
 Stephen, Esq. - 59
 Thomas - 2;59;93;102
 Thomas (son of Wm.)
    - 59
 Uriah - 102
 Welcome - 38
 Widow - 38
 William - 59;93;102;
    103;128;170
 William, Jr. - 102
 William (son of Wm.)
    - 59
 Zebedee - 102
ARWEN,
 William - 227
ASH,
 John - 162
ASHTON,
 William - 38
ATKINSON,
 James - 2
ATWELL,
 Amos - 38

ATWOOD,
 Jacob - 103
 John - 38
 Mary - 2;59
 Nathariah - 114
 Thomas - 2
 William - 210
AUSTEN,
 James - 75
 John - 75
AUSTIN,
 Benjamin - 141
 Daniel - 2;141
 Ellis - 141
 Ezekiel - 219
 George - 141
 Jedidiah - 68
 Jeremiah - 141;162
 Jeremiah, Jr. - 162
 Joseph - 2;100;141;
    198
 Marcy - 162
 Parrasmus - 84
 Pasco - 141
 Pasqua - 162
 Picas - 84
 Robert - 141;149;162
 Rufus - 141
 Silas - 149;162
 Stephen - 162
 William - 149
AVERIL,
 Sarah - 2
AXTON,
 John - 2
AYLESWORTH,
 Abel - 141
 Arthur - 75;141
 David - 141
 Dyre - 75
 Jeremiah - 75
 Judiah - 141
 Peleg - 114

INDEX - 1774 CENSUS OF RHODE ISLAND

AYLESWORTH,
  Phebe - 75
  Philip - 155
  Philip, Jr. - 155
  Robert - 155
  Thomas - 114
AYLMAN,
  Ruth - 2
AYLSWORTH,
  Anthony - 93
  John - 93
  Matthew - 93
  Richard - 93
AYRAULT,
  Samuel - 1
  Stephen - 1
  Stephen, Jr. - 1

B

BABCOCK,
  Abigail - 220
  Abijah - 84
  Ann Widow - 68
  Christopher - 68;149
  David - 84
  David, Jr. - 84
  Debro - 220
  Elisha - 198
  Elisha (son of E.) - 198
  Elkanch - 68
  Esther - 84
  George - 76;84
  Hezekiah - 84;220
  Ichabod - 68;149
  Isaac - 68
  James - 68
  James, Jr. - 68
  Jeremiah - 84
  Jesse - 68
  Job - 84

BABCOCK,
  John - 84
  Jonathan - 84
  Joseph - 68;84;162
  Joshua - 68
  Nathan - 68
  Nathaniel, 2nd - 68
  Oliver - 68;220
  Peleg - 84;149
  Robert - 93
  Rouse - 220
  Samuel - 68;84;220
  Simeon - 84;149;220
  Stephen - 68
  William - 68
  William, Jr. - 68
BACKER,
  Seth - 104
BACON,
  David - 40
  Elijah - 39
  Henry - 40
  William - 40
BADGER,
  Jonathan - 39
BAGGS,
  John - 198
BAGLEY,
  Joseph - 232
  Phebe - 104
  William - 232
BAILEY,
  Clark - 198
  Ephraim - 192
  George - 93
  Isaac - 192
  John - 192
  Joseph - 93
  Mary - 192
  Richard - 198
  Samuel - 156;192;198
  Thomas - 5;93;192

INDEX - 1774 CENSUS OF RHODE ISLAND

BAILEY,
  Thomas, Jr. - 192
  William - 93; 192
  William, Jr. - 93
BAKER,
  _____, wid. - 129
  Abraham - 60;129
  Benajah - 115
  Benjamin - 5;198
  Benjamin, Jr. - 198
  Daniel - 115
  Elisha - 60
  Elizabeth - 5
  George - 115
  James - 5;162
  Jeremiah - 60
  Jesse - 170
  John - 115;129;162
  John, Jr. - 129
  John, called Warrick - 129
  Jonathan - 60
  Joseph - 60;162
  Margaret - 141
  Moses - 60
  Nathan - 220
  Oliver - 60
  Philip - 60
  Samuel - 115
  Solomon - 198
  Stephen - 129
  Temperance - 60
  Thomas - 211
  William - 60;211
BALCH,
  Timothy - 3
BALEY,
  _____, wid. - 175
  Caleb - 141
  Constant - 5
  Hannah - 175
  John - 175
  Lemuel - 5

BALEY,
  Oliver - 184
  Richard - 5
  Samuel - 60;175
BALLARD,
  Benjamin - 104
BALLOU,
  Aaron - 104
  Abner - 204
  Alexander - 104
  Ariel - 204
  Asa - 204
  Benjamin - 104;114; 204
  Daniel - 129
  David - 104;129
  Elezer - 130
  Elisha - 204
  Ezekiel - 204
  James - 204
  Jeremiah - 104;128
  John - 104
  Joseph - 129;204
  Levi - 204
  Moses - 104
  Nehemiah - 129
  Noah - 204
  Obadiah - 129
  Reuben - 204
  Seth - 129;204
  Simeon - 104
  Stephen - 129;204
BANISTER,
  Isaac - 232
  John - 175
BARBER,
  Benjamin - 198;220
  Caleb - 198
  Daniel - 162
  Daniel, Jr. - 163
  Edward - 162
  Ezekiel - 198;220
  James - 85

INDEX - 1774 CENSUS OF RHODE ISLAND

BARBER,
  John - 75; 220
  Jonathan - 163
  Joseph - 162
  Joshua - 85
  Moses - 85; 163
  Nicholas - 198
  Samuel - 198
  Thomas - 198; 204
  William - 220
BARBOUR,
  Josiah - 141
BARDEEN,
  Nathan - 170
  William - 5
BARDIN,
  Comfort - 39
BARDING,
  Samuel - 232
BAREY,
  Charles - 76
BARKER,
  Abigail - 4
  Abraham - 184
  Benjamin - 4; 85
  Bersheba - 184
  David - 175
  Edward - 175
  Edward, Jr. - 175
  Elisha - 175
  George - 104
  Giles - 175
  Jeremiah - 175
  John - 175
  Joshua - 175
  Mathew - 4
  Peleg, Jr. - 4
  Peter - 4; 175
  Peter, Jr. - 175
  R. Reynolds - 4
  Robert - 54
  Rufus - 104
  William - 39; 141

BARNES,
  _____, wid. - 129
  Benjamin - 130
  Daniel - 129
  Elisha - 115
  Enoch - 104
  Joseph - 128
  Joseph, Jr. - 129
  Levi - 236
  Matthew - 129
  Nathan - 104
  Samuel - 236
  Thomas - 236
BARNET,
  William - 4
BARNEY,
  Gideon - 5
  Giles - 5
  Israel - 211
  Jacob - 5
  Mary - 5
  Nathaniel - 5
BARNHAM,
  Thomas - 4
BARNS,
  John - 232
BARON,
  William - 5
BARRISTER,
  Pero - 4
BARROWS,
  John - 179
BARRY,
  Anna - 115
BARSTOW,
  William - 40
BARTHLISH,
  Thomas - 60
BARTLET,
  Abner - 130
  Caleb - 130
  Eber - 204
  Ezra - 130

INDEX - 1774 CENSUS OF RHODE ISLAND

BARTLET,
  Jehu - 204
  Jeremiah - 204
  John - 3;204
  Joseph - 204
  Noah - 104
  Richard - 129
  Rufus - 204
BARTLETT,
  Elisha - 129
BARTON,
  Andrew - 60
  Benjamin - 170
  Haile - 170
  Joseph - 60
  Lydia - 170
  Pero - 39
  Richard - 170
  Rufus - 59;170;192
  Rufus, Jr. - 59
  Steukly - 61
  William - 39;170;192
BASET,
  William - 149
BASSET,
  Joseph - 129
BASSETT,
  John - 114
BATCHELER,
  Ruppe - 5
BATES,
  Daniel - 114
  David - 93
  Francis - 155
  James - 155
  John - 115;162
  Jonathan, Jr. - 162
  Nathan - 115
  Sarah - 141
BATTY,
  Caleb - 60
  John - 4;114
  John, Jr. - 114

BATTY,
  Joseph - 4
  Joshua - 114
  Josiah - 211
  Nicholas - 210
  Phebe - 4
  William - 60
BAUSE,
  Benjamin - 115
BAXTER,
  Thomas - 115
  William - 4;227
BAYARD,
  Andrew - 94
BAYNALL,
  Robert - 4
BAZZIL,
  Philip - 2
BEALE,
  Richard - 6
BEARD,
  ___ - 39
BEARS,
  Charles - 236
  Spencer - 236
BEASLEY,
  Meriam - 5
BEBEE,
  Daniel - 4
  Hannah - 4
  Nathan - 4
BEBOTT,
  Rebecca - 4
BEERE,
  Oliver - 2
BELCHER,
  Edward - 3
  Jonathan - 40
  Joseph - 3
BELKNAP,
  Abraham - 227
  Jedutham - 227

INDEX - 1774 CENSUS OF RHODE ISLAND

BELL,
  Edmund - 4
  James - 6
  John - 4
BENELY,
  William - 104
BENJAMIN,
  John - 141
  Jonathan - 162
  Myer - 4
BENNET,
  _____, Mrs. - 40
  Abel - 156
  Abel, Jr. - 155
  Aseph - 156
  Ezekiel - 155
  John - 184
  Johnson - 184
  Jonathan - 184
  Joseph - 156
  Joseph, Jr. - 155
  Philip - 184
  Phineas - 156
  Robert - 184
  Robert (son of Jona) - 184
  Thomas - 38
  Timothy - 104;155
  William - 211
BENNETT,
  Abel - 60
  Andrew - 3
  Benjamin - 94
  Christopher - 3
  Daniel - 115
  David - 60
  Francis - 115
  Hannah - 3
  Hope - 115
  Ishmael - 115
  James - 192
  Job - 3
  John - 60;115;192

BENNETT,
  John, Jr. - 60;115
  Jonathan - 60
  Joseph - 3;60;115
  Josiah - 115
  Millisent - 3
  Nathan - 115
  Robert - 104
  Samuel - 60
  Thomas - 115
  William - 60
BENNY,
  Robert - 4
BENSON,
  Jobe - 128
  John - 141
BENT,
  Hannah, wid. - 69
  John - 220
BENTLEY,
  Benjamin - 162
  Caleb - 60
  Ezekiel - 162;198
  George - 68
  John - 198
  Thomas - 162
  William - 94;198
BENTLY,
  Abigail - 85
BENTSLEY,
  Arnold - 232
BERNARD,
  Jethro - 39
BERRY,
  Elijah - 68
  James - 39
  Peleg - 68
  Richard - 68
  Samuel - 68
  Sarah - 103
BESS,
  Beard - 5

INDEX - 1774 CENSUS OF RHODE ISLAND

BETLIS,
  John - 232
BEVERLY,
  George - 227
  Hope - 227
  John - 227
BICKFORD,
  Joseph - 114
BICKNELL,
  Asa - 236
  Japhet - 204
  Joshua - 236
  Rachel, wid. - 236
BIDILCOM,
  Thomas - 60
BIGLEY,
  Timothy - 4
BILL,
  Joshua - 84
BILLINGS,
  Ichabod - 40
  Samuel - 6
  William - 6
  Woodman - 4
BILLINGTON,
  Daniel - 84
  Joseph - 84
BIRD,
  Nathaniel - 3
BIRKETT,
  Thomas - 39
BISHOP,
  Abner - 104
  Ebenezer - 236
  Edward - 129
  Gideon - 203
  John - 204
  Simeon - 203
  Thomas - 130
  William - 100
BISSEL,
  Samuel - 168

BISSELL,
  Job - 5
  John - 75
  Richard - 5
  Sarah - 5
  Thomas - 75
BISSETT,
  George - 4
BLACK,
  James - 39
  Samuel - 40
  William - 40
BLACKMAN,
  John - 114
BLACKMAR,
  David - 115
  Nathaniel - 128
BLACKMARR,
  Abner - 129
  James - 129
  Stephen - 129
BLACKS,
  ___ - 197
BLAKE,
  Ebenezer - 179
BLANCHARD,
  Benjamin - 210
  Elias - 115
  Isaac - 115
  John - 155
  Joseph - 115
  Moses - 155
  Ruben - 211
  Rubin - 115
  William - 115
BLANCHAU,
  Barnet - 141
BLANDING,
  Ephraim - 204
  Samuel - 204
BLISS,
  Benedict - 3

INDEX - 1774 CENSUS OF RHODE ISLAND

BLISS,
  Henry - 3
  Henry, Jr. - 3
  Sarah - 3
  William - 170;175
BLIVEN,
  Daniel - 68
  Edward - 69
  Edward, Jr. - 69
  James - 68
  John - 69
  Nathan - 69
  Samuel - 69
  William - 69
BLOSS,
  James - 130
BLU,
  Jeremiah - 204
BLY,
  Jonathan - 76
BODLISION,
  Edward - 142
BODLISON,
  Return - 142
BOGMAN,
  Charles - 40
BOIS,
  Joseph - 232
BOLES,
  John - 75
BOLLARD,
  Ichabod - 129
  Jeremiah, Jr. - 129
BOLSTER,
  Lott - 155
BOON,
  William - 162
BOONE,
  Mary - 76
  Richard - 76
  Samuel - 76
  Samuel, Jr. - 76

BOOTH,
  Silas - 184
BOOZE,
  Amos - 94
BORDEN,
  Abraham - 227
  Benjamin - 4;184
  Christopher - 184
  Elijah - 184
  Hannah - 4
  John - 115;184
  John, Jr. - 184
  Joseph - 54;184;227
  Joseph, Jr. - 227
  Mary - 4;184
  Oliver - 227
  Richard - 227
  Samuel - 184
  Thomas - 227
  William - 227
BOSEN,
  Charles - 219
  Daniel - 219
BOSS,
  Edward - 6;142
  Freelove - 6
  Jeremiah - 198
  Jonathan - 198
  Joseph - 6;198
  Peter - 84;162;198
  Philip - 84
  Syphax - 85
  William - 84
BOSWORTH,
  Benjamin - 179
  Benjamin, 3rd - 179
  James - 179
  Lewis - 40
  William - 179
  William, Jr. - 179
BOSWOTH,
  Edward - 236

INDEX - 1774 CENSUS OF RHODE ISLAND

BOSWOTH,
  Jonathan - 236
  Samuel - 236
BOURN,
  Shearjashub - 179
  Shearjashub, Jr. - 179
BOURS,
  John - 2
  Samuel - 2
BOUTIN,
  Margaret - 4
BOUYER,
  Stephen - 75
BOWDISH,
  David - 128
  Moses - 128
  Nathaniel - 128
BOWDITCH,
  Abraham - 162
BOWEN,
  _____ - 39
  _____, wid. - 129
  Amos - 203
  Benjamin - 39
  Constant - 6
  Elezer - 129
  Elihu - 114
  Elisha - 114
  Ephriam - 39
  Ezra - 129
  George - 129
  Hazekiah - 129
  Hazekiah, Jr. - 129
  Henery - 236
  Isaac - 6;39
  Jabez - 39;115
  James - 236
  John - 184
  Jonathan - 170
  Josiah - 236
  Josias - 170
  Nathan - 114;170

BOWEN,
  Nathaniel - 170
  Nicholas - 203
  Samuel - 170
  Smith - 170
  Stephen - 129;170
  Stephen, Jr. - 170; 203
  Thomas - 203
  William - 39;103; 128;203
BOWERS,
  _____ - 40
  Henry - 3
  Jonathan - 2
BOWLER,
  _____ - 39
  Metcalf - 54
BOYD,
  James - 210
BOYER,
  John - 4
BOZWORTH,
  Jonathan - 204
BOZZARD,
  Benjamin - 114
BRADFIELD,
  Francis - 76
BRADFORD,
  Daniel - 179
  Elijah - 38
  George - 204
  Hannah - 3
  Joseph - 39
  Noah - 3
  Priscilla - 179
  Solomon - 39
  William - 179
BRADLEY,
  James - 2
BRADWAY,
  Daniel - 104

INDEX - 1774 CENSUS OF RHODE ISLAND

BRADWAY,
  Thomas - 104
  William - 104
BRAG,
  Nicholas - 104
BRAGG,
  Nicholas - 76
BRALEY,
  Roger - 203
BRAMAN,
  James - 220
  John - 85;220
  Solomon - 163
  Thomas - 85
BRANCH,
  Daniel - 40
BRAND,
  Robert - 141
  Samuel - 68
  Thomas - 69
  Thomas J. - 69
BRATON,
  Daniel - 60
BRATTELL,
  Hannah - 4
  James - 4
  Robert - 4
BRAYMAN,
  Benjamin - 149
  David - 4;163
  Samuel - 163
BRAYTON,
  Baulston - 103
  Benjamin - 60
  David - 5;155
  Francis - 6;155
  Francis, Jr. - 6;155
  Gideon - 155
  Isaac - 103
  Israel - 5
  Jonathan - 155
  Stephen - 103

BRAYTON,
  Thomas - 155
  William - 156
BRENTON,
  Ann - 2
  Benjamin - 2
  Elizabeth - 2
  Jahleel - 2
  Samuel - 2;76
BRETT,
  Mary - 4
BREWER,
  Elizabeth - 2
BRIDGES,
  Obadiah - 156
BRIGGS,
  _____, wid. - 192
  Anne - 192
  Azariah - 141
  Benjamin - 156
  Caleb - 93
  Charles - 61
  C've - 93
  Ebenezer - 61
  Elvin - 93
  Enoch - 192
  Gardner - 141
  George - 60
  Henry - 156
  Herman - 156
  Isaac - 60
  James - 211
  Jethro - 6
  Job - 60;93
  John - 75;93;141;156
  John, Jr. - 93
  Joseph - 60;115
  Levett - 192
  Mary - 184
  Moses - 141
  Nathan - 93
  Nathaniel - 5

INDEX - 1774 CENSUS OF RHODE ISLAND

BRIGGS,
  Oliver - 210
  Pardon - 211
  Peleg - 162
  Randall - 211
  Richard - 76;93;192
  Richard (son of John)
      - 93
  Robert - 141;211
  Sarah - 211
  Stephen - 141
  Thomas - 93
  Townsend - 210
  William - 5;76;156;
      192
BRIGHTMAN,
  Israel - 192
  John - 94
  Joseph - 220
  William - 54
BRINLEY,
  Francis - 4
BRISTOR,
  ____ - 227
BRISTOW,
  Catharine - 4
BRITTAN,
  Abial - 104
BROCH,
  Mary - 204
BROCK,
  Ezekiel - 115
BROMBLY,
  Thomas - 220
BROOKS,
  Thomas - 5
BROUGHTON,
  Robert - 5
BROWBLY,
  William - 68
BROWN,
  Aaron - 156

BROWN,
  Abial - 85
  Abiel - 203
  Abigail - 220
  Abraham - 184
  Adam - 39
  Allin - 38
  Amos - 203
  Andrew - 128
  Ann - 3
  Benjamin - 3;104;129;
      162;211
  Beriah - 75;85
  Bial - 94
  Chad - 129
  Charles - 76
  Charles, Jr. - 76
  Christopher - 103;
      162;203
  Clarke - 94
  Cuffy - 156
  Daniel - 3;39;94;129;
      232
  David - 227
  Dexter - 38
  Eben Tyler - 38
  Ebenezer - 68;75
  Edmund - 3
  Elisha - 39;128;232
  Elisha, Jr. - 128
  Ephraim - 203
  Esek - 39
  Ezekiel - 129
  Fleet - 115
  George - 3;38;39;85
      129
  Gideon - 142;175;227
  Godfrey - 54
  Hope - 38
  Hosanna H. - 129
  Ichabod - 39;156;203
  Israel - 3;130;156

INDEX - 1774 CENSUS OF RHODE ISLAND

BROWN,
  James - 40;68;114;
      129;198;236
  James, Jr. - 236
  Jeremiah - 39;85;
      130;203
  Jesse - 115;128
  John - 3;38;68;76;
      104;142;162;
      170;203;220;
      227
  John, Jr. - 220;227
  John (son of Elisha)
      - 39
  Joseph - 3;38;60;
      203;232
  Joshua - 38
  Josiah - 162
  Levi - 104
  Lydia - 184
  Martha - 40
  Mary - 3
  Moses - 39
  Nathan - 142
  Nathaniel - 142
  Nedebiah - 129
  Nicholas - 38;142
  Nicholas, Jr. - 142
  Obadiah - 128;227
  Obadiah, Jr. - 130
  Phenix - 75
  Philip - 115;156
  Phinehas - 39
  Richard - 39
  Robert - 85;192
  Ruben - 227
  Samuel - 3;68;76;
      115;220
  Samuel, Jr. - 3
  Sarah - 3;184
  Sibel - 203
  Silvanus - 192

BROWN,
  Simeon - 104
  Stephen - 115;203;
      211
  Susanna - 3
  Thomas - 3;85;115;
      192
  Timothy - 39
  Tobias - 3
  Valentine - 3
  Wate - 76
  William - 3;39;76;
      175;192;
      236
  Zephaniah - 40
  Zepheniah - 85
BROWNE,
  Clarke - 3
BROWNELL,
  Benjamin (4) (son of
      George) -
      114;193
  Charles (4) (son of
      Charles) -
      192
  Charles (5) - 184
  Deborah (w. of Jer.
      (3) - 192
  Eunice (wid. of Geo.
      (4) - 198
  George (4) - 54
  George (5) - 184;204
  George (5)(son of
      Geo.) - 192
  Gideon (5)(son of
      Pearce) - 193
  Giles (5) - 184
  Jeremiah (colored)
      - 54
  Mary (5) - 162
  Nathan (5) - 54
  Nicholas ( ) - 170

INDEX - 1774 CENSUS OF RHODE ISLAND

BROWNELL,
  Pearce (4) (son of Jer.) - 192
  Richard (4) (son of Thos.) - 192
  Samuel (4) (son of Chas.) - 192
  Stephen (4) - 54
  Stephen (4) (son of Geo.) - 192
  Stephen, 2nd (5) (son of Jos.) - 193
  Thomas (4) - 54
  Thomas (4) (son of Thos.) - 192
  William (5) (son of Giles) - 192
  William, 2nd (5) (son of Stephen) 192

BROWNING,
  Anne - 149
  Ephraim - 149
  Isaac - 75
  Jere - 149
  Phebe - 76
  Timothy - 40

BROWNNING,
  Ann - 84
  John - 84
  Joseph - 84
  Mary - 84
  Wilkinson - 84
  William - 84

BRUFF,
  William - 3

BRUSHIL,
  John - 75
  Sarah - 75

BRYANT,
  Lucy - 192

BRYDGES,
  Hope - 5

BRYER,
  Elias - 3
  Jonathan - 4

BUCKLEY,
  John - 6

BUCKLIN,
  Daniel - 38
  Ebenezer - 104
  Jeremiah - 104
  Joseph - 39; 156
  Nathaniel - 103
  Sylvanus - 103
  Squier - 114

BUCKMASTER,
  George - 4

BUDGET,
  Sias - 85

BUDLONG
  Aaron - 156
  Daniel - 61
  Daniel Elder - 60
  James - 60
  John - 60
  Moses - 60
  Nathaniel - 60
  Renew - 60
  Samuel - 60

BUFFOM,
  Elizabeth - 5

BUFFUM,
  Benjamin - 104
  Benjamin, Jr. - 104
  David - 104
  Joseph - 104
  William - 104

BUGBEE,
  Elizabeth - 60

BULIOD,
  Lewis - 4

INDEX - 1774 CENSUS OF RHODE ISLAND

BULL,
  Ephraim - 85
  Henry - 5
  John - 5;85
  John, Jr. - 85
  Nathan - 5
  Sarah - 5
BULLOCK,
  Charles - 114
  Lenox - 179
BUNDY,
  Silas - 232
BURDEN,
  Thomas - 170
BURDICK,
  Amos - 219
  Arnold - 69
  Benjamin - 3;175
  Christopher - 68
  Clarke - 3
  Daniel - 219
  Daniel, Jr. - 219
  David - 69
  Dier - 219
  Edmond - 198
  Edward - 219
  Elias - 219
  Elijah - 219
  Elnathan - 219
  Ephraim - 149
  Ezekiel - 219
  Herbert - 219
  Hubbard, Jr. - 219
  Ichabod - 149
  John - 68;219
  Jonathan - 69;149
  Joseph - 219
  Libius - 219
  Luke - 219
  Mary - 219
  Nathan - 219
  Oliver - 69

BURDICK,
  Parker - 219
  Phinehas - 219
  Robert - 69;219
  Rufus - 219
  Samuel - 149
  Samuel, Jr. - 149
  Silvanus - 219
  Simeon - 69
  Stephen - 219
  Thompson - 69
  Tilliamas - 219
  William - 219
BURDIN,
  Abraham - 155
  William - 54
BURDIT,
  Freelove - 104
BURGES,
  Ichabod - 192
  Joseph - 211
  Thomas - 192;232
BURGIS,
  Abigail - 5
  Benjamin - 128
  Gideon - 128
  James - 5
  Philip - 5
BURILL,
  Joseph - 4
BURK,
  James - 5
  Jane - 5
  William - 60
BURLINGAME,
  Abner - 115
  Abraham - 115
  Benjamin - 155
  Daniel - 155;204
  Gideon - 115
  John - 94;204
  Joseph - 155

INDEX - 1774 CENSUS OF RHODE ISLAND

BURLINGAME,
  Philip - 115
  Silas - 115
  Stephen - 155
  William - 94; 155
BURLISON,
  John - 156
BURLLINGAME,
  Roger - 227
BURLLINGGAME,
  _____, wid. - 130
  _____, wid. of Josiah - 210
  Benedict - 130
  Benjamin - 211
  Caleb - 210
  Christopher - 210
  David - 130
  Elezar - 210
  Elisha - 211
  Ezekiel - 130
  James - 210
  Jeremiah - 130
  Jonathan - 210
  Joshua - 210
  Nathan - 210
  Peter - 210
  Peter, Jr. - 210
  Peter, 3rd - 210
  Phillip - 210
  Samuel - 210
  Samuel, Jr. - 211
  Stephen - 210
  Thomas - 129
  William - 210
BURNETT,
  Elisha - 149
BURR,
  David - 39
  Ezekiel - 39
  Joshua - 39
  Levi - 39

BURR,
  Shubael - 170
  Simon - 179
BURRELL,
  Ebenezer - 4
BURRILL,
  James - 39
BURRINGTON,
  Sarah - 184
  William - 54
BURROUGH,
  _____, Mrs. - 39
  James - 39
  John - 39
BURROUGHS,
  Peleg - 5
  Samuel - 5
  Samuel, Jr. - 5
  William - 5
  William, Jr. - 5
BURT,
  John - 179
BURTON,
  Benjamin - 210
  David - 211
  George - 211
  John, Esq. - 210
  John, Jr. - 210
  William - 210
BUSH,
  Elizabeth - 5
  Richard - 100
BUSHEE,
  James - 170
  John - 128
BUSSEY,
  William - 129
BUTCHER,
  _____, wid. - 40
BUTLER,
  Benjamin - 204
  Samuel - 39

INDEX - 1774 CENSUS OF RHODE ISLAND

BUTTERWORTH,
  Benjamin - 170
  Hezekiah - 170
  John - 170
  Joseph - 170
  Noah - 204
BUTTON,
  Cyrus - 219
  Daniel - 219
  Isaiah - 219
  Joshua - 219
  Rufus - 219
  Samuel - 219
  Samuel, Jr. - 219
BUTTS,
  Enoch - 6
  John - 6
BUXTON,
  Aaron - 104
  Benjamin - 104
  Caleb - 104
  James - 104
  Samuel - 104
BYRAM,
  Joseph - 104
BYRN,
  Jemima - 2

C

CABLE,
  Michael - 7
CADMAN,
  Hannah - 55
  Robin - 176
CADY,
  Benajah - 105
CAESAR,
  _____ - 228
  Anne - 41
CAESOR,
  William - 41

CAHOON,
  Daniel - 41
CAHOONE,
  Abigail - 9
  Benjamin - 156
  James - 9
  John - 9
  Jonathan - 9
  Joseph - 9
CAIN,
  Charles - 10
  Esther - 10
  William - 9
CALLENDER,
  Elias - 41
CALVER,
  Stephen - 7
CALVIN,
  Benedict - 156
  Daniel - 156
  James - 156;157
  John - 8;157
  Joseph - 157
  Joseph, Jr. - 157
  Meribah - 156
  Samuel - 156
  Stephen - 156
  Thomas - 156
CAMERON,
  Daniel - 9
CAMMETT,
  Isaac - 61
CAMPBELL,
  Arnold - 10
  Ebenezer - 10
  Othniel - 185
CAPRON,
  Benjamin - 142
  Charles - 204
  Jonathan - 94
  Oliver - 142
  Philip - 205

INDEX - 1774 CENSUS OF RHODE ISLAND

CAPWELL,
  Henry - 156
  Peter - 156
  Stephen - 156
CARD,
  Benjamin - 199
  James - 8
  Joab - 150
  Job - 76;85;94
  John - 150;175
  Jonathan - 76;85
  Joseph - 8;94
  Joshna - 150
  Joshua - 150
  Philip - 76
  Richard - 8
  Stephen - 61
  William - 8;94;150
CARDER,
  _____ - 40
  James - 61
  James, Jr. - 61
CAREW,
  Kezia - 41
CAREY,
  John - 228
  Mary - 76
  Thomas - 227
CARGIL,
  James - 205
CARLILE,
  John - 40
CARPENTER,
  _____ - 41
  _____, wid. - 40
  _____, (wid. of John) - 211
  Ann - 7
  Asa - 204
  Benjamin - 228
  Beriah - 85
  Caleb - 7

CARPENTER,
  Cornell - 94
  Cyril - 116
  Daniel - 77;100
  Daniel, Jr. - 100
  Elisha - 61;211
  Ezekiel - 204
  Gershom - 40
  Hezekiah - 221
  Israel - 227
  Jabez - 7
  James - 7;41
  Jeremiah - 85
  Job - 61
  Job, Jr. - 61
  John - 41;105;116
  Jonathan - 40;85
  Joseph - 85;105
  Jotham - 204
  Jotham, Jr. - 204
  Low - 211
  Nathaniel - 77;204;211
  Nicholas - 227
  Oliver - 41
  Oliver (wheelwright) - 41
  Prudence (wid. B.) - 211
  Robert - 142
  Samuel - 7
  Silas - 211
  Thomas - 85
  Thomas, Jr. - 84
  Timothy - 41
  Waterman - 41
  Wilborn - 61
  William - 204;211
CARR,
  _____, wid. - 40
  Abigail - 40
  Ann - 8
  Benjamin (son of Edw.) - 100

INDEX - 1774 CENSUS OF RHODE ISLAND

CARR,
  Benjamin (son of Thos.) - 100
  Caleb - 8;61;77;142; 171
  Cate - 61
  Charles - 94;142
  Daniel - 94
  Ebenezer - 8
  Edward - 100
  Eliazer - 142
  Elizabeth - 8
  Eseck - 142
  Gideon - 76
  Hannah - 100
  Isaac - 8
  James - 100
  James, Jr. - 100
  John - 8;77
  Jonathan - 171
  Joshua - 142
  Mary - 8
  Nicholas - 100
  Peleg - 100
  Precilla - 142
  Robert - 171
  Ruth - 171
  Sales - 8
  Samuel - 8;100
  Sango - 8
  Thomas - 100
  William - 193
CARRINGTON,
  John - 55
CARTER,
  James - 8
  John - 40
  Robert - 8
CARTILL,
  William - 163
CARTWRIGHT,
  Briant - 221

CARTWRIGHT,
  Briant, Jr. - 221
  Judah - 8
CARVER,
  Joseph - 115
  Morgan - 94
CARY,
  Ichabod - 179
  John - 8
  Michel - 236
  Nathaniel - 179
  Peleg - 8
CASE,
  Alexander - 85
  Alexander, Jr. - 86
  Elisha - 142
  Immanuel - 85
  John - 142
  John, Jr. - 142
  Joseph - 77;142
  Joseph, Jr. - 77
  Nathaniel - 142
  Sanford - 142
  William - 86
CASEY,
  Abraham - 9
  Archibald - 94
  Gideon - 94
  Jesse - 156
  John - 61;142
  Silas - 61
  Thomas - 94
CASS,
  Amos - 105
  Ebenezer - 105
CASTOFF,
  Hen. Julias - 10
CASWELL,
  Jared - 9
  Job - 9
  John - 9
  Mary - 9

INDEX - 1774 CENSUS OF RHODE ISLAND

CATEN,
   ———— - 41
CAVOL,
   John - 156
CENTER,
   James - 10
CESAR,
   Ebenezer - 10
CHACE,
   ———— - 41
   Amos - 41
   Barnard - 105
   Coggshall - 130
   James - 175;193
   Jonathan - 10
   Mary - 76
   Oliver - 70
   Peter - 175
   Roda - 211
   Samuel - 40;41
   Walter - 10
   Walter, Jr. - 10
   William - 40
CHADSEY,
   Jabez - 77
   William - 77
CHADWICK,
   Jonathan - 9
   Thomas - 9
CHAFING,
   Seth - 7
CHAIS,
   Abraham - 61
CHALONER,
   Charles - 10
   Cudjo - 10
   Walter - 10
CHAMBERLAIN,
   Ephraim - 185
CHAMBERLIN,
   Samuel - 205

CHAMBERS,
   James - 10
   Mary - 7
CHAMPLIN,
   Andrew - 70
   Benjamin - 163
   Christopher - 7;150; 163
   Elijah - 86
   George - 7
   Jabez - 7
   Jeffery - 220
   Jeffrey - 163
   Jeffry - 86
   Jesse - 150
   John - 163
   Michael - 150
   Robert - 86
   Rowland - 70
   Samuel - 70;220
   Stephen - 86
   Thomas - 86;179
   William - 7;86
CHAMPNEY,
   Benjamin - 40
CHANNING,
   Ann - 10
   Mary - 10
   William - 10
CHAPMAN,
   Elizabeth - 8
   John - 163
   Mary - 9
   Mary, wid. - 70
   Nathaniel - 61
   Sumner - 70
   William - 70
CHAPPELL,
   Benjamin - 8
CHAPPLE,
   Caleb - 86
   Richard - 86

INDEX - 1774 CENSUS OF RHODE ISLAND

CHAPPLE,
  Stephen - 86
  Virtue - 86
CHASE,
  Aaron - 55
  Abner - 185
  Benjamin - 185
  Bersheba - 185
  Edward - 171
  Holden - 55
  Isaac - 179;205
  Joseph - 205
  Nathan - 55
  Paul - 55
  William - 86
  Zachariah - 55
CHATSEY,
  Richard - 156
CHAUGHUM,
  Samson - 85
CHECKLEY,
  William - 41
CHEELS,
  Hannah - 150
CHEESBROUGH,
  Silvester - 77
CHERY,
  Daniel - 55
CHESBROUGH,
  James - 69
CHESEBOROUGH,
  David - 9
CHEVER,
  Edward - 220
CHILD,
  Caleb - 170
  Crowell - 170
  Hezekiah - 170
  James - 170
  Jeremiah - 170
  John - 170
  Oliver - 10

CHILD,
  Sylvester - 170
  Venture - 8
  William - 170
CHILDS,
  Jeremiah - 193
CHILLSON,
  Israel - 130
  Joseph - 105
CHOON,
  Samuel - 94
CHORY,
  Thomas - 55
CHRISTOPHER,
  William - 179
CHURCH,
  Benedict - 100
  Benjamin - 7
  Caleb - 193
  Charles - 149
  Constant - 193
  Ebenezer - 193
  Edward - 7
  Elizabeth - 7
  Gideon - 193
  Israel - 185
  John - 149
  Joseph - 176;193
  Joshua - 221
  Nathaniel - 86;179;
               193
  Peter - 179
  Samuel - 41;179
  Thomas - 193
  Unis - 179
  William - 61;193
CIMBLE,
  Amos - 61
CLAGGETT,
  Elizabeth - 8
CLANNING,
  Edward - 10

INDEX - 1774 CENSUS OF RHODE ISLAND

CLAP,
  Elisha - 193
  Silas - 61
CLARK,
  Benjamin - 117
  Joseph - 61
  Rachel - 105
  William - 41;117
CLARKE,
  Amos - 69
  Arnold - 198
  Audely - 7
  Bathsheba - 6
  Benjamin - 76;150
  Caleb - 150
  Cornelius - 94
  Daniel - 69;232
  David - 69
  Edward - 204
  Elisha - 69;77;85;
       150
  Elizabeth - 6;7
  Ephraim - 149;150
  George - 7;150
  Gideon - 85
  Hannah - 150
  Henry - 130
  Ichabod - 69;85;150
  Isaac - 199
  Jacob - 150
  James - 6;7;163;199
  Jeremiah - 7;176
  John - 6;7;69;176;
      198;204;211
  John Innes - 40
  Jonathan - 150
  Joseph - 6;69;150;
      199
  Joseph, Jr. - 69
  Joseph, 3rd - 69
  Joshua - 149;198
  Josiah - 85

CLARKE,
  Josua (son of Wm.) -
      199
  Lathan - 6
  Lemuel - 179
  Lydia - 6
  Mary - 6
  Nathaniel - 7;85
  Nicholas - 41
  Oliver - 198
  Paul - 69
  Peleg - 6;7
  Phineas - 69
  Samuel - 6;131;176;
      199;204
  Sarah - 7
  Sherman - 6
  Simeon - 199
  Susanha - 85
  Thomas - 76;199
  Walter - 6;198
  William - 6;69;77;
      150;198
  William, Jr. - 199
CLASEN,
  Grace - 193
CLEAVELAND,
  John - 77
CLEMENCE,
  Richard - 105;130
  Thomas - 227
  Zebedee - 228
CLERKE,
  Arnold - 220
  Cabel - 163
  Jesse - 220
  Joseph - 220
  Joshua - 220
  William - 163
CLEVELAND,
  Hannah - 142
  John - 10

INDEX - 1774 CENSUS OF RHODE ISLAND

CLIFFORD,
 ――――― - 41
 Francis - 211
CLOSON,
 Ichabod - 150
CLOSSEN,
 Eseck - 185
 Thomas - 185
COB,
 Elizabeth - 179
COBB,
 Thomas - 76
CODDINGTON,
 Edward - 9
 Mary - 9
 Nathaniel - 9
 William - 9
CODNER,
 David - 163
 Ephraim - 163
 George - 163
 Hannah - 163
 Samuel - 76
COE,
 Joseph - 193
 William - 193
COFFIN,
 Paul - 10
COGGESHALL,
 Ann - 6
 Barbara - 6
 Baulstone - 6
 Benjamin - 6;94
 Billings - 6
 Caleb - 6
 Daniel - 6;76
 Elisha - 6;54
 Elizabeth - 6
 George - 179
 Gideon - 175
 James - 6
 Jonathan - 175

COGGESHALL,
 Joseph - 76;211
 Joshua - 94;175
 Matthew - 6
 Nathaniel - 6
 Newby - 179
 Nichols - 94
 Sarah - 179
 Thomas - 94;175
 Thomas, 3rd - 175
 William - 94;175;179
COGGISHALL,
 John - 185
COGIN,
 Mary - 10
COHEAS,
 Mary - 150
COIT,
 John - 9
COKES,
 Ephraim - 150
 Stephen - 150
 Thomas - 150
COLE,
 ――――― - 131
 Allen - 171
 Ambrose - 116
 Andrew - 40
 Benjamin - 76;171
 Curtis - 171
 Daniel - 116;171
 Ebenezer - 171
 Eddy - 171
 Edward - 7;171
 Elizabeth - 10
 Hugh - 116
 Ichabod - 171
 Isaac - 171
 Isaiah - 171
 James - 116;130;185
 Job - 116
 John - 41;77;171;
  205

INDEX - 1774 CENSUS OF RHODE ISLAND

COLE,
  John, Jr. - 171; 205
  Jonathan - 116
  Nathaniel - 61
  Peabody - 116
  Peleg - 116
  Peter - 171
  Samuel - 10; 116
  Sessions - 116
  Thomas - 171
  William - 7; 171
COLEGRAVE,
  James - 86
COLEGROVE,
  Benjamin - 220
  Stephen - 116; 156
  Thomas - 156
  William - 116
COLEMAN,
  Mary - 116
COLGROVE,
  Jeremiah - 198
  Oliver - 198
COLLARD,
  Henry - 10
COLLEGE,
  Wm. Holroyd (steward) - 40
COLLENS,
  Thomas - 130
COLLER,
  John - 130
COLLIER,
  Daniel - 40
  John - 85
COLLINS,
  Charles - 171
  Christopher - 116
  Daniel - 70
  Eben - 41
  Elizabeth - 142
  Elizer - 116

COLLINS,
  Elizer, Jr. - 116
  Henry - 116
  Hezekiah - 220
  James - 211
  Jedediah - 199
  John - 7; 221
  Joseph - 86; 116
  Joshua - 221
  Martha - 116
  Prisiller, wid. - 211
  Rebecca - 116
  Rufus - 211
  Samuel - 7
  Thomas - 116
  William - 41; 156; 211
COLVEN,
  Caleb - 61
COLVIL,
  David - 7
COLVIN,
  Jeremiah - 116
  John - 116
  Josiah - 116
  Peter - 116
COLWELL, - 41
  Christopher - 116
  Daniel - 116
  John - 116
  Richard - 116
  Robert - 130
  William - 116; 131
  William, Jr. - 130
COMAN,
  Benjamin - 227
  Joseph - 105
  William - 130
  Zephaniah - 117
COMMUIS,
  Joseph - 204

INDEX - 1774 CENSUS OF RHODE ISLAND

COMPTON,
  William - 41
COMSTOCK,
  _____ - 40
  Adams, Esq. - 61
  Andrew - 41
  Daniel - 105
  Esek - 130
  Ezekiel - 105
  George - 105
  Gideon, Esq. - 211
  Hezadiah - 105
  Ichabod - 105
  Ichabod, Jr. - 105
  Israel - 131
  Jacob - 105
  Jeremiah - 130;171
  Job - 94
  John - 105
  Jonathan - 105;142
  Joseph - 105
  Katharine - 105
  Marcy - 142
  Samuel - 130
  Stephen - 105
  Thomas - 142
  William - 142
CONGDON,
  Ann - 76
  Benjamin - 9;163;211
  Cuff - 149
  Ephraim - 211
  Francis - 76
  George - 77
  James - 76;149
  James, Jr. - 149
  James (son of Jos.) - 77
  John - 149;163
  John, Esq. - 76
  John (son of Jos.) - 77

CONGDON,
  Joseph - 77;85
  Joseph, Jr. - 85
  Mary - 76;149
  Patience - 76
  Robert - 85;149
  Samuel - 85;211
  Stephen - 9;76
  Stukely - 77
  Thomas - 211
  William - 76;85;149
CONNER,
  Stephen - 105
CONSTABLE,
  William - 142
CONVERSE,
  James - 142
CONVIS,
  _____ - 41
  James - 116
COOK,
  Abial - 185;193
  Abraham - 185;205
  Abraham, Jr. - 205
  Amey - 55
  Ariel - 205
  Bennet - 185
  Caleb - 185
  Charles - 157
  David - 193
  George - 185
  Giles - 55
  Gregory - 86
  Hezekiah - 205
  Hopkins - 94
  Isaac - 185
  Jeremiah - 185
  Job - 10;185
  John - 10;55;94;185
  Jonathan - 105
  Joseph - 105;185
  Joseph, Jr. - 185

INDEX - 1774 CENSUS OF RHODE ISLAND

COOK,
  Matthew - 55
  Nathaniel - 205
  Oliver - 185
  Paul - 185
  Peleg - 185
  Peter - 116
  Robert - 157
  Samuel - 105;157
  Silas - 61
  Thomas - 55;185
  Walter - 185
  William - 55;116

COOKE,
  _____, wid. - 130
  Elijah - 130
  Gideon - 130
  Israel - 130
  Joseph - 40
  Nicholas - 40
  Peter - 10
  Samuel - 130
  Silas - 10;130
  Silvanus - 130
  Thomas - 142

COOMAN,
  Richard - 232

COOMER,
  John - 179

COOMSTOCK,
  James - 232

COON,
  Amos - 221
  Betty - 86
  Daniel - 221
  David - 221
  Elias - 221
  Elisha - 221
  Jemime - 221
  John - 221
  John, Jr. - 221
  Jonathan - 221

COON,
  Joseph - 69
  Joshua - 221
  Peleg - 221
  Ross - 221
  Samuel - 10;221
  Thomas - 221
  William - 221
  William, Jr. - 221
  William, 3rd - 221

COOPER,
  _____ - 41
  Abigal - 76
  David - 163
  Gilbert - 77
  Isaac - 10
  James - 76
  Joe - 150
  Mary - 10
  Matthew - 77
  Moses - 130
  Moses, Jr. - 131
  Nathan - 232
  Peter - 232
  Samuel - 105
  Stephen - 94;130
  Thomas - 9
  William - 10

COQUES,
  Abigail - 150

CORAY,
  Benedick - 142
  Sheffield - 142

COREY,
  Caleb - 77
  Job - 77
  John - 55;77
  Oliver - 61
  Reuben - 77
  Silas - 163
  Thomas - 94

INDEX - 1774 CENSUS OF RHODE ISLAND

COREY,
  Will (son of Thos.) - 77
  William (son of Caleb) - 77
CORKLING,
  Marther - 10
CORLIS,
  George - 40
CORNELL,
  Clarke - 55
  Daniel - 8
  Ezekiel - 116
  George - 8;55;175
  Gideon - 8;116;171
  Job - 8
  Jonathan - 55
  Richard - 94
  Robert - 175
  Thomas - 8
  Walter - 55;185
  William - 8
CORNERS,
  Daniel - 156
  Stephen - 156
CORNISH,
  Judith - 8
CORPE,
  John - 41;211
  Thomas, Esq. - 211
CORTER,
  Henry - 185
CORY,
  Anthony - 156
  Caleb - 9;116;185
  Elias - 86
  Isaac - 41;185
  John - 116;199
  Nathan - 156
  Rachel - 9
  Richard - 86
  Roger - 185

CORY,
  Samuel - 199
  Susannah - 185
  William - 9;40;116
  William, Jr. - 116
COSNOCK,
  Joseph - 150
COTTERILL,
  Thomas - 9
COTTON,
  Amos - 7
COTTREL,
  Abel - 86
  John - 86;220
  John, Jr. - 220
  Nathaniel - 86
  Sarah - 86
  Stephen - 86
COTTRELL,
  David - 163
  John - 69;163
COWDRY,
  Isaac - 9
  Isaac, Jr. - 9
COWEN,
  Benjamin - 130
  James - 131
  John - 131;171
  Joseph - 131
COWING,
  William - 10
COWLEY,
  Mary - 10
COWMAN,
  Zephaniah - 116
COX,
  Thomas - 10
COXX,
  William, Jr. - 179
COY,
  Samuel - 40

INDEX - 1774 CENSUS OF RHODE ISLAND

COZZENS,
  Benjamin - 41
  Charles - 9
  Gregory - 9
  Matthew - 9
  Peter - 9
  Sarah - 9
  William - 9
CRAIGE,
  Andrew - 156
CRANDAL,
  Benjamin - 76
  Jeremiah - 85
CRANDALL,
  Abijah - 70
  Amos - 220
  Benajah - 220
  Benjamin - 69;193
  Caleb - 150
  David - 220
  Ebenezer - 69
  Eber - 150;185
  Edward - 150
  Elijah - 70
  Elisha - 69
  Enoch - 69
  Ezekiel - 70
  Hijah - 220
  James - 69
  James, Jr. - 69
  Jeremiah - 150
  John - 163;220
  John, Jr. - 163
  Jonathan - 70;220
  Joseph - 9;69
  Joseph 3rd - 69
  Joseph (son of Eber) - 69
  Joshua - 70
  Lemuel - 9
  Levy - 220
  Levy, Jr. - 220

CRANDALL,
  Nathan - 220
  Ozariah - 220
  Peter - 142
  Phineas - 70
  Samuel - 9;150
  Samuel, Jr. - 150
  Sarah - 142
  Simeon - 150
  Stephen - 220
  Thomas - 9;69
  William - 69
CRANDELL,
  Joseph - 185
  Nathaniel - 185
CRANSTON,
  Amy - 8
  Benjamin - 171
  Caleb - 100;171
  Frances - 8
  Jeremiah - 8
  Mary - 8;171
  Peleg - 116
  Richmond - 8
  Samuel - 8
  Thomas - 8
  Thomas, Jr. - 8
  William - 8
CRAPON,
  Samuel - 7
  Thomas - 7
  William - 7
CRARY,
  Nathan - 69
CRAWFORD,
  Gideon - 41
  Gideon, Jr. - 41
  John - 41
  Joseph - 40
  Mary - 9
CREED,
  _____, Capt. - 41

INDEX - 1774 CENSUS OF RHODE ISLAND

CREEDMAN,
  Benjamin - 41
CROCHER,
  John - 7
CROCKER,
  _____ - 41
  George - 185
CROM,
  Daniel - 221
CROOKE,
  Robert - 10
CROPING,
  Thomas - 7
  William - 7
CROSBY,
  Lott - 116
  Stephen - 9
CROSS,
  John - 40; 86
  Joseph - 150
  Peleg - 150
  Samuel - 150
  Sarah - 150
  Thomas - 150
CROSSMAN,
  Abial - 105
  Elezer - 130
  Paul - 185
  Peter - 130
CROSSWALL,
  Mary - 10
CROWNINSHIELD,
  Richard - 205
CRUFF,
  Samuel - 105
CRUMB,
  Billington - 70
  Joseph - 70
  Joseph, Jr. - 70
  William - 70
CRUMP,
  George - 7

CUCHUP,
  Hannah - 228
  James - 228
CUFF,
  James - 150
CULVER,
  David - 142
CUMMINGS,
  Prince - 8
CUNDAL,
  Joseph - 55
CURRIE,
  Robert - 41
CURRIER,
  Marcy - 9
CURRY,
  Mac - 55
CURTIS,
  _____, wid. - 130
  Margaret - 41
  Thomas - 130
CUSHING,
  Benjamin - 41
  Benjamin, Jr. - 40
  Josiah - 179
  Prince - 40
CUTLOR,
  Samuel - 131
  Solomon - 131
CUTTER,
  Thomas - 10

D

DABNEY,
  _____ - 42
DAGGETT,
  William - 42
DAILY,
  Field - 42

INDEX - 1774 CENSUS OF RHODE ISLAND

DAKE,
  Hannah - 199
DALEY,
  Gideon - 131
  Timothy - 61
DANA,
  _____ - 42
DANFORD,
  Jonathan - 55
DANFORTH,
  Job - 42
DANIEL,
  Peter - 11
DARBY,
  John - 55
DARLING,
  Andrew - 131
  David - 131
  Ebenezer - 131
  Job - 205
  John - 205
  John, Jr. - 205
  Joseph - 205
  Peter - 205
  Richard - 205
DAUNELLY,
  John - 11
  Terence - 11
DAVENPORT,
  Ebenezer, Jr. - 12
  Eliphalet - 193
  Eph. (son of Eph.) - 186
  Ephraim - 186
  Gideon - 12
  Jeremiah - 193
  John - 186;193
  Jonathan - 193
  Samuel - 11
  Thomas - 193
  William - 193
DAVENS,
  Charles - 10

DAVID,
  Deborah - 191
  Joseph - 117
DAVIDS,
  Jacob - 191
DAVIES,
  Samuel - 94
DAVIS,
  Aaron - 61
  Amy - 11
  Benjamin - 77;163;205
  Bill - 61
  David - 221
  Edward - 11;131
  Jedediah - 221
  Jeffery - 77
  Jeremiah - 117
  John - 11;131;221
  Joseph - 70;131;151;205;221
  Nathan - 70
  Pardon - 185
  Robert - 117
  Samuel - 61;163
  Sarah - 11
  Seth - 11
  Simon - 117
  Stephen - 77;117
  Thomas - 61;232
  William - 11;42;77;142;163
  William (son of Peter) - 70
  William B. Smith - 77
DAW,
  Aaron - 117
DAWLEY,
  Benjamin - 163
  David - 163
  Elisha - 163
  Ephraim - 163

INDEX - 1774 CENSUS OF RHODE ISLAND

DAWLEY,
  Michael - 163
  Nathan - 163
  Nicholas - 163
  Peter - 163
  Samuel - 163
DAY,
  Ezra - 205
  Nathaniel - 105
  Samuel - 105
  Sarah - 11
DAYLE,
  Pardon - 77
DAYLEY,
  Benjamin - 157
DAYTON,
  Benedict - 11
  Henry - 11
  Hezekiah - 11
  Isaac - 11
DEAN,
  Jonathan - 142
  Timothy - 77
DEARK,
  Joshua - 221
DEBLOIS,
  Stephen - 11
DEDERY, -
  John - 12
DEEN,
  Ezra - 212
DELLINGHAM,
  Elisha - 105
  Jeptha - 105
DEMAS,
  Joseph - 131
DELMEN,
  Mary, wid. - 212
DeMONT,
  _____ - 42
DENNIE,
  _____ - 42

DENNIS,
  Abraham - 12
  John - 12;186
  Obadiah - 186
  Robert - 55
DENNISON,
  _____, wid. - 42
DERUSE,
  Andrew - 117
  Stephen - 117
DEVAL,
  Joseph - 10
DEVEL,
  Daniel - 186
  Gilbert - 186
  Jonathan - 185;186
  Keziah - 185
  Silas - 186
  Stephen - 186
DEWICK,
  Oliver - 12
DeWOLF,
  Charles - 180
  Mark Anthony, Jr. - 180
DEXTER,
  Andrew - 105
  Benjamin - 157
  Christopher - 232
  David - 205
  Deborah - 86
  Gideon - 105;117
  James - 205
  Jeremiah - 131;232
  John - 105;131;205
  Jonathan - 105
  Knight - 42
  Mary - 212
  Mercy - 232
  Peleg - 131
  Phebe - 105
  Stephen - 212
  William - 42

INDEX - 1774 CENSUS OF RHODE ISLAND

DICK,
  Francis - 100
DICKENS,
  Edward - 11
  John - 11
DICKENSON,
  Robert - 86
DICKEY,
  Robert - 42
DIER,
  Rebecker - 221
DILLINGHAM,
  Cornelius - 11
DIMAN,
  James - 179
  Jeremiah - 179
  Jonathan - 179
  Joseph - 179
  Nathaniel - 179
DIMOND,
  Elizabeth - 78
DOCKRY,
  John - 86
DODGE,
  Joseph - 70
  Oliver - 70
DOLIVEN,
  Joseph - 142
DONAL,
  Michael M. - 117
DONHAM,
  Robert - 12
DONJERON,
  Joseph - 11
DORRANCE,
  George - 117
  James - 117
DOUBLEDAY,
  Benjamin - 11
DOUD,
  Noah - 61

DOUGLAS,
  David - 86
DOUGLASS,
  Joseph - 100
  William - 42
DOWER,
  Edward - 42
DOWLEY,
  James - 11
DOWNER,
  Sarah - 12
  Silas - 42
DOWNES,
  Pain - 11
DOWNING,
  Marshall - 11
  Phebe - 11
  William - 11
DRACK,
  Charles - 221
DRAPER,
  Joseph - 143
  Thomas - 86
DREW,
  James - 12
  Silvanus - 117
DRING,
  Benjamin - 11
  Philip - 193
  Thomas - 193
DRISKELL,
  Philip - 70
DROWN,
  Benjamin - 236
  Benjamin, Jr. - 236
  Jonathan - 180
  Richard - 180
  Solomon - 180
DROWNE,
  Collins - 42
  Shem - 42
  Solomon - 41

INDEX - 1774 CENSUS OF RHODE ISLAND

DUCY,
  Elias - 86
DUDLEY,
  Charles - 176
DUER,
  Elizabeth - 11
DUGLASS,
  Barzilla - 77
  George - 77
  James - 77
  John - 77
  William - 77
DUNBAR,
  Anstes, wid. - 70
  Charles - 55
  Robert - 12
DUNCAN,
  James - 11
DUNGO,
  Abraham - 151
DUNHAM,
  Benjamin - 12
  Daniel - 12
  Daniel, Jr. - 12
  John - 12
  Joseph - 12
  Sarah - 12
DUNKIN,
  James - 212
DUNN,
  Robert Joseph - 11
  Samuel - 42;150
DUNTON,
  Elizabeth - 12
  Thomas - 12
DUNWELL,
  Esther - 42
  John - 12;42
  Phebe - 12
  Samuel - 42
DUPUY,
  John - 11

DURFEE,
  Benjamin - 185
  Benjamin (son of John) - 186
  Benjamine, Jr. - 185
  Christopher - 55
  David - 186
  David, Jr. - 186
  Elisha - 11
  Gideon - 186
  James - 11;186
  James, Jr. - 186
  Job - 55;186
  John - 186
  Joseph - 11;186
  Philip - 11
  Rebeckah - 186
  Richard - 11
  Samuel - 186
  Thomas - 11;176
  William - 186
  Wing - 193
DURFEY,
  _____ - 42
  Ezekiel - 42
  James - 131
  John - 131
  John Jenckes - 232
DUVALL,
  Simon - 42
DUYCKMAN,
  John - 42
DWARIHOUSE,
  Ann - 11
DWELLEY,
  Daniel - 186
  Joshua - 186
DWIRE,
  Patric - 42
DYE,
  Daniel - 157

INDEX - 1774 CENSUS OF RHODE ISLAND

DYER,
  Anthoney - 131
  Charles - 77;212
  Charles, Jr. - 212
  Daniel - 199
  Elizabeth - 193;199
  James - 228
  John - 77;199;212
  John (son of
    Charles) - 212
  Jonn (son of John)
    - 212
  Samuel - 212;228
  Thomas - 42
  William - 212
DYRE,
  Edward - 77
  Edward, Jr. - 77
  Edward, Capt. - 77
  George - 143
  James - 11
  Joseph - 11
  Mary - 176
  Samuel - 11
  William - 86
  William, Jr. - 86

E

EAGLESTON,
  Asa - 221
  Joseph - 221
EAMES,
  Elizabeth - 164
  Ichabod - 164
EARL,
  Benjamin - 106
  Caleb - 12
  Catherine - 12
  Davis - 12
  George - 193

EARL,
  John - 12;86
  Thomas - 12
  Water - 186
  William - 42
EARLE,
  John - 55
  Oliver - 55
  William - 55
EAST,
  William - 106
EASTABROOKE,
  Charles - 42
EASTERBROOK,
  Abel - 171
  Alitheah - 171
  Benjamin - 171
  Benjamin, 2nd - 171
  John - 171
  Moses - 171
  Patience - 171
  Peleg - 171
  Robert - 171
  Samuel - 172
  Susannah - 171
  Thomas - 171
  Warren - 171
EASTON,
  Edward - 176
  Henry - 117
  James - 12
  Job - 12
  John - 12
  Jonathan - 12;176
  Mary - 12
  Mingo - 12
  Nicholas - 12;176
  Walter - 176
EATES,
  Abner - 131
  Amariah - 106

INDEX - 1774 CENSUS OF RHODE ISLAND

EDDY,
    _____, wid. - 131
    Benjamin - 42
    Bernard - 42
    Caleb - 117
    Caleb, Jr. - 117
    Comfort - 42
    Daniel - 131
    David - 105;186
    Edward - 171
    Eliphelet - 131
    Enoch - 131
    Enos - 131
    Esek - 42
    Gideon - 131
    Jemima, wid. - 131
    John - 42;105;131
    Jonathan - 131
    Jonathan, Jr. - 131
    Joseph - 42;131;171
    Joseph, Jr. - 131
    Lewis - 232
    Oliver - 171
    Peter - 117
    Richard - 228
    Samuel - 106;131
    Sarah - 171
    Stephen - 105
    Thomas - 117;157
    William - 42;117;131
    Zachariah - 131
    Zechariah - 42
EDGENTON,
    John - 131
EDMONDS,
    Robart - 61
EDMUNDS,
    James - 117
    John - 212
    William - 157
EDWARD,
    Gaithrot, wid. - 70
    Samuel - 13

EDWARDS,
    Daniel - 151
    Edward - 212
    Ephraim - 117
    John - 117
    Joseph - 212
    Nicholas - 117
    Nicholas, Jr. - 117
    Peleg - 221
    William - 117;212
EISH,
    Zuriel - 186
ELDRED,
    Benedick - 78
    Gardner - 78
    Henry - 78
    Holden - 86
    James - 78
    Jeremiah - 143
    John - 100;164
    Joseph - 78
    Nathan - 143
    Samuel - 164
    Seth - 86
    Sylvester - 164
    Thomas - 143
ELDREGE,
    Daniel - 157
    James - 157
ELDRICH,
    Thomas - 117
ELEY,
    Joseph - 186
ELIZIR,
    Isaac - 13
ELLERY,
    Christopher - 12
    Elizabeth - 12
    William - 12
ELLET,
    Thomas - 106
ELLIOTT,
    Robert - 12

INDEX - 1774 CENSUS OF RHODE ISLAND

ELLIS,
   ———— - 42
   Ayrs - 143
   Benjamin - 61
   Gideon - 78;143
   Gideon, Jr. - 143
   John - 143
   Jonathan - 42;193
   Nicholas - 143
   Rufus - 143
   Thomas - 42
   Wait - 143
   William - 143
ELLSWORTH,
   Joseph - 199
ELY,
   Nathaniel - 94
EMMERSON,
   William - 205
EMMES,
   Mary - 12
ENGLISH,
   George - 13
   William - 13
ENGS,
   William - 13
ENOS,
   Benjamin - 199
ENOSS,
   Jesse - 151
EPHRAIM,
   Belly - 86
ERNSHEY,
   Thomas - 12
ERWEN,
   Edward - 13
ESECK,
   Richard - 143
ESLICH,
   Isaac - 180

ESLICH,
   Mary - 170
ESSEX,
   Hugh - 61
ESTEN,
   John - 131
   Obadiah - 132
ESTER,
   Cornelius - 232
ESTES,
   Abijah - 205
   John - 205
   Richard - 205
   Samuel - 205
   Thomas - 186
   Zecheus - 205
ETHERIDGE,
   Thomas - 228
EVANS,
   Eli - 13
EVELEIGH,
   Isaac - 42
EVENES,
   David - 105
EVINS,
   Edward - 131
EWEN,
   John - 13
   Peter - 13
EXCEENE,
   William - 12
EXETER,
   Exeter - 13
EXTINE,
   Catherine
EYERS,
   Joseph - 151
EYRES,
   Deon - 12
   Thomas - 12

INDEX - 1774 CENSUS OF RHODE ISLAND

F

FAIRBANKS,
  Benjamin - 61
  Davis - 13
  Jeremiah - 94
  Jonathan - 13
  Susanna - 13
FAIRCHILD,
  Major - 13
FAIRFIELD,
  Abraham - 132
FAIRWEATHER,
  Samuel, Rev. - 87
FALES,
  Jonathan - 180
  Nathaniel - 180
  Nathaniel, Jr. - 180
  Timothy - 180
FARLTNER,
  Joseph - 56
  Thomas - 56
FARNUM,
  Joseph - 106
  Martha - 106
  Noah - 106
FARRINT,
  John - 13
FAY,
  Joseph - 143
FEEKE,
  Eleanor - 13
  Horatio - 13
FELCHER,
  _____ - 43
FENNER,
  Abbot - 228
  Arthur - 43;212;228
  Arthur, Jr. - 43
  Daniel - 43;212
  Edward - 228
  Jeremiah - 157
  John - 132;212;228
  Joseph - 212

FENNER,
  Richard - 228
  Richard, Jr. - 228
  Robe (wid. Of Asa-
    hel) - 212
  Samuel - 212
  Stephen - 212
  Thomas - 118;228
  William - 212
  William, Jr. - 212
FERGUSON,
  Adam - 13
FETTYPLACE,
  Jonathan - 13
FIELD,
  _____ (wid. of
    Anth.) - 43
  Charles - 132
  Isaac - 43
  James - 43;212
  Jemima - 43;212
  John - 43;205;212
  John, Jr. - 212
  Joseph - 42;233
  Michael - 42
  Sarah - 43;118
  Thomas - 118;212;228
  Thomas, Jr. - 118
  William - 212
  William, Jr. - 212
FILL,
  Philip - 13
FILLMORE,
  Adam - 212
FINCH,
  Pero - 157
  William - 14
FINE,
  Jabez - 95
FINK,
  Amos - 143

INDEX - 1774 CENSUS OF RHODE ISLAND

FINLETTER,
    ---- - 55
FINLEY,
  Jonathan - 13
FINNEY,
  Jeremiah - 180
  Josiah - 180
FISH,
  Alie - 143
  Artimus - 55
  Benjamin - 55;186
  Daniel - 61
  David - 55
  David, Jr. - 55
  Ebenezer - 186
  Ephraim - 228
  Fisher - 228
  John - 55;186
  Joseph - 228
  Preserved - 13;55
  Robert - 55;186
  Rose - 13
  Silas - 13
  Thomas - 186
  William - 186
FISHER,
  Jonathan - 205
FISK,
  Aaron - 118
  Amos - 172
  Benjamin - 118
  Daniel - 118
  Ephraim - 118
  Hezekiah - 118
  Job - 118
  Job, Jr. - 118
  John - 205
  Joseph - 118
  Moses - 118
  Nathan - 157
  Noah - 118
  Oliver - 118

FISK,
  Peleg - 118
  Samuel - 172
  Valericah - 118
  William - 118
FITTEN,
  Robert - 212
FLAGG,
  Mary - 13
FOLLETT,
  Abraham - 205
  Benjamin - 205
  Joseph - 205
FONES,
  Daniel - 78
  James - 78
  Jeremiah - 78
  Joseph - 78
  Samuel - 78
  William - 78
FOORD,
  Abijah - 43
FORD,
  Phineas - 13
  William - 118
FORISTER,
  ---- - 176
FORRESTER,
  Thomas - 13
FORSTER,
  Jonathan - 164
  Samuel - 221
FOSTER,
  Caleb - 176
  John - 43;199;233
  Jonathan - 70
  Jonathan, Jr. - 70
  Phineas - 95
  Stephen - 118
  Stephen, Jr. - 118
  Theodore - 43
  Thomas - 13
  William - 42

INDEX – 1774 CENSUS OF RHODE ISLAND

FOWLER,
 Alle – 164
 Benjamin – 78
 Christopher – 86;100
 Damaris – 100
 George – 78
 George, Jr. – 78
 Gideon – 87
 Hannah – 86
 Henry – 13
 James – 78;86
 Job – 164
 Jonathan – 100
 Josiah – 100
 Samuel – 13
 Simeon – 87
 Sylvester – 100
 Thomas – 100
 William – 157
FOX,
 John – 157
 Joseph – 14
FRANCIS,
 John – 186
FRANK,
 Rufus – 228
FRANKLIN,
 A. – 43
 Aaron – 117
 Abel – 100
 David – 117
 Ebenezer – 172
 Gideon – 117
 Hannah – 117
 John – 117
 Mary – 100
 Nathan – 117
 Oliver – 118
 Philip – 117
 Uriah – 117
 Vial – 205

FRAZER,
 Gideon – 70
 John – 199
FRAZIER,
 ___ – 43
FREEBODY,
 John – 13
 Judith – 13
 Samuel – 13
 Thomas – 13
FREEBORN,
 Gideon – 61
 Jonathan – 55
 Robert – 55
FREEBORNE,
 Henry – 14
 Jonathan – 14
 Joseph – 14
FREEMAN,
 John – 186
 Martin – 233
FRIEND,
 Gabriel – 233
 John – 13
FRINK,
 Jedediah – 221
FROST,
 James – 13
FROTHINGHAM,
 Nathaniel – 43
FRY,
 Abigail – 13
 Benjamin – 94
 James – 13
 John – 13
 Joseph – 94
 Samuel – 94
 Stephen – 13
 Thomas – 95;118
FRYERS,
 John – 14

INDEX - 1774 CENSUS OF RHODE ISLAND

FULLER,
    ———— - 43
    ————, by Rhodes'
        Still House -
        212
    David - 118
    Ebenezer - 14
    Francis - 117;237
    Jonathan - 117
    Jonathan, Jr. - 117
    Joseph - 43
    Peleg - 117;205

G

GAIN,
    Andrew - 180
    George - 43
GAINOR,
    Peter - 15
GALLOP,
    Joseph - 118
    Richard - 14
    Samuel - 143
    William - 118
GAMMET,
    Abraham - 143
GARDINER,
    Daniel - 157
GARDNER,
    Abel - 164
    Abigail - 14
    Amos - 87
    Ann - 14;87
    Benjamin - 78;164
    Caleb - 14;78;87
    Cato - 87
    Christopher - 87
    Clarke - 87
    Daniel - 151
    Edward - 14;172

GARDNER,
    Elisha - 164
    Elizabeth - 143
    Ephraim - 78
    Ezekiel - 78
    Ezekiel, Jr. - 78
    Francis - 14
    George - 87
    Henry - 14;87;95
    Huling - 164
    James - 14;78;87
    James, Jr. - 14
    Jeremiah - 78
    Jeremiah, Jr. - 78
    Job - 14;95
    John - 14;87;95;164;
        221
    John (B.N.) - 87
    John, Jr. - 87
    Jonathan - 87;100
    Joseph - 14;222
    Joshua - 78
    Margaret - 43
    Mary - 14
    Nathan - 87
    Nathaniel - 87
    Nicholas - 87;164
    Nicholas, Jr. - 164
    Oliver - 95
    Parris - 87
    Pernolepy - 78
    Potter - 221
    Richard - 78
    Ruth - 87
    Samuel - 14;78;221
    Sanford - 14
    Silas - 87
    Silvester - 78
    Thomas - 78;87
    William - 14;87;164
GARNZEY,
    Marther, wid. - 237

INDEX - 1774 CENSUS OF RHODE ISLAND

GARRET,
  William - 172
GARZIA,
  John - 15
GASKILL,
  Samuel - 206
  William - 206
GATES,
  Simon - 143
GAVET,
  Martha - 14
GAVIL,
  Anne, wid. - 70
  Ezekiel - 70
  Ezekiel, Jr. - 70
  George - 70
  Hezekiah - 70
  Joseph - 70
  Oliver - 70
  Stephen - 70
GAVIT,
  Edward - 151
  Samuel - 87
GAYNER,
  John - 16
GEERS,
  Uzziel - 15
GEEVES,
  John - 15
GEORGE,
  Archimedes - 15
  Phebe - 78
  Thomas - 15
GIBBS,
  _____, wid. - 43
  Elisha - 14
  Elisha, Jr. - 14
  Elizabeth - 14
  George - 14
  Israel - 213
  James - 14
  James, Jr. - 14

GIBBS,
  John - 194
  Josiah - 157
  Robert - 14
  Samuel - 14
  Thomas - 63
GIBSON,
  James - 157
GIFFORD,
  _____ - 43
  Ananiah - 187
  Canaan - 194
  Enos - 194
  Esther - 194
  John - 194
  Joseph - 56;194
  Josiah - 43
  Recompence - 187
  Richard - 187
  Stephen - 187
  William - 187
GILBERT,
  Elias - 14
  Phineas - 14
GILES,
  Abigail - 43
  William - 95
GILL,
  Samuel - 143
GIMO,
  Sarah - 222
GINMAN,
  Hannah - 87
GLADDING,
  Benjamin - 43
  Charles - 43
  Daniel - 180
  Elizabeth - 15
  Henry - 15
  John - 180
  John, Jr. - 180
  Jonathan - 15

INDEX - 1774 CENSUS OF RHODE ISLAND

GLADDING,
  Jonathan, Jr. - 15
  Josiah - 15
  Mary - 15
  Nathaniel - 15
  Timothy - 43
  William - 180
GLAZER,
  John - 95
GLOVER,
  John - 180
  Margaret - 228
GODDARD,
  John - 15
  Mary - 15
  Nicholas - 95
  Ruth - 15
  William - 15
GODFORE,
  Joshua - 95
GODFREY,
  Caleb - 15
  James - 15
  Ruben - 143
  Samuel - 43
  Sarah, wid. - 43
GODFRY,
  Caleb - 78
  Josias - 78
  Sarah - 78
GOFF,
  Abner - 157
  Charles - 212
  Nathan - 157
GOLDTHAWATE,
  Samuel - 16
GOLDTHWAIT,
  John - 106
GOODBIRD,
  John - 221
GOODBODY,
  John - 151

GOODSPEED,
  Stephen - 118
GOOLD,
  Benjamin - 206
  Jabez - 206
  John - 206
  Nathaniel - 206
GORDON,
  George - 157
  Peleg - 157
GOREE,
  Sylvia - 16
GORMAN,
  John - 43
GORTON,
  Benjamin - 62;143
  Caleb - 62
  Edward - 62
  Hezekiah - 143
  Israel - 212
  Israel, Jr. - 212
  John - 87;212
  John, Jr. - 63
  John Elder - 63
  Jonathan - 62
  Joseph (son of
      Samuel - 62
  Nathan - 62
  Othnial, Esq. - 62
  Pardon - 212
  Samuel - 62;164
  Samuel, Jr. - 62
  Samuel, 2nd - 62;63
  Samuel, Dr. - 62
  Samuel (son of Dr.)
      - 62
  Thomas - 143
  William - 62
  William, Jr. - 63
GOUGH,
  Jacob - 106

INDEX - 1774 CENSUS OF RHODE ISLAND

GOULD,
   ____, wid. - 176
   Adams - 87
   Alice - 14
   Benjamin - 14
   James - 14
   John, Jr. - 176
   Mary - 14
   Thomas - 176
   Thomas, Jr. - 176
GRAFTON,
   Nathaniel - 15
   William - 43
   William, Jr. - 43
GRAHAM,
   Malcolm - 15
GRAINGER,
   John - 43
GRANT,
   Gilbert - 206
   John - 15; 205
   Joseph - 206; 237
   Joseph, Jr. - 237
   Shubale - 237
   Thomas - 237
GRATEN,
   Survina - 118
GRATIX,
   John - 172
GRAVES,
   Archibald - 95
   John - 43
GRAY,
   Edward - 187
   Gideon - 187
   Joseph - 106; 191
   Pardon - 186
   Philip - 186
   Samuel - 194
   Sarah, wid. - 186
   Thomas - 180
   William - 187

GREEN,
   ____, wid. of Newport, - 213
   Caleb - 43
   James - 43
   John - 212
   William - 56; 222
GREENE,
   ____ - 15
   Abel - 143
   Abraham - 62; 78
   Ames - 62
   Amos - 151
   Amos, Jr. - 151
   Ann, wid. - 62
   Barlo - 143
   Benjamin - 43; 62; 143; 151; 157; 164
   Benjamin (son James) - 143
   Benjamite - 158
   Caleb - 43; 62; 143
   Caleb (son of Benjamin) - 143
   Caleb (son of Jona.) - 63
   Caleb (son of Richard) - 62
   Charles - 143
   Chris. (son of Nathan) - 62
   Christopher - 62
   Christopher S. - 62
   Daniel - 62; 95
   David - 63; 78; 132
   Ebenezer - 158
   Eleazer - 143
   Elisha - 95; 132; 143
   Elisha, Jr. - 132
   Gideon - 157
   Godfrey - 63

INDEX - 1774 CENSUS OF RHODE ISLAND

GREENE,
 Griffin - 157
 Henry - 87;118
 Increase - 158
 Increase, Jr. - 158
 Isaac - 158
 Jabes - 157
 Jabez - 62
 Jacob - 62
 James - 62;106;158
 James, Esq. - 62
 Jeremiah - 143;158;
     164
 Job - 62;157
 John - 15;78;151;157;
     158;164;176
 John, Esq. - 62
 John (son of David)
     - 63
 John (son of Richard)
     - 63
 Jonathan - 95;143;158
 Joseph - 95;100;143;
     164
 Joshua - 15;78;87;151;
     228
 Josias - 151
 Judiah - 157
 Lewis - 118
 Love Fones - 62
 Mary, wid. - 62
 Nathan - 95;164
 Nathan, Jr. - 157
 Nathaniel - 43;95;158
 Niobe - 15
 Patience - 15
 Paul - 62
 Peleg - 78;157
 Peter - 132
 Philip - 143
 Philip, Esq. - 62
 Richard - 62

GREENE,
 Richard, Esq. - 62
 Robert - 157
 Robert, Jr. - 157
 Rufus - 95
 Samuel - 15;70;157
 Samuel, Esq. - 62
 Stephen - 62;95
 Stephen, Jr. - 62
 Sylvester - 95
 Thos. Farm Family
     - 180
 Thomas - 15;43;62;
     151;157
 Thomas, Capt. - 62
 Usal - 158
 Wardel - 157
 Will - 15
 William - 43;71;132
 William, Esq. - 62
 William (son of
     John) - 62
GREENHILL,
 Catherine - 15
GREENMAN,
 Clarke - 151
 Edward - 143
 George - 172
 Jeremiah - 15
 Job - 15
 Nathan - 70
 Silas - 70
 William - 100
GREENOLD,
 Matthew - 100
GRELIA,
 John - 16
 Samuel - 16
GRENELL,
 Aaron - 193
 Daniel - 193
 Richard - 193
 William - 15

47

INDEX - 1774 CENSUS OF RHODE ISLAND

GRIFFIN,
  George - 151
  James - 199
  John - 199
  Joshua - 199
  Philip - 199
GRIFFIS,
  John - 43
GRIFFITH,
  James - 62
GRIMES,
  John - 15
GRINNEL,
  Malachi - 15
  Primus - 15
  Zebedee - 15
GRINNELL,
  Aaron - 193
  Daniel - 187
  John - 95
  Jonathan - 187
  Nathaniel - 186
  William - 193
GRINOLD,
  Stephen - 151
  Susanna - 151
GUBBINS,
  Freelove - 15
GUILE,
  Joseph - 118
GUINEDO,
  Lewis - 15
GULLEY,
  Jonathan - 106
  William - 106
GULLY,
  Stephen - 106
GYLES,
  William - 15
  William, Jr. - 15

H

HACKER,
  Andrew - 44
  Caleb - 17
  Joshua - 44
HACKSTON,
  Benjamin - 63
  John - 63
  Nathaniel - 63
  Nathaniel, Jr. - 63
HADWEN,
  John - 18
HAGGAR,
  William G. - 17
HAILE,
  Amos - 172
  Nathan - 172
  Richard - 172
  William - 172
HAINS,
  Josiah - 213
HALE,
  Coomer - 44
  Jonathan - 119
HALL,
  Abial - 95
  Ann - 151
  Benjamin - 16;56; 144
  Benjamin, Jr. - 16
  Benoni - 164
  Charles - 71
  Cobb - 144
  Consider - 151
  Daniel - 79
  David - 144
  Ebenezer - 95;199
  Elijah - 222
  Elisha - 199
  Ephraim - 151
  Ezekiel - 222
  George - 16;56;79; 151;158

INDEX - 1774 CENSUS OF RHODE ISLAND

HALL,
  Henry - 79;222
  Hezekiah - 222
  Isaac - 71
  Jacob - 222
  James - 71
  Jeremiah - 16
  John - 144;222
  Jonathan - 151
  Joseph - 71
  Levi - 44
  Matthew - 119
  Moses - 222
  Nathan - 151
  Oliver - 164
  Patience - 79
  Peter - 151
  Preserved - 144
  Robert - 95;144
  Rowland - 164
  Ruth - 199
  Samuel - 88
  Slocum - 79
  Stephen - 16
  Theodate - 71
  Thomas - 151
  Timothy - 144
  William - 16;44;56;
           164;222
  William, Jr. - 79
  William, Esq. - 79
  William (son of John)
           - 79
HALLIBURTON,
  John - 16
HALLOWELL,
  Calvin - 44
HALPIN,
  James P. - 17
HAM,
  _____ - 44
  Jotham - 44

HAM,
  Jothan - 44
HAMAND,
  Thomas - 16
  William - 79
HAMBELTON,
  Frances - 133
HAMBLETON,
  Anna - 119
HAMBLY,
  Benjamin - 187
HAMELTON,
  Benedick - 79
HAMFORD,
  William - 17
HAMILTON,
  Freeborne - 95
  William - 95
HAMLIN,
  Samuel - 44
HAMMAN,
  Jonathan - 44
HAMMET,
  Caleb - 213
  Nathan - 18
HAMMETT,
  Malichi - 63
  Thankful - 63
HAMMON,
  Stephen - 228
  William - 228
  William, Jr. - 213
HAMMOND,
  Abigail - 16
  Amos - 120
  Amos, Jr. - 120
  Arnold - 16
  David - 187
  Elnathan - 16
  John - 164
  Joseph - 16;164
  Matthew - 120

49

INDEX - 1774 CENSUS OF RHODE ISLAND

HAMMOND,
  Nathaniel - 16
  Paine - 101
  Thomas - 120
HANDAY,
  Benjamin - 213
HANDY,
  Charles - 16
  Ebenezer - 107
  John - 176
HANNERS,
  Elizabeth - 18
HARDING,
  _____, wid. - 44
  Eleazar - 44
  John - 172; 237
  Richard - 237
  William - 180
HARDY,
  James - 18
HARE,
  Edward - 18
HARGILL,
  Joseph - 17
HARIN,
  Newman - 222
  William - 222
HARKNESS,
  Adam - 107
  Adam, Jr. - 107
  George - 16
HARRIS,
  Abner - 106
  Amaziah - 132
  Andrew - 213; 228
  Benjamin - 233
  Caleb - 228
  Charles - 119
  Christo - 228
  Christopher - 206
  David - 44; 106
  Elisha - 132; 213

HARRIS,
  Elizabeth, wid. - 213
  Elnathan - 228
  Gideon - 119
  Henry - 228
  Hugh - 16
  Israel - 106
  Jabez - 106
  Jacob - 44
  James, Esq. - 213
  Jeremiah - 106
  John - 16
  Jonathan - 106; 132
  Jonathan, Jr. - 133
  Joseph - 132
  Joseph, Esq. - 213
  Josiah - 228
  Mary - 228
  Nicholas - 144
  Preserved - 106
  Richard - 106
  Richard, Jr. - 106
  Sarah - 16
  Stephen - 106
  Thomas - 228
  William - 228
HARRISON,
  William - 17
HARRISSAN,
  George - 63
HARSCALL,
  Mary - 180
HART,
  Benjamin - 16
  Constant - 187
  Isaac - 18
  Jacob - 18
  Jonathan - 187
  Joseph - 44; 187; 194
  Nathan - 79
  Nicholas - 165; 194

INDEX - 1774 CENSUS OF RHODE ISLAND

HART,
  Richard - 194
  Smiton - 187
  Smiton, Jr. - 187
  Stephen - 194
  William - 16;187
HARTSHORN,
  Stephen - 44
HARVEY,
  Edward - 88
  James - 44;151
  John - 151
  Joseph - 151
  Peter - 151
  Ruth - 18
  William - 79;133;151
HARWOOD,
  John - 18
HASKILL,
  Abner - 206
HASSARD,
  Caleb - 88
  Carder - 87
  Christopher - 88
  Elizabeth - 87
  Enoch - 88
  George - 88
  Henry - 88
  Jack - 87
  John - 88
  Jonathan - 88
  Joseph - 87
  Robert - 144
  Robert, Jr. - 144
  Samuel - 88
  Simeon - 88
  Stephen - 88
  Thomas - 88;120
HASTIE,
  Mary - 17
HASTINGS,
  Peter - 172

HASTINGS,
  Prudence - 18
HATCH,
  David - 119
  Samuel - 18
HATH,
  Ebenezer - 95
  Peleg - 237
HATHAWAY,
  Benjamin - 237
  Caleb - 63
  Nathaniel - 16
  Thomas - 158
  Zephaniah - 16
HATHWAY,
  Meletiah - 206
  Silvanus - 206
HAVENS,
  Abraham - 79
  Cornelius - 132
  Elizabeth - 18
  George - 79
  James - 79
  Robert, Capt. - 79
  Silvester - 79
  Thomas - 79
  William - 63
  William, Capt. - 79
HAWKINS,
  Abraham - 44
  Andrew - 206
  Barnes - 213
  Benjamin - 132
  Charles - 107
  Daniel - 44
  Deborah - 233
  Edward - 44
  Elijah - 132
  Hashabiah - 233
  Hope - 228
  James - 16
  Jeremiah - 107

INDEX - 1774 CENSUS OF RHODE ISLAND

HAWKINS,
  Jeriah - 228
  John - 87;107
  Joseph - 233
  Joseph, Jr. - 233
  Rufus - 228
  Rufus, Jr. - 228
  Thomas - 87
  Uriah - 132
  William - 132;228
  William, Jr. - 132
HAWKS,
  John - 107
HAWKSIE,
  Thomas - 144
HAZARD,
  Edward - 18
  Fones - 18
  George - 18
  Gideon - 79
  Jeremiah (son of Jef.) - 79
  Jeremiah (son of R.) - 79
  John - 79
  Jonathan J. - 151
  Oliver - 95
  Phebe - 165
  Robert - 79;151
  Stephen - 101
  Thomas - 176
HAZIAH,
  Phillip - 106
HAYES,
  Moses M. - 16
HAYNES,
  William - 63
HAYWARD,
  Joseph - 16
  Samuel - 16
  Thomas - 16

HEAD,
  Benjamin - 194
  Benjamin, 2nd. - 194
  Henry - 132;194
HEADLEY,
  Peleg - 56
HEALY,
  Ezra - 233
  John - 45
  Joseph - 79
  Recompence - 44
  Samuel - 44
HEATH,
  Hanes - 16
  Hannah - 16
  Jonathan - 16
  Mary - 16
  Nathanell - 237
HEDDY,
  Thomas - 16
HEFFERMAN,
  Wm. - 88
HEFFERNAN,
  Elizabeth - 17
  William - 17
HEFFERNON,
  William - 164
HELME,
  Benedict - 88
  James - 88
  Nathaniel - 18
  Niles - 101
  Robert - 88
  Rowse - 79
  Sarah - 18
  Simeon - 88
  Thomas - 18
HENDRICK,
  Stephen - 107
HENRIES,
  Prudence - 107

INDEX - 1774 CENSUS OF RHODE ISLAND

HENRY,
  John - 120
HENRYS,
  Caleb - 213
  Robert - 213
HENSHAW,
  Elizabeth - 18
HERINGTON,
  Christopher - 164
  Jere - 44
  Job - 164
  John - 164
HERLIHIGH,
  William - 63
HERNDEEN,
  Dinah - 106
  Ebenezer - 106
  Ezekiel - 106
  Hezekiah - 106
  James - 106
  Jeremiah - 106
  Jonathan - 106
  Joseph - 106
  Joseph, Jr. - 106
  Matthew - 119
  Moses - 106
  Obadiah - 106
  Ruth - 106
  Silvanus - 119
  Stephen - 119
  Thomas - 106
  William - 106
HERNDEN,
  Israel - 106
HERNINGTON,
  Paul - 199
  William - 199
HERRENDEEN,
  Andrew - 132
  Eliab - 133
  Isiah - 133
  Israel - 133

HERRENDEEN,
  Levi - 133
  Othniel - 133
  Presarved - 133
  Solomon - 133
  Thomas - 132
  William - 132
HERRENDEN,
  Jonathan - 206
  Nathan - 206
HERRICK,
  Andrew - 18
HERRINDON,
  Amos - 120
  Ephraim - 120
  John - 120
  Jonathan - 120
  Josiah, Jr. - 120
  Matthew - 120
  Nicholas - 120
  Rufus - 120
  Silas - 120
  Simeon - 120
HERRINTON,
  Job - 144
HESTER,
  Bateman - 158
HEVENDEN,
  David - 164
HEVENTON,
  James - 158
  Richard - 158
HEW,
  Samuel - 107
HEWES,
  Joseph - 44
HEWS,
  Daniel - 206
HEWSE,
  Spicer - 237
HIAMES,
  George - 79

INDEX - 1774 CENSUS OF RHODE ISLAND

HIAMES,
  Silvester - 79
HIAMS,
  Mary - 144
HICKS,
  Benjamin - 17
  Samuel - 172;187
  Samuel, Jr. - 187
  Samuel, 2nd - 172
  Stephen - 187
  Susanna - 17
  Weston - 56
  William - 233
HIGGINS,
  Edith - 18
HIGINBOTHAM,
  Niles - 213
  Obadiah - 213
HILL,
  _____ - 44
  Ann - 17
  Barnard - 172
  Benjamin - 119
  Bernard - 180
  Caleb - 79
  Clement - 187
  Daniel - 87
  David - 132
  Davis - 164
  Ebenezer - 222
  Elizabeth - 172
  Henry - 87
  James - 17
  Jeremiah - 17
  John - 119
  Jonathan - 44;119
  Joseph - 17
  Josiah - 222
  Nathaniel - 172
  Robert - 17;119
  Roger - 206
  Samuel - 222

HILL,
  Thomas - 44;56;79;
         119;176
  William - 133;164
HILLARD,
  David - 194
  Susanna - 194
HILLS,
  Samuel - 107
HINDS,
  James - 119
  Philemon - 119
  William - 119
HINES,
  Nathan - 213
HINKELY,
  _____ - 222
HISCOX,
  Ephraim - 71
  Joseph - 71
  Nathan - 71
  Thomas - 71
  William - 71
  William, Jr. - 71
HITT,
  Sweet - 79
  Thomas - 79
HIX,
  Dan - 132
  Daniel - 107
  Isaac - 107;132
  Joseph - 63
  Luther - 132
HOAR,
  William - 172;176;
         180
HOGENS,
  John - 180
HOGG,
  David - 206
HOLDEN,
  Anthony - 95

INDEX - 1774 CENSUS OF RHODE ISLAND

HOLDEN,
  Charles, Elder - 63
  Charles, Jr. - 63
  Garsharn - 107
  John, Esq. - 63
  Randall - 63
  Rose - 63
  William, Esq. - 63
HOLDON,
  Charles - 44
HOLDREDG,
  William - 63
HOLLOWAY,
  Daniel - 18
  George - 199
  John - 88
  Joseph - 165
  Nicholas - 199
  Samuel - 18;199
  Wm. - 88
HOLMES,
  Cudjo - 18
  James - 18
  John - 176
  William - 180
HOLT,
  Benjamin - 18
  William - 18
HOLVERSON,
  Susanna - 18
HOLWAY,
  Joseph - 151
HONEYMAN,
  James - 18
  Martha - 18
  Rose - 18
HOOCKEY,
  Daniel - 16
  John - 16
  Rebecca - 16
  William - 16

HOPKINS,
  Abner - 119
  Alexander - 144
  Asa - 44
  Beriah - 164
  Charles - 118
  Daniel - 119;233
  David - 132;144
  Elisha - 132
  Ephraim - 118;120
  Esek - 233
  Ezekiel - 118
  George - 144
  Geremath - 119
  Hannah - 118
  Henry - 144
  Isaac - 119
  Jabish - 132
  Janah - 118
  Jeremiah - 158;229
  Jeriah - 118
  John - 44;118;144
  Jonathan - 95;119
  Joseph - 118;144
  Joseph, Jr. - 119
  Joseph (son Samuel) - 144
  Laban - 119
  Nancy - 44
  Nehemiah - 119
  Nicholas - 119
  Oziel - 132
  Pardon - 118
  Philip - 119
  Royal - 119
  Ruben - 118
  Rufus - 119
  Samuel - 18;118;144
  Samuel, Jr. - 144
  Seth - 132
  Stephen - 44
  Thomas - 87;176

INDEX - 1774 CENSUS OF RHODE ISLAND

HOPKINS,
  Thomas, Jr. - 87
  Tibbits - 144
  Timothy - 119
  Uriah - 233
  William - 45;144
  Zabin - 119
  Zebedee - 119;132
  Zebedee, Jr. - 132
HOPPEN,
  Benjamin - 44
  John - 44
HOPPER,
  Henry - 88
HORSEFIELD,
  Israel - 18
HORSWELL,
  Francis - 194
  John - 176
  Peter - 176
  Thomas - 17;56
HORTON,
  Amos - 44
  Hezekiah - 119
  John, Jr. - 119
  Moses - 237
  Nathaniel - 119
  Patience - 119
  Simeon - 237
  Stafford - 119
HOSIER,
  Giles - 187
HOUGH,
  Elizabeth - 180
HOWAAD,
  Isaac - 119
HOWARD,
  Benjamin - 17;63
  Christopher - 119
  James - 206
  John - 17;119;206
  Joseph - 119

HOWARD,
  Martin - 17
  Prince - 206
  Rachel - 17
  Samuel - 206
  Seth - 206
  Silas - 206
  Solomon - 63
  Thomas - 63
  William - 17;120;228
HOWEL,
  David - 44
HOWELL,
  Luke - 17
HOWLAND,
  Daniel - 95
  Edward - 119
  Isaac - 100
  Jemima - 101
  Job - 17
  John - 100;132;180;187
  John, Jr. - 132;180
  Joseph - 17
  Samuel - 119;132
  Thomas - 17;132
  William - 17;132
HOXEY,
  Benjamin - 151
  Gideon - 151
  Joseph - 151
  Stephen - 151
HOXSIE,
  Barnabas - 199
  Benjamin - 18
  Job - 199
  Joseph - 199
  Joseph, Jr. - 199
  Lodowick - 18
  Samuel - 165
  Solomon - 199
  Stephen - 199

INDEX - 1774 CENSUS OF RHODE ISLAND

HOYLE,
  Esek - 44
  James - 213
  Joseph - 44
  Mary - 44
  William - 44
HUBBARD,
  _____ - 44
  Benjamin - 107
  Ezra - 44
  James - 16
  John - 16;180
HUDDY,
  Norton - 18
HUDSON,
  Benjamin - 63
  Daniel - 18
  John - 18;213
  Mary (wid. of Thos.) - 213
  Peleg - 18
  Stukely - 158
  Thomas - 18
  William - 213
HUET,
  Suel - 228
HUGHES,
  Mary - 17
  Thomas - 17
HULAND,
  Sarah - 17
HULING,
  Alexander - 79
  Alexander, Capt. - 79
HULL,
  Benjamin - 71
  Bristol - 101
  Charles - 88;187
  Edward - 101
  Gideon - 88
  John - 17
  Jonathan - 17

HULL,
  Joseph - 88
  Mary - 17
  Samuel - 17
  Samuel, Jr. - 17
  Thomas - 71
  Violet - 17
  Wager - 101
  William - 88
HUMPHREYS,
  Richard - 17
  William - 17
HUMPHRY,
  Elknah - 237
  Josiah - 237
  Nathanell - 237
  Samuel - 237
  Samuel, Jr. - 237
HUNT,
  Adam - 79;194
  Bartholemew - 79
  Charles - 79
  Edward - 44;206
  Elizabeth - 194
  Ezekiel - 95
  Jeremiah - 79
  John - 133;194
  John, Jr. - 133
  Joseph - 95
  Joseph, Jr. - 95
  Phebe, wid. - 213
  Samuel - 17;79
  Samuel, Jr. - 79
  Seth - 133
  Zebede - 213
HUNTER,
  Henry - 17
  Jenny - 17
  William - 17
HUNTINGTON,
  David - 18

INDEX - 1774 CENSUS OF RHODE ISLAND

HUTCHENSON,
  Ruth - 233
HUTCHINSON,
  William - 18
HYAMER,
  Spinck - 165
  William - 165
HYDE,
  Nicholas - 95

I

IDE,
  John - 133
  Timothy - 206
INCHES,
  Ishmael - 107
INDIANS,
  _____ - 197
  Family - 71
  Various - 151
INGRAHAM,
  Anstis - 19
  Benjamin - 19
  Jeremiah - 180
  John - 19; 180
  John, Jr. - 180
  Joseph - 45
  Joshua - 180
  Samuel - 45
  Timothy - 180
INMAN,
  Abraham - 133
  David - 133
  Edward - 133
  Elisha - 133
  Elisha, Jr. - 133
  Elisha, 3rd - 133
  Ezekiel - 133
  Francis - 206
  Huldah - 206

INMAN,
  Israel - 133
  John - 133; 233
  Joseph - 107
  Ozial - 133
  Samuel - 133
INYON,
  Deborah - 79
  Freelove - 80
  John - 80
  Mary - 79
IRISH,
  Charles - 19
  David - 194
  Edward - 56
  George - 176
  Ichabod - 187
  John - 194
  Joshua - 19
  Samuel - 194
  Sarah - 200
  Thomas - 194
IRONS,
  Jeremiah, Jr. - 133
  Jonathan - 133
  Resolved - 133
  Samuel - 133
  Samuel, Jr. - 133
  Stephen - 133
  Thomas - 133
  William - 133
ISAACS,
  Jacob - 19

J

JACK,
  Sarah - 19
JACKAWAYS,
  Joseph - 165

INDEX - 1774 CENSUS OF RHODE ISLAND

JACKSON,
  Bartholomew - 19
  Daniel - 45
  Elizabeth - 19
  Jacob - 19
  Lydia - 45
  Richard - 45
  Samuel - 45
  William - 19
JACOB,
  Joseph - 19
JACOBS,
  _____ - 45
  Nathaniel - 45
  Wilson - 45
JACQUES,
  Henry - 20
JAMES,
  Allen - 88
  Benjamin - 19; 200
  Francis - 19
  Hannah - 19
  James - 200
  Joan - 19
  John - 19; 165
  Jonathan - 200
  Jonathan, Jr. - 200
  Joseph - 19; 200
  Lydia - 19
  Mary - 19
  Patience - 200
  Samuel - 19
  Thomas - 200
  William - 19; 45; 165
JAMISON,
  William - 187
JAQUAYS,
  James - 88
  Jonathan - 88
  Joseph - 88
  Nathan - 88
  Nathan, Jr. - 88
  Samuel - 88

JARAULD,
  Dutee, Dr. - 63
  Dutee, Jr. - 63
  James - 63
JEFFERIES,
  Simon - 120
JEFFERS,
  Jonathan - 19
  Joseph - 19
  Miriam - 19
JEFFERSON,
  Benjamin - 80
JEFFRY,
  Joe - 88
JENCKES,
  Daniel - 45
  Ebenezer - 233
  Ebenezer, Jr. - 233
  Edmund - 107
  Eleazar - 233
  Esek - 233
  Gideon - 233
  Hannah - 107
  Henry - 107
  Ichabod - 233
  Isaac - 107
  James - 120
  Jeremiah - 45
  Jesse - 107
  John - 45; 107
  John, Jr. - 107; 233
  Jonathan - 233
  Jonathan, Jr. - 233
  Joseph - 107
  Joseph, Jr. - 107
  Lowry - 95
  Michael - 95
  Moses - 233
  Nathaniel - 107; 233
  Obadiah - 120
  Stephen - 233
  Sylvanus - 45

INDEX - 1774 CENSUS OF RHODE ISLAND

JENCKES,
  Thomas - 107
  William - 233
JENCKS,
  Benjamin - 187
JENKINS,
  Benjamin - 144
  George - 144
  John - 45
  Nathaniel - 20
  Philip - 96
JENKS,
  Amos - 206
  Daniel - 206
  Daniel, Jr. - 206
  Jeremiah - 206
  John - 133;206
  John, Jr. - 133
  Lawrence - 206
JENNINGS,
  Isaac - 187
  John - 187
  Mary - 95
JEPSON,
  John - 56
JEUT,
  John - 19
JEWET,
  Joseph - 45
JILLSON,
  Enos - 207
  Jonathan - 133
  Nathan - 207
  Nathaniel - 206
  Nathaniel, Jr. - 206
  Nathaniel, 3rd - 207
  Squier - 130
  Stephen - 207
  Uriah - 206
JOE,
  Kate - 88

JOHNS,
  Elizabeth - 20
JOHNSON,
  Abigail - 152
  Augustus - 19
  Benjamin - 144
  Daniel - 152
  David - 152
  Ebenezer - 158
  Edmund - 158
  Elijah - 63
  Elisha - 19;158
  Elkanah - 144
  Elkanah J. - 158
  Ezekiel - 158;200
  Gideon - 152
  Henry - 158
  Isaac - 95;152
  John - 19;63;95;158
  John, Jr. - 158
  Jonathan - 96
  Joseph - 152;158
  Mary - 19
  Meriam - 19
  Nathaniel - 19;152
  Nichols - 144
  Obadiah - 158
  Richard - 19
  Samuel - 19;45;158
  Stephen - 152
  Sylvester - 19
  William - 96
JOLLS,
  Ebenezer - 181
  Jeremiah - 172
  John - 181
  Mehetabel - 180
  Robert - 180
JONES,
  Abel - 96
  Benjamin - 19;165
  Deliverance - 144

INDEX - 1774 CENSUS OF RHODE ISLAND

JONES,
  Ebenezer - 206
  Elizabeth - 19
  Jerusha - 120
  John - 45;144
  Joseph - 144
  Joshua - 120
  Josiah - 96
  Noel - 165
  Robert - 152
  Robert, Jr. - 152
  Sarah - 19
  Silas - 96
JONNSON,
  Tony - 19
JORDAN,
  Daniel - 19
JORDON,
  Barrick - 158
  Edmund - 158
  Philip - 158
JORDORN,
  Samuel - 144
JOSELIN,
  Joseph - 158
JOSLEN,
  Henry - 206
  Thomas - 206
JOSLIN,
  Henry - 165
  John - 165
  Thomas - 144
JOSSELYN,
  Joseph - 96
JOY,
  Job - 213
  William - 20
JOYCE,
  Marcey - 63
JUSTICE,
  Philip - 45

JUSTIN,
  Elizabeth - 80
  Penelopy - 80

K

KASSON,
  Adams - 158
KEECH,
  Abraham - 107
  Amos - 107
  Christopher - 133
  Jesse - 134
  Joel - 229
  Joseph - 134
  Samuel - 107
  Silvanus - 134
  Stephen - 134
  William - 107
  Zepheniah - 133
KEELING,
  Susanna - 20
KEEN,
  Charles - 45
  Prince - 45
  Samuel - 20
KEITCH,
  Seth - 214
KEITH,
  James - 20
KELLY,
  Catherine - 20
  Daniel - 172
  Erasmus - 20
  John O. - 172
  Joseph - 172
  Lawrence - 45
  Robinson - 20
KELTON,
  Stephen - 45

INDEX - 1774 CENSUS OF RHODE ISLAND

KENNICUTT,
  Naomi - 45
KENNYON,
  Remington - 20
KENT,
  Joshua - 237
  Samuel - 237
KENYON,
  George - 71
  Remington - 96
KERBY,
  John - 20
KEUIS,
  Margaret - 64
KILLEY,
  Benjamin - 134
  John - 237
  Joseph - 107
  Manariah - 134
  William - 237
KILTON,
  John - 45
  John J. - 120
  Samuel - 229
KIM,
  Ezekiel - 56
KIMBALL,
  Benjamin - 120
  Dean - 120
  John - 133
  Joseph - 120
  Joseph, Jr. - 120
  Joshua - 229
  Stephen - 120
KIMBELL,
  Asa - 134
  Jorem - 134
  Nathaniel - 134
KIMPTON,
  Manassa - 107
KINDRICK,
  Alexander - 214

KING,
  Abner - 233
  Amaziah - 158
  Arthur - 96
  Asa - 213
  Benjamin - 20;187;
    229
  Caleb - 107
  Ebenezer - 158
  Elizabeth - 20
  Esaias - 229
  Godfree - 187
  Henry - 144
  Isaiah - 229
  James - 133
  Jeremiah - 213
  Job - 187
  John - 213
  John, Jr. - 213
  Jonathan - 213
  Jonathan, Jr. - 213
  Joseph - 159
  Joshua - 121
  Josiah - 229
  Magdeline - 144
  Olphree - 187
  Peter - 121
  Ralph - 121
  Ruben - 233
  Samuel - 20;121;145
  William - 158
KINGSLY,
  Jeddediah - 80
  Seawell - 80
KINICUT,
  Daniel - 237
  Hezekiah - 237
KINNECUTT,
  John - 172
  John, Jr. - 172
  Shubeal - 172

INDEX - 1774 CENSUS OF RHODE ISLAND

KINNICUT,
  Anthony - 45
  Sarah - 181
KINNICUTT,
  Honora - 20
  Joseph - 45
KINSLEY,
  Frederic - 20
KINYON,
  Benedict - 200
  Daniel - 152
  David - 144
  Enoch - 152
  George - 222
  James - 152;222
  John - 152;200;222
  Joseph - 152;159
  Joseph, Jr. - 152
  Joshua - 152
  Mary - 200
  Nathan - 134;200
  Nathaniel - 222
  Peleg - 222
  Peter - 222
  Peter, Jr. - 222
  Robert - 88
  Samuel - 152
  Stephen - 222
  Sylvester - 200
  Sylvester, Jr. - 200
  Thomas - 152;200
  Thomas, Jr. - 200
  Thomas (son of David) - 200
  William - 200
KITTLE,
  Edward - 144
  Edward, Jr. - 144
  Ephraim - 144
  Ephraim, Jr. - 144
KNAP,
  David - 63

KNAP,
  David, Jr. - 63
  Nehemiah - 214
  Paul - 134
KNAPP,
  Elijah - 20
KNIGHT,
  Andrew - 213
  Benjamin - 187;213
  Benjamin, Jr. - 187
  Caleb - 158
  Charles - 120
  Christopher - 120
  David - 121
  Dorcas, wid. - 214
  Edward - 213
  Ezra - 158
  Francis - 120
  Henry - 214
  Jeremiah - 214
  John - 213
  Jonathan - 120;213
  Jonathan, Jr. - 120
  Jonathan (blacksmith) - 121
  Joseph - 120;213
  Nehemiah - 214
  Philip - 172
  Phillip - 214
  Richard - 213
  Richard, Jr. - 213
  Robert - 120;213
  Robert, Jr. - 213
  Ruben - 214
  Stephen - 214
  Thomas - 120;214
  William - 213
KNOCCHEL,
  Elizabeth - 20
KNOLTON,
  Timothy - 207

INDEX - 1774 CENSUS OF RHODE ISLAND

KNOWLES,
  Daniel - 152
  Edward - 45
  Elizabeth - 200
  Hazard - 101
  John - 88
  Jonathan - 45
  Joseph - 88
  Reynolds - 101
  Robert - 88;200
  William - 88
KNOWLTON,
  Lydia - 120
KNOX,
  John - 207
KOON,
  James M. - 120
KURBY,
  James - 56
KYNION,
  Giles - 165
  John - 165
  Nathaniel - 165

L

LAD,
  John - 64;152
LADD,
  Benjamin - 89
  Lydia - 21
  Samuel - 229
  William - 21
LAKE,
  Abigail - 188
  Daniel - 56
  Daniel, Jr. - 56
  David - 188
  Edward - 152
  Giles - 191
  James - 188

LAKE,
  Job - 188
  Joel - 188
  Jonathan - 56;188
  Noah - 188
  Philip - 187
  Richard - 191
  Sarah - 21
  William - 21;56
LAMB,
  Mary - 21
  Sarah - 181
LAMBERT,
  John - 21
LAMBETH,
  Stephen - 21
LAMUNYON,
  Samuel - 187
LANDERS,
  John - 21
LANE,
  Ebenezer - 223
LANFORD,
  John - 96
  John, Jr. - 96
LANGFORD,
  _____ - 46
  Esther, wid. - 71
LANGLEY,
  Bethiah - 21
  John - 21
  Lee - 21
  Peter - 21
  William - 21
LANGWORTHY,
  Abigail - 21
  Amos - 223
  Andrew - 21
  Samuel - 223
LANPHEAR,
  Ebenezer - 223
  Ebenezer, Jr. - 223

INDEX - 1774 CENSUS OF RHODE ISLAND

LANPHEAR,
 Jonathan - 223
 Joshua - 223
 Joshua, Jr. - 223
 William - 145
LANPHER,
 Abram - 71
 Benjamin - 71
 Champlin - 71
 Daniel - 71
 Daniel, Jr. - 71
 John - 71
 Nahor - 71
 Nathan - 71
 Nathan, Jr. - 71
LAPHAM,
 Abner - 207
 Jethro - 134
 John - 207
 Joseph - 207
 Solomon - 134
 Thomas - 107
 Thomas, Jr. - 107
LARCHER,
 John - 46
LARKHAM,
 Lasonlet - 200
LARKIN,
 Abel - 71
 Daniel - 20
 David - 200;223
 Edward - 200
 Elisha - 200
 James - 20
 John - 223
 Joseph - 20
 Kinyon - 152
 Moses - 71
 Nicholas - 200
 Samuel - 223
 Samuel, Jr. - 223
 Sarah - 223

LARKIN,
 Stephen - 200
 Susanna, wid. - 71
 Tabetha - 223
 Timothy - 223
LARY,
 Jack - 21
LASSCELL,
 Elizabeth - 21
 John - 21
LASUER,
 Joseph - 134
LATHAM,
 Joseph - 107
 Robert - 107
LATHUM,
 William - 229
LAW,
 David - 45
LAWLESS,
 Wliliam - 181
LAWRENCE,
 Ann - 21
 Daniel - 46
 David - 45
 Isaac - 56
 John - 45
 Joseph - 45
 William - 46
LAWTON,
 Benjamin - 165
 Benjamin, Jr. - 165
 Daniel - 56
 David - 56
 Edward - 80
 Elisha - 20
 George - 20;56
 Giles - 56
 Isaac - 20;56
 Jeremiah - 20
 Job - 56
 John - 20;56

INDEX - 1774 CENSUS OF RHODE ISLAND

LAWTON,
  John, Jr. - 20
  Jonathan - 20;187
  Joseph - 223
  Lucy - 20
  Matthew - 20
  Oliver - 165
  Peleg - 56
  Robert - 20;56
  Samuel - 20
  Sarah - 56;223
  Thomas - 20;64
  Timothy - 165
LAYTON,
  Amey - 152
  James - 152
LEACH,
  Amos - 21
  Stephen - 121
LEALAND,
  Jesse - 233
LECHMERE,
  Nicholas - 21
LEDSON,
  Ephraim - 159
  Jeremiah - 145
  John - 159
  Michael - 159
  Robert - 159
LEE,
  Charles - 46
  Joseph - 207
  Peter - 145
  William - 21
LEFAVOUR,
  Daniel - 181
LELAND,
  Abner - 46
  Ebenezer - 46
LENNARD,
  Patrick - 20
LEONARD,
  Robert - 46

LEONNARD,
  James - 134
LEVALLEY,
  Christopher - 64
  John - 64
  Michal - 64
  Peter - 64
LEVEX,
  Martha - 21
LEVY,
  Moses - 21
  Stiam - 21
LEWIS,
  Amos - 222
  Amos, Jr. - 222
  Ann - 222
  Arnold - 134
  Benajah - 45
  Beriah - 152
  Daniel - 145;222
  David - 71;121
  Dimezas - 229
  Elias - 71;222
  Elizer - 222
  Enoch - 176
  Ezekiel - 222
  George - 200;222
  Hezekiah - 71
  Isaac - 200
  Jacob - 145;165
  James - 134;165
  Jesse - 222
  John - 20;71;165
  John, 3rd - 71
  Jonathan - 20;222
  Jonathan, Jr. - 165
  Joseph - 64;71;165
  March - 222
  Mary - 222
  Mathew - 159
  Maxson - 71
  Nathan - 200;222
  Nehemiah - 134

INDEX - 1774 CENSUS OF RHODE ISLAND

LEWIS,
  Obadiah - 134
  Oliver - 71
  Paul - 222
  Peleg - 152
  Peter - 134
  Prince - 229
  Randall - 165
  Richard - 134
  Stephen - 71
  Vinten - 134
LIBBEY,
  David - 46
LIGHTFOOT,
  Robert - 21
LILLEY,
  John - 64
LILLIBRIDGE,
  Benjamin - 165
  Edward - 21;200
  Robert - 21
  Robert, Jr. - 21
  Susanna - 89
  Thomas - 200
LINCOM,
  Elizabeth - 21
LIND,
  Sarah - 194
LINDSEY,
  Benjamin - 46
  Esther - 21
  Joshua - 46
  Thomas - 45
LION,
  John - 159
LIPPITT,
  Abraham - 64
  Christopher - 214
  Jeremiah, Esq. - 64
  John - 64
  Joseph, Esq. - 64
  Moses - 64

LISCOMB,
  Samuel - 181
LITTLE,
  _____ - wid. - 176
  Fobes - 194
  Fobes, Jr. - 194
  Joseph - 194
  Mary - 21;108;233
LITTLEFIELD,
  Solomon - 20
LIVINGSTON,
  William - 46
LOCK,
  Edward - 89
  Jonathan - 89
  Joseph - 152
  Mary - 88
  Nathaniel - 88
  Timothy - 89
LOCKWOOD,
  Adam - 64
  Amos - 64
  Benoni - 214
  Jacob - 214
  Joseph - 214
LOGA,
  Philip - 107
LOGAN,
  Michael - 21
  William - 46
LONG,
  Ezekiel - 165
LOPEZ,
  Aaron - 21
  Rebecca - 21
LOVE,
  Robert - 159
  William - 159
  William, Jr. - 159
LOVEL,
  Nathaniel - 121

INDEX - 1774 CENSUS OF RHODE ISLAND

LOVET,
   ——— - 45
   James - 207
   John - 207
   John, Jr. - 207
   Joseph - 152
LOVING,
   Simeon - 45
LOW,
   Anthony - 64
   Benjamin - 46
   Hooper - 237
   John - 64
   Richard - 21
   Sarah - 64
   Stephen, Col. - 64
   Stephen, Jr. - 64
LOYD,
   John - 21
LUEBY,
   Thomas Grey - 20
LUNT,
   Samuel - 233
LUTHER,
   ——— - 45
   Abia - 134
   Barnebe - 172
   Caleb - 172;237
   Consider - 229
   Consider, Jr. - 229
   Ebenezer - 172
   Frederick - 172
   Isra - 64
   Jabez - 172
   James - 96
   Martin - 172
   Nathan - 21
   Oliver - 46
   Perez - 21
   Samuel - 121;172
LYNDON,
   Caleb - 21

LYNDON,
   Josias - 21
   Samuel - 21
LYNSEY,
   Elizabeth - 181
   Joseph - 181
   William - 181
   William, Jr. - 181
LYON,
   Jack (a negro) - 214
   James - 21
   Uriah - 21

M

MACKEY,
   Susanna - 23
MACKINTASH,
   Samuel - 229
MACKINTIER,
   Rufus - 134
   Rufus, Jr. - 134
   Simeon - 134
MacNEAR,
   John - 64
MACOMBER,
   Ephraim - 23
   Jeremiah - 80
MACUMBER,
   Benjamin - 188
   Ephraim - 188
   Michael - 188
MAHONY,
   Timothy - 207
MAIZE,
   Elijah - 89
MALBONE,
   Evan - 23
   Francis - 23
   Jack - 23
   John - 23
   Peter - 23

INDEX - 1774 CENSUS OF RHODE ISLAND

MALEN,
  Sarah - 46
MALLARD,
  Henry - 89
MAN,
  Amos - 108
  Andrew - 135
  Benjamin - 46
  Daniel - 135
  John - 108
  John, Jr. - 108
  John, 3rd - 108
  Moses - 108
  Nathaniel - 108
  Oliver - 108
  Thomas - 229
MANCHESTER,
  Ann - 23
  Archer - 194
  Baize - 121
  Charles - 194
  Christopher - 188
  Christopher, Jr. - 188
  David - 188
  Edward - 188
  Gideon - 46
  Gilbert - 188
  Godfree - 188
  Isaac - 176;188
  Job - 80
  John - 46;121;188;194
  Nathan - 121
  Nathaniel - 181
  Peleg - 188
  Rebeckah - 188
  Seabury - 181
  Stephen - 188
  Thomas - 56;145;188;214
  William - 188
  William, Jr. - 188

MANCHISTER,
  Matthew - 80
MANLY,
  John - 23
MANNING,
  James - 46
  Joseph - 46
MANTON,
  Daniel - 229
MARCHANT,
  Henry - 23
  Isabell - 23
MARGONY,
  David - 80
MARKHAM,
  Eliphaz - 23
MARKS,
  William - 96
MARSH,
  Daniel - 46
  Gould - 22
  Hannah - 89
  James - 22
  Jonathan - 22
MARSHALL,
  Benjamin - 23;46
  John - 223
  Samuel - 23
MARTAIN,
  James - 135
MARTEN,
  Gideon - 135
MARTHERS,
  Simeon - 152
MARTIN,
  Albrough - 22
  Benjamin - 233
  David - 47
  George - 22
  Jacob - 46
  James - 22
  John - 101;121;237
  Joseph - 46;56

INDEX - 1774 CENSUS OF RHODE ISLAND

MARTIN,
  Lemuel - 22
  Lynn - 23
  Mary, wid. - 237
  Michael - 22
  Nathanell - 237
  Sarah - 173
  William - 135
MARTINDALE,
  Isaac - 23
  Sion - 181
MARVILL,
  Francis - 22
MASCALL,
  Marcy - 23
MASON,
  Aaron - 46
  Benjamin - 23
  Edward - 173
  Gardner - 173
  Holden - 173
  James - 173
  John - 173
  Jonathan - 207
  Marmaduke - 173
  Noah - 46
  Pelatiah - 207
  Reuben - 135
  Thomas - 214
  Timothy - 46
MATHEW,
  Caleb - 96
MATHEWSON,
  Abraham - 108
  Daniel - 64;108;135
    229
  Francis - 64
  Israel - 229
  Israel, Jr. - 229
  James - 121;229
  Jeremiah - 121
  Jno. (son of Pereg'N)
    - 134

MATHEWSON,
  John - 46;229
  John (son of Israel)
    - 134
  John (son of John)
    - 134
  Jonathan - 121
  Joseph - 108
  Joshua - 134
  Mary - 64
  Moses - 64
  Nero - 134
  Neroe - 108
  Nicholas - 64
  Noah - 229
  Othnial - 108
  Peregreen - 134
  Philip - 121
  Richard - 96
  Thomas - 121
  Thomas, 3rd - 121
  Uriah - 121
  William - 64;229
  Winchester - 108
MATTESON,
  Abel - 145
  Abraham - 145
  Benjamin - 159
  David - 145
  David (son of Jona-
    than) - 145
  Edmund - 145
  Ezekiel - 145
  George - 145
  Henry - 145
  James - 145
  Job - 145
  John - 96;121;145;
    159
  John (son of Abra-
    ham) - 145
  John (son of James)
    - 145

INDEX - 1774 CENSUS OF RHODE ISLAND

MATTESON,
  John, Jr. - 145
  Jonathan - 145;159
  Jonathan, Jr. - 145
  Jonathan (son of Jas.)
    - 145
  Joseph - 159
  Josiah - 145
  Josiah, Jr. - 145
  Martha - 145
  Nathan - 145
  Pesila - 159
  Richard - 145
  Rufus - 145
  Sarah - 159
  Silas - 145
  Thomas - 145;159
  Thomas, Jr. - 159
  Uriah - 145
  William - 145
MATTHEW,
  James - 23
MATTISON,
  Sarah - 23
MAWDSLEY,
  John - 22
MAWNY,
  John - 46
MAXFIELD,
  Daniel - 181
MAXSON,
  Amos - 223
  Benjamin - 223
  Daniel - 72
  David - 72
  Isaiah - 223
  Jesse - 223
  John - 22;72;223
  John, Jr. - 223
  Jonathan - 200
  Joseph - 72
  Joshua - 223

MAXSON,
  Matthew - 223
  Samuel - 223
  Samuel, Jr. - 223
  Silvanus - 223
  Stephen - 223
  Thomas - 72
  Tony - 72
  William - 223
  William, Jr. - 223
MAXWELL,
  Daniel - 96
MAY,
  Benjamin - 207
  John - 181
  Samuel - 134
McAMBEY,
  Jonathan - 152
McCAN,
  Daniel - 46
McCARTY,
  Margaret - 181
  William - 181
McCLEOD,
  Archibald - 23
McDANIEL,
  Lydia - 22
McDONALD,
  Alexander - 22
  Barak - 229
  William - 22
McINTIRE,
  Duncan - 22
McKENZIE,
  John - 23
McLAIN,
  Mary - 23
McLEACH,
  John - 23
McMAIN,
  Mary - 22

INDEX - 1774 CENSUS OF RHODE ISLAND

McMILLAN,
   ——— - 46
McNEALL,
   Hopestill - 47
   John - 46
McNICHOLS,
   John - 47
McQUIRE,
   ——— - 109
MEADS,
   James - 207
MEDBERY,
   Benjamin - 108
MEDBURY,
   Edward - 108
   Isaac - 121
   Rebeckah - 237
MEGEE,
   John - 22
MELAVERY,
   ———, wid. - 134
MELVILL,
   David - 22
   Thomas - 22
   Thomas, Jr. - 22
MERETHEW,
   Jeremiah - 134
MERITHEW,
   Elias - 214
   Samuel - 214
MERRET,
   Pheleck - 223
   Samuel - 223
MERRILL,
   ——— - 46
   Spencer - 64
MERRIS,
   William - 23
MERRY,
   Samuel - 121
METCALF,
   Nathaniel - 46

MEW,
   Sarah - 64
MILES,
   Timothy - 233
MILLARD,
   John - 152
   Nathaniel - 64
   Squire - 64
MILLER,
   ——— - 46
   Barnard - 173
   Daniel - 207
   Daniel, Jr. - 207
   Hope - 173
   James - 173
   Job - 173
   John - 22; 46
   Jonathan - 108
   Josiah - 207
   Nathan - 173
   Noah - 134
   Peter - 207
   Rachel - 22
   Robert - 194
   Samuel - 172
   Thomas - 80
   William - 172
   William T. - 173
MILLIARD,
   John - 223
MILLIMAN,
   John - 96
MILLIMON,
   Briant - 89
MILWARD,
   James - 23
MINGO,
   John - 181
MINTURN,
   William - 23
MITCHEL,
   Daniel - 135

INDEX - 1774 CENSUS OF RHODE ISLAND

MITCHEL,
  Edward - 134
  Experance - 135
  Ezekiel - 135
  John - 134
  John, Jr. - 135
  Jonathan - 135
  Zuriel - 135
MITCHELL,
  Deborah - 23
  Ephraim - 80
  Ephraim, Jr. - 80
  James - 46;176
  Patience - 46
  Richard - 121
  Thomas - 80
MOFFET,
  Enoch - 135
  Micajah - 135
MONKS,
  Daniel - 23
MONRO,
  Thomas - 46
MOODY,
  James - 23
MOON,
  Benoni - 165
  Ebenezer - 165
  James - 145
  Job - 200
  John - 64;200
  Peleg - 145;165
  Robert - 165
  Walter - 191
MOONEY,
  Joseph - 165
  Samuel - 165
MOORE,
  David - 23;200
  Isaac - 96
  Robert - 200
  William - 23

MOOT,
  Benjamin - 165
MOREY,
  Hopestill - 22
  Robert - 22
MORGAN,
  Cornelius - 22
  Elizabeth - 22
  William - 22
MORNEY,
  Pardon - 96
MORRIS,
  Esther - 22
  Lemuel - 121
  Philip - 121
  Robert - 96
MORSE,
  _____ - 46
  James - 121
  Jean - 159
MORTON,
  James - 108
MORY,
  Jeremiah - 145
MOSES,
  Samuel - 23
MOSHER,
  Gardner - 207
  Gideon - 200
  Ichabod - 165
  Jonathan - 207
  Joseph - 108
  Nicholas - 200
  Obadiah - 188
  Paul - 188
MOSS,
  Anna - 22
  Edward - 22
  Philip - 22
MOTH,
  Jacob - 56

INDEX - 1774 CENSUS OF RHODE ISLAND

MOTT,
  Ebenezer - 223
  Joseph - 96
  Stephen - 96
  Stephen, Jr. - 96
MOULTON,
  Hannah - 23
MOWRY,
  Ananias - 108
  Ananias, Jr. - 108
  Benjamin - 80
  Christopher - 165
  Daniel - 108
  Daniel, Jr. - 108
  Daniel, 3rd - 108
  Daniel, 4th - 108
  David - 108
  Elisha - 108
  Elisha, Jr. - 108
  Ezekiel - 108
  George - 109
  Gideon - 108;134
  Glasco - 109
  Israel - 108
  Jacob - 134
  James - 207
  Job - 108
  Job, Jr. - 108
  John - 80;108
  John, Mercht. - 80
  Jonathan - 108;121
  Joseph - 108;165
  Philip - 108
  Phillip, Jr. - 108
  Richard - 108
  Samuel - 165
  Stephen - 108
  Thomas - 134
  Thomas, Jr. - 134
  Uranah - 108
  Uriah - 108
  Zepheniah - 135

MUMFORD,
  Agustus - 96
  Benjamin - 22
  Elizabeth - 22
  Gardner W. - 89
  Gideon - 96
  John - 22;47
  Mary - 22
  Nathaniel - 22;89
  Paul - 22
  Peleg - 89
  Peter - 22
  Rexon - 89
  Samuel - 22
  Stephen - 96
  William - 22
MUNDAY,
  Jonathan - 181
MUNDON,
  Mary - 23
MUNRO,
  Archibald - 181
  Bennet - 181
  Bennet, Jr. - 181
  Charles - 181
  Daniel - 23
  Edward - 181
  George - 23;181
  Hannah - 181
  Hezekiah - 181
  James - 181
  John - 23
  Mary - 181
  Nathan - 181
  Nathan, 2nd - 181
  Nathaniel - 181
  Simeon - 181
  Stephen - 181
  William - 181
  William, 2nd - 181
  William, 3rd - 181

INDEX - 1774 CENSUS OF RHODE ISLAND

MURFEY,
  Edward - 22
  Marcy - 22
MURFIT,
  ‾‾‾‾ - 46
MURPHY,
  John - 22
MURRAY,
  Anthony - 23
MUSSEY,
  James - 108
MUSTEE,
  Godandro - 72
MYERS,
  Jacob - 23
  Mary - 145

N

NASH,
  John - 47
  Jonathan - 152
  Joseph - 47
  Nathan - 89
NASON,
  James - 80
NAVY,
  Greenwich - 47
NEGUES,
  Benjamin - 188
  Job - 188
  John - 188
  John, Jr. - 188
  Thomas - 188
NEGUS,
  Nathaniel - 23
NESNEMON,
  Isaac - 109
NEVIS,
  Betty - 89

NEWELL,
  Aaron - 207
  Jason - 109
  Jonathan - 109
NEWMAN,
  Augustus - 24
  John - 152
  Thomas - 109
NEWNING,
  James - 181
NEWTON,
  John - 24
  Simon - 24
NEXSON,
  James - 24
NEY,
  Caleb - 223
  George - 201
  Isaac - 152
  Stephen - 152
NICHER,
  Thomas - 24
NICHOLAS,
  Andrew - 201
  David - 201
  John - 214
  Richard - 214
NICHOLES,
  Benjamin - 64
  John - 64
  Thomas - 64
NICHOLS,
  ‾‾‾‾ - 47
  Alexander - 96
  Alice - 159
  Andrew - 89
  Andrew, Jr. - 89
  Benjamin - 23;24;
              80;101
  Caleb - 159
  Catharine - 24
  David - 24;159

INDEX - 1774 CENSUS OF RHODE ISLAND

NICHOLS,
  Freelove - 96
  George - 24;80;96
  Henry - 146
  James - 96
  John - 24;96
  John (son of Elkan) - 96
  John (son of Thomas) - 96
  Jonathan - 96;159
  Joseph - 24;146;152
  Mary - 146
  Richard - 96;146
  Robert - 96
  Ruth - 96
  Samuel - 24
  Sarah - 23;24
  Thomas - 80;96;145
  William - 146;159
NICKLESS,
  Sarah - 24
NIGHTINGALE,
  Joseph - 47
  Samuel - 47
NIGHTINGINGALE,
  Samuel, Jr. - 47
NILES,
  Caleb - 89
  George - 146;201
  Jeremiah - 89;146
  John - 146
  John, Jr. - 146
  Jonathan - 146
  Joseph - 146
  Nathaniel - 146
  Paul - 89
  Robert - 121
  Samuel - 146
  Silas - 89
  Silas, Jr. - 89

NIXON,
  Robert - 47
NORMAN,
  Moses - 24
NORRIS,
  John - 181
NORTHAM,
  Amy - 24
NORTHOM,
  John - 24
NORTHRUM,
  Sylvester - 89
NORTHRUP,
  Stephen - 89
NORTHUP,
  Benjamin - 166
  Carr - 80
  Francis - 80
  Gideon - 80
  Immanuel - 80
  James - 80;166
  John - 80
  Joseph - 80;166
  Lebuas - 80
  Nicholas - 101
  Robart - 80
  Rowse - 80
  Rufus - 80
  Stephen - 80
  Thomas - 166
  William - 80
NOYES,
  Joseph - 72
  Sanford - 72
NUN,
  Samuel - 223
NYE,
  John - 166

INDEX - 1774 CENSUS OF RHODE ISLAND

O

OATLEY,
   Arthur - 24
   Elizabeth - 81
OATLY,
   Benedict - 89
   Samuel - 89
O'BRYAN,
   William - 173
ODIL,
   George - 223
OLDEN,
   Giles - 89
   Joseph - 121
OLDFIELD,
   John - 24
OLDHAM,
   John - 24
OLDRIDGE,
   Alletha - 182
   John - 182
   John, 2nd - 182
   Joseph - 182
OLENY,
   Obadiah - 109
OLIN,
   Henry - 146
   Henry, Jr. - 146
   John - 80
   John, Jr. - 80
   Jonathan - 159
   Peleg - 64
OLIPHANT,
   James - 176
OLIVER,
   William Sanford - 24
OLNEY,
   Abraham - 109;234
   Bettey - 47
   Charles - 234
   Charles, Jr. - 234
   Christopher - 47
   Emor - 229

OLNEY,
   Epenetus - 234
   Ezra - 234
   Gideon - 234
   Isaac - 234
   James - 47;109
   Jeremiah - 109
   Job - 234
   John - 135;233
   Jonathan - 47
   Joseph - 47;135;234
   Joseph, Jr. - 47
   Nathan - 121
   Nedabiah - 109
   Nehemiah - 234
   Richard - 47
   Richard, Jr. - 47
   Samuel - 234
   Tent - 229
   Thomas - 234
   Thomas, Jr. - 234
   Tilley - 47
OMEN,
   Henry - 24
ORMSBE,
   Ezra - 173
   Johu - 173
   Joseph - 173
   Joshua - 173
OSBAND,
   William - 188
OSBORN,
   Henry - 24
   William - 24
OTIS,
   Jonathan - 24
OVERING,
   Henry John - 24;176
OVERLAND,
   John - 24
OVERSON,
   David - 64

INDEX - 1774 CENSUS OF RHODE ISLAND

OWEN
  Daniel - 135
  John - 234
  Josiah - 234
  Solomon - 135
  Thomas - 135
OXX,
  George - 182
  Samuel - 182
  William - 24

P

PABODIE,
  Benjamin - 24
  John - 24
  Ruth - 24
PACKARD,
  Mel - 47
  Nathaniel - 47
PADDOCK,
  William - 57
PAGE,
  Ambrose - 47
  James - 136
  John - 136
  Joseph - 136
  Thomas - 47
  William - 48
  William, Jr. - 136
  William (son of John) - 136
PAGGET,
  George - 25
PAIN,
  Arnold - 109
  Benjamin - 109;136
  Benoni - 109
  John - 109;214
  Nathan - 135
  Nathan, Jr. - 135

PAIN,
  Philip - 48
  Seamans - 47
  Stephen - 135
  Stephen, Jr. - 136
  William - 229
PAINE,
  ____ - 47
  Isaac - 122
  John - 122
  Mary 182
PALMER,
  Amos - 224
  Amos, Jr. - 224
  Amy - 194
  Benjamin - 188
  Elizabeth - 194
  Elkanah - 195
  Humphrey - 48
  Joseph - 194
  Lawton - 224
  Rescomb - 194
  Silvester - 194
  Simeon - 65;194
  Susanna - 194
  Thomas - 26;195
PALMETER,
  Jonathan - 224
  Nathan - 224
PALTON,
  Marey - 48
PARK,
  John - 153
  Joseph - 153
PARKER,
  Caleb - 122
  Elisha - 160
  George - 146;160
  Jacob - 122
  James - 90;123
  John - 122;146
  Joseph - 122

INDEX - 1774 CENSUS OF RHODE ISLAND

PARKER,
  Katharine - 90
  Peter - 25;122;160
  Peter, Jr. - 122
  Rhoda - 207
  Samuel - 160
  Thomas - 160
PARKES,
  John - 122
PARMENTER,
  Benjamin - 26
PARMER,
  Jabez C. - 234
PARR,
  Moses - 89
  Thomas - 89
PARTELO,
  Annis - 25
  Richard - 25
PARTRIDGE,
  Robert - 26
PATRICK,
  _____ - 48
PATTESON,
  Amos - 224
PAUL,
  Abigail - 89
  Joshua - 25
  Sabina - 25
  William - 25
PEABODY,
  Ephraim - 48
  John - 177
  Joseph - 177
PEARCE,
  Benjamin - 65
  Benoni - 48;65
  Deborah - 195
  Ebenezer - 81
  Edward - 153
  Elizabeth - 195
  Ephraim - 136;229

PEARCE,
  Francis - 65
  George - 195
  Giles - 195
  James - 81;121;195
  John - 81;121;153
  Joshua - 81
  Langothy - 81
  Lawrance - 81
  Nathan - 153
  Nathaniel - 195
  Richard - 177
  Right - 195
  Samuel - 56;57
  Sarah - 195
  Silvester - 81
  William - 121
PEARSE,
  George - 182
  Nathaniel - 182
  Nathaniel, Jr. - 182
  Richard - 182
  Samuel - 173
  Thomas - 182
  William - 182
PEASE,
  _____, wid. - 47
  Martha - 26
  Simon - 25
  Zephaniah - 25
  Zephaniah, Jr. - 26
PEAVY,
  Abel - 47
PECK,
  Aaron - 81
  Benjamin - 207
  Doratha - 122
  Eleazer - 48
  Gemime - 234
  George - 207
  Ichabod - 207
  John - 47

INDEX - 1774 CENSUS OF RHODE ISLAND

PECK,
  Jonathan - 182
  Lewis - 48
  Loring - 182
  Peleg - 122
  Sarah, wid. - 237
  Solomon - 207; 237
  Solomon, Jr. - 237
  Thomas - 47
  William Augustus - 25

PECKHAM,
  _____, wid. - 25; 29
  Abel - 72
  Benjamin - 89; 177
  Benoni - 25
  Content - 224
  Daniel - 153; 177
  Daniel, Jr. - 153
  Elisha - 177
  Enos - 25
  George - 188
  George H. - 25
  Giles - 47
  Henry - 25
  Isaac - 72
  James - 57; 89; 177
  Job - 177
  John - 72; 153; 195
  Joseph - 177; 195
  Joseph, Jr. - 177
  Joshua - 25
  Mary - 25
  Peleg - 89; 177
  Philip - 25; 101
  Richard - 177
  Ruth - 25
  Samuel - 177
  Sarah - 25
  Stephen - 122; 176
  Thomas - 177
  Timothy - 89

PECKHAM,
  Timothy (Bl'ksmith) - 89
  William - 25; 177
  William, Jr. - 177
  William (son of Sam'l) - 177

PEIRCE,
  Clother - 25
  Clother, Jr. - 25
  George - 168
  Jonathan - 25
  Thomas - 25
  Timothy - 25

PENDLETON,
  Amos - 72
  Benjamin - 72
  Caleb - 72
  Ephraim - 72
  James - 72
  James, Jr. - 72
  John - 72; 201
  Joseph - 72
  Samuel - 72
  Simeon - 72
  William - 25; 72

PERCE,
  Edward, Jr. - 153
  John - 153

PERCY,
  John - 153

PEREGOA,
  Robert - 166

PERKINS,
  Brenton - 26
  Ebenezer - 160
  Elizabeth - 90
  John - 122
  Joseph - 90
  Nathaniel - 90
  Newman - 166
  Phebe - 26

INDEX - 1774 CENSUS OF RHODE ISLAND

PERKINS,
  Samuel - 122
  Uriah - 166
PERRY,
  Amos - 159
  Edward - 26;153;201
  Edward, Jr. - 26
  Elizabeth - 89
  Freeman - 89
  Hannah - 26
  James - 89
  John - 188
  Jonathan - 89
  Paul - 188
  Pearce - 188
  Peter - 89
  Phinehas - 188
  Samuel - 153
  Simeon - 224
  Stephen - 153
PETER,
  Blue - 47
  Deborah - 90
  Junius - 72
PETERS,
  Marke - 135
PETERSON,
  Ichabod - 201
  Joseph - 25
  Mary - 25
  Nathan - 90
PETTES,
  Nathan - 188
PETTEY,
  John - 48
PETTIE,
  Benjamin - 122
PETTIS,
  David - 224
  Jonathan - 24
  Matthew - 224
  Robert - 201
  William - 224

PETTYS,
  James - 224
  Joseph - 153
  Stephen - 224
  William - 224
PHELPS,
  Joseph - 146
PHETTEPLACE,
  Benjamin - 136
  Jobe - 135
  John - 136
  Jonathan - 136
  Resolved - 136
  Samuel - 135
  Samuel, Jr. - 136
PHILBROCK,
  Elias - 207
PHILIPS,
  David - 122
  Edward - 122
  Ezekiel - 122
  Hannah - 25
  Jacob - 122
  Jeremiah - 25
  John - 25;122;224
  John, Jr. - 122
  Joseph - 24-25;224
  Nathan - 122
  Phebe - 25
  Richard - 24
  William - 25
PHILLIPS,
  Adam - 135
  Andrew - 135
  Ann - 177
  Bartholomew - 201
  Charles - 81
  Christopher - 81
  Daniel - 65;109
  Daniel, Jr. - 109
  David - 135
  David, Jr. - 135

INDEX - 1774 CENSUS OF RHODE ISLAND

PHILLIPS,
  Elisha - 215
  Ephraim - 135
  Ezekiel - 109
  Isaac - 109
  Israel - 81;109
  James - 122
  Jane - 201
  Jeremiah (Great) - 135
  Jeremiah, Jr. - 135
  Jeremiah, 3rd - 135
  John - 48;109;135;159
  Joseph - 136
  Joshua - 135
  Levi - 234
  Michael - 122
  Nathaniel - 182
  Peter - 81
  Richard - 90
  Rufus - 109
  Samuel - 81;166;214
  Samuel, Jr. - 81
  Stephen - 109
  Stephen, Jr. - 109
  Thomas - 81;97
  William - 135;215;234
PHINNY,
  Elisha - 173
PIERCE,
  Aounnour - 201
  Daniel - 97
  Isaac - 101
  James - 97
  Jeremiah - 97
  Job - 97
  John - 97
  John (son of Benjamin) - 97
  Preserved - 97
  Stephen - 97

PIERCE,
  Thomas - 97
  William - 97
PIKE,
  Jonathan - 234
  Joseph - 25
  William - 25
PILE,
  William - 47
PINNIGER,
  Edmund - 24
  John - 24
  Mary - 24
  William - 24
PIRCE,
  Ezericon - 159
PITCHER,
  John - 97;214
  Jonathan - 97;215
PITMAN,
  Abigail - 26
  Benjamin - 26
  James - 26
  John - 26
  Joseph - 26
  Moses - 26
  Peleg - 26
  Samuel - 26
  Sanders - 47
  Thomas - 47
PITTS,
  - 47
PLACE,
  Anthony - 229
  Benajah - 122
  Daniel - 135
  Deborah - 109
  Enoch - 122
  John - 136
  Joseph - 135
  Nathan - 136
  Peter - 136

INDEX - 1774 CENSUS OF RHODE ISLAND

PLACE,
  Simeon - 136
  Stephen - 122;136
  Thomas - 97;122
  Thomas, Jr. - 97
PLANTAIN,
  Obadiah - 48
PLASE,
  Samuel - 81
PLUMER,
  Richard - 136
POLLOCK,
  Charles - 136
  Henry - 135
POLOCK,
  Frances - 25
  Myer - 25
  William W. - 90
POOR,
  _____ - 48
POOSER,
  Ichabod - 224
POPE,
  Ezra - 26
  Jane - 191
POPEL,
  William - 166
POPLE,
  John - 224
  William - 224
POPPLE,
  Stephen - 146
PORTER,
  Nathan - 224
POTTER,
  _____ - 48
  _____, wid. of Benoni, - 215
  _____, wid. of George, - 48
  _____, wid. of Gideon, - 215

POTTER,
  Abednego - 214
  Abel - 48;136;146
  Abel, Jr. - 146
  Anthony - 214
  Benjamin - 90;166
  Caleb - 122;215;224
  Caleb, Esq. - 214
  Charles - 122
  Christopher - 90;122 229
  Colando - 26
  Content, wid. - 214
  Daniel - 166
  David - 121;201
  Edward, Esq. - 214
  Ezekiel - 159
  Ezra - 122
  Fisher - 121
  Freelove - 90
  George - 72;160
  Henry - 26
  Hopstill - 182
  Ichabod - 26;153; 160
  Ichabod, Jr. - 160
  Incomb - 201
  James - 48;177
  Jean - 166
  Jeremiah - 214
  Jesse - 159
  John - 90;121;153; 159;166
  John, Esq. - 214
  Johnson - 146
  Jonathan - 201
  Joseph - 48
  Josiah - 159;214
  Judeth - 224
  Judith - 90
  Levi - 47;234
  Mary - 65;160

INDEX - 1774 CENSUS OF RHODE ISLAND

POTTER,
  Meshach - 214
  Morey - 48
  Nathan - 48
  Nathaniel - 224
  Nehemiah - 159
  Peleg - 160
  Philip - 229
  Phillip - 214
  Phillip, Jr. - 214
  Phinehas - 48
  Reuben - 48
  Robert - 81;90;122;
        153;201;
        229
  Rowse - 57;90
  Rufus - 48
  Samuel - 135;146;
        215
  Simeon - 182
  Smitern - 201
  Stephen - 160;215;224
  Thomas - 90;159;201;
        214
  Thomas, Esq. - 214
  Thomas (son of Edwd.)
    - 214
  William - 26;65;90;
        109;122;159;
        201;215
  William, Jr. - 201
  William, 3rd - 201
  Zurial - 214
POWER,
  Anne - 47
  Martha - 234
  Nicholas - 47
PRATT,
  Jedediah - 122
  John - 122;182
PRAY,
  David - 122

PRAY,
  Hugh - 122
  Jonathan - 122
  Jonathan, Jr. - 122
PRENTICE,
  Ichabod - 97
PRESCOT,
  Bucklin - 47
PRESTON,
  Elizabeth - 25
  Levi - 121
PRIIEN,
  Frederick - 24
PRICE,
  John - 25
  Mercy - 25
  Thomas - 65
  William - 25
PRINCE,
  Aldrich - 109
PRIOR,
  William - 26
PROPHET,
  Peter - 122
PROPPET,
  Thomas - 65
PROSER,
  Arnold - 153
PROSPER,
  Rose - 122
PROUD,
  John - 26
  Robert - 26
PROUND,
  William - 48
PUGH,
  Elizabeth - 101
  Sarah - 101
PULLEN,
  William - 109
PULMAN,
  John - 166

INDEX - 1774 CENSUS OF RHODE ISLAND

PULMAN,
  Nathaniel - 201
PURSLEE,
  Elizabeth - 24

Q

QUOM,
  Joshua - 237
QUONAWAY,
  Keziah - 191

R

RAFE,
  John - 90
RAMSDAIL,
  Phebe - 123
RAMSDELL,
  Shewbridge - 229
RANDALL,
  Benjamin - 49;224
  Bethiah - 65
  David - 224
  Edward - 110
  Henry - 123;215;234
  Henry, Jr. - 215
  Israel - 215
  James - 229
  Job - 123
  John - 123;224
  John, Jr. - 215
  John, Esq. - 215
  Jonathan - 72;215
  Joseph - 215;229;234
  Joseph, Jr. - 215
  Mary - 224
  Nehemiah - 123
  Peter - 234
  Stephen - 123

RANDALL,
  William - 109;123; 215
  William, Jr. - 215
  William, 3rd - 215
RANSON,
  Abraham - 27
RATES,
  Peleg - 160
RATHBONE,
  Ebenezer - 72
  Thomas - 72
RATHBOON,
  John - 81
  Roger - 81
  Samuel - 81
RATHBUN,
  Benjamin - 167
  George - 167
  John - 166;167
  Jonathan - 166
  Joseph - 166
  Joshua - 166
  Joshua, Jr. - 167
  Nathaniel - 146
  Obadiah - 167
  Simeon - 166
  Thomas - 146;166; 167
RATHBURN,
  Joshua - 28
RAWSON,
  _____ - 48
  _____, wid. - 49
RAY,
  Henry - 207
  Joseph - 207
  William - 160
RAYMOND,
  Israel - 136
  Nathaniel - 136
  William - 136

INDEX - 1774 CENSUS OF RHODE ISLAND

RAZE,
  David - 207
  Joseph - 207
  Joseph, Jr. - 207
READ,
  _____, on Dr. Bowen's Farm - 215
  Benjamin - 215
  Eleazer - 26
  Hanson - 109
  John - 26;48;109
  Jonathan - 109
  Joseph - 182
  Oliver - 26
  Olver - 109
  Rubin - 123
  William - 26
REAK,
  Charles - 27
REANIFF,
  John - 109
RECKARD,
  John - 90
RECORDS,
  Jonathan - 195
  Joseph - 109
REDWOOD,
  Abraham - 27
  Abraham, Jr. - 27
  Cuff - 27
  Jonas L. - 27
  Phillis - 27
  William - 27
REECE,
  William - 90
REED,
  Benjamin - 26
  Eleazer - 26
  Eleazer, Jr. - 26
  Hannah - 26
  James - 26
  John - 26

REED,
  Marten - 81
  Oliver, Jr. - 26
  Simeon - 230
REILEY,
  Owen - 48
  Terence - 48
RELF,
  Samuel - 97
RELPH,
  Christopher - 123
  Edward - 215
  Hugh - 123
  Nathan - 123
  Obadiah - 123
  Samuel - 215
  Selvenas - 216
  Thomas - 123;215
  Thomas, Jr. - 123
REMINGTON,
  Abigail - 101
  Daniel - 65
  David - 201
  Elizabeth - 229
  Enock - 237
  Gershom - 101
  Gershom, Jr. - 101
  Jane - 65
  John - 27;101
  Jonathan - 123
  Joseph - 57;123
  Joshua - 230
  Lippitt - 215
  Margaret - 215
  Mathew - 160
  Peleg - 27;65
  Ruel - 65
  Stephen - 101;215
  Thomas - 57;65
  Thomas (son of Jos.) - 65
  William - 57

INDEX - 1774 CENSUS OF RHODE ISLAND

RESSMEYER,
  Abraham Luod - 27
REX,
  George - 27
REYNOLDS,
  Aldrich - 97
  Amos - 146
  Benj. (son of Clement) - 166
  Benj. (son of Job) - 81
  Clerke - 224
  Elisha - 27;90;166
  Francis - 27
  George - 166
  Henry - 90;146
  Henry, Jr. - 146
  Jabez - 81
  James - 81;146;201
  Job - 166
  John - 81;90;146;166
  John, Jr. - 81
  John (son of James) - 81
  John (son of Peter) - 81
  John Taylor - 81
  Jonathan - 81;166
  Joseph - 166;182
  Joseph, Jr. - 166;182
  Joseph (son of G.) - 166
  Martha - 27
  Mercy - 182
  Peter - 173
  Richmond - 224
  Robert - 153;166
  Robert, Jr. - 166
  Samuel - 146;224
  Shipney - 97
  Thomas - 97

REYNOLDS,
  William - 201
  William, Jr. - 201
  Zaccheus - 224
RHODES,
  Abigail - 27
  Charles - 65;215
  Holden - 65
  James - 72;215
  James, Esq. - 65
  John - 166
  John, Jr. - 65
  John, 3rd - 65
  John Major - 65
  Joseph - 215
  Joseph, Jr. - 215
  Malichi - 65
  Nehemiah - 215
  Newport - 27
  Peleg - 230
  Peter - 48;215
  Rebecca - 27
  Robert - 65
  Sylvester - 65
  Walter - 166
  William - 48;215;230
RICE,
  Caleb - 160
  Ebenezer - 160
  Elizabeth - 65
  Fones - 65
  Henry, Esq. - 65
  Isaac - 160
  Job - 65
  John - 160
  John, Jr. - 160
  Marcey - 65
  Nathan - 123
  Peleg - 97
  Philip - 65
  Randall - 65;160

INDEX - 1774 CENSUS OF RHODE ISLAND

RICE,
  Richard - 160
  Richard, Jr. - 160
  Thomas, Esq. - 65
  Thomas, Sen. - 65
  Thomas (son of Richard) - 65
  William - 65
RICHARDS,
  Agus - 28
  John - 28
  Peter - 28
  Prince - 28
RICHARDSON,
  _____, wid. - 136
  David - 136;182
  Ebenezer - 28
  Ebenezer, Jr. - 28
  Harmon - 234
  Isaac - 136
  Jacob - 28
  Jenny - 27
  Thomas - 28
RICHMOND,
  Adam - 146
  Barzillai - 48
  Benjamin - 195
  David - 136
  Gamaliel - 28
  Jane - 28
  Jeremiah - 207
  John - 167
  Perez - 195
  Seth - 136
  Sippeo - 238
  Stephen - 167
  William - 195
RICKERSON,
  Charles - 57
RIDER,
  John - 27
  Joseph - 27

RIDER,
  Rebecca - 27
  William - 27
RIDGE,
  Valentine - 90
RIGHTS,
  Matthew - 27
RILTO,
  Peter - 48
RIVERA,
  Jacob Rod - 28
ROACH,
  James - 27
ROBBIN,
  Pardon - 191
ROBBINS,
  Benoni - 166
  Caleb - 166
ROBERT,
  Oliver - 215
ROBERTS,
  Abigal - 123
  Caleb - 215
  Christopher - 215
  David - 215
  Ephraim - 215
  James - 160
  Jonathan - 160
  Samuel - 215
  William - 215
ROBINS,
  Bethiah - 123
  Richard - 224
ROBINSON,
  _____ - 49
  Amos - 90
  Ann - 90
  Christopher - 90
  Edward - 224
  Elihu - 48
  Frances - 224
  James - 28

INDEX - 1774 CENSUS OF RHODE ISLAND

ROBINSON,
  John - 90; 224
  John, Jr. - 224
  Margaret - 177
  Matthew - 90
  Nathaniel - 208
  Oroko - 28
  Rowlin - 90
  Sylvester - 153
  Thomas - 28
  William - 28
ROCK,
  John - 27
RODMAN,
  Abiatha - 90
  Benjamin - 90
  Catharine - 27
  James - 27
  Joseph - 27
  Mary - 27
  Mint - 90
  Robert - 90
  Samuel - 90
  Thomas - 90
RODRICK,
  Emanuel - 28
ROGER,
  Robert - 201
  Thomas - 146
ROGERS,
  _____, Capt. - 48
  Abigail - 27
  Amos - 224
  Carey - 224
  Eliner - 216
  Ephraham - 224
  James - 27; 177
  John - 26; 27; 109; 177
  Jonathan - 26
  Josias - 27
  Martin - 27

ROGERS,
  Nehemiah - 26
  Peleg - 27; 177
  Phebe - 27
  Samuel - 195; 201
  Sarah - 26
  Thomas - 27; 201
  Thomas, Jr. - 201
  Weight - 201
ROHAN,
  Thomas - 48
ROME,
  George - 28
ROMES,
  George - 177
ROSBOTTOM,
  Benjamin - 182
ROSE,
  James - 81
ROSS,
  David - 27
  Isaac - 72; 136
  Jeremiah - 27
  John - 72; 136
  John, Jr. - 72
  Joseph - 109; 136
  Josua - 224
  Peleg - 72
  Samuel - 136
  Samuel, Jr. - 136
  Thomas - 72
  William - 48; 136
ROUND,
  David - 189
  David, Jr. - 189
  George - 136
  John - 189
  Jothum - 136
ROUNDS,
  Barthanum - 123
  George - 49
  James - 123

INDEX - 1774 CENSUS OF RHODE ISLAND

ROUNDS,
  John - 123
  Jonathan - 123
  Joseph - 123
  Martin - 208
  Oliver - 173
  Peleg - 123
  Ruben - 123
  Shubal - 123
ROUSE,
  Benjamin - 146
  Gardner - 97
  George - 195
  Jonathan - 97
ROWLAND,
  David - 48
  John - 48
ROWSE,
  Jane - 27
RUDE,
  William - 28
RUMREIL,
  Sarah - 27
RUSSEL,
  John - 48;146
  Samuel - 189
RUSSELL,
  Abraham - 123
  Jonathan - 48
  Joseph - 48;182
  Stafford - 28
RUTENBARGE,
  John - 229
RUTTENBOURG,
  Thomas - 48
RUTTENBURG,
  Daniel - 234
RYDER,
  Joseph - 177
  Joseph, Jr. - 177
RYLEY,
  _____, in the Pest-
    house - 215

S

SABIN,
  James - 49
  Thomas - 49
  Timothy - 49
SADLER,
  Hannah - 31
SAFFORD,
  Daniel - 29
SAILSBURY,
  Willam - 124
SALBEY,
  Edward - 183
SALBRY,
  Mial - 153
SALISBURY,
  David - 137
  Edward - 137
  Stephen - 137
SALLISBURY,
  Barnard - 173
  Caleb - 173
  Job - 173
  Jonathan - 173
  Mary - 173
  Oliver - 173
  Oliver, Jr. - 173
  William - 173
SALSBARY,
  Nathan - 216
SALSBERY,
  Benjamin - 182
  Bennet - 182
  Caleb - 182
  Levi - 182
SALSBURY,
  Ephraim - 123
  George - 238
  Gilbert - 123
  Henry - 123
  John - 50
  Joseph - 123
  Peleg - 66
  Samuel - 123

INDEX - 1774 CENSUS OF RHODE ISLAND

SALSBURY,
  Thomas - 123
  William - 123
SAMBO,
  Barbara - 30
  Job - 82
  Mary - 82
SAMPSON,
  Alexander - 234
  Ama - 82
SAMSON,
  Mary - 91
SANDERS,
  Abraham - 137
  Esek - 111
  Henry - 110;112;
         137;225
  Jacob - 173
  Jeremiah - 138
  Joseph - 225
  Othniel - 137
  Robert - 137
  Stephen - 137
  Uriah - 225
  William - 225
  William, Jr. - 225
SANDS,
  John - 30
  Ray - 91
SANDY,
  Benjamin - 29
SANFORD,
  Abigail - 28
  Benjamin - 28
  Content - 189
  Elisha - 28
  Esther - 28
  George - 189
  Giles - 177
  James - 28
  Jane - 28
  John - 57

SANFORD,
  Joseph - 28
  Joshua - 182
  Lydia - 28
  Rescum - 57
  Restcomb - 182
  Robert - 28
  Samuel - 28;189
  Thomas - 28
  William - 189
SARLE,
  Edward - 216
  Edward, Jr. - 216
  Ezekeel - 216
  Hannah (wid. of R.)
         - 216
  Richard - 216
  Thomas - 216
SARZEDAS,
  Catharine - 29
SATTERLY,
  Gideon - 225
  John - 225
SAULSBURY,
  Joshua - 234
SAUNDERS,
  Ann - 153
  Benjamin - 91
  Daniel - 153
  David - 73
  Edward - 73
  Freelove - 28
  Hezekiah - 72
  Isaac - 153
  James - 73
  John - 72
  Joseph - 73
  Nathaniel - 49
  Peleg - 72
  Robert - 124
  Samuel - 230
  Stephen - 72

INDEX - 1774 CENSUS OF RHODE ISLAND

SAUNDERS,
  Tobias - 153
  Wait - 91
SAWDEY,
  Benjamin - 189
  Peleg - 189
  William - 189
SAWYER,
  John - 189
  Josias - 195
SAYER,
  Benjamin - 29
  Joshua - 29
  Joshua, Jr. - 29
SAYLES,
  Daniel - 110
  Elisha - 110
  Ezekiel - 137
  Gideon - 110
  Ishmale - 110
  Israel - 138
  John - 110
  John, Jr. - 110
  Jonathan - 110
  Joseph - 110
  Richard - 110
  Richard, Jr. - 110
  Sylvanus - 110
  Thomas - 110
SCHOFIELD,
  John - 29
SCIMS,
  Jerush, wid. - 73
SCOTT,
  David - 66
  Elizabeth - 30
  George - 31
  Jeremiah - 111;208
  John - 234
  Joseph - 160
  Martha - 234
  Samuel - 160
  Thomas - 31

SCRANTON,
  ____ - 49
  Ebenezer - 82
SCRIBENS,
  William - 153
SEABURY,
  Abigail - 31
  Constant - 196
  Gideon - 196
  Lydia - 196
  Philip - 189
  Rebecca - 196
  Sion - 189
SEAMANS,
  ____ - 50
  Amos - 49
  Benjamin - 124
  Caleb - 124
  Daniel - 124
  James - 49;124
  John - 124
  Jonathan - 124
  Jonathan, Jr. - 124
  Joseph - 49
  Martin - 49
  Noah - 124
  Thomas - 124
  William - 49;124
SEARING,
  Mary - 31
SEARLES,
  Daniel - 195
  Nathaniel - 195
  Nathaniel, Jr. - 195
SEARLL,
  Solomon - 50
SEARS,
  Alden - 234
  George - 29
  John - 234
SEAVER,
  David - 29
  Richard - 50

INDEX - 1774 CENSUS OF RHODE ISLAND

SEBRING,
  ―――― - 49
SECATER,
  Betty - 30
SEGAR,
  Joseph - 91
  Joseph, Jr. - 91
  Samuel - 91
  Samuel, Jr. - 91
SEIBIT,
  Sarah - 111
SEIXAS,
  Moses - 28
SELBY,
  William - 31
SERVAT,
  Daniel - 28
SESSIONS,
  Darius - 49
SETTLE,
  Richard - 29
SHANNEY,
  John - 49
SHARMAN,
  Eber - 81
  George - 82
  John - 82
  Margrett - 82
  Mary - 82
  Silas - 82
  William - 82
  William, Jr. - 81
SHARP,
  Negro - 173
SHAW,
  Abigail - 195
  Anthony - 30
  Anthony, Jr. - 30
  Benjamin - 195
  Cornelius - 195
  Israel - 195
  John - 30;98

SHAW,
  Joseph - 49
  Peter - 195
  Peter, Jr. - 195
  Seth - 195
  Sylvanus - 30
  Thomas - 30
  William - 30
SHEARMAN,
  Amos - 66
  Benhajah - 167
  Benjamin - 173
  Eber - 167
  Elezar - 216
  Elkanah - 160
  Ichabod - 167
  Nathaniel - 167;173
  Nehemiah - 111
  Peleg - 167
  Reynolds - 167
  Thomas - 153;167
SHEFFIELD,
  Caleb - 98
  Christopher - 91
  Elisha - 28
  George - 73
  Ichabod - 153
  James - 73
  Jeremiah - 91
  Joseph - 29
  Nathan - 28
  Nathaniel - 153
  Samuel - 82
  Thomas - 153
SHELDON,
  ――――, wid. - 49
  Abraham - 216
  Benjamin - 66;111
  Caleb - 138
  Christopher - 49
  Dorcas - 91
  Isaac - 91

INDEX - 1774 CENSUS OF RHODE ISLAND

SHELDON,
  James - 91;111;216
  Jeremiah - 230
  John - 57;91;111;
       177;216
  Jonathan - 189
  Mary - 31
  Nehemiah - 230
  Nicholas - 216
  Nicholas, Jr. - 216
  Palmer - 90
  Pardon - 49
  Phillip - 216
  Roger - 167;208
  Stephen - 124
  Stephen, Jr. - 124
  Stephen, Esq. - 216
  Timothy - 49
  Willaim - 111
  William - 124;201;
       208;225

SHELTON,
  Esek - 137

SHEPARD,
  Benjamin - 234

SHEPARDSON,
  Elijah - 50
  Nathaniel - 208

SHERAFF,
  Caleb - 111
  Joshua - 111

SHERBURN,
  Lucy - 30

SHERMAN,
  Abial - 91
  Amey - 57
  Benjamin - 31;57;91
  Benjamin, Jr. - 31
  Charles - 124
  Christopher - 57
  Daniel - 91
  Daniel, Jr. - 91

SHERMAN,
  David - 189
  Dorcas - 91
  Ebenezer - 31;189
  Elisha - 31
  George - 31
  Henry - 91
  Isaac - 57
  Jacob - 125
  James - 91
  Jared - 189
  Job - 57
  John - 31;57;91
  Jonathan - 91
  Joseph - 57;91
  Lot - 189
  Mary - 31
  Parker - 57
  Peleg - 31;57
  Phebe - 31
  Phillip - 91
  Preserved - 57
  Reuben - 189
  Richard - 189
  Robert - 31
  Sampson - 31;57;189
  Sarah - 31
  Thomas - 57
  William - 57

SHEWEN,
  Robert - 29

SHIPPE,
  Christopher - 138
  Christopher, Jr. -
       138
  Henry - 138
  Joseph - 138
  Peter - 137
  Stephen - 138
  Thomas - 138

SHIPPEE,
  David - 111

INDEX - 1774 CENSUS OF RHODE ISLAND

SHIPPEE,
  John - 112
  Nathan - 111
  Samuel - 111
  Solomon - 111
  Stephen - 98
  Thomas - 98;111
  Thomas, Jr. - 98
SHIPPY,
  Job - 124
  Solomon - 124
SHIRLEY,
  Elizabeth - 30
SHIRMON,
  Elkanah - 138
SHOEMAKE,
  Abraham - 66
SHOEMAKER'S,
  Negroes - 49
SHORT,
  Glover - 124
  John - 138;238
  Samuel - 138
SHREIVE,
  Thomas - 57
SHRIEVE,
  John - 189
  Mary - 30
SHURTLIFF,
  Silas - 208
SIDDALL,
  William - 30
SILVESTER,
  Amos - 125
  Richard - 125
SIMMONS,
  Aaron - 196
  Adam - 195
  Benjamin - 196
  Comfort - 196
  Cornelius - 196
  Edward - 29

SIMMONS,
  George - 195
  Gideon - 195
  John - 196
  Jonathan - 29
  Joseph - 196
  Martha - 190
  Mary - 196
  Moses - 189
  Peleg - 189
  Peter - 190
  Remembrance - 29
  Samuel - 189
  Thomas - 29;189
  William - 195
  Zarah - 196
SIMMS,
  _____, Mrs. - 50
SIMONS,
  John - 30
  William - 30
SIMPKINS,
  George - 32
SIMPSON,
  John - 31
  John, Jr. - 31
  Richard - 31
SIMSON,
  William B. - 31
SISCO,
  _____ - 50
  Ebenezer - 50
SISSON,
  _____ - 50
  Abigail - 57
  Benjamin - 50
  Caleb - 81
  Edward - 30
  George - 57;173
  Gideon - 30;173
  James - 30;57;58
  John - 57;73;173

INDEX - 1774 CENSUS OF RHODE ISLAND

SISSON,
  Joseph - 30;57;177
  Lewis - 30
  Peleg - 57;73
  Richard - 57
  Richmond - 57
  Robert - 30
  Rodman - 201
  Thomas - 189
  Thomas, Jr. - 73
  William - 73
SKELLON,
  John - 147
SKINNER,
  Francis - 32
SLACK,
  Benjamin - 125
  Eliphalet - 208
SLATES,
  Peter - 72
SLAUGHTER,
  Abial - 124
  Abner - 124
  Joseph - 124
  Joseph, Jr. - 124
SLOCETT,
  Philip - 147
SLOCOM,
  Benjamin - 111
  Ebenezer - 66
  Jonathan - 66
SLOCUM,
  _____ - 137
  Charles - 57
  Ebenezer - 82;189
  Edward - 29
  Giles - 57;177
  John - 29;82;177
  Matthew - 57
  Moses - 82
  Samuel - 101
  Samuel, Jr. - 101

SLOCUM,
  Thomas - 98
  William - 29;82
SLY,
  John - 208
SMART,
  Andrew - 98
SMITH,
  _____ - 50
  _____, wid. - 136
  Abiel - 50
  Abigail - 110
  Abner - 124
  Abraham - 50;110;
        137
  Aholiab - 136
  Ann - 29
  Arnold - 137
  Arthur - 29
  Benedict - 29
  Benjamin - 82;110;
      111;124;137;
      177;182;216
  Benjamin, Jr. - 110
  Benjamin, 3rd - 110
  Billings - 183
  Charles - 50
  Christopher - 216
  Daniel - 110;208
  Daniel, Jr. - 110
  David - 50
  Dorcas - 29
  Ebenezer - 82
  Edward - 234
  Elisha - 29;110
  Elizabeth - 82
  Emer - 110
  Enos - 137
  Ephraim - 49;82;91
  Esek - 137
  Ezekiel - 111;137
  Fones - 81

INDEX - 1774 CENSUS OF RHODE ISLAND

SMITH,
 Hannah - 29
 Henry - 29
 Ichabod - 98
 Isaac - 137;177
 Israel - 138
 Jacob - 110
 Jahalel - 138
 James - 167;182;238
 Jehu - 50
 Jeremiah - 82;110;
  138;234
 Jeremiah, Jr. - 110
 Joan - 29
 Job - 50;66
 Jobe - 138
 Johathan - 208
 John - 49;91;110;124;
  136;182;183;
  208;216
 John, Jr. - 138;208
 John, 3rd - 110;208
 John (son of Benj.)
  - 137
 John (son of Philip)
  - 110
 Jonathan - 110;137
 Joseph - 29;50;123;
  137;173;234
 Joseph, Jr. - 137
 Joseph (son of Saml.)
  - 138
 Joshua - 50;110
 Josiah - 182
 Leonard - 137
 Levi - 234
 Martin - 138
 Mary (wid. of Gid.)
  - 216
 Mercy - 49
 Merrit - 98
 Nathan - 73

SMITH,
 Nathanell - 238
 Nathaniel - 29;182
 Nehemiah - 110;234
 Noah - 50
 Obed - 137
 Oziel - 124
 Peter - 29;91;182;
  238
 Philip - 110;177
 Proserpine - 29
 Resolved - 110;111
 Richard - 110;123;
  137;182
 Roswell - 91
 Rufus - 110;136
 Samuel - 29;49;98;
  124;183;
  216;230
 Sarah, wid. - 138;
  238
 Simeon - 216
 Simon - 49;91;137
 Stephen - 66;123;
  137;183
 Stephen, Jr. - 66;
  137
 Stephen (son of John)
  - 138
 Stephen (son of
  Thos.) - 124
 Sumner - 29
 Susanna - 110
 Thomas - 81;110;123
 Thomas, Jr. - 110
 Thomas, 3rd - 110
 Wait - 137
 William - 29;49;82;
  110;124
 William, Jr. - 110
SMITTEN,
 ———— - 49

INDEX - 1774 CENSUS OF RHODE ISLAND

SNELL,
   Daniel - 66
   Isaac - 195
   Job - 32;195
   Pardon - 195
   Seth - 173
SNOW,
   Daniel - 50
   James - 50
   Joseph - 50
   Joseph, Jr. - 50
   Josiah - 50
   Zebedee - 124
SOAL,
   Jonathan - 124
SOLOMON,
   Rachel - 50
SOLSBARY,
   Marten - 216
SOMERS,
   _____, wid. - 25;29
SOULE,
   _____ - 50
   William - 50
SOUTHWATH,
   Abigail - 195
   Constant - 195
SOUTHWICK,
   Jonathan - 111
   Joseph - 30
   Solomon - 30
SOWLE,
   Abner - 189
   Cornelius - 189
   Henry - 30
   Jacob - 189
   Joseph - 189
   William - 189
SPARKES,
   Sarah - 28
SPAULDIN,
   Aholiab - 111
   Joseph - 111

SPAULDING,
   Edward - 49
SPEAR,
   Elias - 29
   John - 29
   Peirce - 29
SPENCER,
   Benjamin - 97;98
   Caleb - 97
   Charles - 160
   Christopher - 82
   Daniel - 49
   Ebenezer - 98
   George - 98
   Gideon - 97
   Griffin - 97
   Henry - 97
   Jeremiah - 97
   Job - 147
   John - 66;97;98;
      167
   Jonathan - 147
   Joshua - 160
   Michael - 30;97
   Nathan - 97
   Nicholas - 81
   Pearce - 66
   Peleg - 160
   Randall - 147
   Rufus - 98
   Samuel - 147
   Silas - 98
   Stephen - 97
   Susanna - 98
   Thomas - 66;97;101
   Thomas (son of B.)
      - 97
   Walter - 97
   William - 49;66;
      82;97;
      216
   William, Jr. - 97
   Wilson - 97

INDEX - 1774 CENSUS OF RHODE ISLAND

SPICON,
  Samuel - 124
SPINK,
  Benjamin - 147
  Caeser - 66
  Ishmael - 167
  Ishmeal - 82
  Josias - 82
  Nicholas - 82
SPIWOOD,
  Daniel - 111
SPOONER,
  Benjamin - 31
  Charles - 31
  Deborah - 31
  Jerusha - 31
  Wing - 31
SPRAGUE,
  Amos - 111
  Benjamin - 216
  Benjamin, Jr. - 216
  Daniel - 230
  Ebenezer - 230
  Elias - 111
  Enoch - 111
  Hezekiah - 111
  Jedediah - 138
  Jonas - 137
  Jonathan - 208;216
  Jonathan, Jr. - 216
  Joseph - 111
  Nathaniel - 216
  Nehemiah - 111
  Obadiah - 49
  Pero - 111
  Peter - 216
  Reuben - 230
  Richard - 137
  Rowland - 98
  Rufus - 230
  Samuel - 124;137
  Soloman - 167

SPRAGUE,
  Stephen - 111
  William - 216
SPRINGER,
  Bridget - 31
  John - 31
  Joseph - 50
  Thomas - 32;189
SPYWOOD,
  Samson - 66
SQUIRES,
  Ann - 31
STACY,
  Joshua - 31
  Thomas - 31
STAFFORD,
  Abraham - 189
  David - 189
  Elizabeth - 29
  James - 98;153
  Jane - 189
  John - 66;124;160;
         189;216
  Joseph - 98
  Joshua - 189
  Michael - 147
  Samuel - 189
  Steukly - 66
  Thomas - 65;147;160
  William - 160
STALL,
  William - 30
STANBURY,
  John - 225
STANHOPE,
  Ralph - 29
  William - 29
STANLEY,
  Thomas - 30
STANTON,
  Augustus - 153
  Ben - 91

INDEX - 1774 CENSUS OF RHODE ISLAND

STANTON,
  Benjamin - 91
  Daniel - 153
  Giles - 28
  Joanna - 28
  John - 28;147
  Joseph - 153
  Joseph, Jr. - 153
  Joshua - 153
  Latham - 167
  Lodowick - 28
  Robert - 201
  Samuel - 153;201
  Stephen - 153
  Thomas, Jr. - 28
STAPLES,
  Ebenezer - 111
  Esperance - 112
  Hannah - 208
  Nathan - 111;208
  Nathaniel - 111
  Robert - 111
  Stephen - 208
  William - 111;138
STARNES,
  John - 31
STATSON,
  David - 225
  Thomas - 225
STEAD,
  Daniel - 111
STEDMAN,
  Daniel - 91
  Hannah - 91
  James - 91
  Thomas - 91
  William - 91
STEER,
  Caleb - 124
  Zephaniah - 124
STEERE,
  _____, wid. - 137

STEERE,
  Anthony - 111
  David - 137
  Elisha - 111
  Enoch - 111;137
  Hosea - 137
  Jeremiah - 138
  Jobe - 138
  John - 111;137
  Jonah - 137
  Noah - 137
  Richard - 138
  Samuel - 137
  Simeon - 138
  Stephen - 138
  Thomas - 110
STELLE,
  Benjamin - 50
  Thomas G. - 31
STEPHEN,
  Thomas - 225
STERLING,
  Henry - 49
STERRY,
  Robert - 49
STETSON,
  Thankful, wid. - 73
STEVENS,
  Charles - 50
  Ebenezer - 124
  John - 30
  Joseph - 30
  Robert - 30
  Thomas - 30
  William - 30
STEWART,
  Archibald - 50
  Gilbert - 30
STILES,
  Ezra - 30
  Israel - 153;224

INDEX - 1774 CENSUS OF RHODE ISLAND

STILLMAN,
  Benjamin - 73
  George - 73
  George, Jr. - 73
  John - 73
  Joseph - 73
  Joseph, Jr. - 73
STILLWELL,
  Daniel - 49
STILLMAN,
  Elisha - 225
  Samuel - 225
STOCKFORD,
  John - 31
STOCKMAN,
  Jockat - 31
STODDARD,
  Benjamin - 195
  David - 195
  Israel - 195
  Jonathan - 30
  Joshua - 30
  Nathaniel - 195
  Robert - 30
  Salisbury - 177
  Thomas - 49
  William - 177
STONE,
  _____diah - 50
  Benjamin - 66
  Ezra - 138
  George - 124
  George, Jr. - 124
  Hannah - 230
  Jabez - 216
  James - 216
  Jeremiah - 124
  John - 50;66;160
  Joseph - 216
  Josiah - 230
  Oliver - 138
  Peter - 216

STONE,
  Peter, Jr. - 216
  Samuel - 216
  Thomas - 66
  Thomas, Jr. - 66
  Uriah - 147
  William - 160;216
STONEMAN,
  Abigail - 31
STORY,
  Zebide - 31
STRAIGHT,
  Job - 147
  Jonathan - 101
STRAIT,
  David - 147
  Henry - 65
  Job - 147
  John - 147
  Joseph - 65
  Nathan - 147
  Thomas - 147
STRAITE,
  John - 138
STREETER,
  Enoch - 208
  Joseph - 208
STREETOR,
  John - 138
STREIGHT,
  Jeremiah - 160
STRENCHORN,
  James - 124
STRENGTHFIELD,
  Edward - 31
STRIVENS,
  Henry - 230
  Henry, Jr. - 230
STUTSON,
  Jedediah - 82
SUGAR,
  Christopher - 73

INDEX - 1774 CENSUS OF RHODE ISLAND

SULLEN,
    - 50
SULLIVAN,
  Daniel - 50
SUNDERLEN,
  Daniel - 167
  Mary - 167
SUTTON,
  Barth - 49
  Mary - 30
SWAN,
  Richard - 30
  Thomas - 182
SWANTON,
  Daniel - 66
SWASHER,
  Gregory - 29
SWEAT,
  Jonathan - 31
  Samuel - 31
SWEET,
  Abigail - 31
  Angell - 111
  Anne - 98
  Benjamin - 98;160
  Benjamin, Jr. - 160
  Daniel - 82
  Eber - 81
  George - 167
  George, Jr. - 167
  Griffen - 146
  Henry - 98;147
  Jack - 230
  James - 82;98;137;
      160
  James, Jr. - 137
  Jeremiah - 98;138;
      167
  Jeremiah's children
      - 167
  Job - 81
  John - 230

SWEET,
  Joshua - 90
  Josiah - 146
  Libeous - 225
  Matthew - 111
  Nehemiah - 49
  Robert - 167
  Samuel - 98
  Silvester - 82
  Silvester (carp.)
      - 82
  Stephen - 111
  Sylvester - 98
  Thomas - 65;90;147
  Timothy - 137
  William - 98;146;
      167
  William, Jr. - 147
  William (son of Nath-
      aniel) - 146
SWEETING,
  Job - 50
  Sarah - 49
SWINBORN,
  Thomas - 30
SYLVESTER,
  Mercy - 30

      T

TABER,
  Amon - 190
  David - 190
  George - 58
  Jacob - 190
  John - 190
  Joseph - 190
  Moses - 190
  Pardon - 190
  Paul - 190
  Reckard - 91

INDEX - 1774 CENSUS OF RHODE ISLAND

TABER,
  Samuel - 190
  Stephen - 190
  Thomas - 190
  Thomas, Jr. - 190
  Water - 190
TABOR,
  Benedict - 51
  Constant - 32
  Constant, Jr. - 32
  Philip - 196
  Samuel - 51
TAFT,
  Robert - 98
  Stephen - 208
TAGGART,
  Mary - 33
  William - 177
TALBOT,
  Benjamin - 52
  Silas - 52
TALLMAN,
  Benjamin - 58
  John - 58
  Peter - 190
  Stephen - 190
TALMAN,
  Benjamin - 52
  James - 66
  Peleg - 52
TANNER,
  Abel - 225
  Benjamin - 82;147
  Deborah - 147
  Francis - 82;225
  George - 202
  Gideon - 33
  Henry - 147
  Isaac - 92
  James - 33;147
  John - 33
  Josiah - 92

TANNER,
  Mary - 225
  Nathaniel - 147
  Palmer - 125
  Susanna - 167
  Thomas - 167
  William - 225
  William, Jr. - 225
TARBOX,
  Samuel - 98;161
  Spinck - 160
TATE,
  Mary - 32
TAUJRE,
  Peter - 82
  Peter, Jr. - 83
TAYER,
  Benjamin - 33
  John - 33
  Joseph - 33
  William - 33
TAYLOR,
  Ambros - 66
  Benjamin - 51;125
  Benjamin, Jr. - 125
  Clever - 58
  David - 73
  Edward - 51
  George - 51;125
  Gideon - 196
  Hannah - 34
  Humphrey - 73
  James - 34;196
  Job - 154
  Job, Jr. - 73
  Job Babcock - 92
  John - 73;125
  John, Jr. - 125
  Joseph - 154
  Joseph, Col. - 82
  Knight - 125
  Nathan - 153

INDEX - 1774 CENSUS OF RHODE ISLAND

TAYLOR,
  Newport - 34
  Nicholas - 34
  Patience - 34
  Peter - 51;58;66;
      177
  Phebe - 34
  Philip - 196
  Rebecca - 34;196
  Robert - 34;51;196
  Rubin - 58
  Samuel - 34
  Sanford - 73
  Thankfull - 34
  Thomas - 125
  William - 125;196
  William Potter - 92
TEEL,
  Caleb - 51
  John - 51
TEFFT,
  Caleb - 92
  Daniel - 51;92
  Daniel, Jr. - 92
  David - 51
  Ebenezer - 91
  Gardner - 92
  George - 92
  James - 92
  John - 73
  Samuel - 92
  Stephen - 92
  Tennant - 92
TENNANT,
  George - 32
  Havens - 82
  Joshua - 32
  Oliver - 91
TERREY,
  Silas - 167
  William - 167

TEW,
  Edward - 177
  George - 101
  James - 34
  Jane - 101
  Job - 34
  John - 101
  Paul - 51
  Thomas - 34
  William - 34
TEWEL,
  Samuel - 101
THATCHER,
  Peter - 190
THAYER,
  Abner - 51
  Abraham - 139
  Samuel - 51
  Simeon - 51
  Thomas - 51
  Uriah - 51
THOMAS,
  _____, wid. - 51
  Alexander - 58
  Benjamin - 58;82;
      168
  George - 82
  George (son of Saml.)
      - 83
  James - 33;125
  Joseph - 58
  Keziah - 33
  Lewis - 51
  Peleg - 168;202
  Richard - 33
  Samuel - 82
  Sarah - 174
  William - 168
THOMPSON,
  Alexander - 34
  Charles - 174
  Ebenezer - 50

INDEX - 1774 CENSUS OF RHODE ISLAND

THOMPSON,
  Elias - 73
  Ichabod - 139
  John - 73
  Joshua - 73
  Joshua, Jr. - 73
  Samuel - 73
  Samuel, Jr. - 73
  Thomas - 73
  William - 73
THOMSON,
  Benjamin - 112
  Samuel - 112
THORNTON,
  Benjamin - 139
  Christopher - 230
  Daniel - 50;230
  Ebenezer - 112;138
  Elihu - 230
  Elisha - 112
  Ephraim - 230
  Jeremiah - 139
  John - 138;230
  John, Jr. - 139
  Joseph - 139;230
  Levi - 139
  Noah - 230
  Richard - 112;230
  Richard (son of Jos.)
    - 230
  Samuel - 138
  Solomon - 66;230
  Stephen - 217;230
  Thomas - 125
THORP,
  Martha - 32
THORPS,
  Reuben - 235
THORTON,
  Stukly - 216
THROOP,
  Amos - 51

THROOPE,
  Esther - 183
  William - 183
THURBER,
  Benjamin - 51
  Caleb - 183
  Edward - 51
  John - 174
  Martin - 51
  Samuel - 51
  Samuel, Jr. - 51
  Stephen - 51
  William - 51
THURMAN,
  John - 217
THURSTON,
  Abigail - 32
  Edward - 32
  Edward, Jr. - 32
  Eliz. - 52
  Elizabeth - 32
  Eunice - 32
  Gardner - 32
  George - 225
  George, Jr. - 225
  Hephziba - 32
  James - 208
  Job - 33
  John - 32
  Jonathan - 32;58
  Joseph - 32;225
  Latham - 33
  Mary - 33
  William - 32;225
TIBBETS,
  Nathaniel - 32
TIBBITS,
  Waterman - 66
TIBBITTS,
  Benjamin - 98
  Dareas - 82
  Henry - 98
  Jonathan - 98

INDEX - 1774 CENSUS OF RHODE ISLAND

TIBITS,
  Thomas - 66
TIFFANY,
  Ester, wid. - 238
  Hezekiah - 238
TIFFINY,
  Thomas - 66
TIFFT,
  Benjamin - 201
  Ezekiel - 202
  Jeremiah - 201
  Jonathan - 168
  Joseph - 201
  Joseph, Jr. - 201
  Martha - 168
  Samuel - 201
  Samuel, Jr. - 201
  William - 202
TIFT,
  Peter - 125
  William - 125
TIFTE,
  James - 112
  John - 112
  Peter - 112
  Peter, Jr. - 112
  Robert - 112
TILLEY,
  William - 32
TILLINGHAST,
  Benjamin - 98;147
  Bess - 33
  Charles - 82
  Daniel - 51
  George - 98
  James - 125
  John - 33;50;147;167
  Jonathan - 33
  Joseph - 33;51;98
  Nicholas - 50
  Nicholas P. - 33

TILLINGHAST,
  Pardon - 147;167
  Pardon, Jr. - 33
  Philip - 33;98
  Samuel - 66
  Stukely - 167
  Thomas - 98;147
  William - 50
TILLSON,
  Joseph - 208
TINDON,
  Jonathan - 202
TINGLEY,
  Ephram - 161
TINKCOM,
  Hazekiah - 139
TINKINS,
  John - 51
TISDELL,
  William - 167
TOBY,
  Mercy - 230
TOGOOD,
  Simeon - 174
TOMAN,
  John - 32
TOMLIN,
  Mary - 32
TOMPKINS,
  Elijah - 32
  Elizabeth - 196
  Joseph - 196
  Samuel - 58
  Sarah - 196
TONY,
  Jenny - 34
  Josiah - 34
TOOGOOD,
  Eunice - 238
TOPHAM,
  John - 32
  Margaret - 32

INDEX - 1774 CENSUS OF RHODE ISLAND

TORRY,
  Joseph, Rev. - 92
TOUJASE,
  John - 82
TOURGEE,
  Thomas - 91
TOURO,
  Abraham de Isaac
                 - 32
TOURTELLOT,
  Abraham - 139
  Benjamin - 139
  Daniel - 139
  Jesse - 138
  William - 138
TOURTELOT,
  Jonathan - 125
TOWER,
  Benjamin - 208
  Enoch - 208
  Ichabod - 208
  John - 50
  Levi - 208
  Reuben - 208
TOWNSEND,
  Alice - 33
  Christopher - 34
  Edmund - 34
  Flora - 33
  Job - 34
  John - 34
  Mary - 33
  Rebecca - 33
  Solomon, Jr. - 238
  Solomon, Rev. - 238
  Thomas - 34
  William - 52
TRACY,
  John - 33
  Olive - 230
TRAFFEN,
  Phillip - 238

TRASK,
  Ebenezer - 112
  Edward - 208
TREADWELL,
  Jonathan - 51
  Phebe - 174
TREBY,
  John - 51
  Samuel - 32
  Susanna - 32
  Wilkins - 32
TREVIT,
  Eleazer - 32
  Eleazer, Jr. - 32
TRIBUT,
  Arthur - 32
TRICKLY,
  Lemuel - 33
TRIGGS,
  Christopher - 92
TRIPE,
  Samuel - 51
TRIPP,
  Abial - 125;190
  Benjamin - 33;82
  Benjamin, Jr. - 33
  Benoni - 33
  Consider - 238
  Ebenezer - 190
  Edward - 234
  Ezekil - 167
  Gideon - 147
  Isaac - 66
  Israel - 66
  Ithuriel - 33
  Job - 168
  John - 33;230;235
  Joseph - 33
  Joshua - 33
  Peleg - 168
  Peregrine - 167
  Rufus - 190

INDEX - 1774 CENSUS OF RHODE ISLAND

TRIPP,
  Seth - 230
  Stephen - 33
  Thomas - 33
  William - 33
TROUBRIDGE,
  Abigail - 32
TRUCK,
  Jacob - 161
TRUMAN,
  Thomas - 51
TUCKER,
  Ahner - 139
  Benoni - 138
  Israel - 112
  Jabez - 154
  John - 154;235
  Joseph - 125
  Nathan - 154;235
  Richard - 138
  Rufus - 138
  Samuel - 112;235
  Samuel, Jr. - 235
  Sarah - 32
  Silas - 138
  Simeon - 91;154
  Susanna - 32
  Zacheriah - 217
TUCKERMAN,
  _____ - 51;52
TUEL,
  Benjamin - 32
TUPPER,
  Seth - 33
TURNER,
  Caleb - 174
  Haile - 34
  Joseph - 34;125
  Joshua - 216
  Joshua, Jr. - 217
  Mary - 58
  Mary (w. of John) - 217

TURNER,
  Samuel - 34
  William - 138;177
TURPIN,
  Katharine - 51
  Sarah - 51
TWEEDY,
  _____ - 51
  John - 33
  Samuel - 33
  William - 33
TYLER,
  Isaac - 33
  Israel - 51
  James - 125
  John - 125
  John, Jr. - 125
  Moses - 238
  William - 51;125
TYLOR,
  Elisabeth, wid. - 217
  Israel - 217
  Jonathan - 217
  William - 217

U

ULTER,
  Josias - 154
UNDERWOOD,
  Benjamin - 101
  Daniel - 101
  James - 101
  John - 83
  Joseph - 92
  William - 92
UPDIKE,
  John - 52
  Lodowick - 83
  Richard - 83

INDEX - 1774 CENSUS OF RHODE ISLAND

UPTON,
  Isaac - 98
  Samuel - 98
USHER,
  Allen - 183
  Hezekiah - 183
  John - 183
  John, Jr. - 183
UTTER,
  Abraham - 225
  Jeremiah - 217
  Simeon - 168
  Thomas - 161
  Zebulon - 66

V

VALLET,
  David - 139
  Jonathan - 139
VALLITT,
  Jeremiah - 202
VAN DOORN,
  Anthony - 183
VARNUM,
  James Mitchell - 99
VARS,
  George - 35
  John - 178
VARSE,
  Isaac - 73
  Theodaly - 73
VAUGHAN,
  Aaron - 34
  Benjamin - 99
  Christopher - 99
  Daniel - 34
  David - 99
  David (son of R.) - 99
  David, Jr. - 99

VAUGHAN,
  George - 147;168
  George, Jr. - 147
  Isaa - 83
  Job - 99
  John - 83;125;147;168
  Jonathan - 83
  Joseph - 147
  Robert - 99
  Samuel - 99
VAUGHN,
  Caleb - 161
  Daniel - 161
VEAUGHN,
  George - 66
VENSON,
  Samuel - 35
  Sarah - 35
VERNON,
  Daniel - 34
  Samuel - 34
  Thomas - 34
  William - 34
VIAL,
  Constant - 125
  Donnelly - 34
  John - 34
  Nathaniel - 34
  Samuel - 34
VIALL,
  Jonathan - 235
  Joseph - 238
  Josiah - 238
VICKERY,
  Joseph - 34;35
VINCENT,
  William - 73
VINNICUM,
  John - 35
VINSENT,
  Caleb - 230

INDEX - 1774 CENSUS OF RHODE ISLAND

VINSENT,
  Nicholas - 230
  William - 139
  William, Jr. - 139
VINSON,
  Nicholas - 154
VOSE,
  Joshua - 73
  Joshua, Jr. - 73
VOSS,
  Benjamin - 34
  Ebenezer - 34

W

WADE,
  Gideon - 139
  Jonathan - 139
  Nathan - 139
  Nathaniel - 139
  Simon - 126
  Thomas - 35
  William - 139
WAINWOOD,
  Godfrey - 37
WAIT,
  Benjamin - 92
  Jeremiah - 148
  John - 92;148
  Pain - 225
  William - 148
WAITE,
  John - 190
WALCUT,
  William - 112
WALDRON,
  Cornelius - 183
  Isaac - 183
  John - 183
  John, 2nd - 183
  Joseph - 35

WALDRON,
  Nathaniel - 183
  Phebe - 183
WALKER,
  Abraham - 125
  Charles - 125
  Charles, Jr. - 125
  Elijah - 53
  Ephraim - 53
  George - 125
  John - 125
  Joseph - 161
  Nathaniel - 235
  Obadiah - 125
  Patience - 183
  Philip - 125
  William - 35
WALL,
  Henry - 83
  John - 161
  Maunah - 99
  Samuel - 161
  Thomas - 140
  William - 52;83
WALLCOTT,
  Benjamin - 209
  William - 209
WALLEN,
  Sarah - 35
WALLING,
  _____, wid. - 140
  Cornelius - 140
  Isaac - 140
  Jacob - 140
  Jeremiah - 140
  John - 140
WALMSLEY,
  _____ - 52
WALTER,
  Daniel - 139
WALTON,
  John - 67

INDEX - 1774 CENSUS OF RHODE ISLAND

WALTS,
  Daniel - 35
WANCUM,
  Deborah - 191
WANTON,
  Domine - 35
  Francis - 35
  Gideon - 35
  James - 35
  John - 35
  John (son of Joseph)
    - 35
  Jonah Langford - 217
  Joseph - 35
  Joseph, Jr. - 35
  Marge - 35
  Mary - 35;190
  Meribah - 35
  Peter - 35
  Philip - 35
  Sambo - 35
  Solomon - 191
  William - 191
WARD,
  ____ - 52
  Ann - 58
  Henry - 36
  Jonathan - 53
  Joseph - 83
  Philip - 58
  Richard - 36;178
  Samuel, Esq. - 74
WARDWELL,
  Benjamin - 183
  Isaac - 183
  Joseph - 183
  Phebe - 183
  Stephen - 183
WARNER,
  ____ - 53
  Benjamin - 139
  Benjamin, Jr. - 139

WARNER,
  Ezekiel - 99
  Ezekiel, Esq. - 218
  John - 52
  John, Esq. - 67
  Nathan - 52
  Oliver R. - 35
  Penelope, wid. - 218
  Rebecca - 66
  Samuel - 52
  Samuel, Jr. - 52
  Seth - 35
  Susannah - 217
  William - 67;230
WARNOR,
  Samuel - 83
WARREN,
  Gamaliel - 190
  John - 36
  Joseph - 36
  Mary - 36
WARWICK,
  Elizabeth - 83
WATERHOUSE,
  Timothy - 36
WATERMAN,
  Abraham - 139
  Amariah - 52
  Andrew - 112
  Benjamin - 231
  Benjamin, Jr. - 230
  Benoni - 67
  Daniel - 230
  Deliverance, wid.
    - 217
  Elisha - 209
  James - 161
  Jeremiah - 230
  Job - 231
  John - 53;67;126;
    217;231
  John, Jr. - 217;231

INDEX - 1774 CENSUS OF RHODE ISLAND

WATERMAN,
  Joseph - 231
  Marey - 112
  Marmaduke - 52
  Nathaniel - 217;235
  Neriah - 235
  Richard - 126
  Rufus - 52
  Stephen - 217
  Thomas - 218
  William - 67;218;
           231
  Zurial, Esq. - 217
WATSON,
  Benjamin - 83
  Caleb - 83
  Jeffry - 92
  Jeffry, Jr. - 92
  Job - 92
  John - 37;92
  John, Jr. - 92
  Matthew - 238
  Matthew, Jr. - 238
  Nicholas - 147
  Robert - 168
  Samuel - 83;147
  Samuel, Dr. - 83
  Stephen - 83
  Thomas - 218
  William - 202
WATT,
  Prophit, Indian -
           218
WAY,
  James - 36
WEATHERHEAD,
  Jere - 126
  Joseph - 126
WEATHERS,
  John - 147
  Thomas - 36

WEAVER,
  Abial - 235
  Anstice - 126
  Benjamin - 99;148
  Clement - 99
  Clemment - 178
  Daniel - 161
  Elithar - 126
  George - 99
  Harris - 168
  James - 35
  John - 35;126;161
  Jonathan - 67;99;
           161
  Jonathan, Jr. - 99
  Joseph - 147;161
  Langford - 161
  Peleg - 99
  Thomas - 178;190;
           202
  Thomas, Jr. - 178
  Thos. (son of Clem't)
           - 178
  Timothy - 99
  William - 35;178
WEBB,
  George - 202
  John - 202
  William - 67
WEBBER,
  Thomas - 37
WEBSTER,
  James - 67;202
  John - 202
  John, Jr. - 202
WEEDEN,
  Benjamin - 101
  Caleb - 99
  Daniel - 101
  Daniel, Jr. - 101
  Ephraim - 37
  George - 37

INDEX - 1774 CENSUS OF RHODE ISLAND

WEEDEN,
　Henry - 37
　John - 58
　Jonathan - 37;178
　Joseph - 37
　Philip - 37
　Samuel, Jr. - 37
　Thomas - 37
　William - 178
WEIGHT,
　Gideon - 168
　John - 168
　Joseph - 168
　Telverton - 161
WEIGHTMAN,
　Daniel - 168
　George - 83
　George, Jr. - 83
　Paul - 83
　Stephen - 168
　Volentine - 83
WELLS,
　Barker - 226
　Benjamin - 146
　Caleb - 148
　Edward - 226
　James - 126;226
　James, Jr. - 226
　John - 66;83
　Jonathan - 226
　Jonathan, Jr. - 226
　Joshua - 83;226
　Joshua, Jr. - 226
　Matthew - 225
　Peter - 99;217;226
　Peter, Jr. - 99
　Randall - 226
　Thomas - 99
　Thomas, Jr. - 226
　Thomas, 3rd - 226
　Thompson - 226

WELSH,
　William - 154
WEST,
　Benjamin - 53;168
　Catharine - 36
　Ebenezer - 36
　Frances - 225
　Francis - 73
　Ishmael - 67
　James - 183
　John - 36;74;126;
　　　　 183
　Martha - 36
　Nathan - 36
　Oliver - 183
　Samuel - 74;183
　Thomas - 225
　William - 36;126;
　　　　　 183
　Zurvia - 73
WESTCOT,
　Anthony - 53
　Benjamin - 217
　Daniel - 217
　Gardner - 217
　Gideon - 217
　James - 52
　Jeremiah - 218
　John - 52
　Josiah - 217
　Josiah, Jr. - 217
　Nathan - 218
　Samuel - 52;217
　Stukly - 217
　Thomas - 52
　William - 217
　William, Jr. - 217
　Zerobable - 217
WESTCOTT,
　Benjamin - 161
　Ephraim - 161
　Ezekiel - 126

INDEX - 1774 CENSUS OF RHODE ISLAND

WESTCOTT,
  George - 126
  James - 126
  John - 126
  Nathan - 66
  Oliver - 126
  Oliver, Jr. - 126
  Peleg - 126
  Stukley - 161
WESTGATE,
  George - 190
  James - 35
  John - 35
  Silvenius - 190
  Stukley - 83
WETHERBY,
  Sarah - 37
WEVER,
  Benedict - 67
WHALEY,
  Jeremiah - 92
  Samuel - 92
  Samuel, Jr. - 92
  Thomas - 83;161
  Thomas, Jr. - 161
WHEAT,
  _____ - 53
WHEATHERHEAD,
  Daniel - 209
  Enoch - 209
  John - 209
WHEATLEY,
  Mary - 35
WHEATON,
  _____ - 52
  Comfort - 52
  Ephraim - 52
  Hannah - 174
  Henry - 126
  Nathaniel - 52
  Noah - 174
  Perez - 174

WHEATON,
  Samuel - 174
  William - 52
WHELOCK,
  Daniel - 140
  Daniel, Jr. - 140
WHIPPLE,
  Abraham - 52
  Azariah - 52
  Benajah - 139
  Benedick - 126
  Benjamin - 112;235
  Benjamin, Jr. - 235
  Christopher - 53;208
  Daniel - 209;235
  Eleazer - 209
  Elijah - 140
  Enoch - 140
  Ephraim - 235
  Ibrook - 208
  Israel - 208
  Jabez - 52
  James - 67
  Jeremiah - 208
  Jesse - 235
  Job - 67
  Joel - 209
  John - 112;140;208
  John, Jr. - 208
  Jonathan - 140;235
  Joseph - 112;161;208;235
  Levi - 217
  Martha - 208
  Mary - 112
  Moses - 208
  Peter - 208
  Samuel - 208
  Simon - 209
  Stephen - 112;208;235

INDEX - 1774 CENSUS OF RHODE ISLAND

WHIPPLE,
  Thomas - 235
  William - 52;112
WHITAKER,
  Rufus - 174
  Samuel - 183
  William - 52
WHITE,
  _____ - 52
  Adams - 235
  Asa - 139
  Benjamin - 126
  Christopher - 197
  David - 126
  Douglas - 140
  Ebenezer - 53
  Hannah - 225
  Jabez - 126
  John - 126;218
  Noah - 140
  Oliver - 225
  Peter - 126
  Roger - 225
  Samuel - 112
  Sarah - 35
  Seth - 74
  William - 52;126;183
WHITEHORN,
  _____, Mrs. - 52
  James - 92
  Richard - 52
WHITEHORNE,
  Elizabeth - 37
  Richard - 37
  Samuel - 37
WHITEIUR,
  Ebenezer - 235
WHITEMAN,
  John - 112
WHITFIELD,
  Charles - 36

WHITFORD,
  Amos - 168
  Benjamin - 83
  Caleb - 99
  David - 148;168
  George - 67;148
  Job - 148
  John - 168
  John, Jr. - 168
  Nicholas - 148;161
  Pasco - 148
  Robert - 99
  Sarah - 148
  Thomas - 148
WHITING,
  Henry - 36
  Joshua - 174
  Nathaniel - 173
WHITMAN,
  Benjamin - 127
  Jacob - 52
  James - 99
  James, Jr. - 99
  John - 99
  Noah - 140
  Robert - 126
  Robert, Jr. - 126
  Samuel - 99
  V. - 52
WHITMARSH,
  Joseph - 99
WHITNEY,
  James - 67
  Joseph - 67
WHITSON,
  John - 35
WHITTEIOR,
  Joseph - 126
WHITTEN,
  Samuel - 126
WHITTIEUR,
  Oliver - 218

INDEX - 1774 CENSUS OF RHODE ISLAND

WHITWELL,
  William - 37
WICKES,
  ‾‾‾‾‾ - 52
  Benedict - 161
  Ebenezer - 161
  Joseph - 161
  Robert - 67
  Steukly - 67
  Thomas - 161
  Thomas, Esq. - 66
WICKHAM,
  Benjamin - 37
  Charles - 37
  Mary - 37
  Samuel - 37
  Thomas - 37
  Thomas, Jr. - 37
WIEGHTMAN,
  Holmes - 83
WIGHT,
  William - 235
WIGHTMAN,
  Asa - 67
  David - 67
  Elisha - 67
  George - 67
  Philip - 67
  Rubin - 67
  Valentine - 36
WIGNERON,
  Charles - 36
  Hannah - 36
WILBER,
  Jonathan - 161
  Thomas - 225
  Woodman - 225
WILBOR,
  Anthony - 36
  Benjamin - 36
  Constant - 36
  John - 36

WILBOR,
  Joseph - 36
  Uzziah - 35;36
  William - 101
WILBOUR,
  Daniel - 113
  John - 202
  Peter - 202
  Samuel - 202
  Samuel, Jr. - 202
  William - 113
WILBUR,
  Aaron - 196
  Abner - 125
  Charles - 196
  Clark - 74
  Daniel - 196
  David - 74
  George - 125
  Isaac - 196
  Job - 125
  John - 196
  Joseph - 74;196
  Jos., Jr. - 196
  Samuel - 126;196
  Samuel, 2nd - 196
  Silvanus - 196
  Stephen - 125
  Thomas - 196
  Thos., Jr. - 196
  Walter - 196
  William - 196
  William, Jr. - 196
WILCOCKS,
  Josiah - 178
  Rebecca - 36
  Samuel - 36
  Smith - 99
WILCOX,
  Abigail - 168
  Abraham - 168
  Abraham, 3rd - 168

INDEX - 1774 CENSUS OF RHODE ISLAND

WILCOX,
  Arnold - 74
  David - 74;101;154
  Edward - 154;202
  Elijah - 168
  George - 168
  Hezekiah - 74
  Hopson - 168
  Isaiah - 74;168
  Ishmael - 168
  Jeffrey - 168
  Jeremiah - 74;126
  Jirah - 140
  Job - 168;169
  John - 58;168
  John, Jr. - 58
  Joseph - 154
  Mathew - 168
  Nathan - 168
  Robert - 169;202
  Sarah - 197
  Sheffield - 202
  Stephen - 74;202
  Tabitha, wid. - 74
  Thomas - 148;168
  Valentine - 74
  William - 92;168
WILEY,
  Andrew - 36
  Benjamin - 36
  John - 53
WILKE,
  Mary - 190
WILKEY,
  Jeremiah - 168
  John - 168
  Thomas - 168
WILKIE,
  Elizabeth - 36
  Thomas - 36
WILKINSON,
  Ahab - 112

WILKINSON,
  Benjamin - 126;209
  Daniel - 209
  Daniel, Jr. - 209
  David - 52;112
  Israel - 112
  Israel, Jr. - 112
  Jeremiah - 209
  Jeremiah, Jr. - 209
  Joab - 209
  John - 112
  Joseph - 126
  Ozial - 112
  Philip - 37
  Robert - 112
  Simon - 209
  William - 139;209
WILLCOX,
  Culbud - 190
  Daniel - 209
  Gideon - 190
  John - 190
  Mary - 190
  Prissillar - 190
  William - 190
  William, Jr. - 190
WILLIAM,
  Abner - 217
WILLIAMES,
  Israel - 83
WILLIAMS,
  _____, wid. - 140
  Alexander - 35
  Andrew - 53
  Benjamin - 126
  Benoni - 126
  Christopher - 217
  Daniel - 92;231
  Ebenezer - 35
  Ephraim - 126
  Fredrick - 217
  James - 126

INDEX - 1774 CENSUS OF RHODE ISLAND

WILLIAMS,
  Jeremiah - 217;231
  John - 139;217;235
  Joseph - 53;126
  Lydia (wid. of Jos.)
    - 217
  Maccoon - 202
  Mary, wid. - 217
  Nathan - 53;217
  Nathaniel, Esq. - 217
  Nathaniel, Jr. - 217
  Oliver - 231
  Peleg - 218;230
  Reuben - 139
  Robert - 209;231
  Silas - 139
  Thankful - 92
  Thomas - 139;217
  Timothy - 52
  William - 231
  Zebedee - 235
WILLINGSTONE,
  Ichabud - 190
WILLIS,
  Beriah - 126
  William - 36
WILLISTON,
  John - 197
WILLITT,
  Francis, Esq. - 83
WILLMARTH,
  Mary - 209
WILLS,
  Exchange - 225
WILLSON,
  Jane - 36
  John - 36
  Mary - 36
  William - 36
WILMARTH,
  Timothy - 139
  Timothy, Jr. - 139

WILSON,
  Jeremiah - 92;183
  John - 92;183
  John, Jr. - 92
  Jonathan - 178
  Joseph - 53
  Penlope - 161
  Samuel - 92
  Thomas - 183
  William - 183
WING,
  Benjamin - 112
  Jabez - 112
  Mary - 36
WINMAN,
  Richard - 147
WINPENNY,
  Patience - 36
  Robert - 36
WINSLOW,
  Edward - 52
  Job - 99
  Joseph - 99
WINSOR,
  Abraham - 112;139
  Amos - 139
  Anan - 139
  Charles - 139
  Christopher - 139
  Jeremiah - 112
  John - 112
  Joseph - 139
  Samuel - 112;231
  Stephen - 140
  William - 112
WINSTANLEY,
  James - 35
WISE,
  Adam - 36
WITTER,
  John - 225
  Joseph - 225

INDEX - 1774 CENSUS OF RHODE ISLAND

WITTER,
  Josiah - 225
  Samuel - 225
  William - 225
WOMSLY,
  Joseph, Indian - 218
  Thomas - 83
WOOD,
  _____, wid. - 140
  Barnet - 126
  Benjamin - 99;126
  Daniel - 126
  George - 190;196
  Henry - 196
  Isaac - 196
  Jean - 161
  John - 37;113;161;
      178;196
  John, 2nd - 196
  Jonathan - 161
  Joseph - 148;196
  Nathan - 139
  Noah - 140
  Peleg - 37;196
  Thomas - 140;161;
      196;209
  William - 67
WOODBURY,
  Lydia - 183
WOODLE,
  Gershom - 190
  Gershom, Jr. - 190
  Gershom (son of Wm.)
    - 190
  William, Jr. - 190
WOODMAN,
  Bathsheba - 197
  Constant - 197
  John - 197
  John, Jr. - 197
  John, 3rd - 197
  Mary - 197
  Richard - 36

WOODMANSIE,
  James - 202
  John - 202
  Joseph - 202
  Joseph, Jr. - 202
WOODWARD,
  Jacob - 235
  John - 139
  Martha - 36
  Nathaniel - 113
  Robert - 113
  Stephen - 113
  Thomas - 113
  Witham - 36
  Zephaniah - 113
WOODWORTH,
  Elisha - 197
WORD,
  Ephraim - 99
WORDEN,
  Benjamin - 154
  Christopher - 154
  Jeremiah - 154
  John - 154
WORDING,
  John - 202
  Samuel - 202
  William - 225
WRIGHT,
  Benjamin - 37
  George - 37
  John - 202
  Peter - 83
  Thomas - 113;147
  William - 112
  Zephaniah - 126
WYATT,
  John - 37
  Lemuel - 37
  Standfast - 37
  Stukeley - 37

INDEX - 1774 CENSUS OF RHODE ISLAND

Y

YAW,
  Amos - 127
  David - 127
  Jane - 127
  John - 127
  Martha - 127
  Philip - 127
YEATES,
  Samuel - 37
  Samuel, Jr. - 37
YEATS,
  Archibald - 53
YEOMAN,
  Margaret - 37
YORK,
  Samuel - 154
  William - 154
YOUNG,
  Andrew - 113
  Andrew, 2nd - 113
  Archibald - 53
  Benjamin - 148
  Bristow - 127
  Charles - 238

YOUNG,
  David - 127
  Dyer - 127
  Enoch - 113
  Gideon - 53
  Gideon (at work-
    house) - 53
  Hugh - 209
  Jacob - 37
  James - 113;148
  Joel - 127
  John - 37;53;113;
    148;169
  Jonah - 127
  Joseph - 127
  Joyce - 183
  Levi - 113
  Martha - 127
  Robert - 235
  Samuel - 37;53
  Stephen - 127
  Thomas - 148
  William - 127
  Zebedee - 113

* * * * * *

www.ingramcontent.com/pod-product-compliance
Lightning Source LLC
Chambersburg PA
CBHW050613300426
44112CB00012B/1482